LUIS LANDERO

Nació en Alburquerque (Badajoz) en 1948 en una familia de campesinos que emigró a Madrid en 1960. Ante la obstinación del padre de que su hijo estudiara, **Landero** no tuvo más remedio –para su desgracia, pero para la suerte de todos sus futuros lectores– que trabajar en los más diversos oficios para costearse los estudios primero de bachillerato y luego de filología hispánica. Durante unos años ejerció profesionalmente como guitarrista, gracias a lo cual viajó mucho. Fue profesor ayudante en la Sección de Filología Francesa de la Universidad Complutense de Madrid y actualmente enseña lengua y literatura españolas en un instituto de bachillerato también de Madrid. Antes de enviar **Juegos de la edad tardía** a **Tusquets Editores,** no sólo había ya escrito mucho, sino que había madurado largamente cuándo, con qué y con quién deseaba dar este primer paso. En 1989 recibió el Premio Icaro y en 1990 el Premio Nacional y el Premio de la Crítica. Ha sido traducido a nueve idiomas.

Luis Landero

Juegos de la edad tardía

F A B U L A
TUSQUETS
EDITORES

1.ª edición en Colección Andanzas: Octubre 1989
1.ª edición en Fábula: octubre 1993
2.ª edición en Fábula: abril 1994
3.ª edición en Fábula: enero 1995
4.ª edición en Fábula: junio 1996
5.ª edición en Fábula: julio 1997

Diseño de la colección: Pierluigi Cerri

Ilustración de la cubierta: detalle de *Pee-Wee Herman,*
de Debra White. © Debra White, 1989. Derechos reservados

ISBN: 84-7223-684-6
Depósito legal: B. 23.874-1997
Fotocomposición: Foinsa - Passatge Gaiolà, 13 - 08013 Barcelona

Impresión y encuadernación: GRAFOS, S.A. Arte sobre papel
Sector C, Calle D, n.º 36, Zona Franca - 08040 Barcelona
Impreso en España

Indice

A Cipriano y Antonia

A Coté

A Luis y Alejandro

Una imaginación que se emplee contra mí puede emplearse tan vigorosamente que pueda morirme por la imaginación de otro.

Paracelso

Lucien se encontraba en la situación de aquel pescador de no sé qué leyenda árabe, quien, queriendo ahogarse en pleno océano, cae en medio de un país submarino y lo hacen rey.

Balzac

Cada cual se esfuerza, cuanto está a su alcance, por perseverar en su ser.

Spinoza

Primera parte

Capítulo I

La mañana del 4 de octubre, Gregorio Olías se levantó más temprano de lo habitual. Había pasado una noche confusa, y hacia el amanecer creyó soñar que un mensajero con antorcha se asomaba a la puerta para anunciarle que el día de la desgracia había llegado al fin: «¡Levántate, pingüino, que ya se oyen cerca los tambores!», le dijo. Miró el cuarto en penumbra y de inmediato, derrotado por la ilusión de estar soñando la vigilia, volvió a cerrar los ojos. «Bah, todavía es tarde para huir», contestó desde la duermevela, y aunque por un momento se consideró a salvo, enseguida adivinó que progresando en el absurdo acabaría encontrando en él las leyes lógicas que lo emparentaban con la realidad. Así que reunió valor para decir, «estoy perdido», y añadió, «perdido en la selva amazónica con una caja de zapatos y una navaja múltiple», y otra vez comprendió que estaba levantando un parapeto de urgencia que lo defendiese de las asechanzas del mundo. Pero las palabras debían de haber perdido sus propiedades mágicas. Para confirmarlo, dijo en alto, «penibán», y quedó alerta, escuchando los efectos de tan formidable declaración. No ocurrió nada: ni siquiera las cosas veteranas de siempre, con sus nombres ilustres de siempre, elevaron la más débil protesta contra la irrupción del intruso. Un reloj dio las ocho, y el tiempo amenazó entonces con recuperar su sentido lineal.

Inspirado en el eco de la última campanada, Gregorio se imaginó la agonía de un movimiento originariamente impetuoso. Vio morir las olas contra el faro, la calderilla postrera de una gran fortuna, el suspiro final de un alma apasionada, y no sólo se negó a reconocer en esas visiones los síntomas precursores del presente, sino que retrocedió en el tiempo hasta encontrar a Aquiles detrás de la tortuga, y cuando a punto estaba ya de proclamar que el mundo era ilusión y sólo ilusión, salió a la realidad con una tragantada de pánico.

Y sin embargo, ¿qué era ahora aquel rumor en desbandada que se oía afuera? Escuchó con tanta atención que no tardó en reconocer los pasos de unas raquetas en la nieve y el aullido de los lobos en un bosque de abetos, y por un instante se llenó con la euforia lúgubre de su mejor héroe de ficción, Luck Turner, protagonista de la novela *Vidas salvajes,* cuyos datos constaban en los ficheros de las más prestigiosas bibliotecas públicas de la ciudad. Cuando al cabo de mucho tiempo se desvaneciese el recuerdo de aquellos años y floreciese en el país una generación inocente, quizás entonces alguien encontrase un nombre flotando a la deriva de los siglos, no asociado a un crimen, a un capitel o a unas palabras, y ni siquiera a una anécdota, sino simple y mágica partícula en suspensión, tan absurdo y exacto que acaso quedara como cifra de la condición y destino de una época.

Pero no: lo más probable —advirtió, desazonado por la lucidez— es que bastase un débil coletazo municipal para desbaratar aquel tinglado que tanto pudor, vigilia y osadía le había supuesto. Y ya se disponía a regresar al Amazonas, cuando volvió a entrar el mensajero y se detuvo junto a la mesilla de noche. Sintió su aliento en la oreja y oyó decir su nombre, con apremios nasales:

—¡Gregorio, Gregorio, que nos vamos, que te quedas solo, que ya son las ocho, que ya se oyen cerca los tambores!

Recordó entonces que aquel día, 4 de octubre, pasaba el General por la ciudad. En el pasillo, las dos mujeres parecían dispuestas a partir, pero siempre las retenía en la oscuridad un asunto de última hora. «Póngase usted de fiesta, perfúmese, cálcese de lujo, esté ciega y quédese aquí esperando como una pantaruja», dijo una de ellas, difuminándose en la estela de sus propios reproches.

Cuando al fin oyó los pasos de palo en la escalera, abrió los ojos y reconoció por entre la persiana la luz del otoño. Entonces recordó con exactitud su vida, tal como la dejara la noche anterior, y aunque se remontó al pasado buscándole un sentido que lo redimiese del presente y lo justificase en aquella hora decisiva, muy pronto volvió a comprobar que su existencia estaba hecha de fragmentos que no encajaban entre sí, y todo cuanto fuese buscarles un orden equivaldría siempre a un juego solitario de azar, donde todo se pierde o se gana pero donde al final se deshace el orden de las piezas y se comienza de nuevo, una y otra vez. «Es como intentar tachar una equis, con pluma o espada», se dijo, y en ese instante el presente se le desplomó encima con un derrumbe de instrumentos de música.

Un tiempo de cuarenta y seis años le corrió como una araña por la piel. Mientras oía el rumor de sus vísceras y reconstruía a tientas su imagen de cada mañana, fue pensando una vez más en los malentendidos y costumbres que lo habían conducido hasta allí: su entrada laboral en la oficina, vestido de primavera a media tarde, el trayecto que al oscurecer lo devolvía nuevamente al hogar, las conversaciones con Gil dos veces por semana durante nueve años, la primera mentira, risueña e impropia, y la última, cuando ayer mismo, 3 de octubre, colgó el teléfono para siempre, sopló la lamparilla de alcohol y cruzó con inesperada ligereza el sendero de arena, sintiendo bajo los pies una vaga noción de hostilidad, que aún hoy persistía.

Para ratificarla, un hierro le golpeó un tobillo. Todo se aliaba esa mañana contra él. Al encender la cocina, una cerilla se le prendió en las uñas, y no había acabado de maldecir cuando el viento se levantó al otro lado de la casa, abrió la puerta y entró arrastrando un torbellino de hojas de periódico. Entonces oyó los tambores. De la calle llegaban gritos de gente puesta en cometido cívico, que enseguida se mezclaron y confundieron con el hervor del agua del café. En el cacillo examinó su rostro de muchos nombres, ensayó un gesto de temerosa indiferencia y finalmente se quedó absorto, chupándose el dedo herido y mirando la llama del fogón. «Al final siempre ganará Aquiles», pensó, mientras oía los pitidos horarios de una radio lejana. Tomó aquel anuncio como advertencia del triunfo definitivo del presente, y para escapar a su amenaza intentó recordar otra vez el pasado. Pero sólo consiguió remontarse al sueño que había tenido la noche anterior. Había soñado que era comerciante y que debía transportar por tierra cierta cantidad de pollos de codorniz. Temeroso de que el camión sufriese un accidente y huyesen los pájaros y la mercancía se perdiese, urdió la estratagema de atarle en una pata a cada pollo una bolsita de té que sirviera de lastre. Así lo hizo y, en efecto, hubo un accidente, pero las aves no lograron remontar el vuelo y gracias a su astucia las recuperó todas y las vendió ventajosamente en su punto de destino.

La revelación del ensueño le descubrió que estaba retardando, con la convocatoria de otras pesadillas, el momento de enfrentarse a la realidad. «Estoy perdido», dijo sin énfasis, como si confirmase un hecho ajeno a sus más remotas inquietudes. Enseguida, espoleado por el temor a la cobardía, salió a la puerta y miró la sala en penumbra. Sobre el organillo se amontonaba su indumentaria de impostor, y en un sillón había una caja de zapatos y seis libros iguales, abandonados a un orden de naipes perdedores. Junto a la ventana, en una silla que guardaba la ausencia de su dueña, distinguió la caja de los hilos y las agujas de tejer. Las cosas de siempre parecían envueltas en un aire hostil de novedad. Incluso el cascabel del perro, que vagamente sonó al fondo del pasillo, tenía la voluntad y el tono de querer expresar un concepto.

Sólo cuando advirtió que hasta los hábitos más pacíficos habían perdido la fluidez y le exigían una atención artesanal, cayó en la cuenta de que estaba sucumbiendo al pánico. Pero hasta esto le pareció irreal. Se arrancó la servilleta del pecho, la dobló en triángulos exactos, se restañó los labios y la devolvió al cajón. Consultó el reloj: las ocho y media. Dudó entre tomar una súbita decisión o posponerse hasta la noche. Con esa duda se lavó, se vistió de fiesta, se untó de colonia y, con una mano en el picaporte del baño, como puesto al estribo de un tren listo a partir, se eternizó un instante así, con cara de autorretrato, esperando a ver quién de los dos, él o el del espejo, quedaba perdedor. Luego salió al pasillo, repitió la expresión bajo el dintel de la última puerta y, antes de cerrarla, se recordó: «Ya sabes, tú eres Gregorio Olías y no sabes dónde está Faroni. No sabes nada y tienes prisa, ni una palabra más ni una menos».

Afuera, todo estaba en orden y en silencio. Era una casa antigua, que quizás en otra época había gozado de cierto esplendor, aunque no tanto como para prolongar el prestigio en la decadencia. Todo era viejo, sucio, crujiente y tenebroso incluso desde los tiempos ya lejanos en que Gregorio cursó allí su último año de estudiante, cuando había en el primer piso una academia nocturna y él llegaba al anochecer fumando en el secreto de la mano y subía la escalera con un balanceo desdeñoso, aprendido en las películas de cine negro que ponían en el barrio. Y antes, debió de ser aquel un inmueble de historia y ambiente galdosianos, casa de vecindad que en su origen conoció una trama de altos y medianos funcionarios, comerciantes, profesionales y rentistas, señoronas de misa diaria, de las que en la boca llevaban siempre el gusto de un severo sorbo de café y en las manos la pincelada de la servilleta que selló en las comisuras de los labios la última condena moral; y luego vio aparecer un melancólico trajín de jubilados con boinas y bufandas, algún especialista en enfermedades venéreas que de la noche a la mañana había instalado consulta en las alturas, alguna enjaezada viuda que había abierto pensión en el segundo o una tienda de lencería lánguida en el bajo, hasta que al fin, cerrada por nupcias la pensión, muertos los jubilados y marchita la tienda, sobre las cenizas de las últimas pasiones privadas de aquel mundo en perpetua disolución apareció la academia nocturna, ante cuya puerta, que ahora ostentaba el rótulo B. A. COMERCIAL SYSTEM, Gregorio se detuvo veinticinco años después.

«Aquí conocí a Angelina», se dijo, estribándose en la baranda y sintiéndose arrebatado, ahora sí, por la gracia de los recuerdos deslumbrantes. «Debió de ser un día de otoño, como hoy.» Cerró los ojos y levantó una mano, remedando la misma seguridad mundana que había usado entonces para saludarla, cuando ella bajaba cada noche con su andar apenas perceptible, pues compartía con su madre el retiro de un luto inclemente y conservaba de las tardes de duelo la destreza en la lentitud y las penumbras y el hábito de las esperas insolubles. Entraba, caminaba un poco pegada a las paredes y se detenía en su propio remanso: la mirada ausente, aflojados los hombros, las manos reunidas en el seno y la expresión a juego con los zapatos bajos y aplicados, y la rebeca de honesto abrigar.

Se llamaba Angelina y venía a estudiar máquina, fue todo lo que alcanzó a decir el primer día. Gregorio declaró que se llamaba Gregorio (aunque algunos le llamaban Gregor), que vivía de pensión y que trabajaba de auxiliar en una oficina de seguros, y le enseñó un bolígrafo con el emblema de la empresa. Al segundo día le contó que escribía versos de amor desesperado y que sabía canciones tristes, que entonaba al son de una guitarra. Al cuarto le regaló el bolígrafo y le contó que iba a ser ingeniero y a construir puentes colgantes en la selva amazónica. Entonces ella, con un susurro atolondrado —pues todavía el dolor ponía sordina a las confidencias—, contó que su padre había sido capitán de caballería y que aún conservaban en casa un organillo con himnos marciales, símbolo de los tiempos prósperos en que sus padres la llevaban a mojar bizcochos al picadero militar.

Era mansa y gordita, olía a jabón de coco y su voz se quebraba al acabar las frases, como si el pudor le advirtiese de haber cometido alguna indiscreción. Pero así y todo, vencieron las incertidumbres de los primeros días, y una semana después los encuentros casuales adquirieron carácter de citas. Sentados en un banco al fondo lóbrego de uno de los pasillos, juntaban las cabezas cada noche y se encogían a hablar, ajenos al tránsito de estudiantes insomnes, que continuamente entraban y salían de las aulas.

Eran conversaciones truncadas por largos silencios. Cuando callaban, Angelina se mantenía inmóvil, con las rodillas en orden y los ojos fijos en el suelo, pero Gregorio, que vestía un traje de franela dócil y había visto muchas películas de espías y llevado su afición a la vida real, buscaba el respaldo, fumaba entre solapas y se creía mundano y apuesto, aunque también era bajo y sin encanto, y sólo la palidez propia de un vago estudiante de bachiller nocturno, y el sueño interminable que sufría, le daban cierto aspecto especulativo de seminarista en crisis de conciencia. Fue quizás aquella buena noción de sí mismo, junto a la impresión de pudibunda desnudez que le producía el silencio, lo que le llevó a hablar de su pasado. Pero apenas empezó su relato —recordó Gregorio veinticinco años después—, sus palabras cobraron la calidad ambigua que habría de enaltecerlo en el futuro, y que finalmente labraría su desdicha. Contó algunas verdades, las más inofensivas, pero calló muchas más, y otras las adornó y otras se las inventó con inspiraciones que ya había olvidado pero que entonces le sorprendieron por su fluidez y verosimilitud, pues en ningún momento fue consciente de estar traicionando abiertamente el modelo real.

Era cierto que sus padres habían muerto, y que con nueve o diez años se vino del sur a vivir con el único pariente que le quedaba, su tío Félix Olías, a quien con fácil inventiva elevó a rango de artista bohemio, poseedor de una biblioteca exótica y monumental y experto en temas culinarios, geográficos y pedagógicos. Eso debió de decirle, pero quizás en ese instante recordó, con la misma nitidez del 4 de octubre —y aquí se sentó en la escalera dispuesto a analizar objetivamente su pasado y a encontrar en él el origen de su negra desgracia—, el lejano día en que llegó a la ciudad en un tren nocturno de carbón, y el amanecer borroso en que lo vio por primera vez, enfundado al pie del andén en un viejo abrigo de espigas, los ojos llorosos de frío, los zapatos cubiertos de barro y el cuerpo flaco y trémulo asomado al garabato de la soledad.

Tenía cara de honrado comedor de legumbres, y una cierta desmañada ternura que parecía a punto de querer decir algo. Y lo dijo: habló de un bacalao y de un brasero y de una historia extraordinaria, pero con los bufidos del vapor y los gritos de la muchedumbre no se oyó nada más. Era invierno y llovía. De su tío, Gregorio recordaba aún el ritmo anheloso de su respiración y la temperatura de su piel cuando, sin hablar, lo tomó de la mano y se dieron a caminar por un laberinto de calles embarradas. Se oían entre la niebla las cornetas de los basureros, y en las esquinas brillaban todavía algunos faroles, extenuados ya por la claridad del alba. Cruzaron lugares que años más tarde Gregorio buscaría en vano, y que en aquellos momentos le parecieron cobertizos enormes con goteras. Y era curioso: apenas había gente, los pocos viandantes iban solitarios y rápidos, y sin embargo la impresión de multitud y gritería aumentaba sin tregua. Apremiados por el ritmo amenazante que iba adquiriendo la ciudad, tomaron por unas callecitas empedradas y se apresuraron débilmente bajo la lluvia. Parecían ir recorriendo los caminos simbólicos de la vida, pero al fin entraron a un portal, subieron una escalera oscura y salieron a un patio de galerías con vigas de madera y macetas dormidas en las barandas, donde sólo se oía el cuchicheo del amanecer.

El mismo azar que parecía haberlos conducido hasta allí los hizo detenerse ante una puerta que el tío manipuló con vacilante obstinación. Antes de entrar, volvió la cabeza sobre el hombro abrigado: «Animo, hijo, que en estas situaciones se forjan los héroes del mañana», y dejó que las palabras se agruparan en torno de un sentido y se debatiesen un instante entre la plenitud y la disolución. Luego se limpió los pies y empujó la puerta hacia la nueva edad. Y allá entraron, cogidos de la mano, los intrépidos viajeros del amanecer.

Era un piso de dos habitaciones, separadas por una cortina de pájaros en vuelo. En el centro de la primera, sobre el suelo recién fregado de ladrillo, había un brasero de cenizas tibias, y alrededor, remotos en el resplandor turbio de la madrugada, un armario, una mesa y dos sillas. Todo tenía allí el aspecto complicado de la sencillez que intenta burlar a la miseria oponiéndole algún objeto incomprensiblemente ornamental. De la pared colgaba un calendario ilustrado con un faro de mar, y en el mismo clavo había un rebujo de hilo de bramante.

Muchos años después, Gregorio recordaba aún que su tío, después de adelantarse a despabilar las brasas, se volvió y lo miró con la misma concentrada delicadeza con que hay que recordar los sueños recientes para que no se esfumen, y que él mismo conservaba la mirada floja de ver pasar cosas desde el tren, de modo que largamente se observaron como dos desconocidos en el claro de un bosque, sin atreverse siquiera a pestañear. Fue sólo un instante, sin embargo, porque enseguida un imperioso toque de corneta vino a sacarlos de su desamparo. El tío se acercó rascándose el cogote, le echó una mano por los hombros y lo condujo al otro extremo de la habitación.

—Mira, hijo —le iba diciendo—, ésta es nuestra vivienda. Aquí —y golpeó la mesa para probar su robustez—, comeremos, y tú harás los deberes y yo echaré las cuentas del negocio. Porque tengo un negocio, ¿sabes? Ya lo verás. Y ésta es una radio, ¿ves? Mira qué bien se oye. Este armario, con esta viñeta tallada que representa un coloquio de animales, es un buen armario, y como todos los objetos de esta casa, tiene una historia larga que contar. Allí haremos de comer —y señaló a un rincón donde había una alacena, un infiernillo de petróleo y un fregadero de barro—. ¿A ti te gusta el bacalao? Pues yo sé prepararlo de seis maneras distintas: con repollo, con arroz, con fideos, con garbanzos, con patatas y con tomate, que es el más rico de todos —enumeró jovial—, y hago también unos menudos con cebolla de chuparse los dedos, y algunos días especiales, como hoy, carne de chivo con su patatita. ¿Qué te parece a ti todo esto? Y aquí —y apartó la cortina—, dormiremos los dos.

Entonces se calló como si hubiesen llegado ante una panorámica. Era un cuarto pequeño y sin ventana, con paredes desnudas de cal, y permanecieron en él más tiempo del que hubiesen necesitado para ver una cama de hierro y una mesilla de noche con un orinal de loza en la cajonera desportillada, pero no el suficiente para encontrar las palabras que volvieran a redimirlos de un silencio que por momentos se hacía definitivo. Dieron un paso más. En un rincón apareció una guitarra despelujada y en otro un arca con herrajes de cobre. Siguieron mirando, y cuando ya no hubo más que mirar, Gregorio sintió la respiración de su tío e identificó en ella el mismo aire usado que adormecía la estancia, y se puso tan triste que empezó a llorar por dentro, sin derramar una lágrima ni descomponer el rostro ni sacudir los hombros, pensando que el frío de aquel amanecer y aquel olor a gallinas dormidas no lo abandonarían ya nunca. El tío se sentó entonces en la cama y saltó un poco sobre ella para probar su elasticidad. Luego se quedó mirando entre sus pies, como si le hubiesen propuesto un enigma cuya dificultad lo condenase a la melancolía.

Pero otra vez sonaron afuera las cornetas. Con su largo y pesado abrigo, que le confería una corpulencia derrotada, el tío cruzó el cuarto, encendió el infiernillo, se volvió sonriendo y se quedó en jubilada posición de firmes.

Estaba levantando la niebla, y cuando se sentaron a desayunar, un rayo de sol los envolvió en un ámbito de transparencia absorta. Comían sin hablar, sin mirarse, el tío chapoteando en su tazón de leche migada; Gregorio con desmemoriada y triste inapetencia. Los ruidos iban poniendo patas arriba la mañana, y afuera despuntaba la posibilidad de una ciudad grande y laboriosa.

Sólo cuando acabó el desayuno, volvió el tío a tomar la palabra. Aliviado de sus inquietudes, se espantó las migas del pecho y dio una palmada de satisfacción.

—Vamos a ver —dijo, agitando un índice—, ¿tú sabes quién era el obispo Acuña?

—No.

—¿Y sabes lo que significa la palabra «abuna»?

—No.

—¿Y sabes dónde cae Acapulco? ¿No? Pues ya verás cómo muy pronto lo has de saber. ¿Y nunca te habló tu abuelo o tu padre del afán?

—No me acuerdo muy bien.

—Pues mejor así, porque ésa es una palabra maldita. ¿Y tú sabes que yo conozco al diablo en persona?

—No.

—Pues también eso te contaré.

Miró el reloj.

—Pero ahora hay que apresurarse. Cuando lleguemos al negocio te hablaré de los proyectos que tengo hechos para nuestra vida en común, y te contaré una historia que te ha de admirar, y que nunca hasta hoy he contado a nadie.

Salieron a la galería, recorrieron una calle tortuosa y desembocaron a una encrucijada por donde pasaban echando chispas los tranvías. Allí, bajo una acacia, estaba el negocio. El tío lo señaló de lejos:

—¿Lo ves? Te parecerá poca cosa, pero tenerlo al día, con artículos completos y modernos, exige mucha dedicación y experiencia. Pero tu tío, aquí donde lo ves, es un gran comerciante. La pena es que la vida no me haya dado ocasión de demostrarlo.

Se trataba de un quiosco de tablas sin cepillar pintadas de verde y sujetas con tiras de latón, atestado de chucherías para niños, tabaco suelto y novelas de amor, policíacas y del oeste.

Entraron reculando por una trampilla y se acomodaron en el interior, entre ventanitas de cristales turbios, el tío sentado en un taburete y con una estufilla de alambre entre las piernas, Gregorio encogido sobre una pila de tebeos desde donde sólo se alcanzaba a ver, movido por el viento, el alto ramaje de la acacia.

Desde su escondorite oyó los gritos de los colegiales y el estrépito de los tranvías. Y oyéndolos se adormeció y soñó con un zaguán y una mujer que cosía dulcemente al contraluz de un patio alborotado de sol. Vio un rayo de transparencia angélica por donde bajaban las avispas a un jazmín, y escuchó en lo más oculto de la tarde un diáfano parloteo de agua. Cuando por fin despertó, sobresaltado por el sigilo de la lluvia, sintió que se precipitaba en el vacío y que le faltaba el aire para respirar. Con una atragantada, que era grito sin voz, y como huyendo de su propio cuerpo, se irguió estremecido en la penumbra. Su tío, que sostenía un libro grande en el regazo, detuvo el dedo con el que seguía la lectura, y se volvió con una sonrisa desmañada.

—Ahora que has descansado —dijo cerrando el libro y cruzando las manos sobre él, y eran manos fuertes como herramientas, pero de una lentitud rígida que resolvía cualquier movimiento en obstinación—, hablemos de nosotros. Y para empezar, te contaré la historia prometida.

Y de nuevo se encogió Gregorio en su rincón, rodeado por el olor a gallinas dormidas y el frío perenne del amanecer.

—Mira, hijo, yo he sido conserje. Ahora estoy jubilado, tengo una pequeña paga y me ayudo con este pequeño negocio que aquí ves. Hasta hace algunos años estaba contento con mi suerte y tenía la conciencia tranquila, aunque me quedaba la pena, es verdad, de no haber llegado a ser algo mejor. No algo grande como juez o médico sino un buen artesano, mecánico o ebanista, o cualquier oficio de maestría donde hubiese alcanzado una mediana perfección. Y era una pena porque, apenas me jubilé, me pasó lo que a tu abuelo, que empecé a descubrir en mí aptitudes inmejorables, desconocidas hasta entonces, para ejercer las profesiones más difíciles y las tareas más escogidas. Si veía trabajar a un mecánico, me decía: «¡Qué gran mecánico se ha perdido en mí!», y si a un albañil, «¡qué gran albañil!», y me pasaba las horas asomado a la puerta de los talleres, viendo trabajar a los oficiales y lamentándome de mi mala fortuna. Llegué incluso a convencerme de que hubiese sido un excelente policía de tráfico. Me obsesioné tanto que a cualquier hora cerraba el negocio y me iba a los cruces a observar a los guardias, y siempre les sacaba defectos. «Yo lo haría mejor», me decía, y me imaginaba a mí mismo vestido de uniforme y dirigiendo la circulación con gestos elegantes y enérgicos, y trinando el silbato como un jilguero. Eso me llenaba de orgullo, pero también me entristecía y me envenenaba el pensamiento. Y empecé a preguntarme por qué con tan buen talento no había pasado de conserje. Así viví algunos años, y cuando estaba ya a punto de resignarme a mi destino, verás lo que ocurrió un día.

»Yo estaba aquí cenando (me acuerdo muy bien, bacalao con tomate) cuando llegó un hombre de muy mediana edad con una capa negra y unos guantes que se quitó con mucha parsimonia. Era fuerte, con buen dominio del porte. Tenía una cicatriz en la frente, como un ciempiés, y le temblaban un poco las manos. De todas formas, ya no recuerdo bien su aspecto, aunque podría darte mil detalles de su fisonomía. Traía un aire distinguido y dañino, eso sí, lo pensé apenas lo vi (este hombre es un tentador, me dije), y miraba con deferencia y despego a la vez. El caso es que puso aquí mismo, en este mostrador, un bulto grande envuelto en papel de periódico. Yo creía que venía a cambiar novelas. Hay personas mayores que tienen vergüenza de leer novelas y las traen escondidas de noche, y mirando siempre a los lados. Hijo, tú nunca leas novelas, nunca caigas en ese vicio, porque ya lo dice la palabra: novelas, no velas, es decir, no verlas, y así debían llamarse, noverlas, con la advertencia de la erre. ¿Me estás escuchando, hijo?

—Sí, tío —contestó allá abajo Gregorio.

—Bueno, pues verás. Dejó aquí el bulto sin decir nada. Al contrario, se puso a mirar a otra parte, como si hubiera un convenio de por medio. «¿Para cambiar?», le pregunté, con el bocado torcido en la boca. «Para cambiar», dijo él, con una dicción muy pura, casi cantada. Abrí el envoltorio y había allí tres libros enormes, y muy bien forrados en cartón de becerro. Como todavía tenía el bocado en la boca me puse a masticar y a no saber qué decir, percibiendo en todo aquello un aire de desastre. «¿Qué me da por eso?», preguntó el hombre. Y fíjate, Gregorito, me salió una respuesta muy ingeniosa, no sé cómo. Aparté un poco los libros y le dije: «Lo siento, pero no he pensado por ahora ampliar el negocio». «Así y todo», dijo él, «hágame un trato.» Entonces ocurrió algo muy difícil de explicar, algo extraordinario que sólo entiende quien lo prueba. Y es que empezamos a sentirnos inspirados y a combinar burlas y frases atrevidas. Habíamos perdido la vergüenza y nos comportábamos como dos verdaderos artistas. A mí eso nunca me había ocurrido, aunque en la relación que había hecho de mis cualidades no desdeñé la de orador, y tenía la seguridad de que si la ocasión llegaba a presentarse me hubiera salido un buen discurso, no importaba sobre qué. Eso mismo le pasaba a tu abuelo, que quería ser notario. ¿O es que no sabes que tu abuelo era notario y tu padre coronel, aunque de mentira, y que a eso le llamaban el afán? ¿Lo sabes?

—No me acuerdo muy bien.

—Pues mejor, porque ésa es una palabra maldita. Pero a lo que iba. El hombre estaba esperando que le hiciese un trato, y yo fui entonces y le ofrecí la luna (me acuerdo que menguaba); él contestó que no había traído un cesto para llevársela. Le ofrecí la piel del oso que cazara en el año de Maricastaña, más un ciento de pájaros volando y todas las uvas altas que pudiera alcanzar, y le ofrecí otras cosas imposibles, que él rechazó con gracia, después de sopesarlas. Cuando me flaqueó la inspiración le tendí, que Dios me perdone, un puñado de caramelos y una ristra de petardos. El se reía con ganas y decía: «Ofrézcame también su uniforme completo de guardia de tráfico». ¿Cómo podría saber aquel hombre mi secreto salvo que fuese el diablo, como pienso? Pero en aquellos momentos sólo me preocupaba poner a salvo mi honor. Le ofrecí incluso la tartera con su bacalao. Y él seguía riéndose y pidiendo más cosas: mi badila de albañil, mi llave de mecánico, mi escoplo de ebanista, mi insignia de conserje. Le puse aquí encima (pues yo andaba como loco, sin dar crédito a aquella maligna demostración de poder) un reloj de mentira, una pistola de agua, una careta de mono y todo lo que había por aquí. Pero cuando saqué un montón de novelas y cuentos, al buen tuntún, él se puso serio, colocó una mano encima como si fuese a hacer un juramento y dijo: «Cierro el trato, los tres libros grandes por este lote». Me asustó su voz de pronto ronca, como de tahúr. Por estar a la altura de las circunstancias, acepté, y para que no pensara que yo era un charlatán sin sustancia. Así que agarró el lote, se arrebujó en la capa con un movimiento que parecía que iba a desaparecer bajo tierra, se puso los guantes sin ninguna prisa, dio una cabezada de artista y no volví a verlo nunca más. ¿Qué te parece lo que ocurrió? ¿No es cosa del diablo?

—No sé —contestó Gregorio, que sólo muchos años después llegaría a comprender aquella historia.

—Pues mira, hijo, éste es uno de los libros, y ahí tengo los otros, guardados como oro en paño y con los que tú te harás un hombre de provecho. Si yo hubiera sabido que existían estos libros, a estas horas sería un gran hombre, quién sabe si juez o médico, o incluso cardenal en la propia Roma, y no como tu abuelo o tu padre sino de verdad, con los papeles bien en orden.

El primero era un diccionario. «Aquí vienen todas las palabras que existen, sin faltar ni una.» El segundo era un atlas: «Y aquí todos los lugares y accidentes del mundo», y el tercero una enciclopedia: «Y éste es el más extraordinario de los tres, porque trae por orden alfabético todos los conocimientos de la humanidad, desde sus orígenes hasta hoy. ¿Tú sabías que existía un libro así? Pues yo tampoco hasta hace tres años. Desde entonces lo estoy estudiando. Voy ya por la palabra "Aecio", que era un general romano que mató al conde Bonifacio en el año 432 y derrotó a Atila, rey de los hunos, en el 451, pero que fue asesinado por el rey Valentiniano III, temeroso de su poder. Adelanto poco porque ya soy viejo y tengo mala memoria, y para aprender una cosa debo olvidar antes otra. Y luego está el atlas y el diccionario. Todos los días me aprendo cinco palabras nuevas y el nombre de algún río o una ciudad. Cuando pienso en la cantidad de cosas que podía saber a estas alturas si estos libros hubiesen caído en mis manos hace cincuenta años y tuviese entonces el espíritu que hoy me anima, no hay nada que pueda consolarme, porque sé que he equivocado mi vida, y eso ya no tiene remedio. Pero tú, Gregorito, todo lo tienes a favor. Pareces enviado por el destino para reparar la burla que me hizo a mí, dándome pan cuando no tenía dientes. Así que ya sabes, desde mañana empezaremos con tu aprendizaje, porque no hay tiempo que perder».

Se volvió trabajosamente y, poniendo una mano sobre la cabeza de Gregorio, con la voz demudada por la solemnidad, proclamó:

—Hijo, tú serás un gran hombre.

Capítulo II

Así que todas las mañanas salían de casa a buena hora, y apenas se instalaban en el quiosco el tío abría la enciclopedia y, ayudándose con un dedo, comenzaba a desgranar las palabras en sílabas claras y doctrinales, y nunca pasaban a otro artículo hasta que Gregorio había memorizado bien el anterior. Luego trabajaban en el diccionario y por último se emparejaban a examinar el atlas. Habían empezado por Perú y estaban decididos a no cambiar de país hasta que fuesen capaces de viajar de memoria por él, nombrando sin error sus más leves accidentes geográficos. Comían en el quiosco, y regresaban a casa al anochecer.

Allí tenía lugar el último acto de la jornada pedagógica. Como era buen calígrafo, le enseñaba sus artes de amanuense. «Que no son otras que las del pensamiento», afirmaba, «pues la filosofía es una rama de la caligrafía, y nace como consecuencia de la concentración que exigen los primores caligráficos.» Sacaba lápiz y papel. «Primero proponemos un refrán o una máxima. La claridad del signo», iba diciendo al mismo ritmo florido y enredoso de la escritura, «es ya anticipo de la penetración en él de la mente; es casi un comentario razonado del asunto. ¿Ves, hijo? Así se adueña uno del concepto, rebañándole toda la sustancia.» Y le explicaba que la gran ignorancia que reinaba en el mundo, se debía a la difusión de la máquina de escribir. «La inventó Mister Remington, un americano sin corazón.» Desde entonces se había perdido no sólo el arte manual de la filosofía sino también el modo correcto de pensar, que era sentarse con el torso ligeramente adelantado y atlético, un codo en la rodilla, el mentón sostenido en el trípode de los dedos, o haciéndose una visera en la frente, el otro antebrazo fuertemente asentado en el muslo, la mano colgando en el vacío y los ojos fijos en su propio horizonte. En el quiosco o en casa, cada vez que encomendaban algo a la memoria o se les planteaba alguna duda, adoptaban el escorzo clásico del pensador, y siempre lograban resolver las dificultades.

Ya en la cama, le enseñaba acordes y rasgueos de guitarra o le refería la historia de los antiguos conquistadores, y sobre todo la epopeya de Alvar Núñez Cabeza de Vaca, cuyos hechos lo enardecían de tal modo que terminaba hablando a gritos, y a veces llorando de emoción. «Yo hubiera sido un buen conquistador de tierras», decía, «pero el destino me ha condenado a una época en que la única gran empresa se reduce a la conquista del puchero. Pero, ¿te imaginas que tu tío hubiera descubierto un río? ¡Río Olías! O un mar interior: ¡Mar de Olías! Entonces, me reía yo de la muerte. Por eso tú, Gregorito, a ver si descubres algo, un virus o una ley. Te harían una estatua. Y lo que tienes que hacer entonces es acordarte de tu tío, y decir que yo fui tu maestro. Con eso me pagarás lo mucho que estoy haciendo por ti.»

Algunas noches, el sueño sorprendía a Gregorio durante el relato, y su tío, que había empezado narrando vidas ejemplares, acababa perdido en el cuento de sus propias quimeras.

Al día siguiente volvían a la tarea. Pero avanzaban con tanta lentitud que un año después no habían pasado de la palabra «aforo», y estaban todavía con los últimos ríos y estribaciones del Perú. Gregorio tenía ya entonces la identidad definitiva que evocaría con precisión la mañana del 4 de octubre: un largo chaquetón de marinero, que había pertenecido a su tío, una gorra de cuero con orejas y una bufanda parda de tres vueltas cumplidas. «Ya entonces iba medio enmascarado», se dijo, y recordó la tarde en que su tío le entregó el chaquetón. Tenía seis botones de cobre y una etiqueta en letra inglesa y dorada en el forro, donde aún podía leerse: *Tarrasa*, lo cual hizo suspirar al anciano: «Yo hubiera sido un buen comerciante de telas», dijo, «y también un sastre de primer orden, y mi apellido figuraría en los forros de los abrigos durante muchos años. ¡Ay, Gregorito, la vida es hermosa, pero yo la he perdido por mi mala cabeza y, fíjate, ya no tengo consuelo!», y fingía que lloraba, con pucheros de niño.

Aquella era su obsesión. En el buen tiempo sacaban sillas a la galería y tomaban el fresco hasta la medianoche. Su tío le daba entonces buenos consejos para la vida. Le decía que el saber no ocupa lugar, que lo que hace un hombre lo puede hacer otro, que la constancia es la madre de todas las virtudes y que ninguna noche se acostase sin haber aprendido algo nuevo. Y le contó cómo a él mismo su padre le preguntaba al acostarse: «¿Qué has aprendido hoy?», y si no había aprendido nada lo hacía salir a la calle, aunque fuese invierno, y no lo dejaba entrar hasta que volvía con alguna buena enseñanza. «¿Traes algo?», le preguntaba desde dentro. Jamás podría olvidar la noche de enero en que arreciaba la lluvia y él no encontraba ninguna novedad que le franquease la entrada. «¡He aprendido que está lloviendo!», gritó.

«No es bastante», contestó el padre. «¡Hace frío!» «Tampoco basta.»

—Estaba oscuro y tenía miedo. Entonces oí una música de cuerda, muy acompasada y dulce. Me parecía que estaba allí mismo, pero cada vez que iba a alcanzarla la música se iba un poco más lejos, y así anduve mucho tiempo hasta que me paré en una casa bajita y por la puerta a medio abrir vi a un viejo que tocaba el violín a la luz de un cabo de vela. Corrí a casa y le dije a mi padre: «¡He aprendido que allí abajo hay un viejo tocando una guitarra!» (pues yo entonces no sabía lo que era un violín, y apenas lo que era una guitarra). Mi padre me ordenó que volviese y me enterase mejor de lo que había visto. Yo fui otra vez, entré un poco en la casa y pegué en la puerta. «¿Qué quieres?», me preguntó el viejo, sin volverse ni dejar de tocar. El cabo de vela había menguado y la sombra del músico llenaba la pared. Yo le dije: «Quiero saber el nombre de la guitarra». «El nombre de la guitarra se llama violín», dijo él, y siguió tocando, siempre la misma música. ¿Quieres saber el resto de la historia, Gregorito?

—Sí.

—Pues vamos allá. Volví a casa empapado y di la respuesta desde fuera. «¡No es bastante!», gritó mi padre, «¡pregúntale al músico cómo se llama!, ¡no te conformes con tan poco!, ¿no ves que el saber no ocupa lugar?» Así que desanduve el camino, y cada vez estaba más oscuro y más frío, y todas las puertas, menos la del viejo, estaban trancadas y sin luz. Cuando llegué, la vela había bajado mucho y apenas se veía nada, y la sombra del músico ya no tenía forma. «¿Que cómo se llama usted?», le dije. Y él contestó sin dejar de tocar siempre lo mismo: «Manuel me llamo». Corrí otra vez a casa y di la respuesta. Llovía a mares, un agua helada y temporal, y había casi lobos en la calle. Pero mi padre dijo: «Y la música, ¿cómo se llama la música? ¡Anda y pregúntale! ¡Corre!». Y yo corrí, pero estaba cansado y adelantaba poco. Cuando llegué, la vela se había apagado y no había vela, ni estaba ya el viejo. Me asomé a la puerta y grité: «¿Cuál es el nombre de la música?». Pero nadie me contestó. No se oía nada, sólo el agua, y volví a casa llorando. Mi padre me abrió entonces y me dijo: «Ahora sí has aprendido algo, que ya nunca sabrás el nombre de esa música. La recordarás, pero no sabrás el nombre, y serás por eso un hombre desgraciado». ¡Ay, Gregorito, y cuánta razón tenía! Todavía me acuerdo un poco de la música —y la tarareó sin gracia ni sentido—, pero a quien se la canto nadie sabe el nombre, y me moriré sin saberlo. Esa es la pena más grande que yo tengo.

Y todos los días, Gregorio aprendía alguna cosa nueva, y muchas palabras, y nombres de ríos y generales.

Durante aquellos primeros años, su tío se mantuvo lúcido y tenaz. Comía con apetito de todo, analizaba de vez en cuando sus papeles (un cajón repleto de documentos caducos, cartas, retratos y recortes de periódico), tocaba la guitarra, acudía diariamente al retrete vecinal de la galería y los domingos visitaban una casa de baños, de la que salía rejuvenecido, animoso y con ganas de hablar. Volvían en tranvía, y al paso iba señalando con el dedo las alteraciones que en los últimos cincuenta años había sufrido la ciudad.

Pero aquel júbilo duró poco. Gregorio recordaba que una tarde de verano, mientras repasaban la historia de los Abencerrajes, su tío cerró de golpe la enciclopedia y, transfigurado por una súbita convicción, en un tono de infinito desaliento, dijo:

—Nunca llegaremos a Cabeza de Vaca, nunca llegaremos a México ni a don Lope de Aguirre. Probablemente yo no llegaré nunca al Amazonas. Me moriré, me pudriré, y hasta tú, Gregorito, te olvidarás de mí. ¡Gregorito, me moriré! ¿Y qué será entonces de Félix Olías si nadie lo conocerá ya? Hijo, los Olías estamos malditos. Por eso, porque estamos malditos, se me apareció a mí el diablo y me tentó.

Entonces puso ojos avizores de navegante, y mirando al infinito gritó:

—¡¡El afánnn!!

Alimentado por la conjetura de que no llegaría al Amazonas, y de que el olvido era una segunda muerte más temible y definitiva que la anterior, fue espaciando sus hábitos y aflojando el ritmo del aprendizaje. Se concentró en el examen del cajón de papeles, comenzó a hablar solo y en alto y el anochecer se lo pasaba rascándose la cabeza y midiendo las habitaciones a trancos memoriosos, desechando siempre los súbitos hallazgos que lo hacían detenerse un instante, allí donde lo encontraran los recuerdos. Gregorio no sabía que aún conservaba en el arca el uniforme de conserje con hombreras de oro y entorchados de lujo con que una mañana, sin anuncio previo, apareció vestido, radiante, parado al óleo bajo el dintel del dormitorio e iluminado por una sonrisa en la que el orgullo, la esperanza, el vértigo, la inocencia se azabucaban para componer un borroso signo de locura. Meses después renunció a salir de casa, salvo para ir al retrete, y cuando llegó la primavera se instaló en la cama y en ella transcurría su vida, rodeado de papeles que iba leyendo y comentando con variedad de voces y de humores, sin encontrar nunca la causa de su pena ni el objeto de su contento.

—Gregorito, cuando me muera, ¿te acordarás de mí?

—Sí, tío.

—Cuando descubras algo, cuando seas un gran hombre, no dejes de nombrarme, hijo, ni de decir que yo fui tu maestro. ¡Mira no vayas a olvidarte de mí!

Poco tiempo después, recordó Gregorio la mañana del 4 de octubre, se negó a cocinar y redujo su dieta a unas embozadas de frutos secos por día. Se pasaba las horas descortezando cacahuetes, chupando higos y royendo castañas, perdido en un mar de legajos que cada noche devolvía al cajón para desbaratar de nuevo al día siguiente.

Con su olor a animal enjaulado, los discursos entrecortados de su insomnio y el picor crujiente de los desperdicios de la dieta, era difícil conciliar el sueño, y más cuando le daba por encender la luz en mitad de la noche, reclamar el cajón y ponerse a rebuscar entre los papeles aquel que había provocado, por lo que fuese, sus desvelos. «Tío, ¿por qué no duermes?» «¿Dormir?», exclamaba con los ojos desorbitados de asombro, la barbilla unida a la nuez en un visaje de pájaro rapaz, «¡cómo dormir!», y blandía un puñado de papeles, «¿es que la letra duerme acaso, descansa su sentido?» Y le daba por decir cosas raras, como que las lombrices eran palabras sobrevivientes de una lengua muerta o que en el reino de las sillas el taburete es ciego.

Otras noches, llevado por el temor a los ladrones de papeles, despertaba a Gregorio con un «¿no has oído ruido de maleantes?», y lo hacía mirar debajo de la cama e ir a cerciorarse de si la puerta había quedado con la tranca bien puesta, pero no contento con la inspección se le oía rezongar, suspirar, maldecir por lo bajo, caer finalmente en un sueño frágil del que no tardaba en salir para consultar el reloj, levantarse luego con su gorro de dormir con borla y su camisón de viejo avaro a ver si ya alentaba luz por la ventana, volver quejoso al lecho y dormitar a la deriva de un manso borbolleo. «Nunca llegaremos al Amazonas», solía decir, con la voz tétrica, sobrenatural e infalible de los dormidos.

Sufría también de estreñimiento. Él mismo se recetaba laxantes y astringentes cuando empezó a relacionar la salud con la regularidad y monto excrementicios, de modo que, como era madrugador, salía al alba y se juntaba a la pared del retrete y se afanaba en descargar el sinsabor de sus entrañas, produciendo un esforzado quejido, tan numeroso y ronco que despertaba a cuantos dormían en los dominios de la galería, y hasta los pájaros de la vecindad adelantaban sus trinos y, en fin, todo despertaba antes, a instancias de tan ruda convocatoria.

Meses después —no recordaba Gregorio en qué momento—, se desinteresó también por los papeles. Creía recordar que fue un día de primavera cuando, a media mañana, hubo un revuelo en la calle, un tumulto de voces y bocinas, un crecer y decrecer de carreras en el pasillo y por último un silencio de pífano que se extendía hasta más allá de donde alcanzaba la memoria. Y no tardó en surgir el eco distante y nítido de una música que por un instante pareció alejarse en el recuerdo, pero que de golpe desembocó bajo los balcones con estruendo festivo de charanga y llenó el aire de gritos de niños, enseñas de oro y humadas de cohetes. Como reclamado por una revelación divina, cruzó el cuarto, con pasos tan inciertos que sólo entonces cayó en la cuenta Gregorio de su extrema decrepitud, y llegó a la ventana y miró hacia abajo con los ojos arrasados de lágrimas y esperó hasta que la música se alejó y los balcones se cerraron y el silencio volvió de nuevo a hacerse prodigioso.

—¿Has oído? —preguntó o se preguntó—, ¿has oído? Era una música y avisaba de algo. Por un momento me pareció que era aquélla cuyo nombre nunca conoceré.

La ternura siguió al desvarío. Si antes la realidad le estuvo vedada, reducida al tráfago de los papeles o encomendada a una memoria que no se resignaba al olvido, y si a ello consagró sus mejores desvelos y sus más exactas sinrazones, ahora era la visión milimétrica del mundo y el sufrimiento por las cosas insignificantes lo que le impedía dormir. De niño, bien que lo recordaba, había matado a pedradas a un pájaro indefenso: he ahí un crimen que ninguna autoridad podría absolver. ¿Y qué decir de los insectos que habían muerto para contribuir a su infancia con el regalo de la crueldad? Lloraba por ellos, se sorbía los mocos, cabeceaba de pesar. De pronto se animaba con el alivio de una expiación tardía: «¿Qué tal está el pajarito de la portera?, ¿canta a sus horas?, ¿salta entre los palitos? ¡Anda, ve, y dime qué está haciendo ahora! Y esa termita que roe la viga, ¿la oyes cómo la roe? ¿Y las moscas? ¿Cuántas moscas tenemos ahora en casa?». Y conversaba con las que iban a posarse en la cama: «¡A los buenos días, mosquita!, ¿cómo tú por aquí? ¡Huy, y qué de patitas tienes!». Y su amor se extendía devorador a los objetos materiales: las calizas de las paredes, los cordones de los zapatos, las manchas de la ropa y los pájaros en vuelo de la cortina: a todos les hablaba, por todos lloraba, por todos sorbía mocos y cabeceaba de pesar. «Las cosas no tienen afán porque son puras y sencillas», solía decir. A Gregorio lo hacía dormir a sus pies, según las más estrictas reglas de la caridad, y a veces para divertirlo le hacía cosquillas, se inventaba morisquetas o imitaba sin gracia la voz de los animales domésticos.

Por esa misma época, cuando a media mañana se oía la voz del cartero en el patio, le decía a Gregorio: «Anda a ver si nos han escrito». «Pero, ¿quién nos va a escribir?» «Eso nunca se sabe», decía él, «las cartas son como los pájaros, que a veces van y vienen porque sí.» Pero un día dijo, «las cartas son como», y no consiguió recordar la palabra «pájaros», y cuando quiso decir que la había olvidado, tampoco logró recordar la palabra «olvido», y cuando intentó añadir que no recordaba esta palabra, olvidó también la palabra «recuerdo». Para remendar los rotos de la memoria, Gregorio le leía cada noche en el diccionario las palabras perdidas por el día, pero como tampoco alcanzaba los términos de las definiciones, había que ir a buscar los nuevos significados, que a su vez remitían a otros, de forma que terminaban girando en un círculo inextricable y agotador.

Luego, sin saber cómo, se fue distrayendo también de la ternura, se fue quedando silencioso, con los ojos estancados en el vacío, largando de tarde en tarde una ventosidad y parpadeando al mismo tiempo con muy juicioso asombro, fuera ya, casi definitivamente, de toda época, costumbre o afición.

Como su tío no podía enseñarle ya nada —continuó Gregorio examinando su pasado—, lo mandó a una escuela que había por allí cerca, una habitación baja y triste donde a todas horas se oía a los colegiales cantar las tablas de los números y las retahílas de la doctrina. Del maestro recordaba Gregorio que miraba siempre por la ventana mientras con voz monótona dictaba frases con trampas ortográficas o planteaba problemas de sacos de arroz. Su cabeza descubierta, acostumbrada al sombrero, blanqueaba con obscena desnudez de matrona recién salida de la enagua. Lucía un bigote finamente caligrafiado sobre una boca semejante a un higo pasón. Tenía un colmillo de oro, y una gruesa corbata de arbustos.

A la salida, Gregorio se demoraba por el barrio, sin atreverse nunca a salir de sus límites. Ya en casa, y animado por las últimas clarividencias de su tío, se entregaba al estudio de los tres libros mágicos. Pero no tardaba en distraerse, con el apremio de otros portentos, pues muy pronto debió de desvelarse en él la propensión a descubrir misterios en cada palabra, y así, se pasaba las horas escuchando la secreta sonoridad de un vocablo, que dejaba desleír en la boca como un caramelo al que no acabara de sacarle el sabor, buscando la sutil relación entre el nombre y la cosa, poniendo a ambos frente a frente y esperando que entre ellos se produjese alguna seña de complicidad que delatara sus mismos orígenes, y nada le maravillaba más que aquella absurda conveniencia de llamar «amapola» a una flor y que la flor perdiese por ello su inocencia de criatura todavía innominada. «¿Por qué yo me llamo Gregorio? ¿Cómo es posible ese disparate y que oiga "Gregorio

33

ven aquí" o "Gregorio ve allá"?» Más de una vez se acercaba a su tío y lo pronunciaba despacito: «Tí-o Fé-lix», con la esperanza de que alguna vez no se diese por aludido. Y —como creía que hay palabras que se aparecen después de muertas, y son fantasmas que gimen y gimen en busca de su perdida condición de cosas— más de una vez también lo pronunciaba con nombre falso: «Sar-cu-so», pero dirigiéndose a él con una intensidad y un descaro que su tío terminaba reconociéndose en aquel nombre, y gritaba: «¿Qué coño dices y dices?», pronunciando dos veces la misma palabra, para expresar mejor su desconcierto.

—¡Félix Olías! —se desgañitaba—. ¡Mi nombre es Félix Olías!

Algunas noches escuchaba la radio. Apenas la enchufó por primera vez, emitió un largo pitido errante que confirmó sus sospechas de que el mundo era en efecto extraño e inhóspito. Había emisoras que transmitían en otras lenguas, que muy pronto aprendió a imitar, como si del canto de un pájaro se tratase. O dibujaba círculos y prismas, sin entender a qué exigencias del conocimiento respondían tan ilustres figuras. Las líneas paralelas se le antojaban un obtuso drama geométrico, con aquel no encontrarse nunca, aquel alarde de fidelidad y de rechazo que fabulaba un tiempo y un espacio infinitos. Y algunos otros enigmas, como el de la Santísima Trinidad, donde el Uno y el Tres se combinan para negarse siempre, o el de Aquiles y la tortuga, tan irrefutable que la misma realidad no se bastaba para desmentirlo (y muchos años después todavía recordaba Gregorio que apenas hubo desvelado el maestro la impotencia de Aquiles, un muchacho empezó a reírse con insolencia y a decir que aquello eran mentiras y tontunas de antiguos, y entonces el maestro se precipitó sobre él y lo persiguió y lo alcanzó en un vuelo, y después de castigarlo se embraguetó la corbata y reanudó como si tal cosa la exposición de la aporía), lo dejaban abismado en reflexiones insolubles.

Total que acabó por no entender nada sino que el mundo era algo terriblemente misterioso, por más que el hombre lo intentase aliviar enmascarándolo con líneas, números y palabras. Miraba al cielo, y apuntaba en sus ojos la triste perspicacia de los adolescentes solitarios.

Fue quizá la fascinación por las palabras, o bien el instinto primerizo de la soledad, lo que le hizo descubrir la poesía. Recordó que algún tiempo atrás su tío había encontrado en el arca un librito de versos, que se dio a recitar con recia voz de pronunciador de anatemas. Entonces no les prestó atención, pero ahora lo buscó, lo abrió al azar y leyó en voz alta la fábula del burrillo flautista. En un intervalo de lucidez, su tío le pidió que leyera otras fábulas, y al final proclamó: «¡Yo hubiera resultado un gran fabulista de no haber sido por mi mala cabeza! Hubiera escrito la fábula del cuco y la aguanieves, desconocida hasta hoy. Pero me moriré en vano. Hijo, mira que cuando me muera no se caiga algún clavel de la corona y lo pise la gente. Y si llegas a ser poeta, hazme una poesía, Gregorito, y no te olvides de poner que conocí al diablo y que de joven fui marino».

Gregorio leyó el libro con más asombro que devoción. Igual que años después se enemistaría con las cosas, ahora se enemistó con las palabras, porque le impedían la visión directa de las cosas. Era imposible mirar el cielo sin que la palabra «cielo» se interpusiera entre los dos. Y no sólo todos los objetos sufrían la rémora de un nombre sino que, como había memorizado muchas páginas de los tres libros mágicos, tenía la cabeza llena de nombres que no remitían a ningún objeto conocido, que no servían para nada y que sin embargo estaban allí: tercos, exactos, invencibles. El mundo era hostil a fuerza de misterio. No entendía nada de la vida y quizá por eso olvidó la poesía y empezó a llenarse de vagos proyectos de evasión.

Imaginaba un lugar diáfano y amable, donde todo fuese tan sencillo que no se necesitase la memoria para vivir, ni hubiese misterios que aprender. Buscó en el atlas: juzgó la musicalidad de muchos nombres, trazó rutas ignotas, recogió en círculos rojos lugares que creía perdidos e ideó un santo y seña, «nueces en primavera», que habría de pronunciar el alto, cuando el plan de fuga estuviese maduro. Se imaginó su nueva vida, agreste y solitaria, ágil entre las peñas, lavándose a torso desnudo en el bullicio de los manantiales, vestido de pieles y con un cuerno colgado del cuello, arco a la espalda, flechas en el carcaj, sombrero de juncos y zapatos de corteza. Por la noche escondía los ojos abiertos en el rebozo de la sábana, y allí, convirtiendo en aliento épico el rencor y la abulia acumulados por el día, se dejaba ir a una roca que, en medio del mar, era una isleta de desolación, donde él vivía y medraba a costa de unos cangrejos, de una cabra roja, de víveres de náufrago guardados bajo la arena de una cueva. Y en la cueva se alumbraba con sebo y oía afuera el rugir de la tempestad, o se veía a sí mismo mariscar entre los arrecifes, reunir leña y beber café junto a la lumbre con una manta por los hombros, oyendo alrededor el manso atamborileo de la lluvia.

Así se dormía, pero al despertar iba al atlas y, con un dedo soñoliento, recorría las rutas de la salvación. En el lugar más apartado del Pacífico Sur, cerca ya de las regiones antárticas, trazó una cruz: allí estaba su isleta; se llamaba Despedida. Un día, viéndola, se echó a llorar de bruces y sacudía los hombros y no paraba de llorar. «Y qué te pasa», le preguntó su tío, «qué te pasa, ¿tienes miedo de algo?» «Sí», contestó Gregorio. «¿Y de qué?» Y él extendió un dedo y señaló el atlas al azar y salió Cuba. Su tío se echó las manos a la cabeza y gritó:

—Pero ¿tú no sabes que yo estuve en Cuba de joven, con ese mismo chaquetón que tienes, y que es una isla llena de sol y de verdura, con negros, papagayos y canciones preciosas como ésta que me sé?

Y cogió la guitarra y con voz cascada cantó una canción bonita de verdad, tan melancólica, tan dulcemente rítmica, que a Gregorio le entraron ganas de llorar esta vez de alegría, de llenarse de amor por los antepasados, de haber nacido en otra época y haber sido marino y haber quedado en la memoria de los hombres confundido en aquella hermosura de canción.

La habanera compasó el tiempo de su adolescencia. Ella lo consolaría en los momentos de tristeza. Con sus notas conjuraría la soledad, el olor a gallina y el frío perenne del amanecer, pues ahora era invulnerable como si estuviera en posesión de una palabra mágica. Bastaba pronunciarla para ser feliz, o al menos para no ser del todo desdichado. De modo que apenas se ponía a estudiar, en casa o en la escuela, y apenas deducía de las primeras palabras la índole tenebrosa del mundo, miraba por la ventana el paso de las nubes y tarareaba sin tregua su canción. No sólo lo confortaba en esos instantes de congoja sino también en las interminables tardes de domingo (o en la única e interminable tarde de domingo) por la que llegó a la plenitud de la adolescencia.

De aquellos años recordaba que vivían en el piso de abajo un grupo de jóvenes que partían después de comer hacia los bailes y verbenas de los barrios extremos, ataviados de fiesta, gritando y llevando su contento por medio de la calle, hasta que finalmente quedaba sólo la ilusión de sus voces latiendo de memoria dentro de la oreja. Era la señal con que se iniciaba la tarde en invadeables anchuras. Vagaba entonces por el cuarto, o bien bajaba y caminaba un poco alrededor y enseguida volvía, abrumado por el tiempo sin rumbo, deteniéndose en la ventana y viendo pasar los tranvías por el claro de una bocacalle que se le antojaba remota, sentándose al fin y oyendo a lo lejos el alboroto del domingo, y al lado la salmodia de su tío, entreverada de quejumbres, suspiros y hervores de gato. Luego una larga nota musical empezaba a zumbar muy adentro de la memoriosa oreja: quizás era la forma que adoptaba la soledad, y quizá de ella se deducían risas imaginarias, trozos de canciones, frases sin sentido, el rumor de una conversación donde los dialogantes parecían estar de acuerdo en todo, y más que nada en los largos silencios de las pausas, y a cuyo compás iba Gregorio languideciendo sin otro sobresalto que el temor de que la vida fuese aquello: una tarde que se perpetuaba en sus propias cenizas.

Y viendo llegar las sombras remontaba los años hasta encontrar el tiempo de la infancia. Eran episodios absurdos o borrosos, pues todavía no había alcanzado la nitidez de recuerdos de algunos años después, cuando parecía que la memoria hubiese actuado sobre ellos con los efectos de una lupa de aumento. Sólo entonces, tras esperar precisamente ese momento intolerable y fugaz, se decidía a tomar la guitarra y a entonar la canción que todo lo allanaba, y que abría como una brecha lateral en la línea del tiempo hacia una edad abstracta y legendaria, todavía no hollada por los hombres ni sometida a la pericia de la costumbre, pero donde era imposible extraviarse.

Por su margen quimérico, asomándose a la lucidez como un ratón al entrepaño de una alacena, el tío lo acompañaba con un balanceo errático. Dos, tres, cuatro, nueve y veinte veces. Después era el silencio de la noche. Sobre sus cenizas, la tarde de domingo se rehacía de inmediato.

Capítulo III

Aquella mañana del 4 de octubre, mientras volvía a bajar las escaleras tarareando la canción, recordó Gregorio que en el relato que le hizo a Angelina veinticinco años antes, había silenciado o alterado casi todos los episodios de su adolescencia, y sobre todo aquellos que siguieron a la interminable tarde de domingo, cuando cumplió los quince años y hubo de hacerse cargo del quiosco, pues las exiguas rentas de su tío comenzaron a escasear y las cuentas de sus dedos dormidos a no salir nunca: quizá porque estaba loco, quizá porque estaba en la miseria. Así que se instaló entre las ventanitas de cristales turbios y bajo el ramaje de la acacia, y apenas hubo vencido los primeros momentos de pánico se dijo que aquélla podría ser muy bien su inesperada isleta de desolación. Descuidó los deberes escolares y se pasaba el día leyendo novelas policíacas y fumando sus primeros cigarros, que pronto se sucedieron al mismo ritmo frenético con que el narrador obligaba a fumar a sus héroes. Y fue también entonces cuando hizo sus primeros amigos.

Paraba junto al quiosco, al atardecer, un grupo de jóvenes (semejante al que tantas veces había visto por la ventana las tardes de domingo), que llegaban de todos los rumbos del barrio, y cuya bullanga se prolongaba hasta el filo de la medianoche. Compraban tabaco y hablaban a gritos, sin distingos de tono, de mujeres y motocicletas. Eran leales entre sí pero burlones con los extraños, temibles para las muchachas que se aventuraban o se extraviaban por sus dominios pero condescendientes con la ancianidad y la niñez. A Gregorio algunos le llamaban Gregor, y él agradecía aquella invitación a la complicidad, aunque su carácter tímido y difícil lo invalidaba para esas mundanías. Recluido en su escondite, los escuchaba atónito. Había en aquellas chanzas y debates una exhibición de experiencias que se le antojaban poco menos que inadmisibles en jóvenes de su misma edad. ¿Qué podía añadir él —vestido con aprovechadísimas prendas de diario, y en invierno con la inevitable papalina, el chaquetón marinero y la bufanda griposa— sino la cauta admiración, el orgullo de no desmerecer y el arte de un silencio que no llegase a delatar del todo su simpleza? Por ganar amigos y benevolencia reía todas las gracias, y de vez en cuando convidaba a tabaco. «¡Joder, Gregor, vaya un tío cojonudo!», le decían, y siempre alguno ahuecaba las manos y le pasaba lumbre por el mostradorcito.

El que se había inventado lo de Gregor era un muchacho medio pelirrojo, con flequillo de ida y vuelta, cara granujienta y dientes de conejo, que era de los que más hablaban y el que —a pesar de su aspecto iluso de hortaliza— tenía más historias de mujeres que contar. Se llamaba Elicio Renón. Era dependiente de una floristería y a veces pasaba con su bata gris y una corona fúnebre a la espalda. Iba deprisa y saludaba sin mirar, enseñando por entre las cintas de duelo el pulgar de la victoria. Y, en efecto, al atardecer aparecía emperchado invariablemente en un traje severo de gánster, y con una carpeta de charol bajo el brazo, donde traía fraguado su propio futuro. Había allí prospectos y anuncios con fabulosas ofertas de trabajo, cómo ganar dinero y gloria a cambio de audacia y ambición, cómo persuadir con palabras al prójimo, cómo lograr seguridad en uno mismo, alcanzar una memoria de elefante o seducir con la mirada a una mujer. Pero nunca se decidía a abandonar su empleo, en parte porque todavía era muy joven y en parte porque apenas urdía un proyecto enseguida encontraba otro mejor. Renunció a ser pastor en Australia para enrolarse de grumete en una ballenera, aspiró luego a ser mercenario en África y misionero en Oriente, fue futuro criador de chinchillas, cazador de alimañas, contrabandista, policía, especulador de bolsa y violinista de cabaret. Incluso siguió por correspondencia un curso de hipnotismo con la esperanza de llegar a dominar a su jefe y alzarse con la floristería, además de triunfar los fines de semana en los negocios del amor. Pero, a pesar del buen estilo con que ondulaba las manos, de la voz lúgubre y de los ojos como brasas, no consiguió nunca hipnotizar a nadie, y renunció también a ese proyecto, como a tantos otros, hasta que al fin creyó llegada su oportunidad cuando se enteró de que en algunas salas de fiesta y tugurios de putas contrataban a tipos duros para que mantuvieran en orden el local, y que pagaban sueldos de fábula, más el respeto y el encanto que el oficio llevaba aparejados. Así que se puso a aprender artes marciales por correspondencia y a manejar la navaja por cuenta propia. Una mañana se desembarazó de la corona fúnebre, se asomó al mostradorcito y dijo: «Sal un momento, Gregor, que voy a hacerte una demostración». Lo esperó prevenido en un escorzo marcial, y apenas apareció por la trampilla, le esgrimió las manos sobre el rostro y lo inmovilizó con un grito y una llave de presa. Por las noches explicaba el trayecto que exige un navajazo al vientre, o cómo desarmar al adversario con un molinete o desnucarlo de una coz.

—Y además —decía al final componiéndose el traje—, es la profesión donde más se folla, más que de hipnotizador y de misionero, y desde luego más que de marino, donde se folla poco y se acaba de cornudo.

Los demás lo escuchaban con cabeceos vertiginosos, como teólogos medievales oyendo la demostración metafísica de Dios.

Fue el único que estimó de verdad a Gregorio. Lo animaba a buscar una profesión de fuste, e incluso le propuso hacerlo socio de su nuevo, y ya definitivo, proyecto.

Ante todo, se cambiarían los nombres. Ya vería Elicio los que más convenían al nuevo oficio. Una mañana se asomó al mostradorcito, alzó el pulgar y guiñó un ojo:

—Ya lo tengo —dijo—, Gregor Hollis y Elik Reno, los opresores de la noche.

Y aquí Gregorio Olías se detuvo en la escalera el 4 de octubre y se volvió a lo alto con una sonrisa apócrifa, pues eran muchos los sobrenombres que llevaba utilizados en su carrera de impostor, y siniestra, pues si los hechos más triviales de la vida estaban llamados a vaticinarla, si cada distracción trabajaba para un riguroso desenlace y si cada breve gesto lo inmortalizaba en el autorretrato cuya expresión define una existencia, entonces él era Edipo, era Narciso y era Prometeo, era el mensajero que portaba la noticia de su propia aniquilación y era ante todo el hombre de cuarenta y seis años que al mirar el pasado descubre en cada hecho fortuito una amenaza y un presagio y se queda allí, quieto en la oscuridad, pensando que en efecto debió de ser un presagio, o un castigo o una de esas casualidades de que se sirve la fatalidad para anunciarse por delante, porque apenas deslizó Elicio su recado y apenas él se puso a saborear su nuevo nombre y a jugar con su sonoridad, pronunciándolo en alto y en bajo y en diversos tonos y con distintas intenciones, cuando de pronto algo notó en el aire, que se hacía diáfano como la menta, que se llenaba de un vago aroma de limón y que iba trayendo un creciente aviso musical que oyó una larga vez antes de que unas manos aparecieran por el mostradorcito y alguien dijese arriba, haciendo verdad aquella música imposible:

—Una barra de regaliz y una novelita de amor.

Sintió que zozobraba con isleta y todo. Quiso decir algo, no sabía qué, y apenas empezó a decirlo, de un pálpito succionó sus propias palabras, y sólo llegó a oír el secreto chapoteo de sus vísceras. Mientras buscaba las novelas y armaba por allí abajo un estropicio de derrumbe, se atrevió a mirar las manos un instante. Eran tibias y frágiles. Una sostenía el cabo de una correa de perro de casta y la otra jugaba con unas monedas, las reunía y las volvía a desparramar, con lánguida arrogancia, como si no sólo desdeñase las monedas sino también su propia hermosura. Al fin sacó el taco de novelas, tragó saliva, dijo algo así como «favoral» y se quedó enredado en aquella palabra como un actor cómico de cine mudo en un alambre.

Ni siquiera tuvo tiempo de sentirse ridículo, pues enseguida se sintió abrumado por la angustia, o más bien la náusea, que habría de atenazarlo apenas se esfumase aquella aparición y se quedase solo, pensando en el ridículo que efectivamente acababa de hacer.

Para colmo de males, había olvidado la habanera. Intentó silbarla y le salió un soplido sin música, una especie de pobrísimo reclamo que convertía el ridículo en un mero caso de piedad. Ahora bien, el hábito de saberse inocente lo animó a persuadirse de que una conducta tan desproporcionada y absurda como la suya no podía ser al mismo tiempo real, pero justo en ese instante empezaron a dolerle las muelas, y no en la boca sino en el estómago, con lo cual su razonamiento quedó inmediatamente refutado.

Entonces trató de imaginarse lo que harían sus héroes policíacos en una situación así. Intrépido en la convicción de que a veces la salud y el sosiego dependen de un acto enérgico de la voluntad, encendió un cigarro y decidió que él no era un tipo fácilmente impresionable. Se echó atrás y dejó que el humo borrase sus facciones. «Gregor Hollis», se dijo con orgullo. Pero aquel optimismo sólo duró el tiempo que tardó en deshacerse la máscara de humo.

Las manos, diestras en el ejercicio de rehusar y escoger, seleccionaron pronto una novela. Gregorio les tendió también el regaliz, como quien ofrece una golosina a una fiera enjaulada. Luego hubo un rápido intercambio de monedas y al fin se quedó solo, debatido entre la sensación de ridículo y el aire aromado de limón.

Inmediatamente (pues urgía dar un sentido a aquel inexplicable desconcierto), asomó la cabeza por el mostradorcito, y entonces la vio.

Esa misma noche sabría por los jóvenes que se llamaba Alicia y era nueva en el barrio, pero en ese momento sólo acertó a verla desaparecer por una esquina envuelta en la tremolina de su cabellera. Y volvió a verla de regreso, después de espiar durante dos horas por entre las ventanitas de cristales turbios.

Parecía dibujada a cuatro trazos por los modistos de París. Era alta conforme a sus manos, llevaba una capa colegial sujeta a los hombros por un broche de plata y caminaba moderando con un brazo extendido el ímpetu de un perro lobo cuyo nombre también supo esa noche: Drake —¡tan distinto, ay, al perrillo que años después olfatearía sus primeros pasos de impostor!

Contuvo la respiración para verla pasar. Luego se sentó en el taburete, miró al cielo (no lo olvidaría nunca, era 20 de marzo y había nubes altas), miró la acacia (el viento la batía por dentro como un pescado atrapado en una red), miró al vacío y se dijo, con una severidad que lo atemorizó, que el mundo era un lugar triste y que nada de lo que ocurriera en él podía importarle, porque en adelante (y aquí se detuvo para asumir la severidad de sus propias palabras), ya no merecía la pena vivir.

Pero (primer prodigio del amor) apenas renegó para siempre del mundo, cuando de pronto se sintió dominado por una inesperada lucidez que lo obligó a plantearse de nuevo y apasionadamente la renuncia. Era como si la realidad, expulsada a patadas de la conciencia, hubiese corrido a engalanarse para celebrar la hora del reencuentro y la reconciliación, y ahora volviese como un embajador ante la corte del Gran Turco, cargada de presentes exóticos y al mismo tiempo cotidianos.

Entonces descubrió Gregorio que no sólo se había enamorado de Alicia sino también, y con la misma desesperación, de todas sus cosas: la capa, el broche, el perfume, el perro y la correa, cada horquilla del pelo y cada pliegue de la ropa, y cuando hubo recorrido los desolados dominios de su amor, no pudo evitar la tentación de comparar aquellas cosas con las suyas —pero aquí se detuvo sin atreverse a enumerarlas, sobrecogido como estaba por su propia ruindad.

Desde esa mañana, y durante toda la primavera, vivió aterrorizado con la angustia de que ella podría venir de golpe, asomarse al quiosco y descubrirlo allí, en las sombras, instalado como un marajá en la plenitud de su miseria. Así que se pasaba el día espiando el tránsito de las aceras, y por las noches se limitaba a descansar los ojos en lo oscuro.

Cuando ella se acercaba (no necesitaba verla, porque su cercanía era anunciada por un súbito dolor de muelas que le bajaba al estómago, en tanto que el estómago se le venía a la garganta y el corazón se le iba por la boca), encendía tabaco y se escondía detrás de un libro. No era valiente pero tampoco se resignaba a ser cobarde, así que pedía que aquel parapeto de humo y letra impresa no resultase ni demasiado frágil ni demasiado seguro: que fuese al mismo tiempo una defensa y un acceso. De igual modo, deseaba que ella pasara de largo y, con la misma avidez, que se detuviese a por el regaliz y la novela. Y es que el quiosco ya no era un refugio sino una cárcel engañosa, pues si por un lado lo exponía a aquello de lo que quería ocultarse, por otro lo ocultaba de aquello a lo que deseaba exponerse. Era como estar y no estar, y por eso a veces lo cerraba y huía de Alicia precisamente hacia el parque donde Alicia iba a pasear todas las tardes con su perro. Y cuando Alicia aparecía (casi siempre iba sola, pero también con un grupo de muchachas que se le acercaban para darle en la oreja, acaracolando la mano, brevísimos recados), él se esforzaba en un rodeo de lobo para llegar al quiosco a tiempo de esconderse de ella y para ella. Y si ella se detenía al regreso, a Gregorio la frangolla de sus propias vísceras apenas le dejaba oír la voz de la amada, pero si pasaba de largo, el alma se le caía en los zapatos y entonces oía con una nitidez insoportable todo lo que ella hubiera dicho de haberse detenido en realidad.

Algunas noches se paraba a hablar con los jóvenes, que la cortejaban con soltura y la hacían reír (sobre todo Elicio) con sus jocosas ocurrencias. Gregorio fumaba y acechaba entre el humo, aparentando lo que era una verdad más que evidente: que aquello, en efecto, no iba con él. Sólo el amor podía explicar aquel otro prodigio de estar en dos partes a la vez, y de que toda simulación coincidiera fatalmente con la sinceridad.

Ocurría que el instinto de la supervivencia le había hecho plantearse la desesperación como un dilema de términos sinónimos, que al multiplicarse como en un laberinto de espejos le permitía oponer infinitas máscaras a un rostro. Entre desesperación y desesperanza había un trecho que sólo la sabiduría estaba llamada a recorrer.

El amor lo hizo sabio. Adquirió conocimientos imprevistos: aprendió por ejemplo a predecir el momento exacto del atardecer en que un pájaro se posaría en la acacia, supo que en determinada tapia de determinada calle, en un agujerito, tenía una lagartija su escondrijo, que en un lugar del parque que sólo él conocía había una flor de once pétalos, y en un tronco de ciprés unas iniciales cuyo significado nunca descifraría nadie. Y sobre todo aprendió a leer su destino en las cosas. Objetos neutrales no había: todos venían a ser confidentes o enemigos de su ansiedad, y los que no anunciaban su amor postulaban su muerte. No había pájaro sin buen o mal indicio ni nube que no dejara al pasar una seña ominosa o propicia. Amor o Muerte fue su lema, o más bien su dilema insoluble.

En aquellos días adquirió la manía de cerrar los ojos, arrugar la nariz y contar hasta cuatro con el pensamiento y las mandíbulas: un breve y frenético tic que lo dejaba colgado e indefenso en el aire como un conejo recién sacado de la chistera, y con el que conjuraba las ase-chanzas de la realidad. Leía en el aire el pronóstico de la esperan-za, pero poco después caía una hoja y eso era que su suerte irremisi-blemente estaba echada. A veces un presagio contenía dos vaticinios contradictorios, y entonces quería decir (pues en la naturaleza el caos es siempre precursor del orden) que la próxima señal sería la definitiva. Pero siempre encontraba la forma de neutralizar el arbitraje de los au-gurios inapelables. La superstición lo defendía de los enemigos que ella misma creaba. Aquélla fue, desde luego, una primavera de melancóli-cos hallazgos.

Sólo Elicio advirtió su tortuosa soledad. En vano le preguntó, en vano intentó animarlo con el proyecto de comprarse una moto, Gre-gor Hollis, para irnos este verano a la costa a follar como monos, y en vano admitió que también él sufría las inclemencias del presente y que escarbaba en el futuro como una rata en un estercolero, así dijo, arañando el aire con ínfulas de dragón.

Gregorio enseñaba los dientes con la sonrisa agradecida y triste de los enfermos desahuciados. Que alguien intentara consolarlo, le pare-cía un atrevimiento sólo comparable al de quien osase ignorar su tor-tura. Y cuando se atrincheraba en el silencio, tan insolente le parecía la insistencia como la reserva. Así que Elicio acabó por darle palmadi-tas en el hombro, enseñándole, por todo lenitivo, el pulgar de la vic-toria compartida.

Pero cuando entrevió la hondura abismal del deseo y tuvo la certe-za de que sólo por un milagro conseguiría el amor de Alicia, apeló al único remedio de urgencia que le quedaba: desempolvar su fervor reli-gioso y pedir a Dios que hiciese aquel milagro, y ofreció a cambio la renuncia solemne a cualquier otra petición, más un peregrinaje a Roma y ocho salves diarias durante el resto de su vida.

Uno de los pocos recuerdos que conservaba por entonces de su infancia rural, era el de la devoción. Se la había contagiado un cura que se llamaba Pelayo Marín y tenía la frente de plata, pues había su-frido de niño una trepanación de la que despertó con los fulgores mís-ticos, y tres veces se le había aparecido ya la Virgen, dándole recetas de bizcochos y dulces de jengibre, que él interpretaba como adelanto de los goces que habrían de conocer los justos en el Paraíso, donde la eternidad era una tarde lluviosa dedicada a los primores de la reposte-ría. Así que las familias devotas lo invitaban con frecuencia a dulces y café. «Padre Pelayo», le preguntaban, «¿así será la eternidad?» «Todavía mejor», corregía él, «pues allí seremos sabios y podremos hablar de teología y apicultura mientras comemos hojuelas con miel y auténtico cabello de ángel. Y siendo todos omniscientes, haremos preguntas por el placer de oírnos a nosotros mismos en distintas voces. Ya me imagino a San Bartolomé disertar sobre las propiedades del estiércol de paloma para adobar los cueros salmantinos, o a mí mismo sobre la Ley de la Gravitación Universal, cosa que no he entendido nunca, en tanto que al hablar se me derriten en la boca tocinillos de cielo, glorias, huesos de santo y otras delicias celestiales.» Gregorio recordaba que siempre que lo veía corría a besarle las manos. Todos los niños hacían lo mismo, porque le olían a pan de higo, que se debía de untar todas las mañanas para difundir el amor a Dios, y probar su existencia. Y aunque besó las manos de otros curas, y las había de naranja, de chocolate, de fresa y de bizcocho, ningunas como las del cura Pelayo Marín, cuyo aroma hacía fáciles y gratos los misterios de la religión. Pero con el tiempo, sobre todo desde que se hizo cargo del quiosco, perdió el gusto infantil por las golosinas y descubrió otros olores (el olor de los cines, del tabaco rubio americano, de la cerveza y, por supuesto, el olor a limón de Alicia al atardecer), y como los pocos curas dominicales que había tratado en la ciudad ya no olían a nada (o peor aún, olían a fideos y a ducha fría), y ni siquiera a camiseta alcanforada, perdió la fe y la esperanza secreta de llegar a ser santo. Todavía muchos años después, se decía Gregorio que de haber encontrado a un santo varón que oliese a gasolina, quizá también él hubiese sido cura, en tierra de infieles.

Pero en aquellos meses renovó la fe para pedirle a Dios la gracia del amor. «Señor, si Alicia se enamora de mí, yo te querré a Ti sobre todas las cosas», fueron las condiciones del pacto. Y se puso a esperar el milagro, de modo que ocurrió otro prodigio, y era que cuanto más desesperada era su situación, más urgente y quimérica era también su esperanza.

Así llegó el verano, entre insomnios, rezos y morisquetas. Un anochecer de finales de junio, Alicia se detuvo un momento para despedirse de la concurrencia. Se iba de vacaciones y no regresaría hasta septiembre. Enseguida le hicieron corro y se habló del mar y la montaña, y ella se apartó la melena y alzó la voz para hablar también de una cometa y un barco, y de otras cosas que Gregorio no llegó a entender porque al pronto sintió que alguien (algo así como un anciano que débilmente repara en sueños una ofensa de honor) le daba guantaditas en la cara hasta ponérsela de bobo, los oídos llenos de acordes y los ojos de bombitas de luz.

Maldijo su falta de previsión, que lo dejaba a merced de las catástrofes, y su cobardía, que lo exponía continuamente a la temeridad.

Y aunque la astucia —o más bien el instinto de la contingencia—, lo había engañado enseñándole a predecir las casualidades y a despreciar el poder de la costumbre, sin embargo, no lo abandonaron en esa hora sus dotes de adivinador: presintió que no sobreviviría al verano.

Allá afuera, la euforia crecía. «Hasta septiembre», les iba diciendo Alicia a todos. El perro ladraba y Elicio se había puesto a imitar el ruido de una moto con marchas. En la confusión de las despedidas, ella deslizó una mano por el mostradorcito y, como si desempañara un cristal, también a él le dijo, «hasta septiembre». A Gregorio le pareció que era la mano, que olía a vainilla, la que hablaba y la que por su cuenta había venido a despedirse de él. Incluso que venía para quedarse, como las doncellas que se escapan de casa con el novio, y por un instante se imaginó lo feliz que sería viviendo con la mano en algún lugar donde ese amor fuese posible.

Era todo tan absurdo que le faltó valor para responder «hasta la eternidad», y le sobraban demasiadas palabras para decir «adiós», así que arrugó la nariz, contó hasta cuatro y oyó borrarse los ladridos del perro. Inmediatamente, también los jóvenes se fueron.

A Gregorio le hubiera gustado que el silencio hubiese sido un animal feroz, un león por ejemplo, para lanzarse sobre él y despedazarse a gritos entre sus garras, pero era sigiloso como una víbora y llegaba por todos lados en forma de campanadas, pasos en las penumbras, retumbos remotos y hasta un estertor ronco que tardó en reconocer como el anhelo de su propia respiración. Era, el silencio, como un teatro en llamas visto en cine mudo. Se adivinaba su fragor, pero nada se oía. Así era el silencio que había dejado su respuesta no dicha. Quizá ya para siempre estuviese condenado a aquella frase («hasta la eternidad»), porque apenas la repetía volvía a rehacerse como las cabezas de la hidra.

Y así estaba, con los ojos todavía cerrados y mascullando su frase inagotable, cuando una voz con una dicción muy pura, casi cantada, dijo allí arriba:

—Animo, muchacho, que a pesar de las iniciales también florecen los cipreses.

Por si fuese un sueño, Gregorio asomó la cabeza y vio alejarse a grandes trancos a un hombre arrebujado en una capa.

—¡El diablo! —exclamó, y pensó si no se habría muerto en un momento de distracción y no estaría ahora en el infierno, condenado a repetir los hábitos terrenales en la pesadilla de la eternidad.

Sólo una fracción de segundo le impidió ver su rostro, pero no la cicatriz que, como un ciempiés, le cruzaba la frente.

Capítulo IV

Aquel verano decidió su vida. Incapaz de permanecer en casa, ni en ninguna otra parte, y sin ningún lugar ahora adonde ir, se dio a deambular por calles y rincones del barrio desconocidos hasta entonces. Se paraba en las encrucijadas a mirar un balcón con geranios o un escudo de piedra, pero lo que en realidad veía era el hormigueo de su mente dispersa, a cuyo ritmo —frenético unas veces y otras tardo, según la voluntad cediese o no a su propia indefensión— proseguía tristemente su caminata de fantasma. La ciudad había quedado medio desierta y el calor hacía difícil la continuidad de los hábitos.

Pensó que, en efecto, no sobreviviría a aquel verano agotador. Que ni siquiera llegaría a agosto, pues julio se le antojaba un laberinto del que nunca lograría salir. Y los días eran interminables y se repetían unos a otros y también las noches con sus vientos altos cruzando la ciudad como oscuros estandartes de guerra, y así debían de ser, pensaba Gregorio, retomando otra vez su camino sin rumbo, las fechas de la eternidad: una maraña de calles ardientes y cada tanto tiempo (pero no era tiempo sino fango o sudor) el melancólico sobresalto del geranio, del escudo, de la glorieta con su estanque. Alicia, Alicia, Alicia: su mente dispersa se reunía para bramar como en la profundidad desolada de un bosque. Y el cansancio lo iba llenando de turbios rencores.

Se enemistó con todo: no sólo con su tío (y una noche, súbitamente inspirado por el odio, lo había pateado fingiendo una pesadilla, llamándole sarcusillo loco, sarcusillo cabrón y maloliente sarcusillo, y su tío, sin saber muy bien lo que ocurría, había dicho algo así como que los vendedores de alpargatas acabarían con las plagas de abarcas) sino también con las cosas: la mera idea del tacto le quemaba los dedos, los colores le escocían en los ojos y no desaprovechaba la ocasión de golpear, escupir, maldecir, arañar cualquier objeto que se ponía a su alcance. Descascarilló tazas por pura maldad, desmigó hojas, raspó zócalos, tronzó palitos, rayó cristales, quemó con el cigarro los pájaros de la cortina y a una piedra que encontró en la calle le fue dando patadas desde la siesta hasta el atardecer. Pero, sobre todo, se enemistó con los viejos, y no sólo porque le estorbase cuanto no fuese Alicia sino porque como la amada representaba la Belleza, los viejos le parecían algo más que eso: eran la encarnación de la propia Fealdad.

Con los viejos, se obsesionó Gregorio. Los veía pasar al término de la tarde, agarrados a los bastones como si fuesen de la mano paterna y una nueva infancia viniese a escarnecerlos con segundas torpezas, pero rápidos y oblicuos no obstante en cruzar las calles y entrar a los parques por atajos secretos. Una vez allí, había que verlos: ¿por qué se entregaban a actividades incansables, golpeando con los bastones las bocas de riego, los troncos de los árboles, los setos, las fuentes, los arbustos? ¿Qué buscaban con tanto ahínco? ¿Algún tesoro oculto quizás? ¿Algún pequeño animal fantástico? ¿Libraban también ellos una guerra sorda contra las cosas?

Había allí ancianos venerables en verdad, pero otros eran de aquellos que habían esperado a viejos para desquitarse de los melindres de la juventud. Así que se habían agenciado una buena garrota, una gorrilla de visera, unas zapatillas de invierno y un traje gris de amplios bolsillos que habían llenado de muy variados objetos, y se habían lanzado al mundo con la audacia de quien nada tiene que perder. Era un espectáculo triste ver cómo les cedían el asiento en todas partes y cómo protestaban a gritos de todo, con la seguridad de que nadie osaría contradecir su ira. O entablaban conversación con quien querían: contaban anécdotas absurdas, enseñaban como prueba de la veracidad de sus palabras los objetos que llevaban en los bolsillos, y donde no faltaba un puñado de hilo de carrete, algunas piedras de mechero, un trozo de plomo, un rollito de alambre, un palillo, caramelos de menta y otras muchas cosas, y para cada objeto se inventaban una historia y para cada historia buscaban un oyente al que no permitían marcharse hasta contarla por entero, y para mayor seguridad en la transmisión elegían sobre todo a los pacientes conductores de tranvía, esas criaturas que estaban allí como para recreo y juguete de la ancianidad, desprotegidos siempre frente a la inspiración ajena. ¡Cuántas veces había visto Gregorio pasar un tranvía con su pálido e indefenso conductor acorralado por un poderoso anciano ebrio de elocuencia! Y luego siempre pidiendo ayuda para cruzar y ayuda para las escaleras y ayuda para recoger los objetos que con disimulo (¡déspotas!, ¡hipócritas!) dejaban caer de los bolsillos: ayudad a este anciano a recoger sus pocas pertenencias, los últimos restos de su hacienda que pudo salvar de unos hijos voraces. En los espectáculos callejeros, ahí estaban en primera fila, y siempre daban su opinión, se colaban en todas partes, pedían información a todo el mundo (oiga, joven, ¿qué calle es ésta?, ¿por dónde se va a tal sitio?, ¿podría decirme qué hora es?), y eran lisonjeros o coléricos según las conveniencias.

Gregorio concentró en ellos el rencor general que sentía contra el mundo. Sus quehaceres eran tan menudos que eso los hacía incansables, pues con una actividad descansaban de otra. Cuando regresaba a casa, ya anochecido, todavía algunos seguían trajinando en los parques con torpe obstinación. Esto fue lo que le pasó a Gregorio con los viejos y con las cosas. Parecía, en efecto, que no sobreviviría al verano, con tanta y triste enemistad.

Una tarde, sin embargo, agotado de errar por el ardiente laberinto de julio, regresó a casa más temprano que de costumbre y se sentó a tomar el fresco en la galería. Empezaba a oscurecer. También otros habían tomado posiciones para asistir al desenlace de la jornada. Algunos hombres en camiseta fumaban en silencio, una mujer cantaba una nana y arriba chillaban en círculo los pájaros. Era hermoso estar allí sintiéndose ir barrerita abajo de la vida. Sentir el peso del propio cuerpo y el poderío manso de las manos ociosas. Y aquellos hombres: parecían capitanes de barco reunidos allí al efecto de callar noblemente. Por todas partes se oía ese rumor difuso, fronterizo, que al término del día separa el trabajo del ocio. Era como si el tiempo hubiese encontrado una salida al mar. El mar, que nunca había visto, las olas, los pájaros, el viento, la noche. Y aquí se detuvo: el viento, la noche. Sintió que la memoria se le iluminaba dolorosamente hasta adquirir la transparencia escénica e irreal de un acuario. Y aunque era un fenómeno que tenía la lentitud intensa de un amanecer, duró sólo un instante. Parecía que el destino, a cambio de la inmolación, le concedía el poder de los recuerdos claros e imprevistos. O quizás era el amor, que lo sorprendía con un nuevo prodigio. Entonces cerró los ojos y recordó que, allá en lo remoto de la infancia, solía sentarse como ahora a descubrir la secreta construcción de la noche. Se imaginaba una diversidad de pedazos oscuros que al atardecer salían de sus guaridas: el pozo, el parral, un árbol que acaso era un eucalipto, las piedras, las habitaciones, y se agrupaban como un rompecabezas para formar la noche, y al alba huían de nuevo a sus esconderites. A veces ocurría que algún pedazo se retrasaba a la cita y había como una claridad flotando a la deriva. A veces también se oía el rumor de los pedazos de noche que no acababan de encajar entre ellos, o el silbido del viento, que hacía de pastor, y cuya convocatoria llegaba al interior de los cuartos, requiriendo a escena a las sombras perezosas ocultas en las tinajas, en la chimenea, en los pucheros o bajo las camas. Pero el pedazo más grande se escondía en el eucalipto, y ¡con qué furia el viento lo batía algún anochecer para expulsarlo de su fortaleza! ¡Y cómo el pedazo se resistía a salir y gruñía entre las ramas!, hasta que al fin saltaba afuera y el viento sujetaba el ímpetu y acudía a despabilar a otras sombras. Entonces salía la luna y sellaba la noche con su luz. Y el silencio era tal que la noción del tiempo se perdía, y uno se hubiese echado a llorar de lástima si al rato no percibiese de nuevo el rumbo de las horas y la índole terrena de la vida.

Había necesitado diez años para que las torturas del amor le revelaran aquel episodio olvidado de la infancia. Era como si la memoria le ofreciese la posibilidad de un último refugio, y por un instante se estremeció en la oscuridad, pensando que acaso había equivocado la busca de la isla, imaginándola en los confines oceánicos y no en el mapa no menos fabuloso de su propio pasado. Lleno de milagrosa levedad, apretó los ojos y se dejó hundir en el tiempo. Por un mal cálculo fue a parar al antiguo Egipto, pero en el regreso al presente afinó el pulso y encontró intacta la tarde en que su abuelo lo llevó con él a arrancar hierbas. Cuando ya empezaba a anochecer y el campo era rumor, su abuelo se apoyó en la azada y, mirando a lo lejos, exclamó:

—¡El afánnn!

Gregorio no conocía aquella palabra, pero le sobrecogió el tono lastimero en que su abuelo la había pronunciado, echándola de sí con ansia, como si quisiera llenar con ella la noche y el silencio. Por un momento se figuró que se trataba del nombre de un pájaro o del conjuro de una aparición, y él también se puso a mirar lejos, sin ver nada. Y su abuelo, por segunda vez, con terrible susurro, apurando hasta el fondo la sonoridad de la palabra y prolongándola en aullido de lobo, repitió:

—¡El afánnn!

Parecía un navegante loco descubriendo y dándole nombre a nueva tierra.

Enseguida regresaron a casa.

—¿Qué es el afán, abuelo? —preguntó.

—El afán es el deseo de ser un gran hombre y de hacer grandes cosas, y la pena y la gloria que todo eso produce. Eso es el afán.

—Y padre, ¿también tiene afán?

—También tiene.

—¿Y yo?

—Pronto tendrás edad para tenerlo.

—¿Y madre?

—Ella no. Las mujeres no tienen afán.

—¿Y los animales, los perros, las culebras?

—Tampoco, tampoco —zanjó impaciente.

Luego llegaron a casa. Vivían en el campo, en la soledad de un llano y unos cerros ásperos, junto a unas minas abandonadas de antimonio, y sólo dos o tres veces al año bajaban a un pueblo pequeño, con calles empinadas y casas bajas de cal.

Su padre dedicaba el anochecer a fumar en silencio. Se iba a fumar lejos, a una piedra que había junto a un camino. Fumaba, escupía y removía la tierra con los pies. Era un espectáculo triste verlo allí solo, chupando con rabia y enmierdándose de malos pensamientos. Su abuelo, sentado bajo el eucalipto, y vestido como siempre con blusón de melero, hurgaba en una cacerola de aluminio donde, entre otras cosas, había recado de encender, librito y petaca, almendras amargas contra la artritis, semillas para la quebradura y las tercianas, hilo de coser, monedas de un rey, una prima de vihuela de tripa de lobo, un colmillo de jabalí, un espejo de amor y un hierro guardado para por si acaso. Apremiado por el amanecer, era el primero en recogerse. Su madre trajinaba en la cocina, y su padre, que tenía una armónica, a veces la sacaba de su cajita de muerto y tocaba canciones inventadas, que él decía que eran de otra época.

«Yo tenía entonces unos cinco años y aquélla fue la época más feliz de mi vida», se dijo Gregorio en su noche de julio. Luego, sintiendo el peso de su cuerpo multiplicado por el cansancio, cerró otra vez los ojos.

Su abuelo era un hombre de pocas palabras, pero si había que contar la historia de la casa (cómo primero la ideó pintándola con un palito en la arena, cómo transportó los materiales a lomos de cuatro burros que se llamaban todos Félix y cómo finalmente la alzó con la fuerza desnuda de sus brazos, sin ayudantes ni testigos, y plantó el eucalipto y el parral, y construyó para su propio recreo un poyatón de piedra, y cavó un pozo que dio un agua con sabores de hierro y anís, y cómo en el otoño descansó, satisfecho de la obra pero preocupado porque con ella había abierto la mente a la quimera de otras obras, y por lo pronto no se le ocurría qué hacer, y la incertidumbre le impedía el descanso a la vez que la acción), si había que contar estos hechos, entonces se convertía en un hombre de palabra fácil y rotunda, y nadie lo sabía contradecir. Ahora bien, únicamente confiaba su relato a los desconocidos, y como en todo aquel campo sólo había la casa, y como el camino que llevaba a ella no llevaba a ninguna otra parte, los desconocidos eran raros, y siempre aparecían por equivocación. Así que Gregorio no tuvo ocasión de oír la historia hasta el año siguiente, cuando empezaron a tender la línea férrea y acudían los obreros a buscar agua al pozo y a comer a la sombra del eucalipto, que era la mejor del contorno. Entonces su abuelo los agasajaba con bromas de mujeres, filosofaba a sus anchas y acababa diciendo que el mundo estaba necesitado, más que de trenes, de leyes justas y de buenos discursos. Los hombres se abandonaban al respeto. Eran gente rota y de grande ignorancia. Llevaban alpargatas y sombreros de paja, con espigas entalladas en la cinta. Venían en cuadrilla, se tendían bajo el eucalipto y no levantaban los ojos del sustento. El abuelo los presidía de pie y hacía el elogio del agua y de la sombra. Sin duda esperaba un buen momento para contar su gesta. «Fue un anochecer de verano, como hoy», se dijo Gregorio, con la memoria en carne viva.

Había estado vigilante y presto a la sentencia hasta que aquella noche dio con el cabo del ovillo y comenzó a narrar el origen del hombre y de las cosas. Lector de la Doctrina, se remontó al Génesis: Dios hizo las aguas y las culebras, por imitación de las estrellas nacieron los peces, el aire silbaba tanto que salieron pájaros, la tierra se llenó de fieras y lombrices y de entre la espesura surgió el hombre expulsado, con los ojos brillantes de voluntad y experiencia. Su voz sonaba con fatídica monotonía de profeta. El campo y el cielo hacían ilustres sus palabras. Recostados en el suelo, los obreros se avenían al discurso y escuchaban sin porfía. En la piedra distante el padre fumaba y removía la tierra con los pies. Era una noche de verano, quieta y clara, y un dragón de estrellas metía la cabeza en el alto ramaje.

—Había acabado la casa, señores. Ya antes de empezarla había cobrado por adelantado la satisfacción de concluirla. Así que me senté en el poyo a hacer lo mismo con mi próxima obra. Pero antes, ¿por qué no disfrutar de un buen discurso? Desde chico me gustaron mucho los discursos, pero nunca me sentí con fuerzas ni tuve auditorio para practicarlos. A veces me sentía inspirado, y si no sabéis lo que es la inspiración os diré que es una potencia sin sosiego ni norte, una furia que se hace terrible si uno piensa, "la vida es corta", mientras va sintiendo por dentro la semilla maldita de la inmortalidad. Entonces uno se envenena de supersticiones: "¡Mientras dure la inspiración estaré a salvo de la muerte!", grita. Pero la inspiración es débil y apenas dura un vuelo, así que si consigo mantenerla pura, sin cumplimentarla de aquí para allá, si detengo su empuje por medio de la voluntad, si logro familiarizarme con un deseo imposible, moriré también, pero entretanto seré inmortal y gozaré a todas horas de la vida. ¿A qué andar poniéndole puertas al campo? Yo sentía que la inspiración era un mal negocio y que servirla es como trabajar para un ajeno, y a mí me gusta trabajar para uno mismo, según la necesidad de mis conveniencias. Por tanto me dije allí en el poyo: "La vida es corta y está hecha a la medida de los mansos de corazón. Cava un huerto, rodéate de cabras, ten hijos y sé un hombre de bien. Tu mujer se llamará Encarnación, y tus hijos recibirán los nombres de Pedro, Alonso y Baltasar. Los reunirás a todos cada noche y les contarás la historia de la casa y cómo, renunciando al instinto de la gloria, a las obras hidráulicas y a la pasión por civilizar los llanos, te sacrificaste por ellos, poblando un suelo de pizarra en torno a una pequeña lumbre de sarmientos, y ellos te oirán con admiración, respeto y temor, e irán diciendo: *Nuestro padre es un santo, un pionero, un reformador de las costumbres*, y tu fama correrá por estos pueblos y se oirá decir: *Allí donde las minas de antimonio vive un hombre justo, un varón íntegro, un Séneca*. Y vendrán a pedirte consejo, arbitrarás disputas, juzgarás caracteres y tendrás ocasión de contar mil veces la historia de la casa". Dios hizo el mundo y descansó. ¿Por qué una simple criatura no podría hacer lo mismo después de construir una casa y un pozo? Y así estuve largo rato, poniendo a prueba mi temperamento y recreándome en el placer de la jurisprudencia. "¡Qué bien hablas sin tener estudios!", me decía, "¡qué buen legislador hubieras sido!, ¡qué gran tribuno se está perdiendo el mundo!" Porque sólo la pasión por el Derecho me tenía allí quieto, planeando maravillas. Y allí estuve tres días moviendo la cabeza, sin que se me ocurriera nada salvo aquello de ser un gran jurista, ganar pleitos y echar discursos en las asambleas. Lo demás eran obras ruines, indignas de mi ambición. "Ambiciona y se te concederá", me decía. Y miraba a lo lejos, por los cerros, y por un lado estaba triste porque la sabiduría me había llevado a desear lo imposible, y por el otro estaba contento de no malgastar la inspiración en empresas menudas y perecederas, porque la ambición es lo más grande que hay en el hombre y lo que lo aparta del animal, y a más ambición más gloria, y ése era un mérito que nadie me podría arrebatar y del que me sentiría orgulloso de por vida. "Dedicaré mi vida a desear ser notario", concluí. "Esa será mi gloria y mi penalidad."

»Vosotros sois parias y entendéis mi lenguaje. ¿Puede haber algo más grande que lo que no hay? ¿Puede haber algo que exceda al afán? Así que a los tres días me levanté del poyo, monté en el burro, me casé, me rodeé de cabras y tuve un hijo. Miradlo ahí en la piedra. Quiere llegar a coronel. Ha aprendido de mí que sólo el afán nos mantiene vivos y voraces. Estuvo en el servicio y podía haber llegado como mucho a sargento. Y ¿no vale más querer ser coronel que ser sargento? Hay quien se desespera porque no llueve o por un dolor en una pierna o porque vino la zorra y le comió un pavo. Los pobres se desesperan porque son pobres y los ricos por no ser más ricos. Entonces, ¿no vale más desesperarse por el imposible? ¿No ahorraremos camino? ¿No es una gran ventaja renunciar a los pequeños deseos por perseguir otro mayor, el más alto, el más noble, del que no nos avergoncemos a la hora de morir?

»Nadie podrá decir de mí: "Ese pasó sin pena ni gloria". No, pasé con ambas. Con una entretuve a la otra, las engañé a las dos, las enganché juntas al carro del afán. ¿Es que no hablo bien? ¿No soy un verdadero orador? Por eso os digo que no os quedéis cortos en el pedir. ¿No habéis oído que Dios es misericordioso y justiciero? Escuchadme si tenéis hijos: no les pongáis puertas a sus ambiciones. Si quieren ser albañiles, decidles que arquitectos, y si arquitectos que ministros de la vivienda. No permitáis nunca que se cumpla el afán, no pongáis los sueños al alcance de los niños para que nunca sean tan miserables como vosotros, ferroviarios.

Calló. Y era mayor el silencio porque también el auditorio había cesado de escuchar. Sólo se oía el enredo del aire entre las ramas. Gregorio, escondido en la oscuridad, permaneció inmóvil, hechizado aún por el discurso, hasta que su madre lo cogió por la mano y se lo llevó a dormir. Y aunque apenas entendía nada, le daban ganas de llorar. Desde la cama oyó las risas de los peones que se iban. Cuando se perdieron las voces, su padre vino al poyo y comenzó a tocar en la armónica una de sus canciones tristes de otra época. «Esa música atrae a la muerte», pensó Gregorio, y al instante se durmió.

Fue así como supo que su abuelo iba a ser notario y su padre coronel. Por el día trabajaban la tierra y el ganado, y a la noche se sentaban a echar las cuentas del deseo, uno en el poyo y otro en la piedra del camino. A veces se comunicaban de lejos («¡Ehhh!», gritaba uno; «¡ehhh!», contestaba el otro, pero simulando que eran ruidos independientes entre sí), o se tosían, o como mucho cruzaban pronósticos del tiempo o se concertaban para escuchar juntos el canto de la zorra, y así iban distrayendo los sinsabores de la espera.

Luego llegó el invierno. El refresco de la tarde los reunía temprano en la cocina. Hacían una fogarata hasta el techo, se sentaban alrededor y tendían las manos hasta apurar las brasas.

Fue una de esas noches (a Gregorio le deslumbró la claridad del recuerdo) cuando su abuelo le preguntó de golpe qué iba a ser de mayor.

—Yo quiero ser toro —contestó sin dudar, por culpa de la inspiración, como observó enseguida su abuelo.

—Tonterías —dijo el padre—. Será almirante. Se le ve en la cara que va a ser marino y que va a casarse con una princesa.

—¡Tú deja que hable el chico! —gritó el abuelo—. Vamos a ver, ¿qué quieres ser?

—Toro.

—Eso no es un oficio —protestó el padre.

—¡Si él quiere ser toro será toro! —volvió a gritar el abuelo—. ¿De verdad quieres serlo?

—Sí, toro.

—¡Toro! —exclamó el abuelo maravillado.

Entonces intervino la madre:

—Hijo mío, ¿y no quieres ser sacerdote?

—¡Nunca! —aulló el abuelo—. ¡Por lo menos santo! ¡O Papa!

—Yo quiero ser toro, toro santo.

—Pues ¡toro serás! —dijo el abuelo—. Es un crimen quitarle a un niño la ambición. ¡Toro! ¡Qué gran afán!

Pero el padre se levantó y dio un golpe terrible en la mesa:

—Si vuelvo a oír hablar de toro, o de santo, o de toro santo, ese mismo día rompo la mesa con el hacha, y a la casa le prendo fuego con un mixto.

Enseguida se oyó fuera la incógnita de un rumor. Ladraron los perros.

—Han olido a la zorra —concluyó.

La lumbre flaqueaba. Se oía el hervor del puchero y el motorcito eléctrico del gato.

—Vamos a ver —dijo el padre, echando palitos al fuego—, ¿tú sabes lo que hay detrás de las montañas? ¿Lo sabes?

—No.

—Detrás de las montañas está el mar —dijo, y contó que por él navegaban los barcos con sus almirantes condecorados erguidos en la proa. Iba tirando palitos y recordando los nombres de los mares.

—Tú nunca has visto el mar —intervino la madre.

—¡Lo he visto en sueños! —gritó él—. Una vez soñé que era buzo y que tocaba el fondo de las aguas.

—¿El mar es más grande que el campo? —preguntó Gregorio.

—Baste saber que la tierra toda es un accidente de las aguas. Y para que entiendas mejor la proporción, piensa que un simple cabo de marinería es más en el mundo que un coronel en tierra.

Tiró el último palito a la lumbre.

—Y una vez soñé también que moría de un navajazo en un puerto internacional.

El abuelo quiso decir algo pero el padre gritó:

—¡Tú a callar!

Templó luego la voz:

—Dime, compañero, ¿tú quieres ser almirante?

Gregorio lo miró con los ojos llenos de lágrimas.

—Es muy pequeño —dijo la madre.

—Entonces tú, ¿qué coño quieres ser?

—No sé, no sé —contestó Gregorio, y se echó a llorar.

Su madre lo llevó a la cama. Al ratito oyó la armónica y otra vez pensó que aquella música atraía a la muerte. En ese instante se durmió.

Gregorio abrió los ojos en la ardiente noche de julio. Ahora entendía que quizá su tío había enloquecido de afán, y se llenó de miedo y de ternura por él. Se preguntó si aquellos recuerdos, situados en las regiones legendarias de la infancia, no se habrían convertido en pesadillas con el transcurso de los años. Pero a pesar del malestar que le producía sentirlos tan irreales como nítidos, se dijo, entrando en casa, que la vida merecía la pena, aunque sólo fuese para cuidar de aquellos recuerdos y despabilarlos cada noche como un avaro su moneda de oro. De pronto sintió el soplo interior de su propia identidad, y tuvo una visión deslumbrante del punto exacto que ocupaba en el tiempo, y se creyó con fuerzas para combatir y vencer los infortunios del amor.

Por primera vez desde marzo, aquella noche durmió de un tirón, y a la media mañana se levantó reconciliado de nuevo con el mundo. Como todos los días se aventuró en su laberinto, pero al llegar a la primera encrucijada de pronto advirtió que en el escudo de piedra había un guerrero cuya espada parecía señalar el camino que habían de tomar las avispas para subir hasta el geranio, que del geranio una avispa remontaba el vuelo hacia el cielo de julio y que el cielo se correspondía con el agua inmóvil del estanque de la tercera encrucijada, donde una nube temblaba como la aguja ante el imán, dando el rumbo que Gregorio había de seguir para llegar al parque y ver cómo las hojas, estremecidas por el aire, latían en el cielo como en el fondo imantado de un estanque.

Igual que antes la habanera y luego el amor, ahora era la revelación repentina del pasado lo que lo devolvía al mundo —y se encontró indagándolo con el júbilo febril de los que regresan de los confines de la desesperación—. Descubrió que todo era uno, que las cosas del universo estaban ligadas por vínculos secretos que empezaba ahora a conocer, y tan unidas que si la realidad, pensaba Gregorio, fuese un tapiz y uno tirase del hilo del geranio, acabaría deshilando los mismísimos astros. Leyó otra vez el librito de versos y comprendió que sí, que la vida es en verdad un río y que el amor es fuego, que hay músicas calladas, colores dulces, labios que son pétalos y ojos de esmeralda. Tan nuevas le parecían de repente las cosas, que no se habituaba a sus nombres, como le había ocurrido años atrás, pero ahora no por oscuridad sino por deslumbramiento. Pidió a los viejos más viejos del parque que le contasen historias de su vida, cómo era el mundo antiguamente y si las cosas tenían entonces los mismos nombres que ahora. Algunos le dijeron que antiguamente las cosas se llamaban con nombres mucho más hermosos. Gregorio lo creyó porque había descubierto el lenguaje de los poetas y pensaba que cada cosa se merecía una poesía y no una palabra, o al menos que se la nombrase de muchas formas a la vez, justo reflejo de la correspondencia universal. Pero también en cada palabra había una poesía, claro que sí, por ejemplo «belleza»: ¿qué recordaba sino un hielo que se rasga sin ruido, belleza, que no deja eco y nos hace dudar de haberla pronunciado realmente, y que es como si la pronunciáramos con los ojos, belleza, un parpadeo apenas, incomprensible y familiar a un tiempo, belleza? ¿Y esa zeta que ciega la palabra, dejándola entreabierta en la boca, como paralizada por un brevísimo sueño estival? ¿Y qué decir de «recóndito»? Uno tenía que tomar carrerilla hasta la primera «o» y allí domarla por la brida como un *cowboy* en un rodeo e impulsar el salto hasta la otra «o», pues la palabra saltaba en escorzo amenazando con tirar al jinete y poniendo en peligro su propio significado. Y luego «caracola». Bastaba frotarla para que de ella se levantase un genio de humo, tan terrible que no había deseo que no pudiera satisfacer al instante. Bastaba pedirle sin rubor, pedirle coliflor, barcarola, coral, onda, mar y luz, corimbo, limbo y Paralimbo, marimar y marina, caracol, corocol, quiriquil, cocotero, espuma, halcón, oasis, Nilo y Mississippi; bastaba una palabra, pues cualquiera contiene a todas las demás, en cualquiera puede uno reconocer su patria ilimitada. ¡Qué regalo para un joven animoso! Si Dios, pensaba, hubiese comenzado por crear a un poeta, o a un filósofo, a Platón por ejemplo, se hubiera ahorrado muchísimo trabajo. Y así, ágil en su laberinto, se encontró indagando el mundo con una pasión devoradora. Y del mismo modo que descubrió que la realidad era inagotable, descubrió también que la vida era intolerablemente breve, porque si la duda lo hacía infinito y la analogía lo emparentaba con los dioses, las horas y los meses lo devolvían al barro, y eso lo entristeció de nuevo y vino a enturbiar la ligereza de sus pensamientos.

Nunca supo en qué proporción mezcló el destino los términos de su dilema, Amor o Muerte, para reducirlo y encauzarlo hacia una tarea común, pero sí que una tarde de últimos de julio, siguiendo el rumbo que marcaban las cosas, creyó de pronto haber llegado a un brusco callejón sin salida, o bien al centro exacto del laberinto de su soledad. Con un palito trazaba signos en la arena. Súbitamente, suspendió el palito en el aire y miró al cielo. Nada hacía prever que aquel acto decidiese una vida, pero así fue. El diablo con capa y cicatriz le recordaría mucho tiempo después cómo tiró el palito y salió a escape del parque, con tanta precipitación que atropelló a dos viejos y a otro le dio un empellón que lo dejó sumido en un postrer giro de peonza. «¡Corra a por su tesoro!», se disculpó Gregorio a la carrera, y el tercer viejo, aún vacilante, agitó la garrota como si maldijese desde arriba de un cerro a una ciudad entera. «¡Hijo de la gran puta!», gritó, pero Gregorio no pudo oírlo porque ya estaba lejos y corría de esquina a esquina y poco después estaba sentado ante un papel en el que acababa de escribir la palabra «cielo».

Estuvo por añadirle gris o azul pero dudó, tachó, corrigió, retenido por un sentimiento de indómita abundancia, una mano en la mejilla y la otra débilmente extensa, como un ex voto, sobre el papel en blanco, mientras alrededor las cosas habían ido tomando posiciones, unas piadosas y otras excusadas, hasta componer un retablo pensativo en cuyo centro, como un Pantócrator, estaba el creador del cielo azul o gris, acechado celosamente por una lámpara. Tuvo de pronto la sensación de que la realidad se adelgazaba en un hilo diamantino de luz y que pasaba limpiamente por el ojo certero de una aguja. «El cielo azul se hace gris / como mi alma entre las hojas», fueron sus primeros versos. Entonces se levantó y fue a mirar al cielo. Se sintió tan dichoso que hubo de respirar hondo, con los ojos cerrados, para que la dicha no lo ahogase con su fragor de lluvia torrencial.

Desde ese día, escribió versos sin descanso. Fue el último y más grande prodigio del amor. Porque si hasta entonces había ignorado su pasado quizá se debiera a la poderosa inercia del presente, que lo había embaucado con la patraña de los apremios cotidianos. Pero cuando el amor convirtió la línea del tiempo en un círculo de espera, y a los días les sobraban horas, a las horas minutos y a las semanas días, y giraba en él como en un tiovivo, entonces la necesidad de un recuerdo que diese sentido a la espera lo urgió a buscar por todas partes las huellas de la amada. En aquel banco del parque solía sentarse al atardecer, en el suelo flotaban las marcas invisibles de sus pasos, en el aire persistía la música de su voz, el ímpetu de su cabellera y el olor de su piel, en el mostradorcito parecía perpetuarse la gracia de sus manos ausentes, y las novelas que ella había leído eran distintas a las otras porque sus páginas conservaban la claridad de sus ojos y el virtuosismo desdeñoso de sus dedos, y hasta lo que contaban había quedado impregnado por su presencia inagotable. De ese modo, el recuerdo de Alicia le enseñó a relacionar unas cosas con otras, y el mundo adquirió un sentido armónico y todo quedó anegado por la sustancia del amor.

¿Sería aquélla la inspiración de que había hablado su abuelo? ¿Eran aquéllos los primeros síntomas de la locura del afán? Gregorio lo ignoraba, como ignoró todo cuanto no fuese la fiebre de los versos. Hizo de cada carencia un logro secreto y de la soledad un instrumento de venganza. Y aunque la vida era breve, ciertamente, la poesía permitía vivirla con talante inmortal. No hubo mejor antídoto contra las amenazas del futuro. Cuando el soplo de la inspiración le impedía escribir —pues el júbilo de saberse poeta era a veces más fuerte que la propia tarea—, entonces se sentía elegido para un alto destino. Si algún día no le quedase nada, salvo quizá su chaquetón de marinero, aún tendría para él solo la inmensidad del mundo, pensaba, porque el mundo era su casa de poeta, la aldea natal donde nunca podría ser un extraño. Al contrario, se sentía solidario de los negros recónditos de las selvas, de los chinos que siembran arroz, de los árabes de los desiertos y de los *cowboys* americanos. El era libre y sin fronteras como un pájaro. «Como vosotras», dijo una mañana, viendo una bandada de aves migratorias, que a su paso dejaron limpio el aire, «yo soy como vosotras y también a mí me llegará pronto la hora de partir», y les preguntó si ya habían florecido las rosas en Corfú (pues aunque ignoraba dónde estaba Corfú y si los pájaros comprenderían su lenguaje, él se sentía con derecho a interrogar a las cosas y a entender sus respuestas), y les encareció a la amada y les confió los más ardientes secretos de su corazón. Toda la tristeza acumulada durante tanto tiempo, se convirtió en un motivo inagotable de sabiduría. No había misterio, entre los muchos que lo habían abrumado años atrás, comparable al de contribuir al mundo con un nuevo misterio. Y como todo lo que tocaba la poesía se hacía misterioso, hasta las cosas de siempre se ofrecían al poeta como enigmas que había que resolver. Nunca se había sentido tan dichoso, tan vivo, tan liviano. «Y sin embargo», recordó Gregorio la mañana del 4 de octubre, «aquél fue quizás el principio de mi desgracia.»

Sus temas fueron el amor y el viaje. Escribió versos al camino, a los pájaros, a la estela de mar, al humo de los trenes, a la Vía Láctea, al vagabundo y a sí mismo, pues todo sería uno cuando se anunciase la hora de partir y se hiciera verdad el lema que había encontrado en un cuaderno escolar y que ahora presidía su vida: «Salte de tu tierra, de tu parentela, de la casa de tu padre, para la tierra que yo te indicaré». Puso nombres nuevos a los lugares de siempre: el Parque de los Once Pétalos, la Encrucijada del Escudo y la Avispa o el Arbol de la Primavera Triste, que era la acacia, y como tampoco se conformaba con los nombres comunes de las cosas, a la arena la llamó «la lluvia eterna de los muertos», y a la luna «la moneda de oro perdida por un Dios». Y sobre todo escribió versos a Alicia, aludiéndola por sus nombres secretos de pájaros y flores, o por el seudónimo poético de Ondina. Ondina con perro, sin perro, a media tarde, de madrugada, con capa y sin capa, despierta y dormida, dulce y cruel, evanescente entre la niebla, fugaz entre las hojas, nítida y constante frente al mar.

La esperó confiado, pues ahora era poeta, y eso no sólo lo redimía de su miseria sino que le daba esperanzas de llegar a ser correspondido. «Le daré los versos», se decía, «y entonces ya no podrá ignorarme y no le quedará más remedio que enamorarse de mí.»

Pero apenas regresó Elicio, que no había conseguido ir al mar y sí al pueblo de tierra adentro de sus padres y que seguía ahorrando para comprarse la moto, Gregorio decidió que él sería el primer lector de sus versos. Se los dejó con la advertencia de que eran provisionales. Elicio los leyó de corrido y le parecieron bien:

—Están bien —dijo—, y es elegante ser poeta, y sobre todo poeta desesperado, pero de poeta se folla poco y no se sale de pobre, ése es el problema. Yo me conozco del colegio la vida de los escritores y te puedo decir que el único que folló de verdad fue Lope de Vega. Los demás, sólo de boquilla. Espronceda, por ejemplo, raptó a una tal Teresa y se la llevó a París, pero ¿tú crees que se la folló de verdad? Yo creo que no, que los poetas no conocen la vida y no saben que las mujeres necesitan otra cosa además de versos. Los verdaderos poetas del amor son los gánsters y los tipos duros de verdad. Pero es bonito ser poeta y andar rebelde por la vida. Es como ser monje o vagabundo. Es grande, pero hay que valer.

Y lo animó a escribir poesías de marquesas desenfrenadas, infantas calentonas, condes cornudos y trovadores bellacos, y también a elegirse un seudónimo de poeta: desecharon muchos y al fin encontraron el que habría de acompañar a Gregorio para siempre: Faroni.

—El poeta Faroni —dijo Elicio—; es tan bonito que parece una marca de motos. Y de nombre podías llamarte Augusto. Augusto Faroni: no sé si será mucho para ti.

Concluía agosto. Gregorio caligrafió los versos en letra cortesana, quemó los bordes del papel como si fueran manuscritos encontrados en algún triste y memorable lugar, pintó en los ángulos corazones flechados y abrió la entrega con una dedicatoria: *Para Ti, Mujer, Amor desesperado, de tu poeta anónimo, Augusto Faroni.* Pero no contento con ella, añadió: *Poeta del Mundo y de la Nada, del Amor y de las Cosas, de la Muerte.* Y todavía debajo, a modo de grito postrero: *Faroni,* con letra escalofriante de terror.

A finales de agosto llegó Alicia. De antemano había decidido el encuentro, pero esta vez su instinto de poeta le aseguró el pronóstico: su cabellera salió flotando de la esquina un día de lluvia. Llevaba botas catiuscas, impermeable blanco como la nieve y un jersey negro y cerrado del que se desbordaba como un hervor de leche un cuello de puntilla. Así la veía en sus ensoñaciones nocturnas. Porque a fuerza de imaginar el efecto que los poemas causarían en Alicia, terminó por imaginarse a sí mismo coronado públicamente de laurel. Había un palacio como los de los cuentos y una multitud afuera y un palurdo que preguntaba, «¿qué pasa hoy aquí?». «Pero, ¡cómo!», contestaba un ciudadano ejemplar, «¿no sabe que hoy coronan en palacio al gran poeta lírico Faroni?» Y todo habría ocurrido tal como el palurdo lo pudiera ver o imaginar (había tapices con ciervos de oro y lebreles de plata, arañas transfiguradas de luz y una música imperial a cuyo ritmo subía el poeta adonde un rey con manto de armiño lo esperaba para ceñirle la corona, y entonces la multitud se desgarraba en vítores, estallaba en aplausos, y entre ella hasta el palurdo hubiera visto en primera fila a una joven con la boca abierta de estupor que humildemente, y humilde el perro acompañante entre el río de lebreles, se adelantaba hacia la mano que el poeta, ya investido, le tendía desde su sitial), pero el instinto de lo verosímil —pues al final el narrador y el palurdo resultaban ser una misma persona— lo movía a situar la ficción en el parque, con autoridades locales y banda de música municipal, y Alicia que se limitaba a permanecer, muda de asombro, en la primera fila. Gregorio ignoraba entonces que aquellas invenciones ciertas e ilusorias (pues al fin y al cabo existían los versos, el poeta y la amada, y sólo faltaban los laureles) eran el primer indicio del verdadero lenguaje que habría de hablar en el futuro.

Se repitieron situaciones de antaño, pero ahora Gregorio se sentía respaldado por el poder que le otorgaba el saberse poeta. Empezó además un poema épico sobre Alvar Núñez Cabeza de Vaca y se pasaba las horas componiendo octavas reales, en el quiosco, en casa o en el parque. Sin embargo, iba aplazando la entrega de los versos. Parecía esperar una ocasión excepcionalmente propicia, y a sí mismo se dijo que acaso aquella espera era un pretexto urdido por el miedo a quedarse sin esperanza. Así que comenzó a fijar plazos improrrogables que sólo a última hora no cumplía. Llegó el 20, el 25 y el 30 de octubre y aún estaba por decidirse. Entonces se puso a llover y Alicia apenas salía de casa, o salía para tomar otro rumbo, pues el parque se había convertido en un lodazal.

Llovió todo noviembre. Gregorio aprovechó para situar el plazo definitivo al final de las lluvias. Hizo una nueva copia de los versos y amplió la dedicatoria con patetismos que tan pronto le parecían vergonzosos como insuficientes, y muchas tardes hubo de luchar contra el deseo de romper los poemas, correr tras Alicia y echarse llorando a sus pies, y pedirle por piedad que lo quisiera y que no fuese nunca a abandonarlo. Pero lo contuvo la dignidad o el temor, y también la furia de haberse humillado y ensalzado tanto en sus ensueños. Se dijo que sólo la realidad podía redimirlo de los pecados de la ficción. Finalmente dejó que la lluvia —el tiempo— resolviera las contradicciones, y se resignó a pensar que, en último término, el fracaso amoroso le serviría de inspiración, y que acaso la adversidad era un instrumento del destino para contribuir a la gloria poética. «Los artistas», se repetía, «no pueden ser felices, ése es el precio que hay que pagar por la inmortalidad.» Luego, todo se precipitó.

A primeros de diciembre dejó de llover. Vinieron días fríos, de vientos esquinados, cielos sucios y vislumbres bobalicones de sol. Alicia volvió a pasar todas las tardes hacia el parque. El día catorce se detuvo en el quiosco a cambiar una novela de amor, y le pidió a Gregorio que se la guardase hasta la vuelta. Gregorio preguntó entonces, con un temerario hilo de voz: «¿Puedo hablar contigo después?». «¡Oh, claro, sí!», respondió Alicia, cediendo al empuje del perro. Gregorio preparó el manuscrito, leyó una vez más la dedicatoria, intentando adivinar la impresión que causaría en Alicia, y repitió las palabras que tenía preparadas desde hacía más de un mes: «Mira, éstos son unos versos que he hecho y se los estoy dando a todo el mundo para que me den una opinión». Se acurrucó sobre la estufa, cerró los ojos y puso la mente en blanco, para no enmarañarse con las incertidumbres de la espera. Sólo pidió (e hizo varias veces la morisqueta de conjurar peligros) que los jóvenes no llegaran antes que Alicia, y decidió que si se estaba quieto, sin abrir los ojos y sin perder la calma, todo saldría bien. Y para distraer el tiempo se puso a pronunciar en todas direcciones la palabra «lima».

Era ya oscurecido cuando, a la hora en que Alicia solía estar de regreso, oyó unos pasos apresurados. «Este es el momento», se dijo. Cogió el manuscrito y la novela y se aclaró la voz. Pero apenas abrió los ojos vio aparecer por el mostradorcito un rostro que hablaba muy deprisa. Le costó reconocer en él a una vecina de la galería, y también sus palabras: «¡Corre a casa, Gregorio, que tu tío está muy malo y se está muriendo el pobrecito!».

A la medianoche, el tío se confesó de haber aceptado favores del demonio, y parecía haber recuperado la clarividencia, pero al amanecer se encontró balbuciendo lugares del Perú y confundió las cornetas de los basureros con la trompetería angelical de la corte celeste. En el batiburrillo último le llamó a Dios Alvar Núñez, hizo una solemne renuncia del afán y murió pronunciando su propio nombre, Félix Olías. Un desconocido, llegado a última hora, que se presentó como compañero de fatigas del difunto, le cerró los ojos y se volvió a la asamblea de vecinos declarando que acababa de morir un hombre bueno y justo. Al verlo allí, tan boca arriba, tan concentrado y embebecido en la novedad de su oficio de muerto, Gregorio pensó que al fin su tío había encontrado un quehacer digno de su ambición.

Al día siguiente era domingo y el breve cortejo se puso en marcha bajo un cielo que volvía a amenazar lluvia. Atravesaron calles desoladas y terrenos baldíos. Gregorio recordaba por sobre otros detalles que un hombre, que traía una juncada de churros en la mano, se detuvo a verlos pasar y que achicó los ojos con sorpresa, como si escrutase un punto lejano o intentase descifrar una inscripción borrosa. A la vuelta, el desconocido tomó a Gregorio aparte y le dijo que él se encargaría de buscarle empleo y de despachar los asuntos del tío. Y lo confió a una vecina, que le buscó pensión en su propia casa y le llevó a su cuarto el ajuar de la herencia: la guitarra, los libros, el cajón de papeles y poco más. El resto, junto con el quiosco, fue vendido en almoneda, y el dinero (deducidos los gastos del sepelio) entregado a Gregorio, que se compró con él un traje de franela y unos zapatos de charol.

Una semana después, entró de botones en la misma empresa donde su tío había ejercido cuarenta años de conserje. Esa misma tarde, bien emperchado, untado de colonia y con el manuscrito bajo el brazo, se encaminó al parque dispuesto a hacerse el encontradizo con Alicia. Pero al cruzar una calle oyó que lo llamaban con un grito creciente: «¡¡Farooooniiii!!». Giró desorientado antes de oír de nuevo el grito, esta vez decreciente, y ver a Elicio pasar a todo gas en una moto, diciéndole adiós con una mano, y detrás la tremolina de una cabellera y otra mano que, ondulando de memoria los dedos, le fue también diciendo adiós, y no sólo un instante sino durante años, en el recuerdo, de forma que el 4 de octubre todavía persistía intacta aquella última, fugaz e inacabable despedida.

Capítulo V

—Pero, ¿todavía estáis aquí? —preguntó el bedel, enchufándolos con la linterna como si les embadurnase las caras con la luz. Y sin esperar respuesta, reclamado por obligaciones más urgentes, prosiguió la ronda.

En aquella academia nocturna, ante cuya puerta se había detenido Gregorio el 4 de octubre y a la que había asistido veinticinco años antes, había siempre una gran hambruna de sueño. Era un piso interior, oscuro y laberíntico, mal ventilado, con techos altos de los que colgaban débiles luces, que apenas se bastaban para aclarar las penumbras. Casi todos los estudiantes (y los había de hasta más de cincuenta años) trabajaban en oficinas y talleres, lejos de sus hogares, y como no tenían tiempo para cambiarse de ropa, comparecían en las clases con sus uniformes y trajes de faena. Llegaban hacia las nueve, con los ojos encandilados de sueño y la expresión dulce a fuerza de cansancio. Entraban como sonámbulos en las aulas y se pasaban las horas bostezando, dando cabezadas abismales y sufriendo pequeños sobresaltos. Algunos se quedaban dormidos sobre los cuadernos, con el lápiz en la mano, y el profesor iba entonces y los despertaba tocándolos mágicamente con una varita en la cabeza. A veces ocurría que también se dormía el profesor, pero así y todo continuaba en sueños dictando materia, sin apartarse un punto del programa. Entre clase y clase, unos descabezaban un sueñecito, y otros, más aplicados o vivaces, iban al retrete y se refrescaban la cara, e incluso hacían ejercicios gimnásticos en el pasillo. Pero también algunos aprovechaban los numerosos y oscuros recovecos de la academia para echarse abiertamente a dormir, bien en algún rincón (a bulto limpio o bajo algún banco), bien en un cuarto donde se almacenaban sacos de carbón y de serrín y útiles de limpieza. Allí, siempre había cuatro o cinco estudiantes entregados profundamente al sueño. Por eso cada hora, el bedel hacía una ronda por los pasillos, escudriñando con una linterna los rincones, despabilando a los durmientes y desalojándolos de sus escondites.

Gregorio todavía recordaba el caso de un joven que se durmió en un examen de filosofía. El profesor, sentado y cruzado de piernas, miraba el reloj, bostezaba y se hacía saltar el elástico de los calcetines. Al final quedaban dos alumnos en sus pupitres. Uno salió enseguida, frotándose las manos como si acabara de hacer un buen negocio; el otro continuó ensimismado sobre el papel. «¡La hora, la hora!», gritó de pronto el profesor. Pero el alumno no se alteró. El profesor se acercó a él y lo tocó con la varita. Pero el alumno siguió inmóvil. «¡Ehhh!», gritó, y nada. Alarmado, mandó a por el bedel, que llegó desde el fondo lóbrego del pasillo, esgrimiendo su luz portátil. Lo enchufaron con la linterna, lo zarandearon, y tampoco. Los otros alumnos se habían reunido en la puerta, entre rechiflas y bostezos. Por último mandaron aviso al director, que apareció en solitaria y oscilante comitiva, pues era muy gordo y solemne. Observó el caso, dio una sola palmada (más propia para asustar grullas que para alertar estudiantes) y al instante el alumno volvió en sí, sonrió, se restregó los ojos de marmota y miró soñadoramente a sus maestros.

Quizá las ganas de dormir se agravaban con el rumor de la clase de mecanografía: treinta pupitres, sesenta ojos, trescientos dedos, arriba aquella vacilante luz que todo lo sumía en claroscuro de oratorio, abajo la voz clara y categórica de un hombre que dictaba incansablemente cartas comerciales. Aquel rumor era como una telaraña donde, atrapados, se debatían los pensamientos. ¡Cuántas veces Gregorio había intentado en vano seguir alguna explicación filosófica o matemática! En vano, porque entre las pausas de la lección se oían las palabras remotas, nítidas y soporíferas de la salmodia comercial: «en respuesta a su atenta fechada ayer», «nos es grato poderle adjuntar conocimiento de embarque y factura número 123», «nos interesa recibir la mercancía dentro de la semana entrante»... Y luego estaban los que llegaban tarde y no paraban de preguntar alrededor de qué se estaba hablando. Patéticamente, pues como habían perdido apuntes, debían recuperarlos después de las doce —hora en que cerraba la academia—, escribiendo de pie, en el portal, bajo una farola.

Para rematar la confusión, el aula de Gregorio comunicaba con las habitaciones privadas del director y propietario de la academia. Como era la única entrada, por allí tenían que pasar las visitas. La mujer, con bata acolchada, salía a recibirlas al aula, o bien se prolongaban en ella las despedidas, y entonces el profesor guardaba silencio hasta ver el campo despejado. Algunos visitantes, que venían por asuntos de negocio, debían esperar allí a ser recibidos. Los estudiantes aprovechaban entonces para burlarse de ellos y lanzarles bolitas de papel, y con quien más se ensañaban era con el novio de la hija, que acudía todas las noches a primera hora, con lúgubre puntualidad, vestido de negro y con un ramito de flores a la altura del corazón. No siempre tenía la fortuna de ser recibido. Al contrario, a veces se asomaba la madre y lo rechazaba con el dorso de ambas manos, como si sacudiese migas de pan. «Hoy no», decía. El pretendiente saludaba con un taconazo militar, daba una cumplida cabezada y se retiraba sin una palabra de protesta. El profesor retomaba el hilo expositivo, pero para entonces algunos estudiantes se habían dormido sobre los pupitres, otros no recordaban de qué se estaba hablando y otros, aprovechando la interrupción, habían pedido permiso para ir al retrete y nunca acababan de volver.

Total que, por todo ello, Gregorio se acostumbró a reunirse con Angelina en uno de los pasillos, donde cada hora venía a sorprenderlos el bedel. «Pero, ¿todavía estáis aquí?», les decía. Y ellos se disculpaban con cualquier pretexto escolar.

Allí, durante tres noches, Angelina había escuchado la historia entre ficticia y discretamente antológica de la adolescencia de Gregorio, y Gregorio la no menos discreta relación de la vida diaria de Angelina, y cuando al poco tiempo no tuvieron nada que contarse y repitieron en otro orden lo que ya sabían, habían avanzado tanto en el conocimiento de los caracteres que el mismo cuento les parecía siempre nuevo, pues ya no les interesaban tanto las reiteraciones como la madurez de los hábitos y la seguridad de los encuentros, que habían adquirido aspecto oficial de citas nocturnas.

Tras la exhumación del pasado, siguió el tembloroso examen del futuro. ¿Qué iba a ocurrir en adelante? Juntaron de nuevo las cabezas, como dos aguas mansas en torno a una raíz. Angelina no tenía proyectos definitivos, pero sí Gregorio, que cinco años después de iniciarse en la poesía, dos desde que las urgencias del presente y el sentido práctico de las ilusiones lo obligaran a creer llegado el momento, fatal u oportuno, de romper con la lírica, aun cuando conservase de ella la distinción y el gusto de quien ha ejercitado en versos los enigmáticos sueños de la adolescencia, y un año luego de no saber por dónde encauzar el bullicio de sus inquietudes, había decidido al fin reanudar los estudios y hacerse ingeniero, y marcharse a algún país lejano y salvaje a abrir caminos en tierras vírgenes y a tender puentes sobre ríos caudalosos y a llevar una vida que no era muy distinta de la que había imaginado en sus ensueños de poeta.

Por entonces, seguía viviendo en el mismo cuarto al que se trasladó después de la muerte de su tío. Allí escribió sus últimos versos de juventud. Eran composiciones breves, donde siempre aparecía un viajero que todos los lunes llegaba extraviado frente al mar. Era la versión lírica de su existencia cotidiana. Durante cinco años había acudido todos los domingos a los cines del barrio a ver películas de acción, se había subido las solapas de una imaginaria gabardina para seguir por las calles el rastro de algún espía contrario, había visto atardecer tras los visillos de un restaurante económico, se había dormido inventándose historias policíacas donde él era el apuesto protagonista del amor y del riesgo y había despertado cada lunes sobre las cenizas frías de la diaria realidad.

Pero no todo fue gris, destemplado o monótono. De sus vehemencias de poeta todavía conservaba el hábito de esperar algún acontecimiento extraordinario. No con desazón ni entusiasmo, sino como una deuda que le debía el destino, y que a su tiempo habría de reclamar. Tampoco echaba en falta sus exaltaciones de entonces. Al contrario, después de renunciar a sus proyectos de poeta, que lo obligaban a una vigilia feliz aunque agotadora, se sintió como eximido de una responsabilidad grave. Y hasta se alegró de que Elicio se hubiese mudado de barrio y de que Alicia se hubiera ido a vivir a una ciudad lejana, a la orilla del mar. De esa manera podría encauzar su vida sin testigos que con sólo su presencia le recordasen de continuo el pasado. No obstante, para paliar la pérdida de tantas ilusiones, y los escrúpulos de conciencia, ideó un futuro que concertara el sentido práctico con los desafueros de sus antiguos sueños. Estudiaría de firme —sacrificando a ese objetivo la posibilidad de una juventud despreocupada y espléndida—, y cuando fuese ingeniero se marcharía a la selva sin dejar atrás ningún motivo de nostalgia. Sería un hombre duro y sin pasado, solitario y parco de palabras, como los héroes del cine. Al fin y al cabo, aquélla era otra forma de ser poeta y de escribir las páginas más escogidas del libro de la vida.

La sugestión de su propia imagen ideal, donde se veía con traje de explorador, un látigo en la mano y una pistola en la cintura, era tan fuerte y verosímil, que no se paraba a preguntarse por la viabilidad de sus planes, y le preocupaban más las mordeduras de las serpientes venenosas que su escasa aptitud para las matemáticas. Quizás había descubierto el poder omnímodo de la costumbre para convertir la irrealidad en un fenómeno serio y cotidiano. Quizá confiaba en que el tiempo resolviese las dificultades, ahorrándole así el trabajo de planteárselas, quizá se estaba convirtiendo en el joven adulto que, en la derrota de las ilusiones, encuentra una inconsciente iniciación a la ironía, o quizá no ocurriese nada distinto a los conflictos más elementales de la vida. Sin embargo, aunque no consiguió nunca establecer la relación entre los libros y las serpientes venenosas, el esfuerzo del estudio lo reconciliaba con el derecho a mantener viva la rutina de la ilusión. Y no para engañarse a sí mismo: para prevenirse contra el futuro, pues cuando llegase el día de admitir la inutilidad del empeño, posiblemente ya habría encontrado algún modo más sencillo de combatir las penurias de la realidad.

Entretanto, las combatía con humildes riesgos urbanos. Todos los días salía de casa subiéndose sus imaginarias solapas de espía, un cigarrillo colgado del labio y la mirada esquinada de astucia. Deteniéndose en los escaparates y simulando curiosidades imprevistas, angulando reojos, hurtando el perfil, burlando persecuciones y salvando emboscadas, vencía sin novedad la primera etapa del trayecto. A partir de allí, le esperaba otra suerte de peligros. Si aguardaba la luz verde para cruzar una calle y se ponía a su altura una mujer con alguna prenda negra, perdía una baza de semáforo. Si azul, ganaba el derecho a acelerar el paso durante un minuto. Si alcanzaba a un transeúnte ciego o cojo, no podía adelantarlo mientras no lo liberase algún hombre con un peso a la espalda. Quedaba cautivo de una plaza si la estaban regando o había un niño con gorro, y no podía franquearla hasta que cruzase un perro o levantase el vuelo una paloma. Pero si el perro se paraba a hacer una necesidad, también él debía pararse y contener la respiración, pues en caso contrario las reglas del juego lo obligaban a retroceder hasta encontrar una monja o cualquier otra persona de uniforme. Por momentos, la vida le parecía apasionante.

En la oficina —donde tras cinco años de botones había ascendido a auxiliar administrativo—, trabajaba con tan pacífica diligencia, que nadie hubiese adivinado en él a un poeta y a un futuro técnico en la selva. Cuando los otros auxiliares lo animaban a acompañarlos de farra, a la salida del trabajo, Gregorio casi siempre balbuceaba alguna excusa, y si accedía, apenas hablaba, y enseguida se iba con el pretexto de compromisos urgentes. Se vio así obligado a inventarse una novia, a la que puso el nombre de Crispínela, y un gato al que llamó Echeverría, y eran nombres tan poco afortunados porque las disculpas lo cogieron por sorpresa, y dijo lo primero que se le vino encima.

De vuelta a casa, a veces pasaba por unos espejos deformantes que había gratis en una de las calles comerciales del barrio. Había engordado, y el último estirón le dejó una estatura media y una expresión cualquiera, donde apenas eran ya reconocibles los rescoldos de su antiguo relumbre de poeta. Pero a cambio, pensaba, buscándose en los espejos los mejores efectos, había adquirido un aire impenetrable, de hombre curtido por los azotes de la vida. Y era más fuerte, y de empaque más seguro, y sin el aspecto de estupor de otros años, que parecía un perro con pulgas medroso ante un paso de agua, y más elegante y más mundano; y aunque —reconocía sin apuro— no era guapo ni llamativo de envoltura, así y todo el perfil tenía la seducción del hielo, y en los ojos había asomadas burlonas que también sabrían ser dulces cuando lo requiriese la ocasión. Esa era la imagen que perduraba en su memoria la mañana de octubre, y tuvo que hacer un esfuerzo de concentración para recordarse en su cuarto, sentado a una mesa al atardecer y con una estampa muy diferente a la que le robaba a los espejos. Allí estudiaba las lecciones diarias, y de vez en cuando caía un copo de caspa, y a veces la página se llenaba de copos antes de que él hubiese asimilado la lección. Cuando el cansancio le impedía seguir, repasaba su colección de entradas de cine, que guardaba entre las hojas de los libros de texto, con el título de la película, el nombre de los actores y la fecha en que fue vista escritos al dorso. O bien se pasaba las horas arreglándose las uñas, o sacándose la cera de los oídos o manejando por puro gusto una navaja de uso múltiple que había comprado en un puesto ambulante, y que llevaba siempre colgada con una cadena de la trabilla del pantalón.

Así iba aliviando los rigores de la vida, y cuando ya tenía medio olvidados sus planes de ingeniero, conoció a Angelina, y los renovó para darse importancia, y también por el hábito de las distracciones ventajosas. Habló de las serpientes y del peligro de las arenas movedizas. Angelina sonrió comprensiva: también a ella le hubiera gustado vivir en el campo y cuidar de unas gallinas cluecas. Ese era su sueño imposible de cumplir. Pero lo declaraba sin pena, casi con la alegría de tener un deseo y enseñarlo como un retrato en el que hubiera salido mal, risible incluso para ella misma.

«¿Y qué más cosas te gustaría hacer?», preguntaba Gregorio. «Tejer», dijo Angelina, y le enseñó sus propios jerseys, que ella misma se hacía con agujas. Gregorio los tocó y los olió, convirtiendo el análisis en caricias furtivas. A cambio él llevó algunas poesías, que le leyó en susurros, rozándola con el aliento. «¿Qué te parecen?», preguntó al final. «Tristes», dijo Angelina, mirando al aire y con una mano hincada en la mejilla de soltera. «Porque también la vida es triste», dijo él satisfecho, como el vendedor que guarda sus catálogos tras una brillante exposición. «¿Y qué más te gustaría hacer?», volvió a preguntarle. «No sé», contestó Angelina sin dudar. Pero al fin confesó que lo que más le divertía en los ratos libres era jugar al veoveo. «Juego muy bien», dijo. Hicieron la prueba y, efectivamente, aunque en aquel pasillo sólo había un mapa, las paredes y una bombilla, Angelina demostró su maestría eligiendo objetos que estaban allí escondidos sin saberlo Gregorio.

—En casa, sin embargo —dijo una noche, cuando ya habían agotado todos los nombres—, hay tantas cosas que cuesta mucho decidirse por una.

Y aquella revelación los hizo enrojecer y fijar los ojos en el mismo punto prometedor y borroso del vacío.

Al otro sábado se citaron en el parque. Iban por un paseo de arena preguntándose cómo habiendo vivido en el mismo barrio no se habían visto nunca. Gregorio contó que, como era poeta, salía poco de casa, y que sólo de noche se aventuraba por ese mismo parque en busca de inspiración. De día, además de escribir, a veces cuidaba por caridad de un quiosco que había pertenecido a otro tío suyo, no con el que había vivido aquellos años sino otro, algo tarumba y falto de juicio —dijo, adelantándose a la posibilidad de que Angelina lo hubiera visto allí y le diese por recordarlo como era, y aplacando de paso la doble vergüenza de admitir y omitir.

—Pues yo creo que te vi una vez —dijo Angelina—; ibas en una moto con la muchacha aquella del perro.

Gregorio, maravillado de aquel feliz malentendido, confesó que, en efecto, tuvo una moto y conoció a esa muchacha, con la que salió un tiempo.

Angelina bajó la cabeza.

—Pero no me gustaba —dijo Gregorio, invitándola a sentarse en un banco—. A mí quien me gusta de verdad eres tú, —y le subió la cara con un dedo, tomándola por la barbilla. Le hubiera gustado envolverla en una mirada de irresistible seducción, y luego raptarle la cintura y besarla en los labios con el mismo dominio varonil de sus héroes del cine. Pero ella cerró los ojos y no se dejó mirar, y escamoteó el talle cuando Gregorio le pasó un brazo por los hombros y le dijo: «Angelina», «¿Qué?» «Mírame.» «¿Para qué?» «Para verte.» Angelina se volvió un poco y entonces él reunió valor para alcanzarla en la boca con un beso forzado y por sorpresa.

Todas las poesías que había compuesto le parecieron torpes preparativos para llegar a aquel instante. Y, sin embargo, nada ocurría. Un reloj dio las ocho, el viento barrió las hojas y algo vivo escapó entre la hierba. Angelina bajó de nuevo la cabeza: se hacía tarde y había que regresar. Lentamente guardaron silencio. Gregorio cogía chinitas del suelo, y cuando tuvo muchas dijo, enseñándoselas a Angelina, «mira cuántas chinitas». Y ella, «es verdad», respondió. Y las hojas del sauce se agitaron diciendo: es verdad, cuántas chinitas. Cuántas, cuántas, repitió un pájaro en la espesura. Ninguno de sus poemas podía igualar aquellas palabras, porque éstas habían nacido por sí solas y eran necesarias y sencillas como el agua de lluvia. Miró una nube, y sólo con mirarla tuvo la impresión de haber compuesto el más hermoso poema sobre nubes que se pudiera imaginar. «Soy un poeta de la vida», se dijo, apretando furiosamente las chinitas.

—Hace muy buena tarde, ¿verdad?

—Sí —dijo Angelina.

Y las palabras le parecieron todas mágicas. Inspirado por el arte fácil que transmitían las cosas, intentó besarla de nuevo, pero ella se apartó y dijo, «hace frío», y todas las hierbas del césped cabecearon profundamente a un mismo lado. Volvió a sentirse un gran poeta sin palabras, con tanta fortuna y convicción que, cuando salieron del parque, se prometió que en adelante no leería otro libro que el libro siempre abierto de la vida.

Por esas mismas escaleras por donde bajaba la mañana del 4 de octubre, subió otras tardes a hacer tertulia con las dos mujeres. Había cambiado para entonces de aspecto, y no sólo gastaba traje sino también brillantina, mechero dorado y juego de sortija, gemelos y alfiler de corbata. Antes de llamar, sacaba un peine y, como un prestidigitador, se daba unas pasadas tan profundas que le dejaban la mirada limpia de malicia. Pulsaba luego el timbre, y aparecía Angelina, que abría la puerta con honesto descargo, más allá un perrillo, de nombre Orión, que se hozaba las pulgas en postura de arquero inverosímil, dándose muy afanosas dentelladas y enhebrando al intruso fijamente por el legañal, y más allá la madre, que surgía erguida y quieta al fondo del pasillo, esperando el momento de suspirar y encabezar el cortejo hasta la sala, y ofrecer asiento entre muebles ensabanados, alrededor de una mesita con dulces ya dispuestos sobre un tapete de ochos al ganchillo.

Después de algún comentario acerca de la vida, de sus trampas y dones, donde se intercalaba el recuerdo de tiempos más benignos, después de muchos suspiros y estiramientos de faldas y solapas, quedaban abandonados al silencio, fijos los ojos en algún profundo entreabierto por donde la tarde se iba yendo, y así, acogidos a la penumbra, asistían al desenlace del anochecer, cuya última escena les iba trayendo el ritmo de un acordeón hecho a la nostalgia, que ellos escuchaban como la confirmación de un pasado feliz, y el anuncio de un futuro prometedor. Para entonces, parecía que en la penumbra los cristales de los cuadros se hubiesen astillado o encharcado de agua sucia de lluvia.

—Otra pastita, Gregorio —decía la madre con súbito empuje.

—Sí, sí —lo animaba Angelina, por si no hubiera comprendido del todo, y por un instante las dos mujeres se agitaban a su alrededor como en torno de un recién nacido cuya vida estuviese en peligro.

Gregorio se excusaba, movía la cabeza y al fin tomaba la pastita, con lo que los cuerpos volvían a los respaldos, y ya sólo se oía el ritmo del reloj. Fue precisamente el reloj el que lo ayudó a asegurar la continuidad de las citas. Un día se estropeó y la madre lo animó a repararlo. «Pero si no sé», dijo él. «Ande ya, Gregorio, inténtelo de todas formas, no sea corto.» Gregorio lo intentó, y aquella actividad llegó a convertirse durante muchos años en una de sus distracciones favoritas. Con la navaja múltiple lo armaba y lo desarmaba, bajo la expectación de las mujeres, y al final hacía un gesto de desaliento y guardaba las piezas en una caja de galletas. Nunca logró que funcionase. «Verá cómo lo acaba consiguiendo», decía la madre, «a lo mejor mañana ya funciona. No se desanime, Gregorio.» Y al otro día, cuando llegaba, ya le tenían preparada en la mesa la caja de galletas.

Sin el latido del reloj, sólo se escuchaban los suspiros de la madre. A veces se quedaba mirando sus manos: la sortija de novia, la alianza de casada, los anillos de onomásticas y aniversarios, y decía: «¡Ay, vida vida!», recogiéndose en la puntilla del pañuelo el supuesto furtivo de una lágrima. Uno de los primeros días, mirando fijamente a Gregorio, le preguntó a Angelina:

—¿Le has contado ya a Gregorio quién era tu padre?

—Sí, señora, era capitán —dijo Gregorio.

—Un héroe —puntualizó la madre con memoriosa aflicción—, fuerte como un toro, delicado como un poeta, elegante como un monarca. Hubiera llegado a general. Y a usted, Gregorio, le hubiera dado muy buenos consejos. Me lo imagino diciéndole: «¡Saque pecho, joven!, ¡arriba la barbilla!, ¡esa mirada al frente!». Sí, era un gran hombre —claudicó una vez más ante la evidencia.

—Cantaba muy bien —dijo Angelina.

—¿Muy bien? —se alborotó la madre—. Figúrate, hija, que cuando volvía de maniobras (tú eras muy pequeña), comenzaba a cantar una romanza desde tres calles antes, y los vecinos se asomaban a las ventanas para oírlo y verlo llegar. Venía a caballo, con su trueno de voz. ¿Y le ha contado ya Angelina cómo le conocí?

—No, señora.

—Me acuerdo muy bien, como si fuera hoy —y miró al confín para fijar la evocación—. Yo vestía un uniforme azul con ribetes de hilo y babero marino, y llevaba la cara recién lavada con agua de limones y el pelo cogido en una cola de caballo. Habíamos ido de excursión y jugábamos a la orilla de un río, la superiora de gallinita ciega y nosotras asomándonos de medio cuerpo por detrás de los árboles y gritándole alrededor. Y me acuerdo que de pronto se oyeron los cañones y se veían las pompas de humo y el polvo de la caballería. ¿Te acuerdas, Angelina, que te lo contamos muchas veces?

—Sí, mamá.

—Luego, no sé cómo, debió de ser el destino, yo me fui por el campo cogiendo moras y me entré en la espesura. Y cuando me di cuenta subía por un cerro y llegué arriba, y había tanto viento que me solté el cabello, que lo tenía negro como el tizón, y me senté en la hierba, bebiéndome los aires. Ya habían parado los cañones y sólo se veía la obra de Dios. Y había tanto silencio que fue entonces cuando más cerca estuve yo de que se me apareciese un ángel, y me acuerdo que dije: «He aquí la esclava del Señor». Pero fue él quien apareció, vestido de cadete. Yo tenía los labios manchados de moras y me había puesto en el pelo un aroma de menta. Él traía en una mano la espada desnuda y su caballo venía detrás comiendo tréboles. Me miró y me dijo: «Buenas tardes, reina». Llevaba botas con espuelas, la camisa abierta sobre el pecho, los pantalones justos y el pelo recién peinado. Con la espada, de un solo golpe, rebanó un lirio, lo pinchó por el tallo y me lo ofreció en la punta del acero con una reverencia. «Se te cayó de los labios, reina», me dijo. Y yo, creyendo que era el ángel, le contesté: «Hágase la voluntad del Señor». Así nos conocimos. ¿Qué te parece a ti, Gregorio, si no era un ángel mi marido?

—A mí me quería mucho —dijo Angelina.

—¡¡Mucho!! —desorbitó los ojos la madre—. Sabía imitar muy bien el trote del caballo y lo imitaba para que te durmieras. Te dormías en sus brazos. ¡Era tan fuerte! Una vez estaba yo enferma y había venido el médico, pero por la autoridad, parecía que el médico era mi esposo, porque cuando le dijeron que tenía un riñón grave, él se echó a reír y le regateó: «Dejémoslo en un achaque muscular, ¿le parece bien, doctor?». Y el doctor, ante aquel vendaval de hombre, ¿qué iba a decir?, que sí, que la enfermedad era muscular. A veces se me aparece por las noches. Me dice: «Escolta el son, reina», como si estuviera de catalán en la gloria. Sí, a ti te quería mucho. Te llamaba con un mote. Iba por la casa, tú eras muy pequeña, gritando que lo oían en el barrio: «¡¡Anyeliiina!!». Tú eras muy pequeña, un alpiste, y él te chupaba la barriga y decía: «¡No me gusta la horchata!». Y otras veces hacía que te desplumaba para meterte en la cazuela.

—Pobre papá.

—Una vez tuvo barba, tú eras muy pequeña y te escondió entera dentro de la barba y allí vivías. Yo tenía que sacarte para que comieras porque no querías salir. Luego se afeitó. Yo se lo pedí una noche: «Aféitate, anda, dame gusto, capitán». Y al día siguiente tembló la casa con su llegada. Y fue como un milagro porque según avanzaba por el pasillo el organillo se puso a tocar solo y yo corrí a su encuentro y ya era tarde, no me dio tiempo porque él ya me tenía flotando en el aire: «Mírame, reina», me dijo, y cuando abrió la boca se detuvo la música y nada se oía, nada en absoluto se oía, ni siquiera el vuelo de una mosca.

Se volvió hacia Gregorio:

—¿Qué le parece aquel marido mío?

—Un gran hombre —reconoció sinceramente Gregorio.

Aquellas prematuras confidencias, la animaron a pedir a Gregorio detalles sobre su trabajo. Al principio, por evitar explicaciones que acaso lo humillaran, Gregorio tomaba un sorbo de café o enmendaba un doblez del tapete, relegando la respuesta a la benevolencia de cualquier laconismo. Pero enseguida (llevado quizá por su temprana convicción de que el embuste era mucho más eficaz que el silencio, y alentado por la aprobación admirativa con que era acogido), arriesgó hipótesis que en el fondo le parecieron verosímiles, hablando —bajo el ojo malicioso del perro— de un ascenso inminente o del aprecio en que lo tenían sus superiores, y sobre todo de sus futuros proyectos de ingeniero, con lo cual el corro se animaba y la madre daba de señas a Angelina con pícaro contento, pero volviendo pronta y como arrepentida a su severo continente de viuda ejemplar. Y aparecía Angelina, trayendo en ofrenda una arquita de juncos anegados, de pájaros mecidos en un cielo de laca japonés, y entonces la madre la abría a dos manos con solícito mimo, dando larga a una música de vísceras de cobre, que se prolongaba en notas cada vez más inciertas y que las dos mujeres escuchaban conteniendo el aliento y mirándose la nariz a lo lejos. Luego, cuando había saltado el último resorte de la melodía, la madre comenzaba a sacar retratos y a señalar con el dedo: «Este es mi esposo cuando era teniente, ésta es Angelina de Primera Comunión, aquí estamos los tres junto al mar», y a los retratos seguían las reliquias: medallas, galones, frasquitos de agua milagrosa, el rizo de una abuela, los cálculos renales del esposo, una astilla certificada de la Cruz, una gota de sangre incorrupta de Santa Gema de Galgani... Tales eran los restos de una época feliz. Aunque los tiempos habían cambiado para peor, ellas vivían con algún desahogo porque, como decía la madre, cuando una familia es antigua y sólida, cuando hay reliquias que atestiguan el pasado esplendor, basta dejarse llevar por la costumbre para sobrevivir con dignidad:

—Esa es la Providencia.

Y Gregorio iba asintiendo y pasándole los talismanes a Angelina, rozándole los dedos de pasada, hasta que, devueltos los objetos a su lugar, el silencio inspiraba los ánimos de vagos sinsabores, apercibiéndolos de la necesidad de una inmediata despedida.

Disuelta la asamblea, tomaban el pasillo y hacían corro en la puerta. Como el primer día Gregorio no acertó a abrirla, en adelante era invitado con cordial ironía a repetir el intento con más éxito, y él, para corresponder y colaborar en la broma, fingía que no, que no era capaz, que aquellos artefactos no estaban hechos a la medida de sus cualidades, y eso quería decir que a cada uno el destino le había asignado una tarea, eso decía la madre mientras con un dedo hacía saltar los cerrojos (así de fácil era), adelantándose apenas, como si apostase en noche de loca fortuna a la ruleta. La puerta abierta, el futuro ingeniero salía al descansillo precedido de las dos mujeres, que a un paso del umbral se juntaban asomadizas para verlo partir.

Dedicaron muchas tardes a jugar al veoveo. Angelina y la madre conocían tan bien los objetos de la sala, y sus vericuetos y detalles, que siempre adivinaban los nombres propuestos por Gregorio, el cual por su parte enseguida se daba por vencido. Pero la madre no aceptaba fácilmente la derrota y a veces se pasaba mucho tiempo enumerando cachivaches, hasta que perdía el hilo del presente y se ponía a trajinar el pasado, contando con voz dolida la historia sentimental de cada objeto. Cuando Gregorio tardaba en proponer la letra, la madre, impaciente, exclamaba: «¡Vamos, Gregorio, dé ya la letra de una vez!».

También jugaban al parchís. Angelina, tan aflojada en sus gestos por el pudor y la continencia, carente de estudios pero dotada por herencia de ese compendio cultural que es la buena educación, la sabiduría de los hábitos y el magisterio en el decoro y la suspicacia, desplegaba una actividad infantil. Agitaba ferozmente la cuba, contaba los pasos a velocidad de vértigo, comía sin piedad y casi siempre ganaba. La madre intervenía con lánguido despego, pero con frecuencia los avatares del juego la enardecían, y si le iba mal gritaba y deshacía la partida con el pretexto de que le hacían trampas o se habían trabucado las bazas o los jóvenes de hoy desconocían las verdaderas reglas del parchís. Si no jugaba, se limitaba a vigilar y a intercalar, por cualquier motivo, anécdotas y recuerdos de un pasado feliz. Así que Gregorio atendía a ambos frentes, y aunque al principio actuaba como un caballero, y en un alarde de cortesía se dejaba comer o fingía distracción ante una buena jugada, dejando ver así que sus inquietudes exigían de escenarios más ambiciosos, reales y viriles, con el tiempo también jugó fuerte, sin conceder al adversario la más leve ventaja. Luego, se entregaban nuevamente, con fervor de espectadores, al silencio.

En esos instantes mágicos de abandono, la madre se levantaba algún atardecer y desaparecía en el dormitorio. Angelina dejaba entonces de bordar y escuchaba con el rostro tenso, los labios finos, los ojos cómplices de las orejas, y enseguida se oía un «uuu, uuu», y algo como un sollozo, y algo como quien forcejea consigo mismo. «Es que se acuerda de papá», decía Angelina, «de lo valiente y apuesto que era.» Al rato aparecía, seguida por el perro, que la acompañaba en aquellas aflicciones, se sentaba adelgazándose en un suspiro y decía: «Disfrutad de la vida ahora que sois jóvenes, pero que seáis también temerosos de Dios, finos y simpáticos. Como él, que era un héroe», y luego más bajito, «un héroe». Gregorio sabía que el militar había muerto en su cama de enfermedad crónica, pero la madre comenzó muy pronto a deslizar la hipótesis de una muerte heroica, primero como sospecha deslumbrante, luego como creencia, y con tantos detalles y tal verismo que los tres acabaron resignados a la certeza, pero sin atribuírsela al esposo sino a un ser imaginario que más tarde, y también imaginariamente, acabó en efecto por ser el esposo. A su memoria rezaban cada noche algunas oraciones, dirigidos por la viuda esposa, que ya por entonces mostraba tendencia a introducir intrépidas variantes en los rezos. Y con las oraciones, concluía el día.

Pasó el tiempo y las visitas, semanales al principio, acabaron por ser diarias y obligadas. Gregorio aparecía al filo del atardecer —a veces con un clavel en el ojal o con una bandeja de pastelería que ofrecía a la madre con media reverencia—, y como por entonces había comenzado a aprender inglés para confirmar sus posibilidades de futuro, saludaba con un jovial «Jauaryú?», que la madre acogía con aspavientos convenidos. «¡No sé dónde vamos a llegar!», fingía escandalizarse, abriendo la comitiva hacia la sala. Se sentaban en corro, suspiraban, la madre decía, «¡ay, vida vida!», y al rato unían solidariamente los silencios y se confiaban a su protección. Apenas necesitaban hablar para entenderse. Gregorio había abandonado el bachiller, con el pretexto de que el futuro estaba en los idiomas, y Angelina la mecanografía. Desde la ventana se asomaban y veían las clases de la academia y a los estudiantes adormilados en las aulas, o flotando como fantasmas por los pasillos.

—Lo peor de la selva —decía Gregorio— son las serpientes venenosas. Si no me voy, es por las serpientes. Hay una pequeña, de colores, la coral, que te mata en diez segundos. Y la mamba dicen que si te pica no llegas a dar más de siete pasos. ¿Tú serías feliz en la selva?

—Aquí se está bien —decía Angelina.

—Pero, por amor, ¿te irías?

—No sé.

—¿Es que no crees en el amor?

—La gente se casa.

—Pero, ¿crees en él?

—Yo sí.

—¿Tú sabes que hay plantas carnívoras que se pueden comer una vaca de un bocado?

—No sé.

—¿Y sabes que hay pulpos más grandes que esta habitación, y arañas como ratas y alacranes de treinta centímetros?

—Pero no están aquí.

—Pero los hay, yo lo sé. Una vez leí que en Brasil hay un sapo que con una gota de veneno puede matar a una ciudad de un millón de habitantes. Y fíjate, en Alaska, ¿sabes qué temperatura hay en invierno? Ochenta grados bajo cero. Yo a veces me imagino que por las noches estoy allí y entonces me arropo bien con la manta y me da mucho gusto.

—Tú lo que pasa es que tienes muchas fantasías.

—¿Tú has montado en avión?

—Yo no.

—Yo tampoco. ¿Y no te gustaría?

—No sé.

—A mí sí. Hay un avión a reacción que va a más de dos mil kilómetros por hora. ¿A ti no te gustaría hacer un viaje?

—Mamá siempre quería ir a Roma a ver al Papa.

—A mí me gustaría ir al Polo Norte, en un trineo. Algún día quizá vaya.

—No sé.

—Pero no me iré —reconocía sin tristeza, contento de poder reconocerlo sin tristeza—, porque aquí también se puede ser feliz.

En efecto, instalado otra vez en una tarde interminable, se preguntaba Gregorio si la felicidad no opone al aspirante otro esfuerzo que el de acostumbrarse al misterio de su monotonía. Porque otra vez el tiempo volvía a ser un enigma, y más en aquellas tardes perpetuas en que la modorra y la paz lo predisponían a los recuerdos inconscientes. Entonces, el enigma se deformaba en pesadilla. Porque tenía ahora veintidós años y podía recordar episodios ocurridos hacía cinco, diez y hasta catorce, pero cuando llegaba allí se abría un abismo y sólo una débil frontera separaba la infancia de la caída del Imperio Romano y de otras nociones aprendidas vagamente en la escuela. Desde el alto despeñadero de los siglos podía señalar con el dedo un dinosaurio, un zigurat, a Aquiles corriendo detrás de la tortuga, al burrillo flautista, a Diógenes en su tonel o a Alejandro Magno arengando a sus tropas. Aquellas visiones monstruosas se agravaban con los destrozos del olvido. Un día intentó cantar la habanera y no pudo. Durante dos meses sufrió la ilusión de que estaba a punto de recordarla, pero cuando abría la boca para silbar sólo le salía un aire malogrado. Otro día olvidó la contraseña que habría de pronunciar para huir a su isleta, otro día el nombre de la isleta y otro después el nombre del perro de Alicia. Pero así y todo, qué gran acontecimiento, se encogía Gregorio en la penumbra de la sala, qué prudente desvarío era sentir que el mundo se quedaba pequeño para su liviania de náufrago en el mar de los siglos. Y según el olvido ganaba terreno a la memoria, más perdía él la noción del tiempo, más se atrincheraba en el presente y más dulces y reparadores iban siendo los sueños.

—¡Gregorio, que se nos duerme otra vez! ¡Ande, hombre, a ver si nos arregla ese reloj!

Gregorio salía del sueño con un temblorcito, y sonreía agradecido a la realidad. Todo seguía como siempre. Bordaba Angelina junto a la ventana. La madre, conductora regia del carro del atardecer, administraba con sutil magisterio los dones del futuro, y nada escapaba a su dominio de las formas y a su fino instinto de las conveniencias. Sabía hacer de cada velada un arte de expectativa y de cada expectativa un arte de esperanza, y a sus palabras les daba siempre el pronunciamiento de una vaga promesa. Bajo su vigilancia, apenas tuvieron los jóvenes tiempo de conocerse. Angelina, hacendosa, de una honestidad casi asexuada, sólo hablaba con cierta larguez cuando la madre traía a cuento anécdotas del pasado. Gregorio hablaba al hilo de la ocasión, cortejando las palabras ajenas con plumaje nupcial. El olor de una confitura lo iniciaba en los deleites de la vida hogareña. Su propia voz, que había perdido el tono imberbe para afinarse en un único acorde gutural, de juicioso aplomo, sonaba con seguridades de sentencia, y en el silencio quedaba un poco temblando el eco de su espeso bordón.

De la timidez dedujo la templanza, y su silencio pasaba por bondad. Se sonreían los jóvenes en la sombra, en una distancia que el pudor tornaba melancólica. A cierta hora la madre atravesaba la sala con imperio solemne, y encendía luz y volvía a ocupar su sitio, con mágica pompa. Gregorio se recostaba entonces en el sofá y, por entre los claroscuros de la tarde, iba llevando la vista hasta los muslos de Angelina, que también removida por la luz se había recostado y cruzado las piernas, la falda lisa desembozada apenas por el ímpetu del movimiento. Cuando la madre se ausentaba, le acariciaba la mano o la rodilla. También los muslos: inclinado hacia ella como si examinase la trama del bordado, un ojo puesto en el pasillo, deslizaba una mano entre sus piernas, con secreta violencia, y en silencio forcejeaban sin mirarse, ella resistiéndose, él apremiándola, hasta que la llegada de la madre los devolvía a sus ejemplares figuras de retablo.

Las experiencias sexuales de Gregorio se reducían casi a un borroso episodio de la infancia. Tenía cinco años y su abuelo setenta, y quería a toda costa que Gregorio aprendiese enseguida a ser hombre. Como era gran cazador, poseía algunas parejas de hurones, y un día de primavera se los mostró en el huerto, aquí y allá retozando. «¿Qué hacen?», le preguntó. «Juegan a perseguirse», contestó Gregorio. «No, se están apareando», rectificó el abuelo, «el macho jode a las hembras. Fíjate cómo las jode.» Gregorio miró y no entendió. Otro día fueron a ver los burros. Tenía tres burros y ocho burras. «Fíjate ahora cómo también joden los burros», y se sentaron a ver en una piedra. Mucho tiempo estuvieron allí, Gregorio mirando los burros y su abuelo mirándolo a él. Al otro día fueron a ver los carneros. «También joden», dijo el abuelo, «ya vas aprendiendo cómo todos joden en este mundo.» Comenzó a llover y lentamente regresaron a casa. Esa noche le dijo: «Tú también tienes que joder». «¿Yo?», se sobresaltó Gregorio. «Claro. No querrás ser maricón, ¿no?» «Nooo.» Y ocurrió que un día que bajaron al pueblo pasó por la puerta de casa una niña de la edad de Gregorio. Estaban el nieto y el abuelo sentados en el umbral y el abuelo la llamó: «¡Eh, tú, mocita, ven acá!». Vino la niña y el abuelo la sentó en las rodillas. «Mira qué nieto tengo, ¿te gusta?» «Sí», dijo la niña. «Pues, ¡hala!, venid conmigo.» Y los llevó a una habitación de muy adentro. Había allí una cama grande de hierro, una palangana y una jarra. Los encerró con llave y gritó: «¡A joder!». Gregorio se sentó en un rincón y estuvo todo el rato llorando. La niña lo miraba sin susto, con ojos grandes de asombro. En un arrebato de pánico, Gregorio hizo rodar la jarra. Su abuelo abrió entonces la puerta y los mandó salir por turno: «Primero tú, mocita, que tú no tienes culpa; y ¡ahora tú, maricón!», y lo fue golpeando con sus botas sin hebillar, persiguiéndolo hasta el fondo del zaguán y desde allí, durante muchos años, por los rincones más recónditos de la memoria.

Pero ahora, tantas cosas se habían medio apagado, era tan fácil andar por los rescoldos de las pasiones, que se contentó con aquellas escaramuzas de novios vigilados, y hasta agradeció que la ocasión no lo obligase a más. No sentía, ciertamente, los ímpetus y zozobras que le había inspirado Alicia. Pero no atribuyó el aflojamiento sentimental a la distinta calidad del objeto amado sino a los efectos propios del paso del tiempo, que le había dado un modo sereno de entender el amor. Escarmentado por el fracaso, pensaba que el amor sólo merece la pena si entre sus prodigios trae la paz y se perpetúa en ella para siempre. Y ahora, al fin, Gregorio había encontrado la paz. En el rigor de las jornadas laborales, recordaba que al atardecer tenía un lugar adonde ir, y se repetía que si había olvidado la habanera, y tantas otras cosas, era porque ya no necesitaba una canción para conjurar las amenazas del mundo. Allí, en el calor del nuevo hogar, cuando la penumbra tornaba ilusorias las palabras, parecía que el silencio era la resaca que devolvía endulzados los sabores del día. Pensaba si acaso la felicidad no sería un sentimiento de efectos retardados, que cada tanto tiempo viniese a redimir los antiguos afanes, si no sería el cansancio que alivia las torpes ambiciones y salda las deudas contraídas en la juventud. Porque quizás había actuado con esa mezcla de precaución y temeridad de los inversores financieros, creando expectativas cuya satisfacción había encomendado a la solvente gestión del porvenir. Y, como si éste fuese un hada buena, y como si las ganancias dependiesen del celo puesto en cumplir el privilegiado papel de Cenicienta, se preguntaba ahora, años después, si no estaría recogiendo los primeros frutos de aquella siembra juvenil de carencias.

«Soy feliz», le había dicho a Angelina la primera tarde en que la madre instituyó el medio luto y les dio licencia para salir a pasear por los alrededores de la casa. «Yo también», dijo ella. Entraron al parque y buscaron la intimidad de una avenida de plátanos. Gregorio tuvo entonces el último arrebato lírico de su juventud: se detuvo ante unas ramas bajas, arrancó una hoja seca y dijo: «Qué bonita es, parece el corazón de una estrella». Era invierno y, a pasos lentos de invierno, llegaron a una verja y vieron entre la niebla el bulto rumoroso de la ciudad. Angelina señaló con un dedo los edificios de ladrillo; Gregorio descubrió una fachada de piedra cubierta de verdín; ella señaló la torre de una iglesia y él una ventana con geranios, y ya se disponían a volver cuando, en la torpeza del giro, se trabaron en un confuso abrazo, y después de estar un rato mirando opuestamente el horizonte, se besaron y se juraron amor eterno para siempre.

Siete años después, todavía conservaba Gregorio el traje de franela con que conoció a Angelina. No había vuelto, sin embargo, a escribir versos, y de sus proyectos no quedaba sino el hábito de rehuirlos o de hablar de ellos como lejanos caprichos de la adolescencia. No acabó el bachiller, del inglés quedaron flotando en la memoria unas cuantas frases cotidianas, y el olvido convirtió el pasado en un tiempo felizmente caduco. Así que el día antes de trasladarse a casa de Angelina, hizo un burujo con las rimas y las guardó en una caja de zapatos que por un momento pensó en abandonar allí mismo, pero que al fin llevó consigo y que le entregó a Angelina con un «ahí van esos versos tristes, haz lo que te parezca con ellos». Angelina los arrumbó al fondo de un armario, junto con la guitarra. Ese mismo día pusieron por primera vez en marcha el organillo, que había permanecido ensabanado desde la muerte del militar esposo. Y Gregorio rompió definitivamente con la indigencia del pasado y se entregó a un presente donde la dicha excluía la intervención de la memoria.

Segunda parte

Capítulo VI

Gregorio se detuvo en el último peldaño de las escaleras la mañana del 4 de octubre. «Sois tan jóvenes, tan locos, tan atolondrados», había dicho la madre, con cara de Virgen Traspasada, cuando supo de sus relaciones. Y luego se sucedieron años difusos, tan amontonados en el recuerdo por la monotonía, tan maltratados por el olvido, que sólo consiguió rememorarse arreglando el reloj con la navaja múltiple o asomado al balcón con los tobillos en escuadra y la expresión de navegante, viendo pasar las nubes y descubriendo en ellas sus mensajes secretos. Nunca perdió la virtud de ver figuras en las nubes. De niño, cuando en la escuela contaban las batallas entre romanos y cartagineses, o las hazañas de Sansón, él miraba al cielo y las veía allí representadas, con tantos detalles y tal realismo que las interpretaba como visiones que le mandaba Dios para premiar su devoción, y que sólo a él le estaba reservado aquel prodigio, hasta que el carácter equívoco de algunas escenas le hizo comprender que más bien se debían a su capacidad de ver en las nubes todo cuanto deseara. «Ahora voy a ver un burro con cara de león», decidía; miraba arriba y allí estaba el burro con su cara. En los años de noviazgo aún conservaba aquella facultad, aunque disminuida por la falta de fe y por la competencia del cinematógrafo, e intentó iniciar a las mujeres en el juego, haciéndoles primero una demostración de su maestría. Señaló en el cielo un balcón que era el balcón en que estaban y a tres personas que eran ellos mismos, pero la madre, tarda de vista, no consiguió reconocerlos, y lo más que llegó a vislumbrar fue a su marido montado en un caballo blanco y con una espada flamígera en la mano. Tampoco Angelina vio nada, y aunque Gregorio la animó a descubrir en las nubes sus propias caras, ella sólo distinguió un perfil anónimo, y no creía en los hallazgos de Gregorio. «Es mejor el veoveo», dijo, y nunca más volvieron a intentarlo.

Un crujido de viga lo devolvió al presente. Con la memoria en carne viva, salió a la calle y se detuvo en la acera, desorientado por el estrépito de los tambores. «Veinticinco años», pensó. Caminando sin fe, como una moneda rodando hacia un mendigo, se dirigió hacia el origen del bullicio. Al llegar a la confluencia de dos calles, una banda de músicos se le vino encima y, persiguiéndolo a ritmo militar, lo obligó a acelerar el paso.

De todas partes —de los portales, de los balcones, de las calles vecinas—, empezó a salir gente al paso de la banda. Había niños que venían corriendo hacia el mismo punto desde distintas direcciones y que al toparse con la música se juntaron y desaparecieron por un callejón como un remolino de agua sucia. En ese instante dobló una esquina un grupo de gigantes y cabezudos y un cohete humeó su tralla sobre ellos. Gregorio los vio avanzar moviendo los brazos de guiñapo y dando vueltas rígidas, hasta que el empuje de la banda los obligó a retroceder, y otra vez aparecieron los niños corriendo en direcciones contrarias, alcanzando las rejas y colgándose triunfantes de los últimos hierros.

—¡Viva el Caudillo! —gritó alguien desde un balcón.

Algunos corrían temerosos de perderse algún acontecimiento principal. Otros no sabían adónde dirigir su asombro y mantenían una expresión de rústico extravío. Había bailes de los que sólo se veía el movimiento de los brazos por encima de la multitud. Una mujer se alzó sobre los gritos pidiendo paso para un impedido en carrito de mimbre, que agitaba una banderita con invariable gesto de autómata feliz. Y no faltaba el cura de vieja estampa, anciano y flaco, que caminaba abstraído, casi abismal, como un galgo enfermo, y el municipal de muchas arrobas que dobla pesadamente un esquinazo, con el palillo del almuerzo prendido entre los dientes, y que todo lo mira con ojos embotados, apretando en la axila una carpetilla de partes cogida en gruesa goma de tocino.

Gregorio se dejó arrastrar por la multitud hasta la calle por donde pronto habría de pasar la comitiva. Allí consiguió instalarse encima de un umbral, y al rato sonaron sirenas a lo lejos. Comenzó entonces a refrescar. El cielo se oscureció y un oficial de policía ocupó el centro de la calzada, entre dos multitudes, inflando el torso y mirando a su alrededor con cara embrutecida por la astucia. Bien por el nublado, bien por el oficial, la gente enmudeció, dejando oír en lo alto una aguda disputa conyugal. De pronto irrumpió una pareja de motoristas y, tras una pausa expectante, pasó un cortejo de Dodge negros. Un perro les salió al paso y les opuso algunos aullidos lastimeros. En ese momento (Gregorio vio al oficial mirar arriba y alzar la barbilla como si recibiese un agravio), la banda atacó una marcha militar.

En un balcón estaban instalados los músicos, en otro un matrimonio de mediana edad —probablemente el que, después de aplazar la disputa, se enlazaba ahora de las cinturas en un gesto memorizado de amor—; en otro una familia dispuesta con rigor fotográfico, y en otro un hombre solo vestido de negro, que en una mano sostenía con elegancia cortesana un pañuelo blanco con bordes de puntilla.

Gregorio reprimió un grito de estupor. De un salto desapareció en el portal, acompasó la respiración, cerró los ojos y recordó sin esfuerzo un día de primavera de hacía catorce años, cuando por un anuncio de periódico se presentó ante una casa antigua de dos pisos con techo a dos aguas. Había una verja con rosas y un sendero de arena que iba a dar al portón cerrado de un garaje. Lo atendió un hombre vestido de riguroso negro que en ningún momento dejó de mostrar sorpresa, tanta que a cada palabra del aspirante se erguía adelgazando la expresión y mirándolo desde su ámbito de pájaro rapaz. Estaban al fondo del garaje, donde había sólo una mesa y dos sillas.

—¿Es usted protestante?

—No.

—¿Se abstiene de fumar?

—No.

—¿Sabe escribir a máquina?

—Algo —y echó una mano a un lado para moderar la afirmación.

—¿Se considera un excelente mecanógrafo?

—No.

Siguió un silencio valorativo. El hombre fumaba y abría la boca sin tragarse el humo.

—Hay muchos candidatos —dijo al fin, como una deducción.

—Comprendo.

—¿Por qué cambia de trabajo?

—Quebró la empresa.

—¿Qué edad tiene?

—Treinta y dos.

—¿Tiene alguien que le presente, un valedor?

—No.

—¿Cuál es su nombre?

—Gregorio Olías.

—Olías —repitió el otro—. ¿Conoce algo de vinos y aceitunas?

—No.

Con un dedo, pálido de escrúpulo, le fue mostrando los útiles de trabajo: un rollo de cuerda, una máquina de escribir, una barra de lacre, una lamparilla de alcohol.

—Bien, en el caso de que lo admitamos, dentro hay tijeras y material de escritorio. No tendría más que ocuparse de clasificar y despachar la correspondencia, empaquetar muestras y quizás algún día atender el teléfono.

—¡Perfecto! —se animó Gregorio.

Después de quedarse meditabundo (y parecía que estuviese haciendo un acto de contrición), el hombre de negro miró a Gregorio con ojos desapasionados, como buscando en él un motivo todavía incomprensible de diversión o asombro.

—¿Posee usted ambiciones? —preguntó de pronto, midiendo cada una de sus palabras y echándose bruscamente atrás, como maravillado del producto final de todas ellas.

—Bueno —contestó Gregorio, con cierta travesura de gestos—, lo normal.

El otro, que ahora se protegía los ojos haciéndose una visera con los dedos, abismó la mirada y amargó los labios, lleno de pesadumbre, y Gregorio hubo de repetir la respuesta porque ya no valía, porque el otro la había desteñido, pensó, con su silencio de jabonadura.

—Bueno, lo normal —repitió, esta vez muy serio, moderando la apertura de brazos y asegurándose de la solvencia de cada palabra.

Pero enseguida se dio cuenta de que tampoco esta vez servía su afirmación. Lo advirtió en el tono de su propia voz y en la forma en que el otro encendió tabaco, con trabajosa parsimonia, dando tiempo a que el mismo Gregorio se persuadiese de la invalidez de su respuesta.

—Bien, dejémoslo —dijo al fin el de negro, tras un silencio difícil.

Se refrescó los labios antes de proseguir: «¿Tiene hijos?».

—No.

—¿Bebe alcohol?

—No.

—¿Sabe idiomas?

—No.

—¿Ha viajado?

—No.

—¿Sufre alguna enfermedad?

—No.

—¿Ha acabado el bachiller?

—Bueno... —se removió Gregorio en el asiento.

—¿Ha acabado el bachiller?

—No.

El hombre de negro lo miró con preocupación.

—¿Ha oído antes hablar de Requena y Belson?

—No —se disculpó Gregorio.

El otro cerró los ojos. Una sombra de infinito cansancio le oscureció la frente.

—Sepa entonces —comenzó a decir, como si bordease peligrosamente los límites de la paciencia— que Requena y Belson es la casa más antigua y aristocrática del ramo. Observe el respaldo de su sillón. Ese es nuestro escudo de armas: un tonel custodiado por un águila y una raposa. La altanería y la sutileza. La inspiración y la constancia. *Si te dii amant, agere tuam rem occasio est.*

Se miraron con desigual fortuna.

—¿Sabe usted latín?

—Muy poco.

—Intente traducir.

Pero apenas transcurrió un instante, como si el peso de las culpas ajenas le fuese del todo insoportable, el hombre de negro dijo:

—Bien, dejémoslo, ya veo que no es fácil entenderse con usted.

Gregorio intentó un gesto de desconcierto e inocencia, pero el otro desvió la mirada y la sumió en lúgubre perspectiva.

—Sepa también —añadió sin mirarlo— que esta mansión es una casa particular. En el piso de arriba trabajamos tres hombres, bajo las órdenes directas del señor Belson. Abajo, en el sótano, trabajan otros dos, embotellando y enlatando. Disponemos además de un camión y dos vendedores. La organización, como ve, es perfecta. Desde hace doscientos años hemos dispuesto del mismo personal. Jamás ha habido ni uno más ni uno menos. Podíamos haber sido ocho o diez, pero no, somos nueve, justamente. Esta es nuestra garantía, en esto reside nuestra fuerza. Pero, en fin, dígame, ¿posee usted convicciones políticas?

—No —se disculpó Gregorio.

El de negro lo miró con una especie de piedad analítica.

—Olías, ¿eh?

—Pues sí.

Se pinzó erráticamente la barbilla. «Es usted realmente un hombre singular», pensó en alto. Se levantó y, desde el vano de la puerta, adoptando una postura estatuaria de orador romano y extendiendo luego un brazo y girándolo en garra como si atornillase una bombilla, lo señaló con desmesura:

—*Mihi modesta, non gloriosa veste uti decet.*

Y salió, llevándose tras él el cortejo de su propio sigilo.

Seis días después, Gregorio recibió una carta. Dentro había una citación para comenzar a trabajar al día siguiente y un catálogo de «Productos R. y Belson, vinos y aceitunas».

Tal fue el principio de los catorce años en que ocupó una mesa al fondo del garaje, bajo una bovedilla de luces por donde paseaban las palomas y que en mañanas claras distorsionaba el aire en tornasoles acuáticos.

Gregorio se acostumbró a encontrar cada mañana, en el mismo lugar de la mesa, el trabajo que habría de realizar durante el día, y a dejarlo ultimado en ese vago punto convenido. Escribía primero cartas comerciales, siempre el mismo modelo, adjuntaba las facturas y lacraba los sobres con el sello de la Casa. Luego confeccionaba paquetes de muestras, los encordaba, los lacraba y los dejaba listos para el correo. A media tarde concluía la tarea y debía esperar las llamadas telefónicas. Pero el teléfono no sonaba nunca y Gregorio se pasaba el tiempo viendo subir y bajar a lo lejos la pesa de un ascensor, mirando las nubes o limpiándose las uñas o las orejas con la navaja múltiple. También oía los ruidos, y aprendió enseguida a distinguirlos. Los de arriba eran todos metálicos. A veces sonaba una campanilla o caía al suelo un objeto cantarín. Los de abajo eran un rumor sordo, como un trozo sucio de mar batiendo un muro. Bum, bum, hacía. A eso de las siete cesaba, y al rato Gregorio veía a dos hombres caminar por una senda al final de un baldío. Debían de entrar a trabajar más temprano y salir antes y por otra puerta, porque Gregorio nunca los vio de cerca, y ni siquiera conoció sus nombres. Pero no sólo ellos: de los ocho empleados, sólo catorce años después, el 4 de octubre, volvería a ver al hombre que lo interrogó, vestido como siempre de negro, acodado en un balcón, y con un pañuelo blanco entre los dedos.

Se entregó sin pasión ni descuido al trabajo. Sin embargo, durante seis años no sonó el teléfono.

Fue un tiempo simplificado por los hábitos. Al atardecer salía al sendero de arena, cruzaba la verja e iniciaba, sobre los pasos del día anterior, el regreso al hogar. Ya en casa, mientras Angelina y la madre bordaban bajo una lámpara esmerilada de cerezas, él se limpiaba interminablemente las uñas, hacía solitarios de cartas, armaba y desarmaba el reloj en cuyo arreglo se había comprometido más de diez años antes, o se juntaban todos a escuchar en la radio las novelas de amor y las canciones dedicadas.

Habían remozado el piso. «Veréis qué felices vamos a ser», había dicho la madre, en un rapto de euforia, al volver de la iglesia. Barnizó los muebles, aclaró las cortinas, blanqueó las paredes, plantó flores en todos los cuartos y recluyó en su alcoba los recuerdos del militar esposo, poniendo en su lugar almanaques, cestos con verdiscas, cuadros de ciervos bien floridos. «Veréis qué felices vamos a ser», repetía, aligerando los tonos oscuros, mercando una bata de pájaros reales, revistas de moda, sillones de mimbre, cojines selváticos, lámparas de luz ubicua, una radio con mandos de nácar y un reloj de pared que cada hora se abría a dos puertas para hacer asomar a un corneta tocando a generala. «Veréis qué felices vamos a ser», y exhumó sus útiles de dulcera y dedicó las tardes del sábado a llevar a su punto perrunillas de vino, bolluelas de anís, pelotas de fraile, bizcochos leoneses, teresitas de yema, bartolillos, mojicones y buñuelos de viento.

Angelina asistió a aquellos cambios con mansa diligencia. Aunque nunca fue guapa, a fuerza de ser ella misma y de vivir sin sobresaltos, había adquirido el hábito de un encanto impreciso. En realidad, había prolongado la soltería en el matrimonio, y se había hecho fuerte, casi inexpugnable, en el reducto de su solitaria doncellez. Cuando Gregorio llegaba por las tardes, ella alzaba la vista y lo miraba desde el confín de su ventanita de bordar, a través de un aire fascinado de luz que ilustraba silencios ya definitivos. Apenas hablaban, competían en sobreentendidos, se miraban a hurtadillas y un suspiro valía por largas confidencias. En la cama, seguían a veces jugando al veoveo, o a enumerar por orden alfabético nombres de flores y animales.

Desde el primer día de matrimonio, había comprendido Gregorio que sus relaciones serían la prolongación de un noviazgo tímido, donde ni siquiera haría falta renovar el silencio pactado en el primer encuentro, después que hubieran confesado sus nombres, gustos e inclinaciones. Habían hecho un viaje a la costa el primer año. Durante el trayecto en tren, enlazaron las manos e iban exclamando: «¡un río!, ¡una vaca!, ¡un castillo!, ¡un pueblo!». Recogieron conchas en la playa, visitaron iglesias, bajaron la cabeza avergonzados ante gentes que hablaban otras lenguas, escribieron una tarjeta postal donde contaban que llevaban recogidas más de mil conchas, navegaron en una motora cogidos a un hierro, y por la tarde paseaban por un parque y hablaban de los muchos usos que darían a las conchas y de cómo serían felices porque no había ningún motivo que les impidiera no serlo. Gregorio quería tener dos hijos: «Uno se llamará Gregorio, como yo, y le contaré cuentos de miedo y le enseñaré a mirar las nubes, y los domingos lo llevaré a la casa de fieras». «No sé», decía Angelina. «¿No te gustan los niños?» «Los niños crecen y luego se van», decía ella. «Así es la vida, pero mientras lo pasaremos bien todos juntos.» «No sé, será lo que Dios quiera.»

El viaje de vuelta lo hicieron compartiendo el mismo silencio. Un viajante de paños les contó sus andanzas, hablando de sí mismo como de un billete premiado de lotería. No volvieron a hablar de las conchas, ni de los hijos ni de la felicidad. Se entregaron a los días prometidos: pasaban los meses, y cada mes traía su estampa de almanaque, con recetas, chascarrillos y paisajes de nieves o de espigas; pasaban las estaciones, y el viento traía una hoja o una mariposa. Pasaban los años, y todas las cosas que presidían la dicha continuaban en su exacto lugar.

Estaba ya ventajosamente acostumbrado al curso de su vida, simplificado por el buen oficio de los hábitos, y a su imagen de cada mañana en el espejo, cuando, al cabo de seis años de haber entrado a trabajar en R. y Belson, una tarde sonó el teléfono en la oficina.

Al alboroto del timbre siguió el vuelo espantado de las palomas en el techo de luces. De un brinco pasó Gregorio del sobresalto al estupor, y sólo después de una larga pausa adelantó una mano, se aclaró la voz, compuso un gesto de decencia y tomó el auricular:

—Soy Gil —se oyó al otro lado del hilo, con voz nasal de niño prodigio.

—Olías al habla —dijo con resolución.

—Soy Gil —repitió la voz—, representante de Requena y Belson en provincias.

—Dígame.

—Tome nota, si hace el favor. Cincuenta kilos de aceitunas para Comestibles Ibéricos; veinte cajas de vino y treinta kilos de aceitunas para Ultramarinos la Providencia.

Dio luego unas direcciones y concluyó:

—Volveré a llamar el jueves.

Gregorio dejó el pedido en la mesa. Al día siguiente había una nota en su lugar: *Manténgase en contacto habitual con Gil.*

El jueves a media tarde volvió a sonar el teléfono.

—Soy Gil —se oyó la voz de pito.

—Dígame.

—Hoy no tengo nada. Estoy en tratos con un mayorista y quizá mañana tenga ya noticias.

—Bien —dijo Gregorio—, manténgase en contacto habitual.

—Lo intentaré —gorjeó Gil, que hablaba siempre en tono de alarma—, pero por aquí a veces no funcionan los teléfonos, y en algunos pueblos ni siquiera los hay.

—Inténtelo de cualquier forma —dijo Gregorio, y se recostó en el asiento, dispuesto a seguir repitiendo siempre la misma frase.

—Quizá recurra al telegrama.

—No, no, utilice mejor el teléfono, siempre el teléfono.

—Haré lo imposible —gritó Gil, y le salió un gallo—, pero no sé si podré siempre. Dése cuenta que aquí estoy como quien dice en el fin del mundo.

Gregorio se sintió audaz:

—Inténtelo —dijo con aplomo.

Desde entonces, Gil llamó todos los lunes y los jueves. Al principio dictaba los encargos de corrido, pero luego empezó a intercalar pausas cada vez más largas.

—¿Sigue usted ahí? —preguntaba Gregorio.

Al mucho rato emitía un susurro afirmativo, y callaba de nuevo. Gregorio dibujaba flores o jugaba con la navaja múltiple.

—¿Algo más? —y la pregunta reforzaba la consistencia del silencio, y entonces se oía el bumbum del sótano, se oía el temblor de los hilos, se oía la respiración acezante de Gil.

Elevaba la voz:

—¿Sigue usted ahí?

—Sí...

—¿Quiere algo más?

—¿Algo más? —se oía a lo lejos la voz de falsete—. No...

—Bien, pues adiós y a seguir bien.

Pero Gil continuaba al otro lado, escuchando, y ninguno de los dos se decidía a colgar.

Llamaba otras veces:

—Olías al habla —enumeraba Gregorio.

Y aunque Gil callaba, Gregorio lo reconocía por el ritmo de su respiración y la calidad ambigua de su silencio. Permanecían ambos a la escucha, y si Gregorio golpeaba el micrófono con el lápiz, Gil hacía lo mismo, y si decía «¿es usted, Gil?», él descendía a zonas más profundas del silencio y seguía en acecho hasta que al fin, con qué lento cuidado, pulsaba el conmutador y dejaba a Gregorio en agridulce desconcierto.

Había un terreno baldío tras la ventana y al fondo las traseras de un inmueble por donde todo el día subía y bajaba la pesa del ascensor. Con los ojos allí perdidos, se quedaba pensando Gregorio en cómo sería aquel hombre que tan pronto parecía espiar como adoptar un tono de amarga confidencia. Porque, a veces, un día se mostraba locuaz.

—¿Sabe? —llamó un lunes—, hoy hace fresco, el cielo está húmedo y cantan las alondras.

Gregorio echó una mirada incrédula al terreno.

—Enhorabuena —dijo sin pensar.

—Pues sí, porque fíjese, lleva mucho tiempo sin llover y ahora quiere nublarse.

—Estupendo —se impacientó Gregorio.

—Pero de todas formas, esta profesión es muy dura. Porque imagínese si llueve, ¿qué voy a hacer?

Gregorio no supo qué decir.

—¿Me oye?

—Sí.

—No es que quiera quejarme, pero es muy dura. Tengo una maleta muy grande y voy con ella a todas partes, siempre con la maleta. Si me permite tomarme la libertad, le diré que le hablo a la maleta. Le digo: «Mira, maleta, hoy hace buen día», o la animo cuando el camino es largo. Se lo cuento para que sepa que esta profesión es muy dura. Yo tengo un conocido, también viajante, que dice: «Gil, los viajantes somos unos artistas». ¿Usted qué cree?

—Que a lo mejor tiene razón.

—No sé, no sé —parecía torturarse—. Y luego están las esperas. A veces me hacen esperar durante horas, y hasta días enteros. En fin, que no sé. Y además, señor Olías —y se le quebró la voz—, si me permite que se lo diga como lo siento, me aprietan los zapatos.

—Anímese, hombre —dijo Gregorio.

Entonces Gil se calló. Pareció detenerse ante una pregunta como al borde de un precipicio, y su silencio equivalió a un balbuceo.

—Bueno, ¿algo más?

Pero él no contestó, y sólo después de un rato se oyó allá lejos su protesta nasal: «Las pensiones son frías, los trenes lentos, los caminos muy largos». Y tampoco Gregorio se decidía a colgar.

A pesar de aquellas confidencias, no tardaba Gil en volver a las llamadas misteriosas. No sólo espiaba: también emitía ruiditos lúgubres, que unas veces eran como el gemido del viento, otras como un estertor de agonizante y otras imitaban el crepitar de los hilos telefónicos.

—Dígame, Gil —se atrevió un día a preguntarle—, ¿no es usted quien llama y hace ruidos?

—¿Yo?

—Sí, hay alguien que llama y hace ruidos. ¿No es de verdad usted?

—Pues no sé qué decirle. ¿Ruidos? No sé.

—¿Cómo no va a saberlo, Gil?

—A veces llamo, sí, pero no consigo comunicar. Yo también oigo entonces ruidos en la línea. No sé, serán las averías, o las interferencias, o que llamo de tan lejos que no llega la voz. Sí, eso debe ser, que llamo de muy lejos, ¿no cree usted?

—No sé, quizá —murmuró Gregorio.

—No obstante, parece mentira, ¿eh?

—¿El qué?

—El teléfono. ¿No cree usted que es un gran invento?

—Sí...

—Un gran invento, sí señor. Aunque, ¿qué me dice de la electricidad? ¿No es algo todavía más grande?

Gregorio no supo qué decir.

—Algo grande. La inventó Mister Edison, el gran sabio de América —y la voz se le quebró de emoción—. ¡Thomas Alva Edison! —repitió al rato, con voz sobrecogida—. Pero yo, señor Olías —añadió consternado—, si me permite la confianza, le diré que no tengo derecho a pronunciar ese nombre.

—Ah, ¿no? Y ¿por qué?

—No tengo derecho —confirmó Gil—, no soy digno. Y ahora, si me hace el favor, le dictaré el pedido.

Otro lunes llamó y, por todo saludo, declaró que estaba enfermo:

—Estoy débil, con fiebre, y fíjese cuando oscurezca, ¿qué voy a hacer?

Gregorio miró derrotado al terreno.

—Vamos, Gil, no se derrumbe. Ya se pasará. El hombre se mide en las desgracias.

—Sí, si ya lo sé. Si ya estoy más animado. Le cuento esto para que sepa que esta profesión es muy dura.

—Sí, pero recuerde que la vida nunca es fácil —filosofó Gregorio.

—Eso es una gran verdad —se apresuró a decir Gil—. ¡La vida nunca es fácil!

—Y menos la vida de los artistas —bromeó.

—Gracias por el consuelo, señor Olías. Es usted muy comprensivo.

Para entonces, Gregorio había comenzado a arriesgar con soltura frases enteras, comentarios atrevidos y seguros laconismos. Nunca había hablado con tanta autoridad y fundamento. Apenas sonaba el teléfono, se recostaba en el sillón, encendía un cigarrillo y cruzaba las piernas: «Olías al habla», y aprovechaba la presentación para expulsar artísticamente el humo, como sus viejos héroes policíacos.

Puestos ya a las confidencias, un jueves le preguntó si hacía mucho que trabajaba en Belson.

—Diecinueve años, cinco meses y ocho días —se lamentó Gil.

—Y ¿cómo no ha llamado antes?

—Mandaba telegramas al piso de arriba. A un hombre, usted lo conocerá, que va siempre de negro y hace muchas preguntas, algunas en latín. ¿Sabe quién es?

—Sí.

—Pues a ése. Luego me dijo que era mejor volver al sistema del teléfono y aquí estoy.

Siguió una larga pausa.

—¿Sabe? —dijo de pronto Gil, en su mejor tono consternado—, ahora estoy en un pueblo pequeño, sin luz eléctrica, y me duelen las muelas. ¿Comprende?

—Vamos, Gil, sobrepóngase.

—Ya, pero comprenda. Si me permite la libertad, le diré que tengo treinta y ocho años.

Gregorio, que estaba al cumplir treinta y nueve, le dijo al azar que todavía era joven.

—Depende —se acauteló Gil.

—¿De qué depende?

—Para ser albañil, por ejemplo, soy joven, pero para ser químico soy ya viejo.

—Pero usted es vendedor, ¿no?

—Sí.

—Pues entonces es joven.

—No crea, no crea.

—Entonces no lo entiendo.

—Es que no es fácil de entender.

—Pues explíquese.

—Es que no sé explicarme. Perdóneme usted —y se atrincheró en el silencio.

—¿Me oye? —gritó Gregorio—. ¡Diga algo!

—Perdóneme —dijo Gil con la voz maltrecha, y colgó.

Y a la otra semana, después de pedir perdón por su hosquedad, volvía a quejarse de las pensiones, y cómo eran tristes porque en ellas había siempre mujeres de luto, y los desconocidos recordaban algo al muerto y por eso se vivía siempre en un constante estado de sepelio.

—Y los caminos están todos polvorientos porque hace ya cuatro años que no llueve. Ahí en la ciudad, tampoco lloverá, ¿no?

—No.

—Con el tiempo la lluvia será dar un botón, como la luz.

Gregorio no contestó.

—¿No cree usted, señor Olías?

—Puede ser.

—Yo tengo mucha fe en la ciencia. No hay nada que los grandes hombres de la ciudad no puedan conseguir.

Gregorio vio subir la pesa del ascensor.

—Es la dinámica del progreso —dijo, recordando una frase que había oído recientemente en la radio.

—¡La dinámica del progreso! —exclamó Gil—. ¡Qué bien lo ha dicho usted! ¿Ve? Ahí en la ciudad siempre tienen el modo justo de definir las cosas. A usted no hay más que oírlo para saber que es un hombre de mundo.

Carraspeó Gregorio desde la trastienda.

—¿No le molesto con estas cosas?

—Claro que no, Gil.

—¿Me permite entonces una pregunta?

—Desde luego.

—¿Usted cree que hay extraterrestres?

Gregorio parpadeó atónito.

—Pues no sé, qué quiere que le diga.

—Comprendo.

—¿Qué es lo que comprende?

—Nada, cosas mías, sin importancia. Cosas de viajante. Yo, ¿sabe usted?, también viví ahí, en la ciudad, hace muchos años.

—No lo sabía.

—Pues, sí señor. Tenía una novia, una familia y un gato.

Gregorio no encontró ningún comentario oportuno y Gil parecía haber caído en un silencio ya definitivo.

—Bueno, pues nada. ¿Algo más? —preguntó al rato.

—No —tardó en responder Gil, no muy seguro de su negativa.

Se mantuvieron regularmente en contacto durante el verano, el otoño y el invierno.

Gregorio nunca llegó a saber de qué forma fue adquiriendo Gil el derecho de intercalar entre los dictados comerciales, y cada vez con mayor familiaridad, la relación diaria de sus miserias de viajante. Cuando no le dolían las muelas le apretaban los zapatos, y una vez que perdió el tren le entró hipo y se quedó hipando en el andén con los zapatos desabrochados. Como era jueves, desde allí mismo llamó para reafirmarse en las inclemencias de la vida.

—Se lo cuento para que lo sepa —dijo hipando, con un cierto rencor pueril.

—No se queje tanto y actúe —razonó Gregorio.

—Lo intento, señor Olías, pero que sepa que es difícil. Ustedes ahí en la ciudad no comprenden lo que es vivir en estas soledades. Perdóneme que se lo diga.

—Vamos, Gil, no se desanime —y forzó una despedida jovial.

Pero él no colgó. Permaneció a la escucha, raspando en el auricular, y Gregorio oyó como un gemido, y dudó si lo hacía Gil o era sólo el sollozo que emitía la distancia.

Pasó el invierno, y la imagen de Gil se fijó en su memoria con la retahíla de sus frases iguales y a veces misteriosas, sus idas y venidas por pueblos idénticos, sus noches en pensiones que eran siempre la misma pensión, su vagar por caminos que el sol y el polvo repetían hasta el desaliento. Su voz era a veces la voz afectada del hombre de mundo: «Señor Olías, la vida no descansa y aquí me tiene de nuevo: tome nota», y dictaba cajas de vino y kilogramos de aceitunas. Era la voz de la euforia: «¡Acabo de llegar a un pueblo en fiestas! ¡La venta es segura!», y era la voz maltrecha de la angustia: «Me vuelven a doler las muelas, no puedo dormir y la comida de las fondas me produce ardores de estómago. Con esta sequía, me da a veces la sensación de haberme perdido en una habitación oscura».

Cuatro años, en efecto, llevaba sin llover. La mañana del 4 de octubre, Gregorio no recordaba bien si la imagen difusa de aquella época era cosa de la sequía o del paño mágico con que remienda el recuerdo los rotos del olvido. Sin embargo, siempre mantendría nítido en la memoria el domingo de marzo en que propuso ir a una verbena que se había instalado en las afueras de la ciudad. Las mujeres acogieron con desigual ánimo la invitación. Angelina, ni que sí ni que no, tras una mirada de desconcierto, se concentró en los primores del bordado. La madre, sin embargo, echó a volar la labor y rompió en exclamaciones:

—El mundo se está acabando y lo único que se te ocurre es ir a la verbena. ¡A la verbena, qué ocurrencia! Como si la vida fuese así: ¡hala, me voy a la verbena! Me pongo de punta en blanco y ¡hala, a la verbena! Hay terremotos por todo el mundo, enfermedades incurables, lobos con pieles de oveja, gente que en toda la noche no para de toser, y va uno y dice, ¡a la verbena!, ¡a montar en los caballitos!, ¡a comer churros!, ¡a beber cerveza y a atiborrarse de golosinas! Está una viuda y viene su yerno y, mire usted qué ocurrencia, ande, señora, vístase de fiesta, póngase las joyas, perfúmese, que nos vamos a la verbena. ¡A la verbena! ¡Vamos a la verbena! Como si no supiésemos lo que es la vida. ¡Péinese que nos vamos! Como si una pudiese, así como así, peinarse, como si una tuviese vestidos de película, rabos de zorro y pedrería, brocamantones y chales de diario. ¡Ah, es muy bonito eso! Uno terminará muriéndose y, mientras tanto, ¡hala, vamos a la verbena! Y si usted no tiene adornos que ponerse, ¡a la verbena igual! ¡A vivir que son dos días! Aunque sea de trapillo. ¡Que nos quiten lo bailao! Ahí tiene usted a mi marido, un héroe, y yo, viuda, matándome la vista. ¡Oh, mundo ciego! El mundo es valle de lágrimas. Está una en su cometido y vienen y te dicen, ¡cálcese que nos vamos! ¡Cálcese! Diez años van que no compro calzado. ¡Como si una anduviese con el coturno puesto para la mojiganga! ¡Ay, Gregorio, qué cruel eres a veces y qué simple! Pero, ¡qué atrevimiento! ¡A la máscara, señora, que hoy me siento rumboso! ¡Ay, mundo, mundo! ¿Lo oyes, Angelina?

—Sí, mamá.

—Y, puestos en el caso de ir a esa maldita verbena, a ver, ¿qué ropa me pondría?

—Mamá, el estampado no está mal.

—¿El estampado? ¡Lo que hay que oír!

—O el verde raso.

—¿El verde? ¿Para hacer el ridículo?

Siguió con los lamentos desde el dormitorio, y siguió quejándose todavía cuando salió emperifollada de boda, y cuando volvió de restaurarse el peinado y se pintó los labios y se dispensó a discreción unas nubecillas de perfume.

—Lo habéis conseguido —dijo claudicante—. ¡Hala, a que se rían de mí!

Partieron de inmediato. Los tres del brazo, alado el ritmo, tomaron un autobús y luego otro, y no dejaron de preguntar si iban bien para la verbena hasta que vieron de lejos el cabrilleo de los colorines y oyeron el rebumbio de la música.

—Qué tontería —dijo Angelina.

—El qué —preguntó Gregorio.

—Ir a la verbena.

—¡A hacer el ridículo! —intervino con acritud la madre, tentándose el peinado.

—Lo pasaremos bien —protestó Gregorio.

Bajaban por un terrenal a buen paso, entre una muchedumbre descarriada que iba agrupándose hacia el reclamo de las luces.

Antes que el gentío, percibieron la polvareda, y la atmósfera de alegría pueblerina. Aturdidos por los pálpitos y giros de la luz, por el estruendo de los carruseles y el cisco de las tómbolas (y no sin ciertas protestas de la madre, que intentó gritar algo que un petardo anuló de un estallo), se adentraron intrépidos entre la muchedumbre. En un tenderete, tras largas deliberaciones, compraron una docenita de churros. «Están fríos», acusó la madre, masticando de un reojo a Gregorio. Mientras duró la pitanza, no volvieron a hablar. Caminaban absortos entre la maraña de timbrazos y sirenas que anunciaban el principio y el fin de los viajes, las músicas incomprensibles y la gritería de los viajeros, que competían en divertirse cada uno mejor que los demás. Después de mucho rato, Gregorio propuso subir al tren del miedo. «Qué tontería», dijo Angelina. «¡Como si la vida no fuese ya miedo!», ilustró su endecha la madre con el blanco de los ojos.

Se negaron también a subir a la noria.

—Total, para dar vueltas —dijo Angelina.

—Y para que se rían de una —añadió la madre—. ¡Qué poca cabeza tiene este hombre!

—Entonces, ¿a qué hemos venido? —preguntó Gregorio amargamente.

—¿Es que fui yo quien llegó alborotando con la bulla de la verbena? —tronó la madre—. ¡Habráse visto desfachatez!

Siguieron andando entre el gentío. Había hombres abrochados de limpio y grupos de muchachas con pañuelos de color sobre los hombros y flores recién cortadas en el pelo.

—Bueno, ¿y qué hacemos aquí? —preguntó al rato Angelina.

—Eso pregúntaselo a tu esposo, que es quien manda y dispone.

Gregorio se detuvo:

—Podemos tirar al blanco —dijo.

—Y ¿qué sacamos con eso? —preguntó Angelina.

—Bueno, pues yo voy a tirar —y se dirigió resueltamente a una caseta de tiro.

Tiró y erró.

—Por vuestra culpa —vino diciendo por lo bajo.

Se volvió la madre, exagerando la amplitud del auditorio:

—Ten por seguro, hija, que tu padre, que en Gloria esté, no hubiese fallado un solo tiro.

Más allá, discutieron agriamente ante los coches de choque, las barcas de la gloria y la montaña rusa, y ya amenazaba Gregorio con montar él solo en las atracciones, cuando la madre zanjó la cuestión proponiendo jugar unos boletos a la tómbola. Allá fueron entre dientes. Sacaron premio a la primera. Les dieron a elegir entre una caja de puros y un perrito de felpa. La madre eligió de inmediato el perrito. Se lo puso a Gregorio en los brazos y le dijo: «¿Ves tú como yo tengo razón?».

Animada por su buena fortuna, se resolvió a subir en el tiovivo.

—Para que veas que no te guardo rencor y que lo que quiero es vuestra felicidad —razonó.

Pero ahora era Gregorio quien no se decidía a montar.

—¿A qué hemos venido entonces? —gritó la madre, buscando alrededor el apoyo de una asamblea fiel.

Al fin se instalaron los tres en una tartana, como si aguardasen en la antesala de una consulta, y comenzaron a girar.

—Pues vaya un sacacuartos —iba diciendo Angelina.

—Con lo felices que podíamos ser —se quejaba la madre.

Gregorio, con el peluche en brazos, tenía el rostro vuelto y agraviado, y la mirada abstracta. Vio a unos jóvenes que volaban una cometa y cómo en cada giro la cometa estaba más alta; vio a un niño que inflaba un globo, y en cada vuelta el globo era más grande; vio a dos muchachas gritando en una barca de péndulo que por efecto de los movimientos combinados se mantenía siempre en la misma posición de descenso, y también el grito era siempre el mismo, y las cabelleras flotaban rígidas en el aire; y vio a tres niñas que se lanzaban alternadamente una pelota y cómo sólo una la recibía, mientras las otras dos miraban a la afortunada con la paciencia cada vez más triste. Los diálogos se convertían en monólogos, los saludos no eran contestados, y había quien respondía a preguntas que nadie le había hecho y quien se esfumaba o reaparecía más allá por arte de birlibirloque. Uno sacaba una patata frita, otro la engullía, otro la masticaba y el de más allá se relamía. A un gesto correspondía el disparate de otros gestos, como en una pantomima de Torre de Babel representada por comediantes bufos. Señora hubo a quien se le cayó el abanico y caballero que lo recogió trasmutado en sombrero. Un niño que se burlaba de su madre recibió de premio una sonrisa. Al novio se le mudó la novia, cuando se disponía a besarla, en una nube de algodón de azúcar, y tan pronto la besaba como la devoraba, siempre con similar blandura. Cuando el tiovivo se detuvo, le costó a Gregorio aceptar el sentido lineal de las cosas. La barca osciló, las niñas tristes rieron al recibir la pelota, la gente hablaba y actuaba por turno y el niño burlón recibió su merecido a manos de su madre.

El viaje había endulzado los ánimos. Caminaron largamente en silencio. En un quiosco, al final ya de la verbena, ocuparon una mesa y pidieron cerveza y patatas fritas. Sobre un templete adornado con guirnaldas, farolitos, calabazas y fuelles de papel, una banda de música tocaba canciones de siempre para bailar. Hacía una buena tarde, empezaba a hacer fresco y daba gusto oler el polvo y sumarse a la alegría ya un poco fatigada, casi íntima, de la gente. Los músicos, reglamentados de azul, se limpiaban las gafas o las manos entre pieza y pieza, y complacían las peticiones del público. El director se volvía a cada final y, cruzándose la batuta sobre el pecho, saludaba con breve lumbalgia. Abajo, jubilados, señoritas por casar y niños de limpio aplaudían sobre la nariz. Había en todo aquello algo de plenitud fácil y de generaciones que se suceden sin embrollo. Gregorio se sintió feliz. Sacó a Angelina a bailar, y aunque ella se negó, la cogió de las manos y la sacó a la fuerza, y cuando ya se iban señaló riendo a la madre: «Prepárese que luego va usted». «Jesús, Jesús», exclamó ella pinzándose el escote.

Bailaron por primera vez desde el banquete de boda, y a Gregorio le pareció que los músicos, como entonces, estaban tocando para ellos solos.

—Angelina.

—Qué.

—¿A que parece que los músicos tocan sólo para nosotros?

—Qué tontería.

—¿Eres feliz?

—Sí.

—Yo también. Angelina.

—Qué.

—¿Sabes lo que vamos a hacer cuando acabe la sequía?

—No.

—Intenta adivinarlo.

—No sé.

—Comprarnos un coche.

—Qué locura.

—Y volveremos a la costa, al mismo sitio donde fuimos la otra vez. ¿Qué te parece?

—No sé.

—Podemos hacer muchas cosas. Por ejemplo, ¿tú has ido al teatro alguna vez?

—Yo no.

—Yo tampoco. Tenemos que ir.

—El teatro es mentira, un sacacuartos.

—También las novelas de la radio son mentiras.

—Pero son de balde y no distraen del trabajo.

—Bueno, ya me lo dirás cuando vayamos. Angelina.

—Qué.

—¿A ti no te gustaba vivir en el campo y cuidar de las gallinas?

—Sí.

—Pues algún día nos iremos al campo. Yo plantaré trigo y tú tendrás tus gallinas.

—Anda, déjate de tontunas, que te veo muy raro esta tarde.

—Y además me gustaría abrazarte ahora mismo, con mala intención.

—Por Dios, Gregorio, ya está bien. Sólo piensas en esas cosas.

—¿En cuáles?

—Tú ya lo sabes. Y ya está. Me vas a hacer poner colorada.

Bailaron dos piezas y regresaron. Y ya se disponía Gregorio a sacar a la madre cuando de repente se oyó un grito que lo dejó paralizado en lo más profundo de su zalema cortesana.

—¡¡Faroooniiii!!

Lo reconoció con el pensamiento, antes de volverse. Era Elicio. Lo vio flotar en la polvareda con la ligereza fácil y flexible que le otorgaban la chaqueta blanca, la camisa eléctrica de tornasol y los zapatos de caladillo, y venía esquivando a los bailarines con el ensalmo de una sonrisa dentona y mundanal. Instintivamente, sobreponiéndose a la sorpresa, Gregorio salió a su encuentro para alejarlo de la curiosidad de las mujeres. En el recuerdo del 4 de octubre, le pareció que nunca acabarían de atravesar aquel espacio polvoriento que el atardecer y el recuerdo convertían en ilusorio laberinto de oro, y donde el aire tenía el temblor nítido y la engañosa transparencia de los espejismos.

Se abrazaron en mitad de la pista. Elicio se apartó un poco y lo miró de arriba a abajo:

—Gregor Hollis —dijo, y le amagó un puñetazo al estómago.

—Elik Reno —contestó Gregorio encogiéndose.

De pronto le dio la impresión (molesta, casi insoportable) de que Elicio no había cambiado: el mismo flequillo de ida y vuelta, la misma voz, los mismos gestos, los mismos dientes de conejo.

—Elicio, ¿es que sigues teniendo dieciséis años? —preguntó con su mejor voz juvenil.

—¡Claro! —respondió Elicio, y alzó el pulgar de la victoria—. Pero, oye, Gregor —y al ponerse serio se transformó en el hombre de cuarenta años que en realidad era—, estoy con unos amigos. Vente con nosotros. Vamos a reventar la verbena.

—No puedo, he venido con unos familiares —dijo Gregorio en voz baja, como si estuvieran en una iglesia.

—¿Te has casado? —preguntó Elicio, señalando a las mujeres.

Gregorio exageró la sonrisa y devolvió el derechazo, pero no respondió.

La gente bailaba alrededor cada vez más deprisa, quizá por el fresco del atardecer, quizá para aprovechar mejor los bailes. Envueltos en la polvareda y la música, Gregorio y Elicio se miraban entre cabeceos de admiración.

De pronto Elicio empezó a hablar con gestos rápidos y seguros. Gregorio no lo entendía pero miraba fascinado sus manos, entregadas como a una menuda y experta artesanía, como si manejara hilos invisibles o modelase figuras fantásticas con la pasta tierna de las palabras.

Parecía un actor, y también un gran personaje que jugase con un niño a sacarle caramelos de las orejas.

—Oye, y ¿qué es de tu vida? —preguntó de improviso—. ¿Te acuerdas que tú querías ser poeta y yo gánster? Yo siempre lo decía: este Gregorio tiene de verdad alma de poeta, y llegará lejos. Sigues haciendo poesías, ¿no?

A Gregorio le hubiese gustado abrir la boca y que las palabras salieran solas, como la música imposible de los sueños. Sin embargo, respondió:

—Bueno, a veces, ¿qué te voy a decir? —y le pareció una respuesta tan ridícula que añadió: «Versos sáficos», y lanzó una risotada, corta y desabrida.

—Y tú, ¿qué haces? —preguntó, adecentando la voz.

Y otra vez empezó a hablar Elicio con aquella fluidez incomprensible y aquellos ademanes elegantes e hipnóticos. Gregorio entendió que era barman en una sala de fiestas con nombre tropical, que ganaba dinero, apaciguaba broncas y seducía mujeres. Que tenía un hijo de la misma edad que ellos tenían entonces, pero que no estaba casado sino juntado, y que su mujer era cantante. Luego habló de un automóvil color crema y explicó el orden de los cambios de marcha. «Estuve en el extranjero y en la cárcel, y ahora ya ves, feliz en lo mío.» Se distanció un paso:

—Qué jodío Faroni, y cómo ha pasado el tiempo. Oye, estás más gordo, ¿eh?, y te estás quedando calvorota —y le dio una bofetadita en la cara.

Gregorio se defendió con una risa que le pareció servil y estúpida.

—Oye, ¿y no has escrito ningún libro?

—Todavía no —dijo Gregorio, quitándole importancia al asunto.

—Pues yo siempre decía por ahí, «tengo un amigo poeta que un día saldrá famoso. Acordaos del nombre, Faroni, se lo puse yo».

Gregorio se sintió avergonzado y lleno de un repentino y vago malestar.

—¿Y Alicia? —preguntó, con una voz que se le antojó espantosamente ridícula.

—No la volví a ver. Creo que se casó con un político, gobernador o cosa así. ¿Te acuerdas que tú estabas enamorado de ella? ¿Te acuerdas de Drake, su perro? ¡Qué tiempos! Pero, ¿por qué no te vienes? —y le volvió a amagar otro puñetazo.

—No puedo —dijo encogiéndose y pronunciando por lo bajo aquel extraño nombre, Drake, que inútilmente había intentado recordar desde hacía muchos años.

—Pues mira —dijo Elicio, a quien apremiaban con voces festivas—, ven un día a verme.

Empezó a retroceder y a subir la voz:

—Tenemos que hablar de aquellos tiempos. Y ya sabes —gritó—, salud, fortuna y amor. ¡Hasta siempre, Faroni!

Guiñó un ojo y, asomando el pulgar de la victoria por encima del hombro, desapareció entre la gente.

Gregorio se quedó inmóvil en mitad de la pista, oyendo el eco de su antiguo nombre y absorto en recuerdos que había creído definitivamente olvidados y que ahora regresaban como un eructo amargo. «Faroni, Drake», se dijo, sin entender la causa de la súbita y devastadora nostalgia. Justo entonces se levantó el viento y el aire empezó a oler a humedad. La música aceleró el ritmo y los bailarines se pusieron a danzar velozmente entre remolinos de polvo.

—Vámonos —dijo Gregorio con sombrío laconismo.

La madre esperó a estar lejos para acomodar su cantinela.

—¡Prepárese usted, señora, que vamos a bailar! ¡Prepárese que después va usted! ¡Masque usted esa china! Con mi esposo muerto, enferma como estoy y el mundo acabándose, ¡a bailar! ¡Habráse visto desvergüenza! ¡Y qué mal baila este hombre! Parece un pato mareado. Y ¿quién era ese zangarullón de blanco?

—Un amigo de la juventud.

—¡La juventud! Y ¿cómo te llamaba, Meloni o Peroni?

—Cosas de muchachos.

—¡Qué ocurrencia! ¿Y crees tú que yo iba a bailar? Yo era una pluma en brazos de mi esposo, cuando en los salones de Capitanía bailábamos la noche de Pascua. «¿Me concedes este baile, reina?» Fue un día de viento como hoy. Yo lucía un maravilloso vestido de color salmón con hojaldres de nieve, abrigo de garras, zapatos de ensueño con cintillos de plata, la cabellera negra hasta la cintura y subiendo por ella una salamandra de oro, y en la frente una diadema de pedrería viva: parecía una auténtica reina oriental. Me aclamaron tanto, tanto clavel, tanta orquídea, tantas personalidades se inclinaron, «señora, a sus pies, está usted maravillosa». Hubo un mariscal francés que me dijo con una reverencia, *madam, vu se le esplender*. Y era mi marido rodearme de la cintura y sentirme flotar bajo las arañas, como si el aire de los violines nos llevase en un soplo y el vestido de noche fuese un puro vapor.

Gregorio tiró de Angelina y la madre empezó a quedarse rezagada.

—¡Que haya yo vivido eso y venga ahora un cataplasma a sacarte a bailar en una polvareda, un hombre que ni para tener hijos vale, y eso como si te hiciese un favor y por caridad, y que de pronto te deje porque lo llaman por el mote, Meloni o Peroni, un pelagatos con la cara de liebre!, y ¡hala!, ¡corra a verle y deje plantada a una señora para risorio del público! ¿Has visto, Angelina, has visto, hija, cómo me miraba la gente y se reía por lo bajo dándose con el codo? ¿Y has oído luego una palabra de disculpa, un desagravio, después de despacharse a gusto con el amigote? ¡Nooo! ¡Vámonos!, ha sido cuanto ha dicho, vámonos que yo hoy por hoy ya estoy servido. Y ¡cómo se reía la gente! ¡Qué de risitas y de escarnios! ¡Sólo yo sé el Calvario que me has hecho pasar, Gregorio!

Así siguió hasta que dejaron atrás la verbena y se internaron por el terrenal. Al llegar al alto, se volvieron a divisar el panorama. Giraban las luces y se oía el apagado retumbo de la música.

—Cuántas luces —dijo Angelina—. Parece un Belén.

—¿Luces? —gritó la madre—. ¡No veo casi las luces! ¡Dios mío, me estoy quedando ciega! ¡No veo nada!

Gregorio sintió que cualquier gesto, palabra o pensamiento lo hundiría aún más en un malestar que se iba haciendo náusea. Intentó recordar algún episodio del pasado, y otros nombres de los que tenía olvidados desde hacía tantos años, pero sólo consiguió ver al diablo con capa y cicatriz subido gentilmente a un caballito del tiovivo.

—¡A la verbena, a la verbena! —gritaba la madre fuera de sí.

Esa misma noche oyeron cómo el viento arrastraba papeles hasta los corredores, empujaba las puertas y arañaba las ventanas. Luego se hizo el silencio y enseguida, como tras un breve titubeo del que participaran todas las cosas y personas, comenzó a llover con menudo ahínco.

Capítulo VII

Llovió hasta noviembre, casi todos los días, y el mundo adquirió una velada transparencia de alba otoñal.

«Esto es el Diluvio», razonaba la madre. Angelina suspendía la labor y miraba afuera. Llovía, en efecto, y durante un rato emparejaban las cabezas para ver llover. Gregorio se preguntaba entonces quién sería el primero en suspirar. Por no prolongar la incertidumbre, suspiraba él, y le salía un suspiro tan áspero que la madre castigaba con un reojo aquel intrusismo en su magisterio de dolor, y hasta el perrillo se estremecía al sentir perdido el rumbo del sueño. El malestar que descubrió tras el encuentro con Elicio se le había convertido en un peso oprimente, y en los espejos encontraba intacta la cara de bobo que se le había puesto con el primer día de lluvia.

—Estoy acatarrado —llamó Gil en octubre—. Le llamo desde una estación y hay una gotera que me está cayendo en la nuca. Estoy calado hasta los huesos y con los pies metidos en un charco.

—Pues sálgase —dijo Gregorio.

—No puedo, no llega el cable, y éste es el único teléfono que hay en el pueblo. Y además los caminos se han enfangado y no llega el correo, figúrese la situación.

—Ya escampará.

—Sí, pero dése cuenta. A las cinco se pone oscuro y ¿dónde va uno? No hay más remedio que venirse a la pensión. Pero las habitaciones son frías y el viento se cuela por las puertas. Y en la cocina siempre hay mujeres que hablan muy alto.

—Eso no es malo, Gil.

—Hablan muy alto —elevó el tono, confirmándose en su queja—. Como no hay nada que hacer, me acuesto temprano y, claro, me despierto al amanecer. Pues bien, entonces escucho y ya están otra vez hablando. ¿Cuándo descansarán esas mujeres?

—Búsquese una distracción. Pasear, leer, ir al cine.

—Pasear no. ¿Cómo va a pasear en el tiempo libre un viajante de comercio? Cines no hay apenas, y en cuanto a leer, la luz es mala, y a veces la cortan a las nueve. Y luego, lo que le digo, que no llega el correo. Como mucho, alguna hoja ganadera local. En fin, un desastre.

—No será para tanto, hombre.

—Un desastre, señor Olías, se lo digo yo que lo sé. Esas cosas no se entienden ahí en la ciudad. Hay que estar aquí, con los pies en el charco y la gotera encima. ¡Señor Olías! —gritó.

—Dígame.

—Ahora ha pasado un perro debajo de esa lluvia.

—¿Un perro? Bueno, ¿y qué?

—No, nada. Iba por la vía, como si tal cosa. Ya va lejos.

Gregorio se recostó en el sillón sin saber qué decir.

—¡Señor Olías!

—Dígame.

—¿Podría pedirle un favor?

—Desde luego.

—¿Querría decirme si ha ocurrido algo importante en el mundo durante el mes de octubre?

—Hombre, supongo que sí —contestó Gregorio.

Gil, dispuesto a no dejarse derrotar por las pausas, continuó esperando.

—Ha habido un terremoto de mil muertos y una revolución de dos mil —recordó Gregorio haber oído en la radio.

—¿Dónde? —apremió Gil.

—Creo que en la India.

—¿Ve? De esas cosas no se entera uno en estos despoblados. Los caminos están imposibles y no llega apenas el correo. Y a mí me gusta estar bien informado. Un hombre mal informado es como un animal, como ese perro que acaba de pasar. Pero en provincias, ¿de qué va uno a enterarse que ya no sepa?

Resistió la ofensiva de otra pausa.

—¿Le importaría informarme de vez en cuando de lo que pasa en el mundo?

Gregorio miró alarmado la claridad turbia del otoño.

—Pero, ¿es que no tiene una radio?

—Aquí no hay radio que valga. Y además no se cogen bien las emisoras. Para enterarse de las verdaderas noticias hay que vivir en las grandes ciudades, usted lo sabe mejor que yo. Aquí sólo llegan las noticias de segundo orden, las sobras como si dijéramos, y eso cuando llegan, mientras que ahí uno se entera de todo con salir a la calle y poner la oreja, ¿no? La ciudad es como un libro abierto.

Gregorio se quedó pasmado.

—Eso es absurdo —dijo.

—¿Cómo que no? ¿Dónde si no se van a saber las cosas? ¿Dónde están los gobiernos, las universidades, las tertulias, los museos, los aeropuertos y las sedes de las grandes empresas? ¿Dónde se originan las verdaderas noticias?

—Pues en cualquier parte, ¿qué más da?

—Diga mejor —declaró amargamente Gil— que no me quiere contar nada.

Se oyó como un jadeo agónico.

—Por Dios, Gil, no es eso. De verdad que no es eso.

—Entonces, ¿no le importa mantenerme informado? —preguntó temeroso.

Gregorio jugó con el lápiz, intentando ganar tiempo a la respuesta, pero Gil se lo impidió gritando, apremiante y nasal, al otro lado:

—¿Le importa?

—Pero, ¿qué le voy a contar? —gimió Gregorio.

—Lo que quiera, lo que se oiga por ahí. Eso es lo de menos.

—Pero, ¡si yo no oigo nada!

—Sí oye, señor Olías, sí que oye. Lo que pasa es que no quiere hacerle ese favor a un pobre viajante. En ese caso, perdone las molestias.

—Gil —dijo Gregorio, desarmado ante aquella humilde y amenazante terquedad, y en un tono de infinito desaliento—, dígame lo que tengo que hacer.

—¿Lo hará entonces?

—Sí, pero dígame qué.

—Pues ya lo sabe, ¿qué le voy a explicar yo? Contarme lo que pasa en el mundo, sólo eso.

—Haré lo que pueda —susurró Gregorio.

—Señor Olías —se emocionó Gil—, yo sabía que no se iba a negar. Lo sabía. Es usted un hombre generoso, y a cambio yo le ofrezco lo único que tengo: mi agradecimiento infinito.

Desde ese día, Gil pidió sin cesar noticias del mundo, y Gregorio le fue contando el caso de un padre que acuchilló a su hijo, el de un barco que se hundió en la mar calma, el de un científico que había perfeccionado la transmisión aérea de la imagen, el de un mono por lanzar al espacio y el de un hombre que había hablado sin interrupción setenta y tres horas de reloj.

—¡Esas son las verdaderas noticias! —se alborotaba Gil los lunes y los jueves—. Se nota en ellas el espíritu de la ciudad y las señales inconfundibles del progreso.

Y siguió contándole todo tipo de sucesos porque supuso que la soledad de Gil necesitaba de aquellos elixires. Tan imprevista ocupación le levantó el ánimo. Nunca lo había escuchado nadie con tanto respeto a cambio de tan poco. Así que contrajo la obligación de no decepcionar sus esperanzas, y desde entonces empezó a comprar periódicos y a leerlos cada noche en busca de noticias. El fue el primer admirado de los hechos extraordinarios que ocurrían en el mundo, y se lamentaba de haber vivido tanto tiempo de espaldas a tantos prodigios diarios. Mientras, Angelina y la madre bordaban bajo la lámpara de cerezas, y a veces lo miraban sorprendidas de aquella súbita manía. Gregorio rechazaba titulares y subrayaba otros: *Boicot a los transportes, El Papa exhortó ayer a las multitudes, Un hombre se suicida con un alambre, Pánico en Oriente,* que se iban mezclando con los murmullos de las dos mujeres: «Debías de comprarte un abrigo», «ay, Jesús, cuánto tiempo hace ya», «se machacan dos ajos en un almirez», «estoy perdiendo vista de hora en hora».

Gil acogía las noticias con grave expectación: era en las grandes ciudades donde se estaba decidiendo el destino del siglo, en tanto que en la lejana provincia se vivía en un invariable presente cuyos hechos más triviales tendían a adquirir una desmesura irrisoria. Desde todas las ventanas de todas las pensiones se veía siempre la misma plaza, y en ella hombres apoyados en una pierna que esperaban sin ilusión la llegada de una camioneta. Cada tanto tiempo cambiaban de pierna, ciconeaba la cigüeña, ladraba el perro, daba sus campanadas el reloj. «Aquí no hay con quién hablar», se lamentaba Gil, «cuando lo intento, el otro cambia de pierna y sonríe, como diciendo que qué nos importa a nosotros lo que pase en el mundo.»

—Aquí, señor Olías —dijo un lunes—, no nos enteramos de nada.

—Pero, ¿cómo no se van a enterar? Las noticias llegan a todas partes.

—Como se lo cuento. Ustedes no comprenden lo que son estos despoblados. Por ejemplo, ¿cuántas guerras calcula usted que habrá ahora en el mundo?

—Pues no sé.

—Sobre más o menos.

—Lo menos cien.

—¡Cien! ¡Fíjese! Pues aquí, los que más sabemos, sabemos como mucho de una o dos. Y ¿no es una desgracia? Y no digamos los inventos. ¡La de cosas maravillosas que se estarán inventando todos los días, la de grandes ideas que se les ocurrirán diariamente a los grandes hombres, y aquí sin enterarnos! Aquí no llega el progreso, señor Olías. Y las noticias, sólo las que desechan en la ciudad. ¡Señor Olías!

—Dígame.

—¿Puedo sincerarme?

—Naturalmente.

—Que yo creo, perdóneme que se lo diga como lo siento, que no me cuenta todo. Que hay noticias que sólo se conocen en la ciudad y que ésas una de dos, o se las guarda para usted o no las cuenta porque las da ya por sabidas. ¿A que sí?

—Por Dios, Gil, no empecemos.

—¿A que sí?

—Mire...

—¡Si no tiene que explicarme nada! ¡Si yo lo comprendo! ¡Si yo no quiero causarle molestias! Si yo sólo quiero que de vez en cuando me cuente lo que le parezca. Pero que sepa que lo sé.

—¿Qué es lo que sabe? —preguntó Gregorio, con la voz abatida.

—Usted sabe qué, y ya me callo. ¿No ve usted que yo viví en la ciudad, hace muchos años? Yo, señor Olías, tuve una novia, una familia y un gato, ahí, en la ciudad. Por eso, a ver si me cuenta alguna vez una de esas grandes noticias que los dos sabemos que existen. De esas que se están gestando y que flotan en el aire de la ciudad, y que sólo ahí se pueden conocer. Comprenda mi petición. Los lunes y jueves me digo: «Hoy llamaré al señor Olías y él me dirá la verdad de lo que ocurre en el mundo». Esa, si quiere que le sea sincero, es mi única ilusión.

Gregorio se aficionó tanto a las noticias, y a su papel de informador indiscutible, que muchas noches se quedaba hasta tarde escuchando la radio, como en los tiempos lejanos de la adolescencia. Había emisoras que al filo de la madrugada transmitían desde rincones remotos y hablaban de mundos ignorados hasta entonces. Y como Gil exigía sobre todo sucesos extraños, que creía reservados a los privilegios de la gran ciudad, Gregorio no tardó en centrar la información en países exóticos del Africa y del Extremo Oriente, y cuanto más singulares o rebuscados eran los sucesos, más los valoraba y se admiraba Gil. Así que para complacer mejor su sed de novedades, y también por comodidad, alteró algunas noticias, y otras sencillamente se las inventó. Allá por enero se inventó una guerra, la «Guerra de las Grandes Minas», entre dos países imaginarios, a los que llamó Tamarca y Suilán. Dio nombre a los caudillos (el general Bantuka y su antagonista, el sanguinario mariscal Fusio, que era calvo y macizo y con monóculo de oro), a los accidentes geográficos, a las batallas y a los pactos. Situó el teatro de operaciones en la selva, en torno a unas minas de diamantes, y todas las noches —pues la invención era sincera y cronológica— se dormía siguiendo el curso de las hostilidades. Tomó partido por Tamarca, pero durante tres meses la victoria estuvo indecisa.

—¿Cómo va la «Guerra de las Grandes Minas»? —no dejaba nunca de preguntar Gil.

Gregorio le informaba con toda suerte de detalles, y a veces analizaba los hechos con tan buena lógica que predecía sus consecuencias. «Me temo que el mariscal Fusio ha cometido aquí un error de estrategia que le ha de costar caro.» Y le costaba caro, tarde o temprano. Gil se admiraba de la perspicacia de Gregorio, y su respeto por él crecía tanto como su gratitud. «Aquí nadie sabe nada de esos países ni de esa guerra, para que luego diga que las noticias llegan a todas partes. Aquí, señor Olías, lo que hay es mucha ignorancia y mucho orgullo.»

—Cómo será la cosa —dijo un jueves de marzo—, que algunos todavía dudan si la tierra es redonda.

Gregorio, que siempre había guardado cierta prevención hacia aquella evidencia escolar, se creyó en la obligación ineludible de reír.

—Pues, ¿cómo habría de ser si no? —preguntó, con la sonrisa parada en los dientes.

—Plana, dicen. Yo les digo que desde arriba se ve redonda, pero ellos cambian de pierna y se sonríen, como diciendo que qué importancia tiene eso. Esto, usted, si me permite, ¿ha montado en avión?

Y antes de dar tiempo a la respuesta, añadió, «seguro que sí», y antes de que Gregorio pudiese rectificar, dijo: «¿Lo ve? Lo sabía. Y ¿cómo es?».

—¿Cómo es qué?

—El avión. ¿Da miedo?

—No, no se nota nada —dijo Gregorio, sin atreverse a contradecir a Gil.

—Parece mentira, cómo se puede sostener en el aire.

—Es una ley física elemental —y empezó a dibujar los pétalos de una flor.

—Ya, si ya lo sé. En fin, lo que pasa es que por aquí uno se embrutece de no hablar con nadie. Sin embargo, ahí en la ciudad, usted tendrá amigos con quienes comentar todo tipo de asuntos, ¿no?

—Bueno... —concedió Gregorio, con voz abstracta.

—Y ¿cómo anda la ciudad? ¿Siguen existiendo los cafés de artistas y los círculos de pensadores y científicos?

—¿Cómo?

—Los cafés.

—¿Los cafés?

—Sí, ya sabe, los cafés de artistas.

—Pues sí, supongo que sí.

—Pero, ¿siguen igual que hace veinte años?

Gregorio, que ahora dibujaba una casa con su vaca en la puerta, dijo que la ciencia y el arte no tienen edad. «Los hombres mueren, las obras quedan», dijo; «el tiempo es sólo una ilusión.» Gil suspiró:

—Qué bien habla usted. ¿Y usted cree, señor Olías, que la ciencia salvará al mundo?

—La ciencia y el arte, Gil, la ciencia y el arte.

—Sí, también el arte —gorjeó Gil—. Yo de joven quise ser químico y pensador. Pero ya ve, tengo casi cuarenta años y soy representante de vinos y aceitunas. A veces pienso que todavía no es tarde, pero aquí, ¿qué se puede hacer aquí?

Comenzó así a deslizar, entre los dictados comerciales y los informes noticieros, episodios sangrantes de su vida. Llevaba más de veinte años fuera de la ciudad, pero ese tiempo se había multiplicado por todos los recuerdos y sueños incumplidos de juventud, de modo que habló del pasado como de un ser querido ya muerto. Y cuando se secaron los caminos y se agotaron los pretextos, apareció con claridad el objeto de su verdadera atención. Gil quería conocer al detalle los cambios que en los últimos veinte años había sufrido la ciudad.

—Verá, yo conozco mal la ciudad —dijo Gregorio.

—Ya comprendo —se lamentó él—. Es justo que un hombre que vive ahí y que ha montado en avión no quiera tratarse con un viajante como yo. Es justo y yo lo acepto, y le digo: «Señor Olías, desprécieme, porque es justo que me desprecie» —y se le demudó la voz.

De modo que, inmediatamente después, se encontraron hablando de la ciudad.

—Habrá crecido mucho desde entonces.

—Sí, claro.

—Debe de ser enorme.

—Desde luego. Pero hay tranvías y automóviles muy rápidos.

—El progreso.

—Puede ser.

Preguntó por una fuente pública que Gregorio no conocía. Por caridad, contestó que la habían cambiado de sitio.

—¿Y qué hay ahora en ese lugar? —preguntó Gil atragantado.

—No me haga caso, pero creo que un observatorio astronómico.

Con el temerario rigor a que obliga la ignorancia, satisfizo todas sus curiosidades. Los recuerdos de Gil eran tan vagos, y tanto su fervor por la ciudad, y tan derrotado estaba por la nostalgia de su ausencia, que Gregorio se sintió seguro de sus invenciones, y adoptó un tono rotundo e imparcial. Nunca había hablado con tanto aplomo, ni con aquella fluidez que le recordaba la de Elicio cuando lo encontró en la verbena, y que parecía que las palabras brotasen como el agua por una fuente con boca de león. Gil habló de un parque donde había visto entre pañuelos la ascensión de un globo aerostático; Gregorio replicó que ahora era habitual ver hasta media docena de zepelines surcando plácidamente el cielo del domingo; Gil habló de una banda que tocaba en una glorieta al atardecer, y Gregorio le dijo que ahora eran muchas las bandas y muchas las glorietas. Los museos, los teatros y las estatuas que Gil había conocido, o ya no existían o se habían convertido en lugares de otros usos. Amplió hasta donde pudo los límites de la ciudad, pintó los tranvías de rojo, alzó rascacielos, ideó túneles y puentes colgantes, erigió monumentos y fundó un museo al que llamó «Museo del Progreso y de las Nuevas Cosas». Y tanto se entusiasmó con su propia ficción, que a veces sintió el deseo de explorar aquella ciudad donde llevaba más de treinta años y de la que apenas conocía el barrio en el que le había tocado vivir, y a punto estuvo una tarde de saltar a un tranvía y comprobar hasta dónde eran ciertas sus propias maravillas. Pero se conformó, para moderar el ímpetu de la imaginación y atenuar los escrúpulos, con comprarse un callejero y un libro de fotos turísticas, y cuando Gil llamaba, él ya los tenía abiertos, junto con algún periódico subrayado y con todas las novedades en orden, y no sólo respondía con soltura a todas las preguntas sino que se iba adentrando casi sin darse cuenta en el dominio de los matices y los claroscuros. Donde una calle acababa, él la extendía hasta los límites del plano, o la desataba en vericuetos laberínticos, y donde había solares y claros él levantaba monumentos y torres, y en el terreno donde estuvo instalada la verbena, dos pirámides y un zigurat. Cambió los nombres de muchas calles, mudó las plazas de lugar, corrigió los parques y hasta desvió el curso del río y lo hizo discretamente navegable y lo llenó de balandros, lanchas veloces y barcos de carga que entontecían el aire con sus mugidos de alerta, guiado siempre por un sentimiento de caridad, pues se había persuadido de que poco costaba hacer feliz a Gil y confirmarlo, lunes y jueves, en su propia utopía. Y como Gil no sólo daba crédito a aquellos prodigios sino que los exigía en nombre del progreso, la nostalgia y la fatalidad, Gregorio enseguida comprobó que la gente no tarda en convencerse de lo que le conviene siempre que otra persona la apoye en su razonamiento. O lo que es lo mismo: que dos opiniones solidarias forman una convicción.

Un día de mayo Gil habló de la calle en que había vivido en sus tiempos urbanos.

—Era una casa de cinco pisos, bastante céntrica.

Gregorio consultó el mapa.

—Ahí ahora hay un parque —y trazó un círculo.

—¿Un parque?

—Sí, creo que sí. Vamos a ver, ¿no había allí una plaza con una iglesia?

—La iglesia de San Hilario.

—Pues ahora hay un parque, y donde estaba la iglesia hay un teatro, el «Teatro Olímpico del Arte», me parece.

Hubo una larga pausa, y se oyó el crepitar de la telefonía. «Esto es precisamente lo que espera Gil de mí.» Uno con la memoria y el otro con el lápiz, siguieron los trayectos habituales de Gil, y comprobaron que también eran ya irreconocibles.

—Ya sospechaba yo que la ciudad habría cambiado mucho desde entonces.

—El progreso —reconoció Gregorio.

—Exacto. Y yo mientras aquí, vendiendo aceitunas. Dígame si no es una desgracia.

—Pero, ¡si yo le cuento todo esto para animarlo! —protestó Gregorio.

—Lo intento, señor Olías, pero fíjese que sólo vivimos una vez y los errores se pagan para siempre.

—Los errores son la sal de la vida —mintió Gregorio—. Somos humanos, no lo olvide.

—Claro, claro —se oyó allá lejos—. Por eso precisamente me lamento.

Al atardecer, Gregorio apagaba las luces, salía al sendero de arena y, rechazando cualquier invitación al escrúpulo, retomaba el camino al hogar. Más sorprendido que asustado, pensaba que el tiempo se encargaría de aclarar el equívoco. Sin embargo, había instantes en que vislumbraba el peligro con una clarividencia que le llegaba hasta el estómago, y el aire del terror lo levantaba en vilo. Si algún día Gil supiese la verdad, ¿qué iba a decirle? Pensaba entonces que a tenor de las noticias del periódico, sus mentiras eran casi inocentes, o que las ciudades cambian tanto que sus informaciones podían haber sido verdaderas ayer y falsas hoy. ¡Había tantas formas de justificar una mentira! Podría decirle por ejemplo que todo fue una broma, o fingirse loco o asegurar que le había ofrecido una visión artística de la ciudad, pues él (y por lo que conocía a Gil este argumento sería definitivo) era poeta, y miraba el mundo con ojos de poeta. O bien recordarle que fue precisamente él, Gil, el inductor de la patraña, con aquella manía de mendigar noticias, que era tanto como exigirlas en nombre de la debilidad. Pero en el fondo, lo que más le atemorizaba de la verdad era la destrucción de la imagen que el propio Gil le había otorgado, y que algo tenía de encarnación de sus ilusiones juveniles. Porque desde el encuentro con Elicio le había dado por añorar la juventud, aunque no conseguía recordarla sino muy vagamente, como una canción cuya música se ha olvidado pero que persiste en la memoria asociada a sensaciones y objetos de la época en que una vez se supo y se cantó, que era precisamente lo que le ocurría con la habanera. Así que, entre esperanzado y temeroso, decidió dejar que el tiempo resolviese el malentendido.

Pero bien entrado el verano, Gil dio un paso más hacia el verdadero objeto de sus pesquisas. Un día de julio preguntó, como si acabase de recordarlo por casualidad, por el emplazamiento y el nombre de un café.

—¿Sabe? Recuerdo que había un café con puertas giratorias. Se llamaba el Hispano Exprés. Yo iba algunos sábados por allí. La primera vez me llevó mi padre. Había muchos artistas e intelectuales y se pasaban toda la tarde hablando. Claro, que yo nunca entré.

—Y ¿por qué no? —preguntó intrigado Gregorio.

—No me atrevía. Pero miraba por los cristales. Mirábamos siempre cuatro o cinco. Había una tertulia, con espejos a los lados. El maestro se ponía junto a la columna y la gente le hacía un alrededor. Me acuerdo también de un bodegón con frutas y perdices, y de un filósofo muy flaco, con los dientes de oro. Un fenómeno.

—Y ¿por qué no entraba?

—¿Cómo iba a entrar? Yo era muy joven y estaba estudiando. Estudiaba por mi cuenta el bachiller. Y claro, compréndame, no me sentía con derecho a entrar, hubiera sido un intruso. Dése cuenta que allí todos eran universitarios o con carrera, y se conocían. Y además el maestro preguntaba a veces. Era como un club. Y había otros —prosiguió tras una pausa— que no se atrevían a entrar ni a espiar. Entrar les parecía demasiado, y espiar muy poco, así que se paseaban por la acera como si todo aquello no fuese con ellos. A los que espiábamos nos miraban con lástima, y a los que entraban con envidia, o por lo menos eso me parecía a mí. Y recuerdo también que los sofás eran rojos.

Gregorio, disfrazando la curiosidad de complaciente asombro, preguntó:

—Y ¿qué sacaba con espiar?

—Hombre, allí iban los mejores sabios del país, figúrese, científicos, inventores, filósofos, poetas... Nunca llegué a saber de qué hablaban, pero sólo con verlos gesticular, con aquellos ademanes cargados de razón, se aprendía mucho, y uno se iba metiendo en ambiente y preparándose para el día en que pudiera entrar allí con derecho propio. Y también por curiosidad y admiración. Mejor era estar allí que lejos, ¿no?

Gregorio quedó desconcertado.

—¿Me oye?

—Sí, le oigo.

—¿Sigue existiendo ese café?

Miró al terreno. Por las traseras del inmueble, la pesa de ascensor descendía sigilosa.

—Naturalmente, si es el que yo creo.

—¿Sigue existiendo entonces? —urgió Gil.

—Sí, se llama ahora el Café de los Ensayistas —y se dijo, «lo hago por caridad».

—¡Café de los Ensayistas! —exclamó consternado—. Pero, ¿sigue en el mismo sitio de antes?

—Creo que sí.

—Y el bodegón, los espejos y las columnas, ¿están todavía?

Gregorio, que había perdido el sentido del riesgo y se encontraba como inspirado por una visión, dijo:

—Bueno, los espejos y las columnas sí, pero los sillones son ahora verdes y en vez de un bodegón hay un acantilado con un faro.

—¡La luz del progreso! —se desgarró Gil.

Compartieron la misma pausa admirativa.

Era jueves. Al otro lunes, nada más dictar el pedido, dijo Gil:

—Esto —y tosió sinuosamente, defendiendo por adelantado el candor de sus palabras—, así que conoce usted el Café de los Ensayistas, antiguo Hispano Exprés.

Gregorio había decidido en esos días enmendar el entuerto, invocando el espíritu de la jocosidad, pero por miedo, o por una atracción semejante a la del vértigo, contestó que sí.

—Todos en la ciudad conocen el café —justificó.

—Pero no que allí hay una tertulia, ni que los sillones son verdes, ni que hay un cuadro con un acantilado y un faro.

—Bueno, lo sé de oídas.

Gil puso la voz remota y doliente:

—Me está usted engañando, señor Olías, perdóneme el atrevimiento.

—¿Yo?

—Sí, usted. Me tiene pena y quiere hacerme creer que es una persona vulgar, como yo.

—Y lo soy —dijo Gregorio, no sin repugnancia—, soy un hombre normal, un empleado como usted.

117

—¿Puedo sincerarme?

—Desde luego —tembló Gregorio.

—Usted, señor Olías, tiene un secreto.

—¿Yo?

—Sí, un secreto. Pero quiero que sepa que puede confiar en mí. Soy una persona honrada.

—Pero, ¡si yo no tengo nada que contar!

—Y yo le digo que soy una persona honrada. Nunca he traicionado la confianza de nadie, ¡jamás! Déjeme decirle que soy un hombre bueno.

—Pero si...

—Usted no confía en mí, lo noto, y eso me ofende y me duele. Usted, señor Olías, no me estima. Usted me desprecia. Pero yo acepto y callo.

—Vamos a ver, Gil —dijo Gregorio, intentando pacientemente, con el canto de la mano, poner orden en aquella confusión—. ¿Qué secreto puedo tener?

—Que usted va a la tertulia, está claro. Lo intuyo, y no me diga que no porque a mí las corazonadas no me fallan nunca. ¿A que va a la tertulia?

Gregorio oyó las palomas en el techo de luces, vio la pesa del ascensor y los útiles de trabajo, y era como si todos ellos le dijesen: «Vamos, Gregorio, es inútil que digas que no, no tengas miedo, nosotros somos tus cómplices y estamos aquí para protegerte. Y además, Gil no te va a creer de ningún modo. Acepta la derrota, aunque sólo sea por caridad. Porque, ¿qué importancia puede tener que alguien vaya o deje de ir a un café, por muy lujoso que sea?». Vio pasar las nubes, y el mundo le pareció de pronto un lugar inocente y sin riesgos, y el diálogo que mantenía con Gil un juego infantil de preguntas tontas y respuestas desatinadas. Así que se recostó en el sillón y esperó a estar cómodo para responder, como si claudicara: «Me ha descubierto», y le salió una voz de protagonista, burlona y varonil.

—¿Lo ve? Yo lo sabía, ¡lo sabía! Y ¿va usted mucho? —preguntó, desmayando el tono.

—De vez en cuando.

—Y, claro está, entra dentro.

—Pues... sí.

—Y tiene allí amigos, ¿no es eso?

—Algunos.

—Y conoce a los maestros.

—Bueno, lo normal, como todo el mundo.

—Y usted, esto, si me permite, ¿por qué va allí?

Siguió un silencio tan alusivo, que Gregorio sintió en él la insoportable amenaza del peligro en que lo estaba poniendo su inconsciencia, en complicidad con Gil y con las cosas. Podía haber dicho, sin mentir del todo, que era poeta, o incluso ingeniero, y por un instante estuvo a punto de decirlo y hasta sintió en la boca el bullicio de las palabras que había de pronunciar, pero tuvo miedo, y la vergüenza del miedo lo llenó de un vago y turbio rencor hacia Gil. Así que dijo: «Mire, Gil, no se ofenda, pero eso son ya asuntos personales y, la verdad, no merece la pena hablar de ellos. Podemos hablar de lo que quiera, pero no de mi vida. Por un lado, carece de importancia, y por otro, no me gusta hablar de mí mismo. No sé cómo decirle».

—Ya —gimió Gil—, ya lo comprendo. Perdóneme, se lo ruego —y dictó el pedido.

Desde entonces, Gil se dirigía a Gregorio con un respeto casi reverencial. Balbuciendo unas veces, carraspeando, pidiendo siempre excusas por la insolencia, venciendo en otras su timidez con gritos nerviosos o entrecortados énfasis, incluyó en sus preguntas todas las dudas que lo atormentaban desde hacía veinte años. Comenzó por hablar del origen del hombre, confesando que descender del mono le parecía aún más extraordinario que venir de Dios, y que los misterios de la fe le eran más fáciles que las verdades de la ciencia. Gregorio, a quien el prestigio y la autoridad iban iniciando en el arte de las respuestas ambiguas, barajó ambas conjeturas declarando que Dios creó a su imagen y semejanza aproximada no al hombre sino al mono, y que este mono por haber comido de la manzana de la sabiduría con el paso del tiempo se hizo hombre, o bien que Dios al expulsar al mono del Paraíso Terrenal lo castigó convirtiéndolo en hombre, o que era hombre y lo castigó convirtiéndolo en mono y condenándolo al trabajo de volver a ser hombre con el sudor de su frente, y otras hipótesis por el estilo, que Gil recibía con maravillado estupor. No hubo ya límites a su curiosidad: ¿Usted cree que hay una vida más allá?, ¿usted cree que el hombre llegará a la Luna?, ¿hay de verdad extraterrestres?, ¿es verdad que se puede viajar en el tiempo?, ¿puede el hombre crear vida? Y a todo contestaba Gregorio con invención y autoridad, y hasta las más peregrinas ocurrencias eran acogidas con devoción, y hasta las palabras más inciertas encontraban en Gil el fondo cifrado de una certidumbre.

«De lejos se ve que es usted un hombre moderno», decía Gil a menudo, y aquí Gregorio se adornaba con un silencio muy vistoso. «Un hombre moderno, sí señor.» Y añadía al rato: «Y con un secreto que no dice a nadie». Porque desde el día en que Gil supo de sus visitas al café, ya no le interesaban tanto las noticias del mundo y de la ciudad como las referentes a la vida de su informador, en una ciudad que, bajo sus auspicios, había acabado por serle casi del todo novedosa.

Muchas veces intentó llevar los diálogos hacia el terreno personal, y aunque Gregorio rehuía sus preguntas con evasivas o francas negativas, el temor de malograr la imagen memorable que ya despuntaba en la mente de Gil, le inspiró el diseño de una defensa llena de invitaciones al asedio. «No merece la pena hablar de mí», decía jovialmente; o en un tono enigmático de cortesía: «Por favor, si no le parece mal, preferiría hablar de otra cosa».

Días hubo en que ambas estrategias (la de Gil, forcejeando desde su desamparo, y la de Gregorio, invitando al asedio con lacónicos rechazos) estuvieron a punto de aliarse para el éxito en común. Porque a veces el miedo de haber ido demasiado lejos movía a Gregorio, en un arrebato de pánico, a seguir adelante, y cuando para precaverse contra los riesgos de la huida caía en la trampa de rebajar la calidad de los hechos imaginarios a rango de anécdotas, volvía a encontrar, en peldaños más bajos, las mismas razones que lo inducían a ceder a las torpes tentativas de Gil. Y así fue como al fin, un año después de la visita a la verbena, una tarde se recostó en el sillón y, como si la situación creada entre los dos fuese ya insostenible, se oyó decir de pronto:

—Pero, vamos a ver, ir al Café de los Ensayistas no tiene la menor importancia.

—Para usted no, desde luego —repuso Gil, con rencorosa brevedad.

—Pero, hombre, ¿cómo se imagina que soy? —dijo en tono de broma.

—¿Usted?

—Sí.

Gil no dudó:

—Un hombre moderno, culto, joven, idealista, y que consigue siempre lo que quiere. En una palabra: un triunfador.

Gregorio, sin inmutarse, con la mirada en el vacío, dijo: «Me halaga usted, pero me temo que no sea para tanto».

—Un triunfador, sí señor. Y por eso entiendo que no quiera tratarse conmigo, que soy un hombre humilde, o mejor dicho un fracasado.

—Eso sí que no es cierto, Gil. Yo también soy un empleado, como usted.

—Pero no es igual. ¿Puedo sincerarme?

—Desde luego.

—¿A que usted tiene estudios? ¿A que sí?

Gregorio cerró los ojos y dijo que hoy estudiar es casi una rutina.

—¿Ve como no me equivocaba? ¿A que tiene una carrera?

—Pues...

—¿Lo ve? Lo sabía. Pero no querrá decirme cuál, ¿no?

—Aunque la tuviera, ¿eso qué importa?

—¿Ve? Sabía que no me lo iba a decir.

Gregorio se persignó mentalmente, contó hasta cuatro, hizo la morisqueta del conjuro y respondió:

—Bueno, si tanto se empeña en que yo tenga estudios, digamos, por ejemplo, que soy... ingeniero —y le pareció tan escandaloso que siguió hablando, intentando tapar una mentira con otra. Dijo que tenía una oferta para marcharse a la selva a construir puentes y caminos, enumeró y describió serpientes venenosas y flores carnívoras y al final bajó la voz para asegurar que no se iría por el momento, pues su verdadera vocación, su auténtico secreto (ya que Gil estaba decidido a descubrirle todos los secretos) era otro.

—¿Cuál? —imploró Gil.

—Bueno, en realidad lo que yo soy es poeta —dijo, y aunque recordó el encuentro con Elicio y volvió a sentir en el estómago los tentáculos de la náusea, tuvo la certidumbre vaga pero absoluta de que esta vez no estaba mintiendo del todo.

—¡Poeta! —se desgarró Gil—. ¡Ingeniero y poeta! Luego entonces, usted es uno de los artistas del café, ¿no?

—Ya le dije que a veces voy por allí —y otra vez le pareció todo irreal: le pareció que era un agente secreto y que fingía para despistar al adversario.

Gil estaba como petrificado al otro lado.

—¿Puedo hacerle otra pregunta? —dijo al rato.

—Adelante.

—Es que, compréndame, estoy aturdido. Quién me iba a decir a mí que iba a conocer de cerca a un artista del café. Esto, debe de ser usted muy joven, ¿no?

Gregorio sintió que el aire, concentrado en el estómago por una profunda tragantada, iba a levitarlo de un momento a otro.

—Qué va, no tanto —dijo risueño.

—¿Me permite que lo adivine? No llega a treinta. ¡Veintisiete!

Cuando Gregorio intentó decir la verdad, asustado de pronto por tan graves mentiras, ya era tarde, porque se oyó declarar a sí mismo, con voz rotunda, diáfana y juvenil: «Veinticinco para ser más exactos», y se quedó maravillado y espantado de sus propias palabras.

—¡Veinticinco! Fíjese, tan joven y ya ingeniero y poeta y hablando en el café. ¡Dios mío, qué bien ha aprovechado usted el tiempo! —exclamó deslumbrado, y en un tono de infinita amargura.

Gregorio se mordió los labios. «Esto ya no tiene remedio», pensó. Pero intentó arreglarlo de todos modos diciendo que la edad es relativa y que lo que importa es el espíritu. Y puso su propio ejemplo: «Hay gente que pasa de los cuarenta y tiene espíritu de veinticinco, y al revés».

—Pues yo, señor Olías, soy viejo de cuerpo y de espíritu —dijo Gil afligido—. Si fuese químico y pensador sería sólo viejo de cuerpo, pero no lo soy y aquí me tiene, doblemente viejo.

Hubo un largo silencio.

—Y usted, ¿habla entonces en el café? —preguntó, sobreponiéndose a su propio duelo.

—Bueno, allí hablan todos.

—Pero quiero decir al lado de la columna.

—¿Al lado de la columna? Sí, ¿por qué no?

—O sea, que es maestro.

Gregorio supo que ya no podía volverse atrás y dijo que qué iba a decir él, y que en todo caso qué más daba hablar junto a una columna que desde dentro de un tonel. Pero Gil no se paró a considerar aquellas reflexiones.

—Y allí todos le conocen por el señor Olías, ¿no? —preguntó.

—No, no, utilizo un seudónimo artístico —se apresuró a decir.

—Y, si puede saberse, ¿cuál es?

Gregorio cerró los ojos para asumir la plenitud del instante.

—Faroni —dijo, y el nombre le sonó mágico, como si lo acabara de inventar.

—Faroni —recalcó lejanamente Gil—. Si usted me lo permite, en adelante yo también le llamaré señor Faroni. ¿Le parece bien?

—Claro que sí —y tuvo un confuso sentimiento de pánico y de júbilo.

—¿Puedo sincerarme?

—Por supuesto.

—Pues que yo creo —dijo Gil, con la voz malograda por la humildad— que tiene usted otro secreto.

—¿Otro? —se alarmó Gregorio.

—Sí, porque usted está trabajando en un puesto que no corresponde a un ingeniero, y menos a un artista del café.

Gregorio, que ya había caído en la cuenta de aquel desajuste, dijo que, en efecto, tenía otro secreto, que por ahora no quería revelar.

—Confíe en mí —dijo Gil—. Yo sé que usted es un bohemio, que los artistas son muy suyos y que todo lo sacrifican al arte, ¿no?

—Algo de eso hay —dijo Gregorio, admirado del rumbo fácil que iba tomando la patraña.

—Es más, si me permite. ¿A que su secreto tiene también que ver con la política?

—Bueno... —dudó Gregorio.

—¡Comprendo! ¡Comprendo! —exclamó Gil—. No hace falta que me diga nada. Es peligroso: ¡lo sé!, ¡lo sé! Y, como otros casos de los que he oído hablar, seguro que lo que escribe está prohibido por el Gobierno. ¿Es verdad?

—Pues...

—¡No hace falta que me diga nada! —lo interrumpió—. Y, si me permite, ¿cuál es su nombre de pila?

—Gregorio —dijo, y añadió sin pensar: «Aunque en ciertos círculos me conocen por Augusto, porque mi nombre es Gregorio Augusto Olías».

—¡Augusto Faroni! —declamó Gil—. Pero, ¿ve como yo adivino las cosas? Yo comprendo a los artistas. Yo, señor Faroni, soy un hombre bueno.

—Lo sé, Gil, lo sé, y por eso lo estimo.

—¡Gracias. Pero, ¡si supiera cómo le envidio, en el buen sentido de la palabra, y cuánta pena me doy a mí mismo! Si usted supiera mi vida me tendría mucha lástima. Se avergonzaría de mí. ¿Sabe? Yo quise ser químico y pensador.

—Vamos, Gil, no se hunda.

—Si no me hundo. Si yo en el fondo soy un tipo duro, aunque no lo parezca. Un devoto del progreso pero un tipo duro. Si algún día le cuento mi vida usted mismo verá que me sobran motivos para ser un hombre sin entrañas. Otro en mi lugar sería una hiena, pero yo soy un hombre realista y prefiero estar en buenas relaciones con el destino.

—Esa es una buena decisión.

—Yo lo que quiero, señor Faroni, es, si puede ser, que me cuente cosas de los cafés y de los grandes hombres, todo aquello que no logré saber cuando estuve en la ciudad. ¿Es mucho pedir? —y le salió el falsete nasal.

Gregorio comprendió entonces las dificultades del laberinto que, sin saber cómo, habían trazado a su alrededor. Intuyó que, en adelante, su vida sólo tendría quizás un sentido: mantener viva la llama de un error, entregándose a la tarea de justificarlo y hacerlo creíble hasta donde le llegaran las fuerzas.

—La verdad —dijo, abrumado por el peso de la responsabilidad—, nunca he entendido esa obsesión que tiene por los cafés.

—Porque mi gran sueño, ¿sabe cuál es?

—¿Cuál?

—Llegar a ser un hombre moderno —y le salió un gallo.

—¿Y cree que en los cafés lo podría conseguir?

—¡Cómo! ¿Es que no es allí donde se inventan las teorías, se dicta la moda, se impulsa el arte y se origina el progreso? Todos los grandes hombres han ido a los cafés. Es una realidad, y usted lo sabe mucho mejor que yo. Por eso, lo que yo quiero es que me cuente lo que pasa allí, si no es mucho pedir.

—La verdad es que no hay tanto que contar —murmuró Gregorio—. Hay mucho de mito.

—Yo me conformo con poco.

—Y además quiero que sepa que soy un hombre solitario y de pocas palabras.

—Porque es usted un artista, y a los artistas hay que comprenderlos. ¿Puedo pedirle algo más, y ya no le molesto?

—¿Qué? —se sobresaltó Gregorio.

—Que me permita ser su discípulo, el último de todos.

Gregorio tragó saliva.

—Bueno, usted pregunta y yo procuraré responderle —dijo evasivo.

—Gracias, señor Faroni. Yo preguntaré y usted responderá. Usted me guiará a través de los misterios del mundo. Me mostrará el camino de la modernidad. Será un ejemplo para mí, una luz en la noche, como el faro del café. Es usted generoso con los humildes, y también en eso se le nota que es un gran hombre.

Apenas colgó, Gregorio abrió la navaja y se limpió cuidadosamente las uñas. Estaba atardeciendo. Salió al sendero y fue contando los pasos hasta que la desmesura de la cifra le advirtió de que las cuentas eran otras, y cuando se sentó junto a la ventana el corazón le siguió latiendo hasta donde ya no alcanzaba el poder de los números.

Durante algunos meses, no hablaron sino del café. Gregorio, guiado por las preguntas de Gil y por unas hojas, en que intentaba prevenir las respuestas, amplió el café, y hasta le puso gradas y una especie de púlpito donde se subían los oradores. En las paredes pintó escenas que simbolizaban las letras y las ciencias: una pluma de ganso, una corona de laurel, una lira, Aquiles detrás de la tortuga (enigma que asombró tanto a Gil que se maravillaba de no haber oído hablar de él hasta entonces), la manzana de Newton, la caverna de Platón, la cometa de Franklin y otros signos alusivos a la magnificencia del progreso, y donde no faltaban la balanza de la justicia y la paloma de la paz. Eran los restos de su naufragio de estudiante nocturno. Pero la curiosidad de Gil era insaciable y no había lunes ni jueves en que, tras el dictado comercial, no formulase alguna pregunta. ¿Qué se hacía por ejemplo en las tertulias además de exposiciones y coloquios? Bueno, pues a veces cantaban, sobre todo cuando las controversias los iban fatigando. Y los contertulios, ¿se reunían también fuera del café? Pues sí, notificaba Gregorio, a veces hacían deporte. Iban a un parque, todos en chándal, hasta los maestros más viejos, y corrían en grupo. Y algunos domingos organizaban excursiones a la sierra, a las abadías, a los lagos. Comían en el campo y allí mismo hacían la tertulia, de un modo informal, más ingenioso que grave. Y en invierno, algún domingo salían a esquiar. Y se imaginaba Gil a la tertulia en pleno, científicos, filósofos y artistas deslizándose gentilmente por la nieve, con sus anoraks de colores, sus grandes gafas oscuras y aquellas botas como de buzo aéreo. Y otra cosa, ¿acudía gente importante, además de la habitual, a la tertulia? Pues sí, nunca faltaba algún magnate, conde o actriz de fama. A Faroni lo invitaban a menudo a cenar, en palacetes y chalés. A veces iba y otras muchas no, porque el gran peligro, la gran tentación del artista era el brillo social, y él prefería la soledad anónima de su buhardilla de escritor. Y ¿qué maestros eran allí los más renombrados? Bueno, pues por citar a alguno, podía recordar a don Octavio Friso, a don Fausto Cienfuentes, a don Feliciano Ballesteros Matamoros o a Mark Sperman, el gran biólogo neoyorkino. Y últimamente, ¿de qué se hablaba en el café? Del arte de la novela y de la teoría de la relatividad. Y ahora, por cierto, ¿qué estaba escribiendo Faroni? Gregorio respondió que andaba acabando una novela e iniciando un ensayo. Y ¿qué tipo de ensayo era aquél? Pues reflexiones sobre el arte, la política, el lenguaje y la soledad. Y a preguntas de Gil explicó que, fuera de esa tarea, iba al teatro y a los conciertos (y aquí confesó que tocaba el piano y la guitarra y cantaba composiciones propias) y, sobre todo, hablaba con los amigos. Se reunían en alguna casa o cervecería y a menudo prolongaban la charla hasta el amanecer. Y otra cosa, ¿seguía asistiendo a la tertulia aquel filósofo de los dientes de oro?

—Me acuerdo —dijo Gil— que un día le pedí un autógrafo a la salida, pero él no llevaba bolígrafo y al mío se le había acabado la tinta. Y recuerdo que me dijo: «Para la próxima, chaval». Fíjese, chaval, qué tiempos. Me dio una palmada en la espalda. ¿Sabe? A mí me han dado muchas palmadas en la espalda. Todos me dan en la espalda. Pero aquélla, no sé, fue distinta. Fue como si me dijese: «Ánimo, muchacho, que lo conseguirás». ¿Comprende, señor Faroni?

Gregorio no sabía qué decir, pero se creyó en la obligación de hablar y comentó que ese filósofo tenía ahora una pierna postiza, un ojo

125

de cristal y el cráneo de plata, de una trepanación reciente. Gil aprovechó para preguntar si existían los robots. Gregorio contestó que sí, que él mismo había visto uno en el café, respondiendo sin error a las preguntas que le hacían menos a una, que fue cómo se llamaba, pues resultó que el robot no tenía nombre, menudo cachondeo que se armó. Entre todos le buscaron uno, y fue él, Faroni, quien lo bautizó como Lonly, el robot Lonly, que en inglés es solitario.

—¡Lo que es el progreso y el saber! —exclamó Gil—. ¡Y qué bien se lo deben de pasar ahí ustedes! Y usted, esto, ¿sabe inglés?

—Sí —contestó Gregorio, feliz de la respuesta, que no era del todo falsa.

—¿Y francés?

Y Gregorio volvió a sentir que aquel era un juego de preguntas y respuestas tontas, y contestó:

—Oui, mesié. ¿Quién no habla idiomas hoy?

—Yo, señor Faroni, yo sólo sé el español y mal. Y aunque lo supiera, ¿de qué me iba a servir en estos despoblados?

Y Gregorio lo animaba con la misma frase de siempre, con la que solía cerrar los diálogos: «No se hunda, Gil, y hágase valer». Después de colgar, Gregorio se quedaba con la vista fija en el terreno, el pensamiento en blanco y una impresión de tumulto que le zumbaba en los oídos y era como el rumor de un mar cercano e imposible.

Enseguida, soplaba la lamparilla de alcohol, salía al sendero de arena y se perdía entre la multitud.

Capítulo VIII

—Dígame, señor Faroni, ¿qué es el arte?

—El arte. ¿Cómo diría? Podría hablar de unas uvas altas, de un bosque ardiendo, de... Pero no, el arte es la vida. O si lo prefiere, el espíritu. El espíritu rebelde que cambia, que gobierna, que domina las cosas. El dominio de las cosas. El espíritu rebelde que domina las cosas. Los pájaros no hablan, ni las hormigas, pero el poeta les da voz. Algo así como, como Moisés. Tampoco había agua en la piedra, pero vino él y la sacó con su varita. El arte es el espíritu rebelde que domina las cosas y saca, extrae, no, descuaja la sustancia, el misterio, no, la belleza oculta de las cosas.

—Dígame, señor Faroni, ¿qué es el arte?

—El poder del espíritu para descuajar las entrañas de las cosas. Por ejemplo, el corazón de los árboles, el hígado de las estrellas.

—Y ¿qué es la inspiración?

—Yo diría que un, un soplo, un aire, no, un efluvio, y también un relámpago. Piense en un viajero perdido en una noche de tempestad. Apenas ve el camino, pero de pronto un rayo ilumina el abismo por cuyo borde camina. Eso es la inspiración: una visión breve, no, fugaz de las tinieblas.

—Y el artista, ¿nace o se hace?

—Nace. No, brota, emerge. Eso es. El artista emerge de la unión entre el destino y la, y la, y la pasión. No, entre el destino y la, entre la libertad y el destino. El artista emerge de la unión entre la pasión, la libertad, el destino y la, y la ignorancia.

—¿La ignorancia?

—Sí, ¿por qué no? La ignorancia. O si quiere la casualidad, qué importa la palabra. Es como hallar un tesoro. No, como esos niños que se pierden en el bosque y encuentran una casita de turrón. Eso es. Dejarse llevar por la ignorancia es el modo más seguro de llegar a alguna parte. No a cualquier parte sino a esto, a la, a la casita de turrón. Es decir, adonde no se llega por el cálculo. Como los niños del bosque. El artista nace de la inopia divina. Apuntemos esto.

Gregorio encendió la luz de la mesilla de noche y anotó en la libreta la definición del arte, de la inspiración y del artista.

—Entonces, ¿quién puede ser poeta?

—Los elegidos por el destino para perderse en el bosque. Los poetas somos unos desgraciados. No, no.

Consultó el diccionario.

—¿Qué haces? —preguntó Angelina.

—Cosas del trabajo.

—Pareces un mochuelo. A estas horas con la luz.

—Anda, duérmete —dijo Gregorio—. Ya apago.

«Desgracia, mal, catástrofe.»

—Somos seres infaustos.

—¿Qué dices? —preguntó Angelina.

—Cosas de la oficina, ya te he dicho.

—Con tanto dar vueltas en la cama te vas a consumir. La gente se vuelve loca si no duerme. Se te está poniendo ya cara de lechuza.

Gregorio la miró con una lentitud que a Angelina le pareció enigmática. Luego anotó la respuesta, se santiguó y, como inspirado por un súbito contento infantil, se zambulló en las sábanas de un brinco.

—Es la cara de los artistas —dijo, asomándose al embozo.

—¿Qué artistas?

—No lo entenderías. La misión de los artistas en este mundo es no ser comprendidos. Somos seres infaustos.

—Anda, duérmete ya, que ya está bien.

Echó una última ojeada a la libreta y apagó la luz.

—Tenemos que volver a la costa —dijo.

—¿Sabes qué hora es? Ya han dado las cuatro.

—Nos compraremos un coche, o una moto. Iremos incluso al extranjero. ¿Tú sabes que hay un país que se llama Tamarca y un río que es el río de las Esmeraldas de Fuego?

—Cuánta tontuna.

—Podemos ir a Roma a saludar al Papa.

—Anda, duérmete ya, que parece que tienes hormiguilla.

Siguió en la oscuridad con los ojos abiertos.

—¿Qué es la vida, señor Faroni?

—Un sueño. No —y entonces recordó vagamente que en la adolescencia había imaginado el mundo como un tapiz labrado con un solo hilo—. Mejor un juego.

Lo había aprendido en las novelas policíacas. Porque, ¿qué hacía el detective sino tirar del hilo del tapiz? ¿Y cómo se llamaba, por cierto, aquel detective del sombrero caído, las gafas oscuras, el pañuelo de seda al cuello y las solapas altas? ¿Nacki, Neck, Niuck? El le había enseñado que si un objeto lleva a otro, y éste a otro y así siempre, uno de esos objetos acabará siendo por fuerza el asesino o el collar de perlas. «El artista, Gil, es el detective constante de la belleza.»

Se levantó, tomó la libreta y salió a tientas. En la cocina, al sucio resplandor del alba, hizo una larga anotación. «Se llamaba Nick y era zurdo», recordó entonces el nombre del detective. Vestía también mocasines color canela y chaqueta azul con botones de cobre. «Un poeta de la vida.» Camino del dormitorio, oyó decir a la madre, con la voz pastosa de los sueños: «Ya viene el tambor con el homenaje». Entró en la penumbra, y apenas se acostó sonó a lo lejos la primera corneta del amanecer. Controlando la respiración, cerró los ojos e intentó dormir.

—Pero usted es una persona solitaria.

—La soledad es el precio de la gloria —contestó sin dudar—. Sufrir la incomprensión, el desprecio del mundo. El arte es una santidad.

—¿Cuál es la diferencia entre el científico y el poeta?

—Bueno, la ciencia si miente pierde su valor, y el poeta siempre dice la verdad, aunque mienta. Lo que se dice en verso nadie lo puede contradecir en prosa, porque no forma una opinión sino una, un designio. Lo que es bello es también verdadero, ya lo dijo Platón. Y luego está la libertad. Los artistas no tenemos amos.

—¡Bravo, Faroni! Y dígame, ¿cuándo aparecerán sus libros?

—Las mejores obras han salido después de morir el autor. Yo no aspiro a tanto y... Bueno, como usted sabe el Gobierno los secuestró todos. Están, he oído decir, en una cripta, bajo una lápida que pone: OSARIO SENTIMENTAL. Pero el próximo año, amigos impagables van a editar una antología lírica de mis versos. Su título: *Versos completos de la vida artística.*

Encendió la luz y escribió.

—Pero, ¿otra vez?

—Tenemos que ir a la costa —dijo Gregorio, apagando la luz—. Quiero volver a ver el mar, sentarme en una piedra y contar con el dedo los barcos que pasan. Me gustaría haber sido pirata.

—Cuánta tontuna, y a estas horas.

—Mi padre quería que yo hubiese sido almirante. A eso le llamaba el afán.

—No te callarás.

—Pero yo era un niño sin afán. O sí, ¿nunca te he contado que aspiraba a ser santo o toro, o toro santo? Qué tiempos.

—Una ciudad.

—Stambul.

—¿Cómo se llama su amada?

—Violeta selvática la llamo yo, y también alondra marina.

—¿Su color?

—El azur.

—¿Una palabra?

—Granjería.

—¿Cuáles son sus proyectos futuros?

—Dar la vuelta al mundo, montar en globo, bajar a las profundidades submarinas, visitar en Roma a algún pariente ilustre...

Pero ya estaba hablando desde dentro del sueño. Pasó el perro y se detuvo a escuchar en la puerta. Enseguida se oyó como un chaparrón de chinchetas alejándose por el pasillo. «Seres infaustos», dijo aún, y sintió que las palabras se le derramaban por los labios, como un anciano temblón comiendo sopa fría.

Más de veinte noches llevaba Gregorio concediéndose entrevistas nocturnas. Fue el principio de una larga metamorfosis que cuatro años después, un domingo de octubre, recordaría como un juego aparentemente arbitrario, donde gana el jugador que descubre antes las reglas, y cuya misteriosa precisión sólo se entiende después del desenlace. La farsa le exigía ahora cuidadosos ensayos. Por lo pronto se compró una libreta con pastas de hule y escribió en la tapa: *Contabilidad,* y para evitar complicaciones futuras puso debajo un nombre ficticio, *Alvar Osián,* sin sospechar que aquel seudónimo acabaría siendo un personaje más en su carrera de impostor. Se limitaba entonces —por distracción y por curiosidad— a seguir un juego que, como carecía de reglas, tampoco contemplaba las trampas. En la libreta, y con la ayuda del diccionario, iba anotando las respuestas del héroe urbano trazado según las intrépidas conjeturas de Gil, de modo que se adelantaba a las preguntas, y, ante cualquier imprevisto, o bien daba un rodeo para hacer oportunas las palabras convenidas, o bien guardaba un silencio hostil que Gil atribuía de inmediato al carácter mudable de los artistas. Los lunes y jueves salía de casa con la libreta bajo el brazo, y andaba más deprisa que de costumbre y el miedo no lo dejaba sosegar, pero apenas repicaba el teléfono, respiraba hondo, se aclaraba la voz, contaba hasta cuatro y recuperaba el control de sus vísceras y el poder de su voluntad.

Pasó el invierno, y la primavera los sorprendió examinando los misterios del arte y de la ciencia. Gil preguntó cómo podía saberse el punto exacto del progreso en que se encontraba el mundo. Gregorio, que había previsto la pregunta, leyó en la libreta que había un lugar medio secreto donde iban los artistas con sus obras, los científicos con sus inventos, los filósofos con sus teorías, los médicos con sus remedios y los oradores con sus discursos. Un lugar donde se compraba, se vendía, se cambiaba, se discutía y se daba a conocer, como en un gran Mercado de la Inteligencia o Lonja del Progreso. Allí se forjaba la inmortalidad y se trajinaban los olvidos.

Gil preguntó qué inventos se traían entre manos los inventores y cuáles estaban llamados a deslumbrar al mundo en las próximas décadas, y Gregorio respondió que, entre los más sobresalientes, se encontraba una máquina para vestirse: uno se metía en cueros por una parte y salía por la otra ataviado según la edad, la moda, la forma de ser y la estación; que había un libro luminoso para leer en la oscuridad, y que se proyectaba dotar a las estatuas de una maquinaria interior que las pusiera en movimiento, de modo que el general galopase en su caballo y blandiera el sable, el orador perorase acompasando las manos, el escritor escribiese y el pensador moviera la cabeza al tiempo que se mesaba la frente.

—Es hermoso —dijo Gil, en un tono tan angelical que Gregorio se imaginó su mirada, amansada por la inocencia de algún paisaje idílico.

—¿Dónde está ahora? —preguntó.

—En la trastienda de un comercio —se lamentó Gil—. Figúrese, ya han llegado las cigüeñas.

A Gregorio se le vino entonces a la memoria una poesía escolar.

—Qué descansada vida. ¿Conoce los versos?

—No.

—Qué descansada vida la del que huye del mundanal ruido y sigue la escondida senda por donde han ido los pocos sabios que en el mundo han sido.

—¿Los ha hecho usted?

—Y eso qué importa.

—Muy bonitos, pero eso era antes. Ahora los sabios están todos en la ciudad.

—Exagera, Gil, la sabiduría no tiene patria.

—Le digo la verdad. Yo no creo que aquí haya sabios. Lo que pasa es que ustedes, los poetas, son unos idealistas.

Gregorio se puso a dibujar una pirámide.

—¿Se puede vivir acaso sin un ideal?

—¡No! —gritó Gil—. Me atrevo a decir que no, aquí, en una trastienda y rodeado de cigüeñas. Yo también, siendo un don nadie, y con los cuarenta ya pasados, yo también soy un idealista. Yo, señor

Faroni, y se lo digo humildemente, a mi modo, también soy un ser infausto.

—Porque todos en el fondo somos poetas. Pero no debería quejarse tanto de vivir lejos de la ciudad. En cualquier lado puede uno llegar a sabio por sí mismo —y contó que el mundo era un tapiz tejido con un solo hilo, y que sabiendo usar la cabeza, a partir de cualquier cosa podemos deducir todo lo demás. «Lo principal es pensar, encontrar el hilo del tapiz y tirar de él», dijo.

—¡Exacto! —gritó Gil, con gallos y astillas—. ¿No le he dicho que yo quería ser pensador?

—¿Y a qué espera?

—Es que no se me ocurre nada. Es terrible. Me pongo a pensar y nada. Yo tuve un maestro de niño que decía que los filósofos se dan más en las orillas del mar porque allí la gente come mucho pescado y el pescado tiene mucho fósforo. Solía decir, y perdóneme por la expresión: «Así come el mulo, así caga el culo». Y aunque es una barbaridad, sin embargo yo creo que el destino de cada uno empieza en la fisiología. Mi problema, por ejemplo, son los ojos. Si los cierro, me ocurre que donde estaban los ojos se forman unos agujeros que los veo con la mente, y veo tantas chirivitas que me distraigo y no puedo pensar. Si los abro me distraen las cosas y tampoco puedo. A mí me admira la gente capaz de pensar hasta en un bazar. Yo enseguida me distraigo, es terrible. Además, me duelen los pies y las muelas, y sufro ardores de estómago. Yo, señor Faroni, nunca podré ser pensador. Yo soy un enfermo, eso es lo que yo soy —y se oyó como un sollozo reprimido.

—Vamos, Gil, no se hunda —murmuró Gregorio.

—Si no me hundo, señor Faroni. Ya le dije que en el fondo yo soy un tipo duro. Lo que pasa es que aquí no se puede pensar. Una vez, sin embargo —y se le iluminó la voz—, hace años, se me ocurrió un buen pensamiento. ¿Quiere que se lo cuente?

—Adelante, Gil.

—Le parecerá una tontería. No se lo cuento a nadie para que no me lo roben, ya sabe, pero usted es distinto porque tiene muchos y seguramente se reirá del mío. Verá, es sobre la vida. Usted, claro está, conoce la fábula del cuervo y del zorro, ¿no? ¿Se acuerda que el cuervo, por cantar, pierde el queso? Pues así es la vida, o se canta o se come. Bueno, pues yo he pensado que lo ideal sería asegurar el queso y graznar por las junturas. ¿Qué le parece?

—Que es una buena reflexión.

—Es sólo el resumen —se animó Gil—, y tiene muchas variantes, según lo que pensemos que pueda ser el zorro, el cuervo y el queso. Y además se puede definir a la gente, a toda la gente, según si canta o no, si al cantar se le cae o no el queso y según también quién es el zorro de cada cual y qué tipo de canción es la suya. Hay gente que con tal de cantar le da igual perder el queso, y hay zorros sinceros que lo que intentan no es robar el queso sino oír la canción. A mí a veces me parece que es una gran idea, casi infinita, pero otras veces reniego de ella y me desespero. ¿De verdad, señor Faroni, que le parece un pensamiento digno? ¿No le da risa?

—Al contrario, me parece una idea muy amplia y sobre todo muy práctica. Todos estamos un poco así en la vida. Por ejemplo, yo mismo.

—Claro, ya lo he pensado: usted sujeta el queso en Belson y grazna en los cafés, ¿no?

—Usted lo ha dicho. ¿Ve como es un buen pensamiento?

—No sé, no sé —se torturó Gil—. A lo mejor lo dice por caridad.

Gregorio tuvo entonces una súbita inspiración. Fugazmente intentó valorar los riesgos y ganancias de su propuesta, pero le pareció tan lógica y magnánima que dijo, sin concluir los cálculos:

—Tanto es así que, si me permite, me gustaría difundirlo en el café.

—¡Cómo! ¿Mi pensamiento?

—Sí.

—Pero, ¡eso es imposible! Se burlarían de él.

—También podría dar su nombre —dijo, bajando la voz.

—Pero eso, ¿podría ser? —balbuceó Gil.

—Pues claro, ¿por qué no? Si le parece bien, el próximo sábado expongo en el café su pensamiento y su nombre.

—¡Eso es maravilloso! Es como un sueño. ¿Lo hará de verdad?

—Por supuesto, y así verá que todo eso del café no es tan bravo como usted lo pinta. El lunes le contaré lo que digan allí.

Gil deslizó entonces el temor de que le robaran el pensamiento, no los contertulios sino los curiosos que, como buitres, merodeaban fuera del café. Gregorio lo tranquilizó diciendo que, junto con la idea, diría en público su nombre y su profesión, y ante tantos testigos aquello vendría a ser como una patente.

—¡Cuánto se lo agradezco! —dijo Gil—. Pero, fíjese, un pensamiento a los cuarenta años corridos. ¿No es un caso para llorar?

—No, porque lo que importa es la calidad —dijo Gregorio, y contó que hay sabios de un solo pensamiento, científicos de una sola fórmula y escritores de un solo libro. Ahí tenía el caso de Sócrates, que prácticamente se hizo famoso con una frase: «Sólo sé que no sé nada».

—Ya ve, la gloria en seis palabras.

¿Y qué decir del filósofo que dijo: «Pienso luego existo, ésa es la cuestión», y gracias a la cual hoy se le recuerda? ¿O del que dijo: «El hombre es un lobo para el hombre»?

—Así que quién sabe si algún día, dentro de muchos años, se le recuerde también a usted por lo del cuervo. La historia está llena de casos así. De modo que no se avergüence de tener un solo pensamiento. Al contrario, debe estar orgulloso de él.

—Gracias, señor Faroni —se emocionó Gil—, aunque de todo eso habría mucho que hablar. Pero otra cosa que le pido. No diga mi profesión, porque entonces se reirían también del pensamiento. Ya sabe usted la importancia de estas cosas, y que no es lo mismo la opinión de un carbonero que la de un médico, por poner un caso.

—¿Qué digo entonces?

—No diga nada.

—¿Y si me preguntan?

Gil no supo qué responder.

—Podemos decir que es químico —susurró Gregorio.

—No, no, eso es mentira —se escandalizó Gil.

—Pero es una mentira que no hace daño, y que está al servicio de una causa justa, como es el pensamiento.

—No, no.

—Piénselo. O si no, filósofo. Al fin y al cabo el pensamiento existe.

—No sé, no sé.

—Mire, déjelo en mis manos. Haré lo que pida la ocasión.

—De acuerdo, señor Faroni, yo confío ciegamente en usted. Lo que usted haga estará bien hecho.

—Entonces hasta el lunes, Gil, y que todo esto quede entre nosotros.

Esa noche, Gregorio se acostó más temprano que de costumbre. Después de rezar el avemaría, se santiguó, cerró los ojos y enseguida se vio a sí mismo caminar por las calles nocturnas de la ciudad. Pero no era él sino la imagen feliz que Gil le atribuía. Era joven y apuesto, aunque sin facciones fijas, pues el ala de un sombrero flexible le nublaba el rostro. Vestía de detective (mocasines color canela, pantalones blancos, americana azul, gabardina de espía, camisa color perla y pañuelo al cuello) y bajaba por una calle ancha, río de luces prohibidas, como un palito orillando un remanso. Iba con su sombrero y su pitillo aflojado en los labios y una mirada de experiencia inservible, y en cada paso el prestigio de una soledad ganada a pulso. Debía de venir de muy lejos: su cansancio se distinguía de otros cansancios en que éstos eran iguales y apresurados y el suyo tenía la lentitud deliberativa de quien lleva con dignidad el peso de viejos enigmas sin resolver.

Debía de ser hermoso, de esa hermosura complicada de los viajeros sin rumbo, y aunque en realidad era cuarentón, de rasgos vulgares y de estatura anónima, no había contradicción entre las dos figuras, pues ambas cedían terreno en el ensueño para reunirse y reconocerse en el reino impreciso de la sugerencia. Avanzando por el corazón de la ciudad, dejando en cada paso la huella de una decisión irrevocable, deteniéndose para subirse las solapas y encender tabaco al tiempo que miraba en torno con indiferencia del más duro acero, se sentía artista de su propia vida, y su obra eran sus gestos, sus miradas, sus pasos, el leve riesgo que lo envolvía, la amenaza de los congéneres que lo rozaban al pasar. Lleno de propia estima se le ocurrió un grito de júbilo, de pájaro rey en la profundidad del bosque: ¡huiví!, ¡huiví! Pero lo contuvo: le bastó saberse dueño de altas pasiones, dispendioso en la renuncia, pródigo en el regateo, singular en las afinidades. Gabardina, sombrero flexible, pañuelo de seda apetalado al cuello: había en aquella indumentaria una oscura razón para que las mujeres lo quisieran sin pedir nada a cambio. Se vio caminar seguro y suelto entre la multitud. El camino era tanto un asidero como un trayecto, y su mirada de extranjero por mar hubiese inspirado miedo a hombres curtidos en el extrarradio, pero que tienen una patria, y el orgullo de unas cordilleras. Y aquí hubo de combatir la sensación de irrealidad poniéndose unas gafas oscuras, y en el bolsillo un libro del que sólo se leía: *Versos completos de la vida artística.* Suspiró, y una débil lluvia entró en escena. Bultos sombríos ahincaron el paso bajo la meona otoñal, despejando la calle, y la ciudad quedó absorta en el enigma de su propia historia. Caminando sin prisas, rechazando la invitación a la aventura galante o pendenciera, desembocó a una plaza y se detuvo ante los guiños de un cartel luminoso: *Café de los Ensayistas,* en bastardilla de burdel, y era como si aquellas luces saliesen a su encuentro haciéndole fiestas de perrillo faldero, o le confiasen sólo a él el sentido exacto de su reclamo. Orilló la plaza y llegó frente al café.

Era, en efecto, un lugar amplio, cercado por cristales, y los sofás eran verdes y había un cuadro, enorme, que representaba un faro de mar. Vio las columnas, de templo griego, multiplicadas en los espejos, y a una muchedumbre que al verlo entrar rompió en aplausos, que él acalló con una mano, y gritos de «¡que hable Faroni, el poeta, el ser infausto, el viajero universal!». Medio oculto por las solapas, las gafas y el sombrero, miró de soslayo a la concurrencia. Allí estaba su tío Félix, su abuelo, su padre, Elicio, el diablo con capa y cicatriz, Alicia con su perro, Angelina, la madre y el perrillo Orión, enfilándolo por el legañal. Pero consiguió expulsarlos de la escena, y sólo entonces subió a una especie de púlpito, y un silencio como para empezar a oír música se adueñó de la sala. «Señoras y señores», dijo, y se vio a sí mismo, sin rostro ni voz, haciendo gestos elegantes e iniciando un discurso del que sólo se percibía el prodigio de la fluidez. Debían de ser palabras maravillosas, porque el auditorio permanecía inmóvil como hechizado por un cántico. Se oyó decir algo así como «hoy no es día de versos, hoy descenderé a la pura conquista de la tierra virgen, y de la sabiduría os mostraré su saco de ceniza y su piel de cabra», pero eran palabras ilusorias, como las huellas en el agua. Sin embargo, de pronto sintió la imperiosa necesidad de comprometer a Gil en el ensueño, y entonces reconoció su propia voz y el significado de las palabras verdaderas: «Tengo un amigo que es químico en una pequeña ciudad, allá en el páramo. Ustedes recordarán que siendo hijo de un jabonero, y sin apenas instrucción, Benjamin Franklin llegó a ser un sabio de fama mundial. Pues bien, ese mismo destino profetizo yo a Gil, que así se llama mi amigo. Está inventando una sustancia para curar a un tiempo el dolor de muelas y el de pies, y unos auriculares para convertir en música las voces de las mujeres que hablan a gritos en las cocinas de las pensiones frías y tristes. Ha inventado también otra sustancia, para que se le puedan ocurrir a uno pensamientos felices. Ha hecho la prueba con él mismo y se le ha ocurrido que, en lo tocante al cuervo de la fábula, debía haber comido el queso y graznado por las junturas, y yo les aseguro que no hay mejor filosofía que este aviso para andar por la vida. Llamo la atención de ustedes, señores caballeros, señoras damas, sobre este hombre que trabaja en la soledad del páramo. No ha descubierto ninguna teoría universal, como Platón, sino que reflexiona acerca de los pequeños hechos cotidianos como éste que les cuento, y les busca un orden dentro de la modesta complejidad de provincias. Se llama Gil y es químico y filósofo. Esto es todo cuanto tenía que decirles».

Oyó un aplauso y gritos de «¡viva Gil!, ¡viva el químico del páramo!». Bajó del púlpito, y mirando al gentío se sintió dominado por la irrealidad. El temor de crear una imagen inverosímil, en la que no pudiera reconocerse, lo mantuvo suspenso largo rato. «¿Adónde irás ahora, Faroni?», le preguntó alguien. «A Babilonia a ver el mar», contestó desde el sueño.

Al día siguiente se despertó con la conciencia aligerada de culpas. Si Gil lo había enredado en las fantasías de su nostalgia, él había hecho lo mismo en su ensueño nocturno. «Ya somos dos los impostores», se dijo, y anotó en la libreta las novedades de la farsa.

Capítulo IX

El lunes sonó el teléfono antes que de costumbre. Se oyó la voz nasal de niño prodigio: «Soy Gil».

—Soy Gil —repitió, como si temiera no haber sido reconocido.

No se atrevía a preguntar por la suerte que había corrido su pensamiento, y hubo de ser Gregorio quien dijese:

—Enhorabuena.

—¿Por qué? —fingió Gil.

—Hombre, por lo del cuervo. Lo expuse en la tertulia y tuvo un gran éxito.

—¡No me diga!

—Pues así es. Allí se habló de muchas cosas. Primero un inventor trajo una máquina para convertir el odio en energía, y consiguió poner en marcha un ventilador después de concentrarnos todos en el recuerdo de nuestros peores enemigos.

—Pero ¡eso es portentoso! —exclamó Gil.

—No tanto —quitó importancia Gregorio—. Es aprovechar sencillamente la energía del cerebro. ¿Usted no ha oído que hay personas que mueven sillas con la mente?

—Sí lo he oído, y vasos.

—Entonces, ¿de qué se asombra? Se trata sencillamente de convertir la fuerza latente de las pasiones en potencia mecánica.

Gil preguntó si también el amor podría transformarse en energía. Se pusieron a pensar y hallaron que sí, que acaso en el futuro un avión consiguiese volar sin combustible, con sólo una pareja de auténticos enamorados a bordo, o que con una mirada de ternura se encendiese una luz.

—Pero para eso tienen que pasar todavía muchos años, y me parece que ni usted ni yo llegaremos a verlo. Pero a lo que iba. Después del experimento, allí cada cual expuso sus ideas, y cuando expliqué la suya la gente aplaudió también, y dieron vivas, y uno de los maestros, ése que ya conoce de los dientes de oro y los postizos, se interesó por usted. ¿Sabe lo que dijo?

—¿Qué? —tartamudeó Gil.

Gregorio ahuecó la voz: «Ese Gil llegará lejos».

—¿Eso dijo de verdad?

—Eso dijo, y también que le gustaría conocer otros pensamientos suyos.

—Eso ya lo veo yo más difícil —se entristeció Gil.

—Me preguntó a qué se dedicaba usted. Para evitar explicaciones le dije —y puso el tono confidencial— que era químico y pensador. Realmente el pensamiento lo valía.

—Ya. Pero, ¿y si se entera?

—Yo le guardaré el secreto. Sólo nosotros sabremos la verdad. A los demás, ¿qué les puede interesar esto?

Sellaron el pacto con un largo silencio.

—¿Está contento? —preguntó Gregorio.

—Figúrese. Estoy deseando que se haga de noche para acostarme y recordar todo lo que me ha dicho. ¡Si mi padre supiera que se me ha citado en el café!

—¿Es que murió?

—No, debe de andar por ahí por la ciudad. Y también mi madre.

—Entonces, ¿no sabe nada de ellos?

—No, ni de mi novia.

Gregorio no supo qué decir.

—Se llamaba Mari.

—¿Quién?

—Mi novia.

—Pero, ¿qué pasó con sus padres y su novia?

—Mi vida, ¿sabe usted?, es un puro desastre —y la voz se le quebró de lástima—. Nunca se la he contado a nadie. Sólo a usted me atrevería a contársela, porque usted es un artista y los artistas saben comprender a los humildes. Claro que, si se la cuento, a lo mejor luego me desprecia.

—Me ofende, Gil. Nadie mejor que un poeta para escuchar y valorar las desgracias ajenas.

—Gracias, señor Faroni. ¿Quiere entonces que le cuente mi vida?

—Lo escucho, Gil.

—Sí, pero ¿por dónde empiezo? ¡Es tan difícil contar las cosas! Un día verá lo que pasó. Conté un chiste de un gato, un perro y un caballo. Había tres viajantes y verá lo que pasó. El primero no oyó bien lo del gato, así que preguntó al segundo viajante qué se había dicho. Mientras se lo explicaba, yo hablé del perro, y ninguno de los dos se enteró tampoco. Así que le preguntaron al tercero, y mientras el tercero explicaba el perro yo hablé del caballo y ninguno de los tres escuchó el final. ¿No es una desgracia? Luego, claro, decían que el chiste era malo.

—Aquí sólo lo escucho yo, Gil. Sólo estamos los dos. Cuente sin miedo.

—Bueno, pues verá, yo tengo ahora cuarenta y un años y entonces tenía unos dieciocho. ¿Qué tal he empezado?

—Muy bien. Adelante.

—Trabajaba en Requena y Belson. Yo atendía también el teléfono y tomaba nota de los pedidos. Me comunicaba con un tal Gómez, que ya murió. Lo atropelló un tren, un día que se perdió en la niebla. Pero, ¿se da cuenta?, ya estoy echando a perder la historia. Tenía que haber empezado por la Coca-Cola. Usted, claro está, probó la Coca-Cola de muy pequeño, ¿no? Yo sin embargo no la probé hasta casi los dieciocho años. Verá, se lo voy a contar, para que sepa con qué clase de hombre está usted tratando. Yo tenía ocho o nueve años. Estábamos en clase de Historia Sagrada y el sacerdote contaba el combate entre David y Goliat. Me acuerdo que era invierno, a media tarde. De pronto el sacerdote se levantó, miró por la ventana y dio dos palmadas muy fuertes. «¡Señores!», dijo, «¡ha llegado la Coca-Cola!» Y es que en aquellos años la Coca-Cola estaba haciendo demostraciones por los colegios y los pueblos, para darse más a conocer. Nosotros nos levantamos y nos quedamos firmes. A mí me dio tiempo de mirar y vi abajo, en el patio, dos camiones de Coca-Cola y a los conductores, que iban con caretas de dibujos animados. Y el sacerdote dijo: «Ahora bien, sólo podrán beberla los que no estén en pecado mortal». Y yo, señor Faroni, estaba en pecado porque la noche anterior había cometido actos deshonestos. Así que pasé primero por la capilla, junto con muchos otros, y allí me pusieron de penitencia no sé cuantos padrenuestros y avemarías. Y me acuerdo que rezaba muy deprisa para poder salir corriendo al patio. Y cuando acabé, ¿qué pasó? Que se había acabado ya la Coca-Cola. Y, entre unas cosas y otras, no pude probarla hasta casi diez años después. Ahí tiene usted, en pocas palabras, lo que en el fondo ha sido mi destino. Bueno, pues verá. Yo tenía entonces dieciocho años y... ¿Ve? Ya me está saliendo otra vez mal la historia. No he debido empezar por ahí.

—Yo creo, Gil, que por ahora va bien encarrilada.

—No, le hablaré primero de mi padre. Era un hombre muy suyo, ¿sabe usted? Le dolía una pierna y no podía trabajar, así que se pasaba el día en casa, vestido de negro y con el sombrero puesto, como si fuese a salir, pero luego no salía nunca. Se sentaba a la mesa, medio ladeado, y allí se estaba quieto y como amargo. Vivíamos, ya se lo dije, en un piso céntrico. Me acuerdo que de chico salíamos los tres, mi padre, mi madre y yo, a pasear por el barrio. Mi padre iba un buen trecho delante, eligiendo el camino, y nosotros detrás. Como ya le empezaba a doler la pierna se tenía que parar cada tantos pasos, y nosotros hacíamos lo mismo y esperábamos a que cogiera fuerzas. Luego él se volvía y nos daba con la mano, como un guía del oeste a una caravana, y seguíamos todos andando sin romper la distancia. Ibamos a ver accidentes de tráfico. Mi padre conocía los sitios donde había atropellos y choques. Luego nunca había ninguno, pero los tres nos parábamos allí a esperar. Mi madre protestaba y decía que aquello era pecado. Mi padre replicaba: «¡Tú qué sabes! ¿Qué sabéis vosotros de la vida?». Cuando algún ciego cruzaba la calle, él se adelantaba para verlo cruzar, por si lo atropellaban, y cuando el ciego llegaba al otro lado, decía: «Ese, ha salvado el pellejo». Una vez atropellaron a un ciclista. Mi padre gritó: «¡Allí, allí!», y salió corriendo con los brazos en alto y llena de aire la chaqueta. Yo nunca lo había visto correr y me dieron ganas de echarme a llorar, y yo creo que desde entonces le cogí todavía más miedo. Cuando llegamos al accidente, lo encontramos rodeado de curiosos y contando cómo fue el atropello y cómo él fue el primero en socorrer a la víctima. Y una vez me acuerdo que salimos como siempre a ver catástrofes y pasó un helicóptero volando muy bajito. Ibamos los tres juntos y de pronto sonó el ruido del helicóptero y todos nos quedamos sin saber adónde mirar. Mi padre fue el primero que lo vio. Me cogió del brazo y me dijo: «¡Mira, muchacho!», y levantó el brazo con el bastón para señalarme el helicóptero. Yo miré, pero no lo pude ver porque me lo tapaba con la mano que lo señalaba, y además con la otra me hacía daño en el brazo. Y cuanto más decía mi padre, «¿lo ves, lo ves?», y más estiraba el brazo para señalarlo y más me apretaba con el otro, menos lo veía yo. Al final me dijo: «¿Lo has visto?», y yo por miedo le contesté que sí. «Por las calles», dijo él, «hay que andar siempre alerta, porque en cualquier momento puede saltar la liebre.» Y luego, de vez en cuando, durante años, me preguntaba de repente: «Y qué, ¿lo viste?». Y yo decía que sí. Y él: «Hay que andar siempre alerta. Esa es una lección que no debes olvidar nunca». Qué tiempos. También me acuerdo que me gastaba una broma, la única que me gastó. Me decía: «Muchacho, ¿quieres jugar al ajedrez?». En casa no había ajedrez y ninguno de los dos sabíamos jugar. Yo contestaba: «No, que es tarde». «Pues otra vez será», decía él. Eso era todo lo que hablábamos. Cuando ya era de noche, cenaba. Con la punta de la navaja, sin quitarse el sombrero, despachaba la cena.

Tardaba muchísimo en cenar. Hacía montoncitos de pan y queso, pelaba la fruta muy fina y luego dividía la carne y la monda en trozos muy pequeños y con la punta de la navaja los iba pinchando y comiendo, muy poco a poco, como si le diera pesadumbre. No le dejaba a nadie la navaja, nunca, y tenía miedo de que se la quitasen. La escondía en las honduras de su traje negro y sólo la sacaba para comer, pero de vez en cuando la tentaba al bulto para ver si seguía allí escondida. La abría con una mano, como hacen los magos con las cartas. Punzaba y rebanaba, la usaba de pico y de paleta, y para rascarse la espalda, y para escoger unas cosas y desechar otras. Al final reunía los desperdicios con el filo, la limpiaba, la cerraba y la volvía a esconder. ¿Voy bien, señor Faroni?

—Muy bien, aunque quizás un poco lento. Pero siga como pueda.

—Yo estaba estudiando, ¿sabe?, había empezado a estudiar muy tarde y por mi cuenta y quería tener una carrera. Bueno, pues lo oía cenar y eso me distraía. Me preguntaba: «¿Habrá terminado ya?». Y, claro, como no podía saberlo, me levantaba a asomarme, y él seguía allí cenando. Y cada vez que me asomaba estaba más oscuro y se oían menos ruidos, pero él no parecía adelantar en la cena. Al final quedaba un montón de pellejos, huesos y miollos. Pero también entonces me distraía con el recuerdo de la navaja y, aunque no quería, pensaba: «Cuando se muera será para mí». Pero, ¿ve qué mal lo estoy contando? Tenía que haber empezado por lo del barbero y el pollo.

—¿Qué barbero?

—Pues que sólo se le veía animado cuando venía a pelarlo el barbero. Entonces hablaba mucho, gastaba bromas y reía a carcajadas. Y también cuando había pollo para comer. Como le gustaba mucho, se olvidaba de todas sus amarguras. «¿Qué nos falta para ser felices?», nos decía a mi madre y a mí. Y afirmaba que si todos fuesen como él no hubiera habido guerras, y el teléfono estaría aún por inventar. «Pero, ¿para qué queremos el teléfono?», preguntaba, y hacía con la navaja como si estuviera hablando por él, imitando voces ridículas: «¿Diga?, ¿sí?, ¡ah!, ¿me oye?, ¿sigue ahí?, ¿sí?, ¿diga?, ¡ya!, ¡ah!, ¡claro, claro!, ¡sí, sí!, ¿me escucha?». Pero no era para hacernos reír. No, se ponía muy serio, medio escondido en el sombrero negro. Era terrible oírlo, daba miedo, y había que bajar los ojos. A mi madre incluso se le saltaban las lágrimas. ¿Me está oyendo, señor Faroni?

—Lo oigo, Gil, y es una historia bien extraña —dijo Gregorio.

—Pero es que no la estoy contando bien. Debí haber empezado por cuando tenía catorce años. Yo entonces quería ser periodista. Cuando había conocidos en casa, mi padre decía: «El chico va a ser periodista», como si aquellas palabras tuvieran un poder. Un día había visita y a mí se me cayó la taza. Todos se asustaron y me miraron menos mi padre, que dijo muy sereno: «El chico va a ser periodista». Son cosas que no se olvidan y que luego da pena recordarlas. Pero ni siquiera entonces leía yo periódicos. Mi padre decía: «¿Cómo se explica que en los periódicos siempre haya atropellos y en las calles no? Si quieres ser periodista, muchacho, tendrás que irte lejos». Yo entonces no comprendí que aquello era como un anuncio del destino. Pero, en fin, sigamos. Como ya le dije, empecé el bachiller muy tarde y por mi cuenta. Estudiaba de noche. Me compré un flexo y me acuerdo que a veces dejaba de estudiar pensando en la suerte de tener una bombilla incandescente para mí solo. «A lo mejor Mister Edison me está viendo ahora desde el cielo», pensaba, y hablaba con él: «Gracias, Mister Edison», le decía, «ya ve que gracias a su invento puedo estudiar yo ahora, por muy oscuro que esté fuera». Y hacía como si de verdad me estuviese viendo: acercaba cosas a la bombilla, encendía y apagaba, giraba la pantalla para iluminar el techo y venga a decir emocionado: «Gracias, Mister Edison, gracias en nombre de la humanidad». Así me pasaba mucho tiempo. A mí el progreso y los grandes hombres siempre me admiraron. Pues bien, entre unas cosas y otras, todo me distraía. Teníamos un gato y yo le había puesto Edison. Y el caso es que lo oía maullar en la terraza, y pensaba: «No te comas las flores», porque Edison se comía las macetas y no había cosa que le gustara más en el mundo. Así que abría la ventana y lo espantaba con un grito. Pero con el ruido acudía mi padre, que se la tenía jurada al gato, aportando la lumbre de un mechero. Yo me iba, y esta vez a quien oía era a mi padre, revolviéndolo todo con la lumbre y metiendo por todos los rincones la puntera de los zapatos. Y además se ponía a hacer silbidos de contraseña, no sé si para atraerlo o ahuyentarlo, pero eran unos silbidos largos y lastimeros y daba pena oírlos. Porque mi padre silbaba muy bien. Después de las diez se asomaba al balcón y se ponía a silbar como loco, siempre lo mismo, canciones de guerra. Y a mí todo eso me distraía, y cuando no era una cosa era la otra. Pero yo seguía en la mesa, dispuesto a estudiar para el día en que pudiera entrar en el café. Lo del café fue cosa de mi padre, le voy a contar. Yo creo que tenía que haber empezado por aquí y saltar por encima del gato, ¿no cree?

—Eso es lo de menos, Gil, vayamos al grano —apremió Gregorio.

—Pues verá, antes de caer malo y volverse tan triste, mi padre me dio la única lección que pudo darme: me llevó por fuera del Café de los Ensayistas, que entonces se llamaba Hispano Exprés, nos asomamos al cristal y me dijo: «¿Ves esos hombres de las mesas? Son hombres de mundo, artistas, científicos eminentes, personajes históricos. Esos son como los marqueses y condes de antes. Procura ser uno de ellos, estudia y codéate». Luego me llevó a un parque donde se reunían parias y borrachos. «Esos son pelanas, gente escueta», me dijo. «Mira a ese maula que hace nudos con una cuerda. Desaprovechó la juventud y ahí lo tienes, haciendo lo único que sabe.» No dijo más. Yo enseguida me puse a estudiar para entrar algún día en el café. Entonces fue cuando decidí hacerme químico y pensador. Pensé que todo llegaría como llega la navidad y la muerte, y aquí estoy ahora: casi cuarenta y un años, vendedor de vinos y aceitunas.

Calló desgarrado. Gregorio lo consoló lo mejor que pudo y lo animó a continuar.

—Ahora me doy cuenta —dijo Gil, sobreponiéndose a la pena—, que tenía que haber empezado con la historia de Mister Edison. Haber empezado: «Si Mister Edison no hubiese inventado la luz, mi destino quizás hubiera sido otro, y ahora no estaría aquí hablando con usted». ¿Qué le parece?

—Sí que hubiera sido un buen empiece —dijo sinceramente Gregorio.

—Lo que pasa es que a mí todo se me ocurre tarde, cuando ya las cosas no tienen remedio. Pero, en fin, seguiré adelante. Verá, llevaba casi un año estudiando por mi cuenta cuando murió Gómez, el viajante, y Requena y Belson me ofreció reemplazarlo. «Serán sólo unos meses», me dijo el hombre de negro. Yo tenía una novia, formal, que se llamaba Mari y vivía en el barrio. Hablé con ella y con mi madre. «Debes ir, debes ganarlo», me dijeron. Yo me resistía con argumentos que acabaron por sonar ridículos: teníamos un gato, había una novia, un padre enfermo y raro, quería estudiar y hacerme químico y pensador. Yo tocaba el laúd, gavotas, rondós, zarabandas y valses, tenía un cuaderno de música y lo iba punteando embebecido. Mis padres se asomaban juntos, orgullosos, a oírme tocar, y hasta el gato se quedaba quieto a escucharme, con el rabo en pompa y una pata en el aire. Venía a darme clases un ciego, y cada noche me decía a mí mismo: «Hoy has adelantado mucho; si haces cuentas verás que antes de diez años serás universitario y músico profesional». Así que yo decía: «¿Qué será del futuro si me voy a provincias?». Además, mi novia y yo habíamos hecho proyectos. Mi novia se llamaba Mari. Pensábamos casarnos cuando yo acabase los estudios y hacer un viaje al extranjero, y en eso estábamos cuando tuve que venirme a provincias. «Llévate el laúd y los libros», me dijeron, «sigue estudiando allí y a la vuelta serás químico.» Yo decía que no. Entonces mi padre salió del silencio. Sacó la navaja de comer, me la tendió y me dijo: «Vete, muchacho. Allí lejos podrás ser periodista». Mi novia me regaló un espejito con tapa, y mi madre me hizo un jersey gordo para el invierno. Eso es todo lo que conservo de ellos. Y así fue como dejé para siempre la ciudad. Ahora que me doy cuenta, ya sé por dónde tenía que haber empezado la historia. Por mi nombre. ¿Usted sabe cómo me llamo yo?

—Gil.

—¿Y de segundo apellido?

—Pues no sé.

—También Gil. ¿Y de nombre?

—Pues...

—Figúrese, también Gil.

Calló avergonzado.

—Fue idea de mi padre. Siempre decía que con un nombre es suficiente para hacerse llamar, y que como los apellidos eran iguales, pues para qué andar rompiéndose la cabeza con el nombre. Y me acuerdo que, para probar la razón, un día se fue al otro extremo de la casa y gritó: «¡Juan Antonio González Alvarez López Martínez de Churruca y Mendoza!, ¿quieres jugar al ajedrez?». Así que ya lo sabe: Gil Gil Gil. ¿No es ridículo?

Gregorio, pensando en sus propios seudónimos, dijo:

—Los nombres no tienen importancia. Sólo las obras quedan.

—Yo creo que no —replicó Gil—, yo creo que el destino empieza con el nombre.

—Pues cambie de nombre, búsquese un seudónimo como yo. No se deje dominar por el destino.

—Eso sería estupendo —dijo Gil, y estornudó.

Gregorio lo oyó limpiarse y adecentar la voz:

—Eso sería estupendo, pero yo a eso no me atrevo. Y además, ¿qué nombre me pondría?

—Ya encontraremos uno que vaya a la medida. Pero ahora, sigamos con la historia.

—Bueno, ya queda poco. Verá, yo al principio pensaba volver a la ciudad, pero las cosas se fueron complicando. Cada vez que le recordaba al hombre de negro su promesa de que muy pronto vendría alguien a sustituirme, él me decía: «Desengáñese, Gil, su vida está ahí; Belson lo necesita precisamente en el lugar donde usted mismo se ha hecho insustituible», y añadía frases en latín. Y luego estaban mis padres y mi novia: «Si vienes perderás el empleo», decían, «nos avergonzaremos de ti, nos defraudarás y no sabríamos ya mirarte a la cara». Hasta que al año dejaron de responder a mis cartas. Entonces le pedí al hombre de negro que se informase y él me dijo que mis padres ya no vivían en la misma casa, que se habían mudado de barrio no sabía dónde. En la última carta me mandaron una fotografía. Estaban los tres merendando en el campo, muy sonrientes, mi novia sentada en las rodillas de mi padre, mi madre con el sombrero de mi padre y con el gato en la falda (un gato que era muy bravo y no se dejaba coger) y mi padre riendo y señalándole a las dos la cámara con el dedo. Habían como rejuvenecido y tenían flores en el pelo y las manos. Por detrás había una dedicatoria: «Estamos bien. Edison te manda besitos». Y ya no he vuelto a saber nada de ellos. Esta es mi historia y, aunque mal contada, usted me dirá si hay otra más triste que la mía.

Guardaron un silencio de duelo. Al final Gregorio dijo que el hombre pone y Dios dispone, y que aún no era tarde para llegar a ser, si no químico, al menos pensador.

—No —repuso Gil—, no llegaré nunca a pensador. En veintitrés años sólo se me ha ocurrido un buen pensamiento. Si vivo otros treinta, pongamos por caso, al final tendría dos o tres, y no hay nada peor que pasar vergüenza de uno mismo cuando ya se es viejo. No, yo me conformo con hablar con usted, que es un artista del café y que parece como enviado por el destino para consolarme de mis muchas tristezas. ¿Sabe? Le he mandado un regalo.

—¿Un regalo?

—Sí, poca cosa, un detalle. No para pagarle su paciencia conmigo, ni su bondad, que no tienen precio, sino para demostrarle un poco mi agradecimiento. Lo recibirá quizá mañana.

—No debía de haberse molestado, Gil —protestó Gregorio.

—Al contrario, para mí es un honor. Igual que antes con Edison, cuando leo algo pienso que usted me está viendo y que me anima a proseguir. Así que mi regalo es un pequeño homenaje de admiración.

—Gracias —dijo Gregorio, más confuso que conmovido.

Al día siguiente llegó el regalo. Era un tarro de miel y una libra de dulce de membrillo. De entre la envoltura cayó una tarjeta de visita: «G. G. GIL. Viajante de R. y Belson». Por detrás había una dedicatoria en letra florida y aplicada: *Para el gran artista el señor Faroni, para agradecerle su saber y su bondad, de su fiel admirador Gil.*

Aquella ofrenda volvió a llenar a Gregorio de escrúpulos. En casa explicó que era el regalo de un subordinado, y mientras la madre se atiborraba de miel y lloraba la pérdida de dulzuras mejores, ilustrando así la astucia del cuervo grazniglotón, Gregorio recordaba la dedicatoria y se decía: «Qué hijo de puta eres, engañar de esa forma a un hombre como Gil». Pero no acababa de creer en los reproches, como tampoco en los argumentos que disculpaban su conducta. Porque de pronto a Gregorio le dio por pensar que quizá no fuese del todo un impostor. Ciertamente, no dejaba de asombrarle la superchería, pero no tanto por lo escandaloso de las mentiras como por la fácil verosimilitud que había alcanzado. «Y eso significa que hay algo cierto en todo esto», se decía. «Porque la verdad nunca se da pura y necesita siempre de las apariencias, como el ciego del perro. Así que, descontadas las apariencias, yo soy Faroni», proclamó una tarde, y enseguida supo, por la solemnidad del tono, que había esperado mucho tiempo el instante de pronunciar aquellas palabras.

No, no era del todo descabellado el asunto. Pues ahora que se iba acostumbrando a su nueva identidad y se adentraba en los placeres y riesgos de la invención, le maravillaba comprobar que si alguien decide mentir sobre él mismo, apenas podrá inventar nada (si el engaño es sincero) que no estuviese ya sugerido en su pasado, que de algún modo no sea una verdad en lo más profundo de sus convicciones y deseos. Acodado día tras día en el balcón, con galantería de navegante se abandonaba al ancho y perezoso río del atardecer, y apenas intentaba recordar el inicio de la farsa —tan llena de detalles desconocidos hasta entonces, tan nítida en la presunción de un pasado ajeno a la existencia pero ligado a ella por voluntad de una memoria errática y emancipada que tendía a corregir el olvido y a poblarlo de hechos que aunque ilusorios en apariencia venían a ser autentificados por la nostalgia de su pérdida—, se iniciaba en la sospecha de que toda vida es al menos dos vidas: una, la real e inapelable, otra la que pudo ser y sigue viviendo en nosotros en calidad de ánima en pena, vagando por la memoria y creciendo en ella hasta adquirir indicios de independencia y realidad, disputando a la otra, a la primogénita, despojos del pasado, reemplazándola a veces en la posesión de ese vasto territorio que es el olvido e instalándose en él como señor feudal: desolado, feroz, bufo y levantisco. Quizá la locura, o el afán, fuese la victoria del bastardo sobre el primogénito, pero en Gregorio no había ánimo de fratricidio sino reivindicación de bienes expoliados. Y algo grande había en aquella pretensión, pues si el crimen es malo y condenable, pero en casos de legítima defensa el juez absuelve, y en casos de guerra llega a ser heroico, también la mentira, como vivimos en guerra con el prójimo y con nosotros mismos, puede ser comprensible y hasta engendrar hazañas. Si alguna vez, como era previsible, a Gil le llegaban noticias exactas de la ciudad y, lo que era peor, del verdadero Olías, y exigía cuentas de la burla, quizá pudiese afirmar que él interpretaba su propio pasado con ojos de artista, pero también podría increparlo en términos amargos: «¿No fue usted, desagradecido, quien removió mi vida con preguntas inoportunas y tramposas? ¿Acaso no ha oído que lo mejor que un hombre cuerdo y caritativo puede hacer con un loco es seguirle las manías? ¿Encima del favor ahora reproches?».

Con estos y otros razonamientos similares, Gregorio logró una vez más amansar la conciencia, y cuando se supo firme en sus motivos y pretextos, se entregó a la ficción con más ardor que nunca. Todas las noches escribía en la libreta algún episodio de su vida imaginaria. Incluso se convenció de que lo que Gil necesitaba, a modo de lección, era un buen escarmiento, y que el cansancio que le producía la duplicidad valía de penitencia por todos sus pecados.

Siguió una larga época de deslumbrantes confidencias. No hubo ya semana en que no despachasen precipitadamente los pedidos para pasar a hablar de sus verdaderas inquietudes. Gil, implacable en la nostalgia y en la admiración, feliz y tembloroso de tratar de cerca a un artista consagrado en las tertulias urbanas, no sabía por dónde empezar a aplacar su avidez.

Un día lluvioso, después de lamentar de nuevo los infortunios del pasado, habló de los viajes, de la desazón que le producía la idea de llegar a viejo sin haber salido al extranjero ni gustado las mieles de otras lenguas, y recordó que de joven había coleccionado tarjetas postales de los cinco continentes y leído un libro de aventuras cuyo título no recordaba, pero que le llenó el alma de incontenibles ímpetus de acción.

—Y sin embargo, ya ve, aquí estoy, otra vez con la gotera cayéndome en la nuca.

—También yo estoy aquí —dijo Gregorio, presintiendo el rumbo de la conversación—, y también aquí llueve.

—Pero no es igual. Usted sabe idiomas. Seguro que ha viajado al extranjero y tiene un pasado digno de un gran hombre. Y claro, no se parecerá nada al mío —dijo en un tono tímido y perentorio—, ni en la sustancia ni en la manera de contarlo. A los artistas, me parece a mí, se les conoce sobre todo por su pasado.

Gregorio se emboscó en la espesura del silencio. Alguna vez había aludido a su pasado, pues no ignoraba que Gil, a cambio del suyo, reclamaría tarde o temprano el derecho a un pago recíproco. Para adelantarse a sus exigencias había contado una versión desganada, imprecisa y breve de la verdad. Gil reaccionó como cuando recibía las noticias del mundo y sospechaba que se le escatimaban las mejores, sugiriendo que aquellos sucedáneos eran un modo de ocultar —quizá por humildad— la existencia de un relato magnífico. Gregorio comprendió

una vez más que no había escapatoria. Sin embargo, durante las ensoñaciones nocturnas que dedicó a inventar un pasado que estuviese a la
altura de las altas demandas de Gil, no había conseguido hilar una
historia que fuese al mismo tiempo extraordinaria y verosímil. Aquello era como intentar poner en pie una pasta blanda y pegajosa, pues
apenas rehuía la verdad caía sin remedio en el más torpe absurdo, y
huyendo del absurdo o se adentraba en él o regresaba al punto de
partida: a la estéril, inhóspita y no menos inepta realidad.

—¿Me equivoco? —dijo Gil.

Gregorio suspiró: había llegado la hora de elegir y no se le ocurría
ninguna frase memorable. Por fin, excitado por el riesgo, y encomen-
dándose a la caótica aunque previsora inspiración de sus desvelos, contestó:

—Bueno, es natural y no tiene importancia, al fin y al cabo yo tuve
un padre almirante, un abuelo jurista y un tío cardenal.

Gil, atragantado por el asombro, pidió que por favor le contara
aquel pasado espléndido, y Gregorio abrió de inmediato la libreta y
contó que de niño había vivido en la ciudad, en una casa con tres
patios de luz, un jardín sobre el río, quinientas macetas y setenta pájaros cantores. Era en realidad la casa de su infancia, derruida en la memoria y alzada de nuevo con el dispendioso rigor de unos cuantos
recuerdos tenaces. De ella había sobrevivido un limonero que acercaba sus frutos al primor de unas bardas recién encaladas, un zaguán de
bóveda con garabatos choriceros, aspidistras en altos maceteros de forja
y zócalos de líneas mixtas que en verano servían de ruta a las hormigas, y luego un desván crujiente, un jazmín, una percha de patas de
chivo, algunos cuartos sin ventana y el eucalipto donde cantaban por
la fresca los jilgueros silvestres. Pero situó la casa en la ciudad, junto
al río navegable, cambió el adobe por la piedra, y la pizarra por el
mármol, y, arriba, sobre la segunda planta, ideó una torre circular con
ventanas góticas y cristales de colores envenados de plomo. Allí trabajaba su abuelo, el jurista.

En sus ensueños, Gregorio lo había visto escribir sobre un atril,
con pluma de ave. Altísimos estantes con libros de piel hierática cubrían las paredes. Había un descomunal escritorio de ébano y plata,
un globo terráqueo, una alfombra que representaba con un solo hilo
la historia sucinta de la humanidad, desde el Paraíso a la aviación, y
una cúpula donde estaba pintado el universo, con sus constelaciones,
órbitas planetarias y arcángeles volando sobre el espacio zodiacal —tal
como recordaba haber visto en una viñeta infantil del catecismo—. Allí
iba Gregorio a espiar a su abuelo. Escondido tras el escritorio, había

mirado fascinado la pluma de ave, y cómo la mojaba cada mucho tiempo en un tintero del tamaño de una tinaja y la esgrimía sobre el papel de pergamino, produciendo un ruido ensordecedor, como de un grupo de caminantes a través de un bosque de hojas secas.

Todo pesaba allí de un modo extraordinario. ¿Eran alucinaciones de niño, pesadillas de la memoria, monstruos de la nostalgia? Gregorio lo ignoraba, pero los libros más viejos apenas acertaba a moverlos, y tenía que usar las dos manos para pasar sus enormes hojas de sulfuro. Un día probó a girar el globo terráqueo (que su abuelo echaba a rodar con un dedo), y no pudo, y otra vez escaló el atril y con gran esfuerzo levantó la pluma e intentó escribir algo, y tampoco pudo, y en ese instante entró el jurista a hacer una anotación y Gregorio tuvo el tiempo justo de soltar la pluma y esconderse entre la espesura de una hache mayúscula («Para que luego digan que la hache no sirve de nada», bromeó Gil), rezando para que a su abuelo no se le ocurriese pasar la hoja o lo ensartase de una estocada en uno de sus raudos floreos aéreos.

—No sé si serán fantasías de niño —comentó, poniendo a prueba la credibilidad del relato—, pero ésos son mis primeros recuerdos, o mejor dicho mis primeros olvidos, porque ya ve las cosas tan raras que conservo de mi niñez.

—Claro —razonó Gil—, porque es un artista y entonces era un niño y las cosas se han agrandado con el tiempo. Seguro que recuerda a su abuelo como un hombre muy alto, ¿no?

—Sí, lo recuerdo muy bien —dijo Gregorio.

Usaba toga, con puños bordados y birrete, y así lo vio muchas veces debajo de un eucalipto, ensayando sus discursos y sosteniendo el tono con manos crispadas de tenor. Tenía voz de trueno, ojos de incendio y manos de parar tempestades.

—Habría que oírle hablar en los juicios —dijo Gil.

Pero aún más extraordinario era el jardín. Allí se inició Gregorio en los misterios del arte y de la ciencia, pues aquel era un jardín consagrado a la sabiduría, y en él se reunían los sabios del país y algunos otros llegados de otras partes del mundo.

—Es decir, como en los cafés —confirmó Gil.

Pues sí, porque antes, cuando no había cafés, había jardines. Por ejemplo el que Aristóteles fundó en Atenas y al que llamó Academia. Antes, en todas las grandes ciudades había siempre un jardín para sabios y amantes de la ciencia. El suyo lo había fundado hacía siglos un antepasado, y se llamaba El Asilo del Genio, porque si Gil reparaba en la palabra «asilo» vería que estaba formada por las mismas letras que «Olías».

—Es verdad —dijo Gil al rato, sorprendido por la evidencia.

Y aunque en sus ensueños se había entretenido en enumerar las reliquias que habían ido dejando a su paso aquellos grandes hombres (el gorro de dormir de Descartes, la peluca de Newton, el telescopio de Galileo y otros muchos objetos que acababan asaltándolo como alimañas de delirio, y que intentaba en vano rechazar), en la realidad se limitó a referirse vagamente a hombres ilustres que él entonces, por sus pocos años, no conocía, y dejó que Gil se imaginara sus propias maravillas.

En cuanto a su infancia, había viajado desde muy pequeño. Debía de tener unos doce años cuando su padre, que mandaba un barco propio, lo enroló de grumete. Su padre era fuerte y alto, de barba rubia y ojos claros, y fumaba en una pipa de espuma de mar. Había navegado con él por el Caribe, por los mares del Norte y de la China, por las regiones boreales y por los grandes ríos de América, y en otoño subían en una lancha por el Sena y atracaban junto a Notre-Dame. Dieron dos veces la vuelta al mundo y en la última descubrieron una roca, a la que llamaron Despedida. En el Amazonas mataron cocodrilos con pistola, y al entrar en París izaban una bandera de piratas y alborotaban la ciudad con disparos de salva.

—Eso es vivir la vida —dijo Gil.

Era además, su padre, un gran violinista. Gregorio lo recordaba tocando en cubierta, de pie, vestido de almirante y oscilando en la brisa de su propia música. Y también era buzo, y en una de las inmersiones descubrieron intacta lo que acaso fuese una de las ciudades de la Atlántida, y entre otras cosas curiosas vieron un tiburón nadando a sus anchas en el salón del trono de un palacio, a una serpiente marina saliendo de una casa de baños y a una ballena que había quedado cautiva en una catedral.

—Nunca había oído tantos portentos juntos —dijo Gil—, pero no me extrañan porque yo sé que en el mundo hay cosas maravillosas, sólo que yo no he tenido la suerte o el talento de encontrarlas. Pero sí he oído alguna vez hablar de la Atlántida, y los buzos los he visto en el cine.

—El mundo es un libro abierto —improvisó Gregorio.

—Sí, pero para leerlo hay que viajar, ¿no?

—Pero usted viaja mucho.

—No, esto no es viajar, esto es sólo como estar dando vueltas en los caballitos. Viajar es haber estado en París o en América, o haber matado cocodrilos en la selva y bajado a las ciudades del mar. Lo demás es como ir de aquí a la esquina. Pero, en fin, siga usted con su historia que no quiero interrumpirle con mis quejas.

Gregorio se concedió una pausa para recuperar el tono del relato. De aquella época, los recuerdos eran imprecisos, y no había mucho que decir. Poco después murió su abuelo, y unos años más tarde, su padre. Bajó a la ciudad submarina y no volvió más. En cuanto a su madre, no llegó casi a conocerla, así que se fue a Roma a vivir con el único pariente que le quedaba, un tío suyo, Félix de Olías, que era cardenal.

—Cardenal en Roma —consignó Gil.

En las entrevistas ilusorias, había inventado algunos episodios (en uno de los cuales aparecía el diablo tentando al cardenal con la oferta de tres libros mágicos) con el fin de ilustrar aquella parte de su vida. Pero para entonces Gregorio había perdido la fe en el relato y no sabía bien por dónde proseguir. A fuerza de eliminar anécdotas, redujo a su tío a un anciano pacífico lleno de achaques y manías, que hablaba solo por los corredores sin fondo de un palacio otoñal. Y pasó a contar que fue allí, en Roma, entre las ruinas y las fuentes, donde descubrió maravillado el mundo clásico. Allí leyó a Platón, a Virgilio, a Salustio, a Pico della Mirandola y a muchísimos otros. Fue el tiempo juvenil de las preguntas esenciales, y del errar por universidades, ateneos, tertulias, bibliotecas, laboratorios y museos en busca de respuestas, de nuevas preguntas, de silencios ya definitivos.

Gil estornudó. Gregorio lo oyó chapotear en el auricular y decir: «Yo también, a mi modo, he sentido ese fuego juvenil de la sabiduría. Es en él donde se forjan los grandes hombres y donde brota la fuente del progreso», y había en sus palabras un temblor fervoroso.

Gregorio, derrotado por la estéril fantasía, esperó a reponerse del cansancio de la invención. Contó que en Roma había escrito su primer libro de versos. Se titulaba *El estudiante de los mares,* y elogiaba en él la vida bohemia y el navegar sin leyes ni amos, sin más religión que la libertad y sin otra patria que el mundo. Pero al parecer el libro llegó a manos del Gobierno, y se decía que el propio General lo había repudiado en público y lo mandó prohibir. Dicen que dijo: «A ese Olías habrá que atarlo corto».

Fue entonces cuando decidió ocultarse tras un seudónimo, y fue un amigo suyo, Eliccio Renatti, quien le propuso el de Faroni.

—Claro, por eso suena a italiano —advirtió Gil con un susurro—. En todo se ve que es usted un hombre predestinado a la gloria desde joven.

Gregorio aprovechó para confesar que no perseguía la gloria sino la perfección del arte.

—Sólo me interesa el arte —dijo—, y ya ve que hasta cuando cuento mi vida no puedo evitar la tentación artística.

—¿Por qué me dice eso?

—Hombre, por la forma un poco, no sé, exagerada, o poética de contar las cosas.

—¿Exagerada? —se asombró Gil—. No, porque como usted mismo ha dicho, al ser artista cuenta las cosas como artista, haciendo poesía de la vida, ¿no? Y además yo no soy tan ignorante para no saber que en el mundo hay juristas, almirantes, cardenales, buzos, tiburones y ciudades que se hundieron en el mar. ¿Qué tiene eso de raro? El mundo es maravilloso. Fíjese: el hombre viene del mono, hay extraterrestres y ha habido dinosaurios, y luego está el misterio de la Santísima Trinidad, la velocidad de la luz, el imán, el helicóptero, lo de Aquiles y la tortuga que me contó y tantas otras cosas. Por eso, yo humildemente le pido que me cuente su vida y que no me tome por un ignorante incrédulo.

Gregorio había imaginado aquella época de su pasado ficticio como una sucesión de riesgos y aventuras galantes, al modo de ciertas películas de espadachines y truhanes que había admirado en su juventud. La sensatez o el decoro le aconsejaron sin embargo renunciar a aquellos disparates. Se limitó a decir que, cuando murió su tío, abandonó Roma y se instaló en París. Leyó en la libreta: «En Roma descubrí el arte y la filosofía, y en París la ciencia y el amor».

Lo demás podía despacharse en pocas palabras. En París concluyó estudios en la universidad y se dio a conocer en los cafés, en las aulas, en las bibliotecas. Sostuvo una célebre porfía con un filósofo internacional y un tormentoso idilio con una muchacha con boina que estudiaba piano. Su espíritu bohemio y rebelde le llevó a ejercer de músico de cabaret, gacetillero, corredor de motos y mero vagabundo. Repartió su vida entre la acción y el arte. Podía decir, como poeta, que bebió el agua de todos los ríos y ninguna era más dulce que otra. Gil quería saber cómo eran las tertulias de París. Gregorio se evadió diciendo que como en todas las ciudades del mundo, y que él mismo fundó su propia tertulia, a bordo de un velero en el Sena. Se recordaba tumbado a popa en un diván, fumando en una boquilla de ámbar y hablando bajo un sombrero de paja barnizado de azul. Sí, fueron tiempos felices. ¿Cómo olvidar las noches en que se reunía en una buhardilla con un grupo de amigos, científicos y artistas como él, y se planteaban en susurros o a grandes voces las preguntas esenciales de la existencia humana, o la alegre ronda de amanecida, cuando se echaban a la calle y se juntaban con otros grupos en cierto local bohemio donde bebían cerveza, comían anguilas y competían en agudezas, risas y canciones?

—Lo que yo hubiera dado por estar allí —se lamentó Gil—, en ese mundo juvenil consagrado a la amistad y al saber.

Así vivió algunos años. Viajó mucho. Participó por ejemplo en una expedición científica a las zonas árticas y fue profesor de estética en una escuela americana. En ese tiempo escribió un par de libros de ensayo, una novela y un segundo tomo de poesía, *Versos completos de la vida artística,* obras todas ellas, por cierto, prácticamente inencontrables, pues se editaron y vendieron en el extranjero y aquí continuaban prohibidas. Y ya estaba resignado al exilio cuando algunos maestros (entre ellos el filósofo de los dientes de oro) lo reclamaron en su tierra, y entre la nostalgia y los ruegos, y a pesar de los peligros, decidió volver.

Vino en tren, con la edad disfrazada y documentos falsos, se buscó un trabajo humilde y anónimo, y desde entonces vivía entregado a su obra y yendo a las tertulias bajo nombre fingido.

—Claro, por eso está en Belson —dijo Gil—. Ahora entiendo todo. Ahora entiendo que un hombre como usted trabaje en una empresa de vinos y aceitunas. Ese era el secreto de su vida, que yo sospeché hace ya tiempo.

—Confío en su discreción —dijo Gregorio, reprimiendo las náuseas que le producía la irrealidad—. No se lo cuente a nadie, nunca.

—Se lo juro que no, señor Faroni, se lo juro por Dios. Esto, ¿puedo sincerarme?

—Adelante —dijo Gregorio, previamente asqueado de las palabras que habría de pronunciar.

—¿Es usted un... revolucionario? —susurró.

Gregorio consultó la libreta. Por allí debían de andar esbozadas sus ideas políticas.

—Digamos, para ser discretos, que creo en la fraternidad universal —leyó—. Sólo le diré que hay pobres. Gentes con llagas y costras. Los que están a la mesa y los que abajo andan a las migajas. Es un modo prudente de hablar.

—Sí, si lo entiendo muy bien. Yo, ¿sabe usted?, creo algo en Dios y en la doctrina de la Iglesia. Lo del rico Epulón y el pobre Lázaro. Usted, si me permite, ¿cree en Dios?

—Ni en Dios ni en el diablo —dijo Gregorio, consciente del poder de sus palabras.

Gil enmudeció.

—Yo sólo creo en el hombre —prosiguió—. Creo que algún día el mundo estará gobernado por los poetas y que a nadie le faltará nada, como a los pájaros.

—Comprendo, comprendo —dijo Gil—. Y ¡qué bonitas han sido esas palabras!

—Pero también quiero decirle algo más —improvisó Gregorio—. Quiero que sepa que su trato conmigo le puede acarrear problemas. Podrían acusarle de cómplice, o encubridor, y yo no quiero ocasionarle peligros. Por eso quizá sería conveniente, antes de que sea tarde, volver a las relaciones comerciales.

—¡Nunca! —gritó Gil, y le salió un gallo—. Nunca. Me siento honrado y orgulloso de correr ese peligro.

—No sea loco, Gil —aconsejó Gregorio, conciliador, práctico, juicioso.

—Por primera vez —declaró solemnemente Gil—, me siento un hombre digno y hasta importante.

Llevaban hablando más de una hora. Gregorio, agotado por los esfuerzos de la superchería, no supo qué decir. Le dolían cada vez más las mandíbulas y le zumbaban los oídos.

—¿Puedo pedirle un último favor?

—Concedido.

—Que cuando salga de la clandestinidad y deje de trabajar en Belson, que se acuerde de mí, y que algún día me permita llamarle por teléfono.

Gregorio se emocionó de verdad y sintió en la garganta las tenazas de la culpa.

—Usted será siempre mi mejor confidente. Lo estimo de veras, Gil, porque es usted un hombre bueno, humilde y sincero. Es usted un verdadero amigo.

—Gracias, señor Faroni. Esas palabras me han emocionado. Además, fíjese, en el fondo me siento orgulloso de que mi vida, salvando las distancias, se parezca un poco a la suya. A los dos nos desterraron de la ciudad, si se da cuenta. Sólo que a usted lo reclamaron y yo sigo aquí. ¿No le parece?

—Pues sí es verdad —concedió Gregorio—. Y, por favor, de aquí en adelante llámame de tú. Sabes demasiados secretos míos, y yo tuyos, para andar con estos tratamientos. ¿De acuerdo?

—De acuerdo, señor Faroni. Además de un gran hombre, es usted, no sé, es usted un, un santo —dijo Gil, y colgó con la voz al borde del sollozo.

Era ya tarde y había dejado de llover. Gregorio puso en orden los útiles de trabajo, sopló la lamparilla de alcohol, salió al sendero y traspuso la verja del jardín. Concluía el verano. Llegó a casa con la mente anulada y las mandíbulas latiéndole en las sienes. Las mujeres habían abierto el balcón y hablaban en la oscuridad. Gregorio saludó con un gruñido de cansancio, cruzó la sala y se sentó en su sillón de siempre. Durante un rato buscó consuelo en el ritmo profundo de su respiración. Por su mente pasó en un vuelo todo el proceso de la farsa, desde que Gil le pidió noticias del mundo hasta que él, Gregorio, le contó su llegada clandestina al país. Había calculado, con generosa previsión, que nada arriesgaba en el engaño, y sólo ahora empezaba a sospechar que la realidad alcanza y castiga siempre al fugitivo. No se sentía con fuerzas para sostenerse en su perfil de héroe. «Además de un gran hombre es usted un santo», recordó. Descompuso la oración en palabras, buscándole la candidez sintáctica. «Es usted un santo», repitió, deshaciendo las sílabas en la boca hasta apurar el significado y rememorar en él los luminosos días infantiles de escuela, cuando el maestro escribía en la pizarra las frases más juiciosas que nunca más volviera a escuchar: «El perro se halla bajo el haya del jardín», «sobre el hule de la mesa hay un hilo», «ahí hay un hombre que dice ay». Recordó de un solo golpe los veinte años que llevaba sentado allí, en la penumbra, oliendo a gallina, y cómo ese tiempo se tasaba todo en una mueca de desánimo. Se sentía estafado por la escandalosa brevedad de la vida. «Cuarenta y dos años», se dijo. Las mujeres seguían cuchicheando en la oscuridad. Angelina le preguntó: «¿Te duermes?».

—Sí —contestó Gregorio roncamente.

Capítulo X

Durante el otoño completó, con agridulce asombro, la imagen de Faroni. A pesar de la vaguedad de su relato, por primera vez sintió Gregorio la presencia viva del héroe, y compartió con Gil la admiración por aquel hombre hermoso e indomable y la curiosidad por conocer otros detalles de su identidad. Pero, incapaz de distinguirse de él, dejó que el propio Gil hiciese infalibles los equívocos. Antes de abordar su aspecto físico y su modo de vestir, y para no traicionarse abiertamente, buscó algún retrato de juventud que le sirviese de nexo con la realidad. En la cajita de música encontró uno de cuando el viaje de novios a la costa. Aparecían los dos riéndole a la cámara. Tenían el mar de fondo y cada uno sostenía un puñado de conchas a medio enseñar —y quizá por eso reían con temor, mostrando apenas los dientes y hurtándolos a la vez como partes pudendas, aunque también con un asomo de gratitud, acaso por estar allí juntos, con las manos llenas de conchas y a la orilla de un mar benevolente—. Había engordado desde entonces. Un rebujo de pelo lacio, entre claros, había venido a sustituir el pelo liso peinado a la raya. El mentón afilado, la mirada nítida, se adivinaban hoy apenas entre carnes sedentarias y ojos de asomada turbia. Los hombros, abatidos, los remansos de grasa, la ausencia de caderas, la incipiente papada, le daban un aspecto de lagarto indefenso y reconciliado con su propio asombro.

Sin embargo, no se dejó vencer por las apariencias. Con el retrato y el modelo creado en sus ensueños —generoso en la síntesis, e indulgentemente resignado a las imprecisiones de la memoria—, animó a Gil a que dedujese la descripción por sí mismo. Gil preguntó: «¿Alto?», y Gregorio dijo, «sí»; Gil preguntó: «¿Delgado?», y Gregorio dijo, «sí»; Gil preguntó: «¿Fuerte?», y Gregorio dijo, «pues...».

—¡Atlético! —zanjó Gil—. ¿Ve cómo no me equivoco? Y seguro que también es guapo, ¿cierto?

Pero aquí Gregorio advirtió que, como la clandestinidad y su mismo espíritu inquieto le exigían cambiar regularmente de aspecto, la descripción no podría nunca ser del todo exacta, pues aunque tenía por ejemplo el pelo largo y negro, a veces se lo cortaba al rape o simulando cierta calvicie, o se lo teñía de rubio, y también variaba el color y el tamaño y forma de la barba, cuando la tenía (ahora no), y hasta andaba encorvado para disfrazar mejor la estatura y la edad.

—Así que, ¿cómo soy? ¿Alto o bajo?, ¿rubio o moreno?, ¿joven o viejo?, ¿gordo o flaco?, ¿guapo o feo? De verdad que, a veces, con los malos tiempos que corren, ni siquiera lo sé.

—De todas formas, es usted inconfundible, tal como yo me lo imagino —dijo Gil.

Y siguió preguntando hasta dar con las señas permanentes de su identidad: alto y atlético, ojos claros, de atisbo ardiente e inflexible, perfil clásico y soñador, expresión segura y andares elegantes.

Un día de invierno, pasaron a examinar la vestimenta. Ocasionalmente, Gregorio se describió con atuendo deportivo: zapatillas de tela, suéter de estambre, pantalones claros de género dócil y gorra marinera. El modelo de la revista en que se había inspirado (había cortado la hoja y la tenía delante) era un tipo joven con gafas de sol apoyado en la borda blanquísima de un yate, la cadera quebrada y la sonrisa vuelta seductoramente hacia una muchacha con equipo de tenis que venía corriendo del fondo de la foto con los brazos en alto y el pelo suelto y como impulsada por el júbilo de una gran noticia. Fuera de esas ocasiones, vestía al desgaire, tal como se había visto en sus ensueños: pañuelo al cuello, gafas oscuras, sombrero flexible de ala baja y solapada gabardina.

—Debe de ser usted muy ágil —dijo Gil, deslumbrado por la descripción.

—Bueno, me muevo con presteza cuando me conviene —bromeó Gregorio, doblando la foto de la revista—, pero más bien soy hombre reflexivo y solitario.

—Un hombre ágil y solitario, qué gran cosa —dijo Gil—. Yo también era ágil cuando vivía en la ciudad. ¿Quién no es ahí un buen deportista? Era casi de goma. Pero ahora, mis movimientos son torpes.

Se detuvo, dudó.

—Mis muslos son más bien gordos —dijo—, y tengo un poco de tripa.

—El aspecto físico no tiene importancia —repuso Gregorio, convencido de la justeza de su afirmación—. También Platón era gordo y ya ve.

—Sí, pero fíjese en los nombres. Un Platón gordo se entiende, es casi cosa del destino. Pero un Gil gordo resulta ridículo, ¿no? Si yo fuese un predestinado, o sería flaco o me llamaría Gilón. Los nombres hay que merecerlos, ¿no cree?

—Eso son tonterías. Deberías cambiarte el nombre, si tanto te obsesiona. ¿Qué te parece si en adelante te llamo Dacio, que es un nombre que no compromete a nada y no es para gordos ni flacos?

—Dacio —dijo Gil soñador.

—Dacio Gil.

—¿Y de segundo?

—¿Qué te parece Pizarro? Dacio Gil Pizarro.

—No, Pizarro ya hubo uno.

—Entonces, ¡Monroy! ¡Dacio Gil Monroy!

—Sería hermoso —susurró Gil.

—Imagínate el pensamiento del cuervo con tu nombre completo debajo: *Pensamientos escogidos de Dacio Gil Monroy.* ¿No dirás que no suena bien?

—Sí, pero ¿quién se lo iba a creer? Eso es imposible.

—Al contrario, es lo más fácil del mundo. En adelante, cuando conozcas a gente nueva, diles tu nombre nuevo. ¡Hazte valer, hombre! ¡El espíritu es lo que importa! Para mí, desde ahora eres ya Dacio Gil Monroy, químico y pensador.

—Es usted muy generoso —dijo Gil.

—Dejemos la humildad para los débiles. ¿No me dijiste que en el fondo eres un tipo duro?

—Si hace falta, una hiena.

—Pues decidido: Dacio Gil Monroy. Ahora te tienes que merecer el nombre.

—Eso le iba a decir. Y ¿qué puedo hacer yo? —se lamentó.

—Por de pronto, hazte tarjetas nuevas, con tu nombre nuevo y tu nueva profesión. Luego, ya veremos.

—Pero eso es mentira.

—¿Y qué? Además, lo de la mentira y la verdad son cosas relativas, sobre lo que los filósofos no se ponen de acuerdo. Hay que aprender a ser escéptico. Tú tienes pensamientos y algo sabes de química, ¿no? Y por otro lado, en adelante te voy a recomendar libros para que te conviertas en un hombre realmente culto. Entonces, ¿dónde está la mentira?

—¿Lo hago? ¿Pongo también químico? —dudó.

—Naturalmente. Ya tendrás tiempo luego de hacerte del todo acreedor a esos títulos. Y para eso, es necesario primero tener fe en uno mismo. Si me mandas tu tarjeta, yo te mando la mía.

—Entonces, ¡hecho! —gritó Gil.

—Así me gusta. ¿Ves? Ya empiezas a portarte como corresponde a Dacio Gil Monroy. Para llegar lejos, hay que empezar por tener buena opinión de sí mismo.

—Gracias, señor Faroni, porque eso es precisamente lo que yo necesito.

Gregorio cerró la libreta y reunió fuerzas para la despedida.

—Hasta el lunes, Dacio —dijo, y durante un instante quedó pensativo, buscando alguna frase real y solemne que pusiera fin a aquel breve capítulo del jueves invernal.

Pero de nuevo le volvió el cansancio del absurdo, y lo sintió intermitentemente durante mucho tiempo, mientras Gil pedía instrucciones para representar con éxito su nuevo carácter y él hablaba ya sin necesidad de libreta, pues las preguntas eran tan fáciles que podían casi contestarse con la verdad pelada: «Se peina, ¿con el peine o con la mano?, ¿cruza las piernas cuando se sienta?, ¿escribe por las noches?, ¿se deja crecer las uñas?, ¿hace gimnasia al levantarse?», y Gregorio, para darle un aire real a la farsa, comenzó a peinarse con la mano, a dejarse crecer las uñas y a hacer ejercicios gimnásticos cada mañana. Aquellas sutiles alteraciones en los hábitos lo animaron por unos días, pero la fatiga de la ficción, y el peso de las ilusiones y los malos presagios, lo sumían frecuentemente en una tristeza sin retorno. Comenzaban a hastiarle los ensueños nocturnos, y a avergonzarle sus hábitos de siempre. A veces sus nombres ficticios le producían dentera. Las preguntas de Gil se le hacían por momentos insoportables, y cada día era más lacónico en las respuestas. Definitivamente, estaba saturado de irrealidad. Tenía además casi cuarenta y tres años bien colmados y era un tipo sin suerte. La tarde —nieve y viento— que salió de la imprenta con las tarjetas de visita («AUGUSTO FARONI. Escritor. Ingeniero. Músico. Políglota», y en el ángulo inferior: *Café de los Ensayistas)*, se le cayó la caja en una encrucijada de aires opuestos. Eran trescientas y se agachó precipitadamente a recogerlas. A unas se las llevó el viento (las vio volar por la calzada, caer en los balcones, remontar en remolino los tejados), otras quedaron en el fango y algunos curiosos alcanzaron otras y se detuvieron a leerlas con la expresión suspensa. Recuperó apenas cien y huyó haciendo gestos de que todo aquello le era igual. A uno que más allá le entregó unas cuantas cartulinas sucias, le dijo: «Es igual, era un encargo para una broma», y no se detuvo a recogerlas.

Regresó a casa con un humor de perros. Las mujeres rezaban el rosario, frente a frente, con las rodillas juntas y en la oscuridad. Gregorio se sentó en la sala con la cara vuelta hacia la calle, sin concentrar la vista en ningún punto, absorto en el vacío y haciendo por pensar. Evitó la tentación de los recuerdos remotos. No oyó las oraciones de la madre, cargadas de invencible perseverancia, ni contestó al final a las preguntas directas de Angelina: «¿Te duele algo?, ¿quieres cenar ya?». Sólo dijo, acosado por la expectativa: «No tengo hambre pero tengo dolor de cabeza», así que no cenó y se tomó dos aspirinas sentado en calzoncillos al borde de la cama, mientras se miraba las piernas con inocente asombro. Apenas se acostaron, Angelina inició otra pregunta:

—Gregorio —dijo.

Pero Gregorio gritó:

—¿Es que siempre me vas a llamar Gregorio? —y la pregunta no llegó a formularse.

Al día siguiente le envió la tarjeta a Gil, que le remitió la suya a vuelta de correo: «DACIO GIL MONROY. Viajante. Químico. Pensador».

Era martes. El jueves, incapaz de afrontar el diálogo de las nuevas identidades, no contestó al teléfono. Sonó diez veces, y él contuvo la respiración para impedir que el estrépito de los timbrazos llegase al piso de arriba. No se sintió seguro hasta trasponer la verja del jardín. Era principios de diciembre y las calles se habían preparado ya para la Navidad. Pero él apenas se dio cuenta. Caminaba abstraído y veloz, y también esa noche se acostó sin cenar y sin que le doliera nada.

Se dispuso a esperar el lunes sin amargura ni ilusión, pero enseguida se encontró abrumado por un turbio desasosiego que ya empezaba a serle vagamente familiar. «No puedo seguir engañando a Gil. Es una locura y una deshonra y una cabronada. Pero, ¡Dios mío!, ¿cómo he podido rebajarme tanto?», era lo único que acertaba a decirse. El domingo salió a pasear por el barrio y se detuvo en el cruce donde el remoto verano en que descubrió la poesía había visto un escudo de piedra y un balcón con geranios y avispas. Allí seguía el escudo. No le sugirió nada, ni le inspiró la más leve emoción. No entendía que aquello hubiese podido parecerle misterioso y poético alguna vez. Intentó recordar entonces, de nuevo, la habanera. Inútilmente comenzó a silbarla, y tampoco pudo rescatar del olvido los nombres de entonces, como por ejemplo el santo y seña que había ideado para huir a su isleta o el seudónimo poético que le había puesto a Alicia. Aquella malograda revelación del pasado lo enemistó un poco más con el presente. «No soy digno de mí, del que fui», pensó, y entonces cerró los ojos y juntó valor para decirse: «Eres un fracasado, un impostor, eres viejo y has perdido la vida, has despilfarrado tu fortuna y eres un traidor y un bastardo», y el odio que sentía contra sí mismo se iba volviendo contra Gil. «Estoy sucio y tengo que purificarme», se repitió obstinadamente, antes de regresar a casa.

—¿Dónde has ido? —le preguntó Angelina.

—Por ahí por donde entonces —contestó entre aspavientos.

El lunes se levantó ciego de ira contra el mundo.

—Soy Gil —se oyó la voz nasal de niño prodigio.

Gregorio no tuvo fuerzas para responder.

—Soy Gil. Bueno —titubeó al rato—, quiero decir, esto, Dacio. Dacio Gil Monroy.

Hubo un largo silencio.

—¿Me oye?

—Sí.

—Esto, ¿qué pasó el jueves? Llamé y no estaba.

—¿Qué jueves? Ah, sí, estuve por ahí fuera.

—Ya. De viaje, ¿no? Me lo imaginé.

Gregorio no contestó. Oyó el bumbum del sótano, como un silencio con pesadillas. Miró alrededor y las cosas se le aparecieron con la torpeza idílica de una viñeta infantil. «Por aquel camino de las vacas rubias», pensó sin querer.

—Recibí su tarjeta —dijo Gil—. Se la he enseñado a todo el mundo y se me va a gastar de tanto mirarla. La enseño y digo: «Este es el gran Faroni», y no digo más por prudencia.

—Yo también recibí la tuya —y le salió una voz de ultratumba.

—¿Le gustó? Al final puse viajante. Me dio por pensar que Dacio es el pensador, Gil el viajante y Monroy el químico, y todo en una sola persona, como el misterio de la Santísima Trinidad. Yo soy ya mayor, y a esta edad uno necesita mendigar unas migajas de dignidad, para ir trampeando en la vida. Compréndame. Yo acepto el nombre como quien coge una limosna. Y eso, en parte me avergüenza, aunque también me enorgullece. Pero, si quiere que le sea sincero, la verdad es que me siento otro. Hablo como con más seguridad, y en un tono más alto.

Gregorio no dijo nada, pero de pronto se llenó de un odio ciego y rabiñoso hacia Gil, que lo había puesto en aquella situación.

—Claro que no se la he enseñado todavía a nadie. No me atrevo. La miro a escondidas, y por el momento con eso me basta.

Esperó en vano una contestación.

—Así que de viaje. ¿Alguna conferencia por casualidad?

Gregorio midió la plenitud de sus palabras.

—No creo que nuestra confianza llegue a tanto como para tener que responder a todas tus preguntas —dijo, con secreta euforia.

—Ya, perdone —se le quebró el tono a Gil—. No quería molestar.

—Mira —añadió, para aliviar el exceso—, tengo problemas y estoy de poco humor.

—Sí, sí, lo comprendo. A los artistas hay que comprenderlos, yo siempre lo he dicho. Usted es un genio y no tiene que disculparse. Fíjese, dando conferencias por ahí, cómo no lo voy a comprender. El jueves, cuando no contestaba al teléfono, pensé que se había ido de Belson, que había regresado al extranjero o que lo habían detenido, y que ya nunca más volvería a hablar con usted. Me entraron, no sé, ganas de llorar, de que ya no iba a merecer la pena vivir. Estuve casi a punto de romper las tarjetas, porque sin usted yo no soy nada, ni Dacio, ni Gil ni Monroy ni nada.

Gregorio sintió que el rencor se revolvía contra él. Y para mejor odiarse, dijo:

—Mira, Gil, no estoy dispuesto a aceptar esa responsabilidad. Tengo muchas cosas que hacer y empiezo a estar cansado de tus preguntas y de tus quejas. Así que en adelante llámame Olías y atente estrictamente a las relaciones comerciales, ¿estamos?

Reclamó el pedido, lo anotó a trazos ilegibles, quiso decir «hasta el jueves» y le salió «artajerjes», y colgó.

Salió con el bumbum dentro de la cabeza. Como todos los días desde hacía once años, confió a la memoria de los pasos el regreso al hogar. Iba ensimismado y diciéndose: «Qué miserable eres, tratar así a un hombre como Gil, qué sinvergüenza y qué canalla, qué cabronazo, qué rastrero».

Caminaba aprisa y con aspavientos de pájaro rengo. Pero al cruzar la avenida se detuvo con la mente nublada y vio la ciudad adornada de fiesta. Los árboles lucían bombillas de colores, se despedazaban de brillos los escaparates, pasaban los tranvías bajo los arcos luminosos que abovedaban la avenida y la gente andaba despacio, con ganas de derrochar el tiempo y dejándose llevar por cualquier rumbo.

Entonces, sin que mediara el ánimo de una decisión, paró a un viejo y le preguntó dónde quedaba el café Hispano Exprés. El viejo, como abriéndose natatoriamente paso entre un ramaje, ilustró las sinuosidades del trayecto. Gregorio se perdió entre la muchedumbre y luego apartó a un lado. Tomó por calles que iban a dar unas en otras, de forma que varias veces volvió a encontrar el mismo arco, los mismos rostros, el mismo letrero con fondo negro donde se anunciaba un especialista en enfermedades venéreas. Un callejón lo condujo tres veces a un entreabierto por donde se veía una nave llena de gente que, con los perfiles extasiados, escuchaba a algún orador oculto en las alturas.

Después de mucho andar, cuando cada paso reproducía la fatiga entera del camino, desembocó a una plaza y vio el café: primero el nombre (CAFE HISPANO EXPRES, en letra geométrica de verde neón), luego las cristaleras cargadas de luz y por último los espejos, que reproducían como en sueños las voces y las caras de la concurrencia. Se asomó. Había grupos de mujeres que le parecieron viudas acomodadas o señoritas pensionistas, y (como contrapunteándolas) grupos de jubilados sumidos en melancólico silencio. También una mesa de jóvenes: bien a las claras se veía —por el color gastado de las bufandas y las grandes libretas— que aquéllos eran los artistas. Caminó de arriba abajo, echando miradas furtivas. Al fin se decidió a entrar: se deslizó por la puerta giratoria y pidió una copa de anís. Desde el mostrador, la distancia había hecho una de las suyas y ahora los artistas parecían más pequeños: parecían componer una estampa de porcelanas pastoriles en torno del Pesebre, pero a la vez habían ganado en importancia, pues un espejo los repetía en sus verdaderas dimensiones y, a través de otros espejos, proyectaba sus gestos sobre un fondo de columnas, molduras y rosetones. Por entre las vetas del anís, los estuvo mirando largo rato. Un agua gris o sucia había ido bajando hasta la altura de sus caras, emborronándolas como en un sueño. Retuvo en la memoria algunos detalles: las sillas marrones de palo, el bodegón de frutas y perdices, los sofás de marchito terciopelo verde. Aquel era, pues, el café de sus ensueños nocturnos, al que él, por su cuenta, había llamado el Café de los Ensayistas. Aquél el mundo que tanto añoraba Gil. Allí (no había púlpito ni estrado, ni había nada que delatase la solemnidad del lugar) lo habían aclamado al grito de «¡que hable Faroni, el poeta, el ser infausto, el viajero universal!». Le pareció que toda aquella gente eran intrusos, o que Gil estaba loco, o que la tertulia se había disuelto hacía muchos años. Buscó en vano el cuadro con el faro de mar. Los sofás, que en tiempos de Gil fueron rojos, ahora eran verdes, tal como él los había inventado. Detuvo a un camarero flaco y lúgubre y le preguntó: «¿Cuándo es la tertulia?». El otro digirió la pregunta hasta la última sílaba. Sólo entonces contestó: «Los sábados», como si acabase de resolver un grave enigma. Enseguida pagó y salió de regreso.

Aquel era, pues, el lugar que tan laboriosamente había recreado para Gil; y aquel que caminaba encogido y veloz, pegado a las paredes, y que trotaba por calles apartadas y cruzaba bajo unos arcos y sorteaba a la festiva multitud y que de pronto se detenía, ensombrecido de presagios y temblándole en los párpados un pensamiento informe, era él, Gregorio Olías, aquél el nombre de quien aminoró el paso y, en un instante, alcanzó a entrever de un solo golpe el episodio entero de su vida. Vio caer las últimas hojas de los árboles. Llegó a un paseo de arcadas. Se detuvo junto a vendedores de estilográficas y mecheros, de ciegos nacionales y expendedores de tabaco, todos ellos trabados en un garganteo monótono y febril.

Vio a un tipo sentado en cuclillas, verdadero atleta del cansancio, y a un pobre contando dos monedas, como un gran erudito de la necesidad —y sin embargo las cuentas no le salían. También vio a dos parias echados contra una pared, propietarios de un huevo duro y de un botellín de cerveza. Se reían de la gente, y para reírse todavía mejor la señalaban con el dedo. Incluso no necesitaban mirar a la gente para reírse: con mirar el dedo les bastaba. Y si alguien les sostenía la mirada, ellos enseñaban el huevo y el botellín, como si fuesen talismanes. Estaban allí, tallados en su propia e íntima sustancia, como dos hechiceros parodiando sus tiempos de esplendor. Se acercó a examinar tiendas de antiguallas, en cuyas vitrinas se amontonaban imágenes religiosas, escopetones y arcabuces, labores de cobre y otros mil cachivaches todavía vigentes en su niñez: trébedes, candiles, capuchinas, morteros, ratoneras, lavativas, carburos, jaulas, muebles de estilo, bastidores de hierro y triciclos decanos, y otros cuyos nombres nunca había conocido. Pasó un hombre con embutidos colgados de los brazos y una cesta de quesos puesta al hombro. «¡Chorizo! ¡Morcilla! ¡Queso y requesón! ¡Miel y laurel!», iba gritando, a paso distraído y marcial. Una secreta muchedumbre llenaba las calles. Los bares habían encendido sus fritangas, y algunos habían sacado la churrería a la puerta, con un toldillo bajo el que un hombre en camiseta cuidaba de la masa con batutas de mimbre. Al lado, había instalado un viejo su tenderete de juguetes mecánicos: el patito que nada, el pollito que pica, la rana que salta, la bailarina que baila. «¡Patitos, pollitos, ranitas, bailarinas de cuerda para el nene y la nena!» Vio el interior de una cafetería americana y a una señorita camarera rematada por detrás con un gran lazo de embalaje de lujo. Nunca la ciudad le había parecido a Gregorio tan llena de sabores prohibidos. Sin darse cuenta, había comenzado a imitar el paso indolente con que caminaba en sus ensueños, y hasta se atrevió a mirarse de reojo en un espejo, cosa que evitaba hacer desde que había descrito a Gil su aspecto físico. Un sentimiento de experimentada liviandad lo empujaba con hombro fácil entre la multitud.

Más allá, cesó el bullicio. Finalmente desembocó en una placita empedrada, presidida por una iglesia que todo lo oscurecía, reservándose ella una cierta luz de sobrenatural enojo. Sonaba en ese momento una campanita en las alturas, una como alarma de avaro que echa en falta su bolsa y dispendiosamente pide auxilio. Se sentó en un banco y, apenas cesó la campana, se dijo: «Nueces en primavera». Y de pronto comenzó a tararear la habanera que le enseñó su tío, y cuya música había tratado en vano de recordar durante muchos años. Y se dijo: «Ondina, Crispinela», y otros nombres de su época de poeta. Perdió entonces el sentido del tiempo. Le pareció que aún era adolescente, que los años de juventud y madurez los acababa de soñar, y que ahora despertaba. Inspirado por una súbita desazón, volvió apresuradamente a casa.

En la penumbra del pasillo clareaba un espejo, y había como un orden pánico en la profundidad de las alcobas. Sin hablar, buscó y llevó a la sala la caja de zapatos donde guardaba los versos olvidados de la adolescencia. Le limpió el polvo y la abrió con la misma solemnidad con que la madre había abierto en otro tiempo la arquita de laca con los recuerdos de sus mejores años. La madre ya se había acostado, pero Angelina, que le estaba esperando, inició una pregunta que Gregorio no dio ocasión de terminar.

—No quiero cenar ni me duele nada —dijo.

Deshizo sin prisas los nudos y dejó a un lado la tapa. Encontró su letra de adolescente pálido y leyó en la primera hoja su nombre completo, la fecha de nacimiento, el signo del Zodíaco y, en trazo más grande y virtuoso, su seudónimo de poeta, y más abajo el nombre de la amada y el dibujo de un pájaro y una flor. Leyó los primeros versos. Admirado, los recitó cuatro o cinco veces. Era como si las palabras, de no usadas, se hubieran hecho crípticas. Algunas las tenía olvidadas desde hacía más de veinte años. Otras le parecieron inexplicablemente nuevas. La palabra «melancolía» le recordó el último giro exhausto de una bailarina de cuerda. «Oropel» (¿qué podría significar?, y ¿cómo era posible que aquel mozalbete la utilizase allí con tanto desparpajo?) se le antojó que podía ser un pájaro o una dignidad eclesiástica (en la rama canta el oropel, la bendición del ilustrísimo oropel), y la palabra «ensueño» tenía algo en el sonido semejante a un objeto delicado, o al mismo sueño, pero envuelto en papel de celofán. Cuando venció el asombro de las palabras (y del ritmo, que en cada verso parecía dejarlo al borde de una sima), revivió sentimientos que —ahora lo recordaba, no sin pena— habían llenado sus días con los temblores de lo desconocido, lo infinito y lo eterno.

Casi todas eran composiciones de amor, pero las había también de tema filosófico y de tono burlesco. Al fondo yacía un taco de hojas bajo el título de *Poema épico de Alvar Núñez Cabeza de Vaca, «el Conquistador Errante»*, y debajo la entrega que había preparado para Alicia: *Para Ti, Mujer, Amor desesperado, de tu poeta anónimo, Augusto Faroni.*

165

Poeta del Mundo y de la Nada, del Amor y de las Cosas, de la Muerte.
«¡Dios mío!», se dijo, pensando en el adolescente, «¿qué ha sido de ti?, ¿qué he hecho contigo?»

Una tristeza antigua le nubló la mirada. Más de veinte años habían pasado. Desde entonces, no había vuelto a cantar al otoño, ni a sentir el apremio del camino, ni a nombrar a la amada por sus nombres secretos de pájaros y flores. Ató la caja de zapatos, preguntándose a cambio de qué había renunciado a todo aquello, qué había pasado para un olvido tan atroz. Cerró los ojos. Todos sus viejos sueños de grandeza lo cercaron como monstruos de una tentación diabólica. Recordó a su tío, sus ansias crepusculares de inmortalidad y la laboriosa aflicción a que obliga una vida inútil. Lo comprendió con un sentimiento indómito de ternura, y también a su padre y a su abuelo, que para escapar a las torturas del afán habían puesto el deseo tan alto que, siendo inalcanzable, dejasen la vida en el empeño. Sintió no haber nacido insecto, de los que gastan los días en roer una tabla. Pensó —mordiéndose los labios ante el dolor de la evidencia— que él podía haber sido de verdad un gran poeta, y haber viajado y ser ahora ingeniero en la selva, y otras muchas cosas de las tramadas para Gil, y tan fácil lo vio que tuvo un escalofrío de pánico, ante la certeza de sus propios errores. Durante un momento, por primera vez y sin ambigüedad, Gregorio tuvo una visión completa de su vida, y supo que la farsa era la imagen justa y elocuente de la desbandada que sigue a la derrota. Se vio a sí mismo, al adulto que ya era, como un intruso en la vida del adolescente que había sido, y tuvo que respirar hondo para escapar a la asfixia de un devastador sentimiento de lástima. Se tocó la cara, imaginó con asombro su fisonomía, notando en ella algo que le era profundamente ajeno, percibió la temperatura y el olor de la piel y el peso de su propio cuerpo y tuvo una impresión de multitud, de que eran muchos los que estaban allí pensando y debatiendo la misma cosa. Por un instante adivinó los malos días que le aguardaban, y creyó que con la previsión llevaba ya andada parte de la penitencia, pero al mismo tiempo recordó a Faroni y se dijo que en el fondo de su vida había una suerte de grandeza, y que nunca había dejado de ser en realidad un verdadero artista. Volvió a respirar hondo y oyó a Angelina desnudarse en la oscuridad, entre hervores de lencería y bisbiseo de oraciones nocturnas. También él se acostó de inmediato.

—Entonces, ¿cómo quieres que te llame si no te llamo Gregorio? —preguntó.

—Eso es cosa tuya —dijo él, que luchaba esforzadamente por no caer en el agujero de la angustia—. Búscame un seudónimo. Y, además, de aquí en adelante yo tampoco te llamaré a ti Angelina.

Se sintió milagrosamente inspirado:

—De aquí en adelante serás Marchambre.

—¿Marqué? Qué tontería.

—Sí, señor, la señorita Marchambre. Pero te llamaré sólo Mar, y a veces Violeta Selvática.

—Tú no riges bien.

—Y a mí me gustaría que me llamases por ejemplo Gregor, o Goyo. O con un diminutivo, por ejemplo Gori, o Gorito. O aún mejor, Faroni.

—Anda, duérmete.

—Y ¿qué más?

—Gregorio.

—No.

—Pues Gori, o como sea.

—No, Faroni.

—Pues Faroni o como sea.

—Buenas noches, señorita Mar.

Apenas se durmió soñó que un mensajero entraba precipitadamente en el dormitorio a comunicarle que los almendros ya habían florecido en París. Portaba una lámpara de aceite, y cuando pronunció su mensaje se extinguió la luz y quedaron flotando en la oscuridad sus verdaderas palabras:

—Pero, ¿qué dices ahora de almendros ni almendros? —dijo Angelina.

Gregorio volvió a recordar los versos, y la habanera, y a Gil, y un pálpito de ansiedad lo elevó en vilo. Se levantó, fue al baño, se inclinó sobre el espejo y se escrutó como si desvelase entrañas.

Una sola arruga le pintó en el rostro un laberinto de dolor. Regresó al dormitorio y enseguida cayó en un sueño negro, vacío de imágenes y de palabras.

Capítulo XI

Así que la de los zapatos fue como abrir la caja de los males y salir de estampida el pasado y quedar adentro sólo la vergüenza. Y fue como volver a aquel mes de julio por cuyo ardiente laberinto arrastró sin norte las amarguras del amor.

Sus primeras tribulaciones comenzaron a la mañana siguiente, cuando al descubrir en su rostro una expresión extraña, desconocida hasta entonces, algo así como una imperceptible sonrisa de ídolo azteca donde se confundían ambiguamente la perversidad y la burla, recordó que en una de sus poesías de adolescente, leída el día anterior, afirmaba que igual que el viento cambia las formas de las nubes, así el tiempo va mudando las caras hasta borrarlas del cielo de los años. Aquella mueca alimentaba la absurda ilusión que había tenido la tarde antes de ser su propio extraño, pero aún más absurdo se le hacía admitir que aquel rostro hubiese sido adolescente veinticinco años atrás. «Es como si yo fuese mi propio superviviente», se dijo, mirándose con aprensión.

Era, la mueca, como la antesala de un estornudo o un gruñido, y tan pronto Gregorio la veía con claridad como se desvanecía camuflada en la espesura de la costumbre, y entonces su expresión era la familiar y diaria de siempre. Había en ella algo obsceno y a la vez lastimoso, algo de altivez y de súplica, y en uno de los visajes que hizo para examinarse desde distintas perspectivas, se le antojó que parecía un niño gordo sin postre. «Soy viejo y estoy acabado», se dijo. «Soy un impostor y soy un náufrago», y tan intolerable fue entonces su amargura, tan desproporcionada la penitencia que pensaba imponerse y tan afortunadamente inclementes las palabras que se reservaba para desenmascararse ante Gil, que no tardó en sentir el alivio de saberse viejo y desdichado.

Cerró los ojos para asumir la plenitud del dolor, y quedarse a solas con él. Por un instante concibió sin asombro la idea del suicidio. Y aunque no podría gozar del triunfo de su audacia, razonó, nada le impedía paladearlo por adelantado. Para no demorarse más en las miserias del presente, y, sin otras consideraciones que pudiesen alterar tan magnífico designio, fijó el plazo para dentro de una semana, y sería despeñarse desde la terraza de su casa, por la noche y dejando nota escrita. En el cuaderno de ficciones, que ya tenía medio olvidado, comenzaría mañana mismo a esbozar el mensaje.

Dudó primero si dirigirlo al mundo o sólo a Angelina. Pero antes de vislumbrar siquiera el encabezamiento advirtió que de cualquier forma no iba a contar los verdaderos motivos de la muerte, y se sorprendió a sí mismo inventando otros admirables, como si inconscientemente hubiese pensado en la reacción de Gil. Y cómo firmaría, ¿Gregorio Olías o Augusto Faroni? ¿Y si dejase una nota a Gil o le dijese por teléfono que los esbirros del General lo tenían cercado, deslizando así la hipótesis de una muerte heroica? La tentación de hacer de la muerte su última mentira, lo horrorizó. Pensó que un instante de decoro podía salvar la dignidad de una existencia. Se dirigiría a Angelina, en términos sencillos y humildes, algo así como *Querida Angelina: lo siento pero no puedo más. Perdóname. Gregorio.* Pero no, la grandeza de su proyecto rechazaba aquel modo anónimo de dejar el mundo, más que por el adulto por el poeta que había sido en su adolescencia. Porque quien se suicidaba era el adolescente, veinticinco años después, y para darlo a entender así se compraría ropa y se vestiría a la moda de entonces, y se lanzaría al vacío con la caja de zapatos, la guitarra, el atlas, la enciclopedia y el diccionario, y una nota que dijese: *No pudiendo sobrevivir más a mi propia muerte, mato también al náufrago,* y se sintió purificado por aquel acto supremo de honradez.

Pero llegó la Navidad y, por unos días, Gregorio consiguió aliviarse de sus torturas de impostor. Asistió en familia a las celebraciones religiosas y oyó su voz ronca entonando himnos y enderezando letanías, compró anises, sidra y mazapán, cantó villancicos, tocó la pandereta y se comportó en todo como un hombre dócil y feliz. Y cuando en Nochevieja fueron a casa algunos vecinos, con zambombas, gorritos de papel y cintas voladoras, él abrió la fiesta bailando un bolero con la madre, que ciega y todo se había puesto sus mejores galas de reina en el exilio del presente, y al final hizo una reverencia cortesana y todos aplaudieron tanto que Gregorio hubo de repetir tres veces el saludo. A las doce tomaron las uvas, y antes de la última campanada, una vieja empezó a encogerse en sus lutos y a decir que aquélla sería su última navidad.

—¡Que haya alegría! —gritó alguien, y aunque volvieron a batir palmas y a bailar a los ritmos de moda de la radio, la vieja hacía pucheros y cabeceaba como deslumbrada por el rayo de una certidumbre, y también a Gregorio le dio por recordar a sus seres queridos ya muertos, y la nostalgia de la niñez le anuló las ganas de vivir. Se sintió solo, entre extraños, sin amigos ni ilusiones y enredado en mentiras dignas de piedad.

—¡Que haya alegría! —volvieron a gritar—. ¡Que no decaigan esos ánimos!

Gregorio comenzó entonces a beber sin mesura y a alardear de jovial. Aflojó la voz, gastó bromas, bailó por su cuenta dando palmadas en alto y haciendo equilibrios con un vaso en la frente y al final se soltó la corbata, se apuró el vuelo de la chaqueta y, en el centro del corro, bailó una rumba flamenca, con zapateos, desplantes y ceñidos pases de pecho. Animado por el éxito dijo con una mano, ahora veréis. Midiendo taurinamente la distancia, fue a por la guitarra, vino haciendo culebrillas, le sacudió el polvo, la templó y cantó la habanera. Le salió una voz desabrida, pero así y todo lo aplaudieron con fuerza y alguien dijo para que todos lo oyeran:

—¡Qué callado se lo tenía este Gregorio!

La madre recordó de inmediato la noche en que su difunto la rondó con sesenta violinistas vestidos todos de capitanes de navío.

—Cantó una romanza con las manos juntas en el corazón, y al final yo salí y le tiré una orquídea que él se llevó a los labios, mientras los músicos tocaban detrás un vals y se movían como las olas.

Según hablaba, Gregorio fue imitando la serenata, y cuando representó el toque del violín y se movió como llevado por vientos alternos, todos contuvieron las risas, y hasta Angelina puso cara de tener un marido incorregible. La madre, que percibía el bulto y los movimientos de Gregorio, creyó acaso que aquél era el fantasma en que se encarnaban sus recuerdos, y dijo:

—Me parece que lo estoy viendo, aquel hombre terrible, debajo del balcón —y todos soltaron las risas, incluida la vieja para quien ya no habría otra Navidad.

Se hicieron brindis, y alguien propuso que cada uno se adelantase con una gracia al centro del corro. Corrió el turno entre chistes, remedo de animales y adivinanzas, y cuando le llegó a Gregorio, ya tenía él sobre las rodillas la caja de zapatos, de la que sacó una poesía seria y otra burlesca, que leyó con titubeos de cómico en el alambre.

—¡Hay que ver qué callado se lo tenía este Gregorio!

Con una apertura sacerdotal de brazos, Gregorio se adelantó y dijo:

—¿Gregorio? Señores, en realidad mi verdadero nombre es... ¡Faroni!

Rió la concurrencia celebrando la excentricidad.

—¿Y eso qué quiere decir? —preguntó alguien.

—Es un nombre italiano —contestó Gregorio—, y no quiere decir nada. Es como una flor, que sólo huele. Así hay muchos nombres en el mundo.

Embuchó una tragantada de anís.

—Y a mi señora la llamaréis la señorita Mar, y mi suegra será en adelante la Dama Musa.

Y a todos los presentes les fue cambiando el nombre. A la vieja, que se llamaba señora Clementina, le puso doña Celeste, y al perro le asignó fray Revilla, en memoria de uno que tuvo su abuelo.

—¿Y cómo le pondrás a don Isaías? —le preguntaron.

—¿Don Isaías?

—Sí, el viejo del sexto, que no sale de casa.

—Pues a ése le pondremos Diógenes Casiano.

A un Abilio Rata, que le tocó en suerte Octaviano Murillo Quesada, no le gustó el juego y advirtió torvo:

—Dejemos estar los nombres.

—Allá usted —dijo Gregorio—, pero un nombre nunca estorba a otro. El que se llame Abilio Rata no impide que pueda llamarse también Octaviano Murillo Quesada.

—Mi padre se llamó Rata y yo soy Rata a mucha honra.

—Pues a mí —dijo la vieja— sí que me gusta doña Celeste, aunque lo que me hubiera gustado de verdad es llamarme María Cristina.

—¡Pues ya lo tiene! —proclamó Gregorio—. Doña María Cristina Celeste. ¿No ve usted que los nombres no cuestan dinero?

Se despidieron de madrugada en la escalera llamándose por sus nuevos nombres, y el último en irse, se volvió desde el piso de abajo para gritar:

—¡Buenas noches, Faroni!

Cuando se quedaron solos, Gregorio y Angelina juntaron las cabezas para ver nevar. Angelina llevaba un camisón de flores y Gregorio las iba contando con el dedo y a cada una le daba un nombre distinto.

—Luego haremos lo mismo con los copos de nieve y con las pulgas del perro. Y cuando llegue la primavera saldremos los dos juntos a bautizar a todas las hojas de los árboles. Porque es injusto que haya cosas que no tengan un nombre para ellas solas. Es injusto que tengamos un solo nombre y sin embargo tengamos dos trajes o cuatro pares de zapatos.

—Cuánta tontería.

—Las palabras son mágicas, y son de balde.

—Lo que te pasa es que estás borracho, eso es lo que te pasa.

Pasó la madre con el perrillo sonando entre las piernas.

—Buenas noches, Dama Musa —dijo Gregorio.

Pero ella no lo oyó porque iba rezando una oración para conjurar a las ánimas en pena, que ya alguna noche habían venido a revolver los armarios, buscando recuerdos de su época de vivos.

Gregorio se durmió cambiándoles los nombres a las cosas, y sólo en el último instante de vigilia alcanzó a sospechar que se estaba hundiendo sin remedio en el pozo de la más negra angustia.

La fatiga de la caída lo despertó de súbito. No sin trabajo encontró el punto en que se hallaba de su existencia. Abrumado entonces por el peso de la realidad y de los años, y abatido hasta la extenuación ante el espectáculo general de su vida, comprendió que había tocado en efecto el fondo de la angustia, y, como si hubiera previsto por dónde comenzar la penitencia, y los alivios que le podía proporcionar, declaró solemne: «Mi vida está perdida. Desde hoy, seré el hombre más miserable de la tierra».

Reconfortado repentinamente por tan ambicioso proyecto de desesperación, y reafirmado en su intrépida decisión por ser Año Nuevo, esa misma mañana le dijo a Angelina que nunca más le preguntase nada, porque había hecho de por vida voto de silencio y pensaba cumplirlo hasta la muerte, llevándose a la tumba el secreto de su resolución. «Nunca más volveré a hablar, porque las palabras están todas malditas», dijo.

—Y ¿se puede saber qué es eso de no hablar, de dónde te ha venido ahora esa chifladura? —preguntó ella.

Pero Gregorio ya no contestó.

Para no caer bajo la esclavitud del infortunio, se entregó a él con la ilusión de dominarlo, anticipándose a sus acometidas y yendo siempre un paso delante de las amenazas del destino. Aquello de empezar la casa por el tejado, la culpa por la penitencia, adueñándose así de su propio desánimo y exagerando sus efectos hasta vaciarlo de contenido real, como en los dramas que tantas veces había oído en la radio, pareció al principio un plan ciertamente efectivo, pues llegó un momento en que el entusiasmo que ponía en la defensa de su desdicha comenzó a depararle algunos instantes de felicidad. Se creía Prometeo, se creía Sansón, se creía él mismo perdido como en la adolescencia en un laberinto que no era de amor, pero que era terrible como entonces. Fueron tiempos aciagos.

Se dejó crecer la barba (para no verse la expresión de forastero), descuidó el atuendo y la higiene y por las tardes se daba a recorrer sin rumbo las calles del barrio. Furioso consigo mismo, con Gil, con todos, caminaba encogido y sucio junto a las paredes, arrastrando los pies, rumiando su rencor sin objeto, deteniéndose con la vista fuera de la voluntad, el pensamiento en ningún sitio, colgado del labio un cigarrillo a medio arder. Con el llavero iba sacando chispas y avisos musicales a los hierros y esquinas. Se le anchó la chaqueta y de los bolsillos extraía una astilla, una hebra de tabaco, un botón de camisa, una pastilla sucia que los ojos intentaban en vano reconocer. «¡Adiós, Faroni!», le decían los vecinos. Pero él no contestaba. Movía una mano o giraba la cabeza con ceporrería de tarasca, y la mirada se le apelmazaba en el vacío. De tal modo le avergonzaba su pasado ficticio, que sufría su presencia sin necesidad de recordarlo, pues el tiempo despreciaba el camino que la memoria le ofrecía hacia el presente y tomaba el atajo del malestar, del desorden que todo lo iguala, del olor a gallina y del sabor inalterable de los zócalos en invierno.

En casa, a pesar de que Angelina, creyéndolo loco, le llamaba Faroni para animarlo a hablar y le seguía las manías preguntándole, «oye, Faroni, ¿por qué no les pones nombres a los baldosines o vas pensando en los que vas a ponerles a las hojas cuando llegue la primavera?», y hasta le propuso hacer un viaje a la costa, y a pesar de que la madre quiso someterlo a una sesión de exorcismo convencida de que tenía en el cuerpo al diablo, sin embargo no hablaba: llegaba tarde y se sentaba a respirar en la oscuridad hasta que ellas se acostaban, y nunca quería cenar ni le dolía la cabeza. Pero con el silencio de la medianoche comía solo, en la cocina, y le gustaba sentirse voraz, empuñar con ansia la cuchara y vengarse del mundo haciendo ruidos de gañán, y de beber el agua con un chapaleteo que parecía devorarla a pedazos, como los perros, y decir por lo bajo: «Para mí solo la cazuela, qué cojones, para mí la manduca, que yo también soy lobo».

Un día buscó los lugares de la adolescencia. Como en sus tiempos de poeta, intentó encontrar el secreto de las cosas, la significación que escondían al curioso, y fue mirando los árboles y los pájaros y diciéndose: «A ver qué tiene que decir esto, a ver qué tiene el árbol de pájaro y a ver este misterio en qué consiste». Pero las cosas no comunicaban nada ni tenían secretos que ocultar. Estaban allí, como él, cada una con su nombre y atenta a su tarea de existir, y ninguna era otra ni cómplice de las demás. Quiso remedar el sufrimiento que en su adolescencia le inspiraron las cosas, pero del generoso dolor de otros días sólo quedaba hoy el vano patetismo de quien busca la felicidad a cualquier precio. Huyó de allí con el horror de estar profanando su propio pasado. Así perdió del todo el dominio de su desventura. Una noche soñó que estaba en la academia nocturna, que se tendía a dor-

173

mir en un pasillo oscuro y que del fondo llegaba el bedel con su luz portátil gritando: «¡Arriba esa juventud!, ¡trisquen los bachilleres!», y Gregorio se defendía diciéndole desde el sueño del sueño: «Todavía es tarde, todavía es tarde», y esa frase ondeó como lema de su negra desgracia. Y otra noche soñó con otra frase que también quedó incorporada al repertorio mágico de la desdicha. Soñó que estaba en un retrete público y había mucha gente congregada frente a la fila de urinarios. Pero sólo dos estaban de servicio y los demás derruidos y por todas partes se veían costillares de ladrillo goteando agua y el cemento blando y las baldosas encharcadas. Al fin consiguió acomodarse, junto a un hombre que orinaba con desesperante parsimonia. La gente esperaba detrás sin prisas ni protestas, y algunos asomaban la cabeza por la puerta de entrada y miraban a los de adentro con una expresión conjunta, de modo que a Gregorio le recordaron los ángeles del coro celestial en torno a una partitura. Le dijo a su acompañante: «Cuánta gente». «Esto no es nada», dijo el otro (y ahora reconocía en aquel hombre al hombre de negro), «estando yo en Roma había tanta gente que nos dábamos unos a otros con el pito.» Estuvo pensativo un instante, buscando la expresión justa. Enseguida sonrió y dijo algo que Gregorio no entendió bien en el sueño. En ese momento despertó. Se levantó a orinar, y al volver perdió en la oscuridad el rumbo y entonces recordó la frase exacta del hombre de negro: «Aquello era como clavo en muslo de ciego». A Gregorio le pareció una expresión apropiada para un impostor, y aún más se le agravó la tristeza al comprender que en adelante habría de vivir con frases como ésa, y que, al igual que Gil, sólo aquellas pobres ocurrencias le estaban permitidas. Durante los meses que le duró el desánimo, cada vez que sentía un contacto confuso o destemplado, decía: «Como clavo en muslo de ciego», y cada vez que miraba la hora o percibía los indicios naturales del transcurso del tiempo, decía: «Todavía es tarde», y aquellas dos frases le servían para expresar todos sus sentimientos.

Recordó también (ahora que el hombre de negro había desaparecido del balcón y el empuje de la muchedumbre lo había ido relegando hasta las sombras de un portal donde una niña, ajena a aquella aciaga mañana del 4 de octubre, tarareaba una canción de cuna y se balanceaba con su muñeca al compás de un silloncito de mimbre) los temores de Gil: su miedo a llamar, sus preguntas trémulas («¿sigue, esto, con sus, con sus problemas?»), su única frase que se atrevía a largar con soltura («a los artistas, yo siempre lo he dicho, hay que comprenderlos»), sus apenados silencios y aquella forma de aludir con elusiones a las muchas novedades que tenía que contar: «Le tengo que contar algunas cosas, ya verá, pero no ahora que ya sé que no, que tiene problemas de artista, cuando usted quiera yo se lo cuento a ver qué le parece, ya verá». Y un lunes que se atrevió a pedirle un ejemplar de alguno de sus libros, pues no había conseguido encontrarlos en ninguna de aquellas infames librerías de provincia, Gregorio, evasivo, lacónico y hostil, respondió: «Están prohibidos por el Gobierno y yo sólo tengo los justos para mí», y en el cristal de la ventana encontró intacta su mueca de impostor. Se habían invertido los papeles y ahora era Gregorio el que hacía ruiditos misteriosos o soplaba por el auricular, y Gil quien preguntaba, como si imitase a su padre en el remedo de las miserias telefónicas: «¿Sigue usted ahí?, ¿sí?, ¿me escucha?», y en un tono de susurrante apremio, de quien quiere despertar a alguien dulcemente: «Soy yo, soy Dacio». Gregorio no respondía, y sólo quebraba su voto de silencio para negar. Se miraba de un reojo en los espejos y allí estaba, bajo la barba sucia, la expresión delatora del intruso, y allí continuó durante algunos meses: la vio reflejada en los escaparates, en los mármoles de los portales, en los parachoques de los automóviles, en los acordeones callejeros, en las agujas de bordar, en los charcos de lluvia y en los espejos del café donde alguna tarde volvió para examinar con más cuidado a los artistas y penetrar el misterio de sus gestos, las razones de sus sonrisas o la profundidad de sus silencios.

Entrado abril, Gregorio seguía sin hablar, y los vecinos lo rehuían. Había adelgazado hasta la palidez, sufría de insomnio y se pasaba las horas con la mirada derribada y la expresión lela, y con una soñera crónica que le impedía dormir. Y como ya no era del todo consciente de las razones que lo habían lanzado a la desgracia, ésta existía por sí misma de tal modo que un rayito de sol, o las pisadas en el piso de arriba, se bastaban para revalidarla. Ocurría que en cuanto le faltaron las fuerzas para mantener activo su ambicioso proyecto de desesperación, que lo obligaba a trabajos que algo tenían de heroicos y benéficos, y como ya no era dueño de su propia angustia, había perdido el placer de la expiación, y con él se extinguió también el último sentido de su vida. Supo que había llegado a un punto sin retorno. Lo supo cuando retomó la idea del suicidio y se adentró en ella con tanto temple y realidad que se asustó de no encontrar el camino de vuelta. Empezó a mirar escaparates de moda, en busca de prendas vigentes en su adolescencia, con objeto de cumplir con esa parte de lo estipulado. Se persuadió con sombría certidumbre de que en cuanto encontrase un chaquetón marinero, una bufanda larga de color pardo y una gorra de cuero con orejas, no dilataría más su decisión. Pero las modas habían cambiado tanto que ya no se llevaba la papalina, y en cuanto al chaquetón, había modelos parecidos, pero ninguno como el que su tío se trajo de Cuba y que él gastó en su adolescencia.

Y así fue como buscando el objeto de su perdición encontró el que había de salvarlo, cuando ya se creía al borde del abismo.

Fue a finales de abril. Gregorio seguía sin hablar y errando por las calles y adentrándose cada vez con más certeza en la idea del suicidio, o como mal menor abandonar el trabajo y no volver a oír de Gil, que era como la voz de su mala conciencia, cuando una tarde, a la vuelta de la oficina, se detuvo ante un escaparate de modas, preso de una desazón que le era vagamente familiar.

Durante un rato estuvo mirando sin ver nada, y al final se marchó llevándose en los ojos la imagen, engañosamente prolija, de lo que no había visto. Volvió al día siguiente, y al otro, asediado siempre por la misma zozobra. Examinaba el escaparate sin atreverse a buscar abiertamente el motivo de su inquietud, mirando apenas los maniquíes vestidos a la moda, detenidos en posturas inverosímiles, frágiles y felices y como anteriores a toda culpa original, sostenidos por hilos en un ámbito doloroso de luz donde flotaban estrellas de plata, espuknis y cometas de oro. Y todo era deslumbrante y leve y daban ganas de quedarse a vivir allí en un escorzo eterno.

Sintió, día tras día, que iba recuperando la facultad de discernir —pues la desgracia le había puesto los ojos bobos y no sabía aislar una cosa entre varias—, y por fin una tarde de principios de marzo, se hizo la luz de golpe. Estaba en un rincón a oscuras de la sala y súbitamente se removió en el asiento como un animal en la remota fetidez de su jaula.

—¿Qué te pasa? —le preguntaron.

Por señas pretextó algo, corrió al escaparate y buscó entre todos a un maniquí de los del fondo. Quedaba casi oculto entre los demás. Llevaba mocasines color canela, pantalones blancos, americana azul cruzada con botones de cobre, gabardina de espía alzada de solapas, camisa perla de hilo, pañuelo de seda batida apetalado al cuello, sombrero flexible de ala baja y gafas de sol con montura de oro. Entre el sombrero, las gafas, el pañuelo y las solapas, el modelo estaba como enmascarado, y tenía una edad imprecisa. Algo había en él, escondido en el fondo del escaparate con sombría y firme independencia, que provocaba miedo y fascinación. «¡Faroni!», susurró, pues aquel era Faroni, tal como Gregorio se lo había imaginado en sus ensueños nocturnos, tal como lo había descrito para Gil: el mismo aire misterioso e idéntico atavío.

Cada prenda llevaba marcado el precio y Gregorio fue sumando las cifras casi inconscientemente. Sin volverse a mirar el maniquí, echó a andar hacia casa, y apenas cerró la puerta Angelina le preguntó de lejos: «¿Dónde has ido ahora?». Pero Gregorio cruzó la sala con la cabeza ladeada y un gesto pícaro e infantil en los brazos que quería significar algo así como ¡ah, ah, es un secreto!, y acostándose de inmediato, cerró los ojos e intentó no pensar en nada que no fuese lo que acababa de ocurrir.

Fue una semana de esperanzados cálculos. Todos los días iba al escaparate, permanecía en él un momento y volvía preso de un lastimoso estado de excitación. Se chascaba los dedos, se rascaba furiosamente los tobillos, resucitó la manía de ordenar la realidad por el número cuatro y no tenía un instante de calma. La tarde del martes derribó en la oficina un frasco de alcohol, y al recoger los vidrios se hizo un corte en un dedo y regresó a casa más temprano que de costumbre. Angelina le compuso un vendaje con un lazo de comunión y al final le preguntó si quería un caldo de pollo, pero él salió sin contestar, dio una vuelta a la manzana y al volver se le enredó el perro entre las piernas y cayó de bruces contra el organillo, haciéndose un chichón que Angelina le redujo con emplastos de aceite y perejil. «¿Quieres que te haga el caldo?» Gregorio dijo que sí con la cabeza y se lo bebió a sorbitos ausentes, sin apartar los ojos del mantel. Esa noche se quedó hasta tarde leyendo sus versos y profundizando en sus significados. Muchas veces dijo para sus adentros el nombre de Faroni, pronunciándolo de muchas maneras, pero sin conseguir penetrar el misterio de su poder.

La noche del miércoles se atrevió a retomar tímidamente sus ensueños. Esta vez le guiaba el instinto de la realidad, pues el maniquí no sólo encarnaba la imagen incierta que hasta entonces había tenido de Faroni sino que le permitía distinguirlo de él mismo, evitando así la vergüenza de una identidad temeraria. Pero al rato de haber logrado que el maniquí cobrase vida, y según lo iba perfilando con los atributos espléndidos que él y Gil le habían asignado, advirtió que los rasgos eran en realidad los suyos, evocados con débil inconsciencia. Entonces detuvo el ensueño. Poco después, sin darse cuenta, vio otra vez al maniquí caminar por el corazón de la ciudad y entrar en la tertulia, pero en dos ocasiones —a pesar de las solapas, las gafas y el sombrero— se descubrió a sí mismo, una al girar la cabeza entre la multitud, otra al reflejarse de perfil en los espejos del café. Al tercer intento, renunció a la ficción.

La tarde del jueves pasó ante el escaparate con los ojos cerrados, pues había decidido aceptar su imagen ideal como un castigo inevitable y ya sentía en los párpados la fatiga de los rudos trabajos nocturnos. Esa noche se vio bajar de un barco y hacer señas a un grupo de jóvenes que no eran otros que los artistas del café, con sus bufandas, pipas y zamarras, y cómo lo rodearon preguntándole por sus viajes y versos. Había muchachas bellísimas, algunas con boina, que olían a limón y que lo miraban embobadas, y gente que decía, «mira, ése es Augusto Faroni, que regresa de viaje». Se vio dirigiendo en plena selva amazónica la construcción de un puente colgante, vestido conforme al maniquí pero con cartuchera al cinto y un látigo de piel de hipopótamo reatado al hombro. Se vio en el café cantando la habanera, rodeado de jóvenes y gente ilustre, entre la que reconoció al filósofo de los dientes de oro y el cráneo de plata. Entonces abrió los ojos y no sintió vergüenza ni amargura. Se dijo que en todas aquellas figuraciones había un innegable fondo de verdad. Y empezó a enumerar: él era Gregorio Olías, pero algunos vecinos lo conocían por Faroni; había cantado en público la habanera y lo habían aplaudido; había visitado el café, aunque no fuese en horas de tertulia; existían los poemas, y aún no era tarde para escribir otros y ser poeta de verdad, y hasta podría componer libros de ensayos, y para demostrarlo, al instante se le ocurrieron títulos magníficos: *El bien y el mal, La soledad esencial,* y novelas como *Los temores de Octavio* o *La muerte en cada esquina,* y por supuesto sus memorias, que esto era algo que convenía dejar para viejo, y vio que todo era posible con sólo ponerse a la tarea. Quedaba la edad. Faroni (también él había envejecido) tenía ahora unos veintiocho años; él, Gregorio, cuarenta y tres muy bien corridos. Ahora bien, la edad es relativa, como le pasaba precisamente al maniquí y a muchos personajes de novela, que tienen una edad imprecisa. Recordó películas en que el héroe debía de andar metido en los cuarenta, pero golpeaba y enamoraba como de veinte. Sí, la edad es relativa, y además lo importante era el espíritu y ése no tenía fecha. Se convenció así de que nada estaba definitivamente perdido y que todo estaba por ganar y de pronto, igual que en la adolescencia se le había revelado la poesía por el arte angélico de la memoria, ahora tuvo un presentimiento animoso del futuro, y no por intermedio de alguna fuerza mágica sino por el ímpetu repentino de su propio coraje. Si hasta entonces lo había acobardado el mundo, si había vivido en él como un mendigo que espera unas migajas, ya era hora, se dijo con voz ronca y violenta, de sentarse al banquete con todos los honores. Respiró hondo, apurando cada exhalación, y poco después dormía profundamente.

El viernes se despertó libre de pesos. Se bañó, se afeitó (barba nublada y sucia, de mala vida, que nunca vio florecer venerable y artísti-ca), se lustró el calzado, se vistió de domingo, se untó de colonia, cogió a mano ciega los ahorros domésticos, que guardaban en un canastillo de mimbre, y se encaminó derecho a la tienda. Con dos gestos, sin probarse ni regatear, se hizo empaquetar la ropa, desde el sombrero a los zapatos, e incluidas las gafas, y cuando vio desnudo al maniquí, con sólo un peluquín que también estuvo tentado de comprar, lo juzgó indigno del carácter que él le había atribuido.

Con la convicción de haber estafado al comerciante, pagó a puña-dos y salió con el bulto. Miró a un lado y al otro. Inútil precaución: sólo desconocidos y una paloma. Apenas llegó a la oficina, se puso a trabajar de inmediato con regular y escrupulosa lentitud, para aturdir-se con la precisión y no pensar en nada. Sabía que cualquier pensa-miento le sería por el momento hostil.

Al atardecer ordenó sin prisas la mesa, agarró el envoltorio y sin apresurarse llegó a casa y se detuvo al fondo del pasillo. Las dos muje-res desgranaban los misterios dolorosos en un tono que le pareció el de una delación pagada de antemano. Cruzó ante ellas como si fuese invisible y, flotando en la ilusión de la penumbra, llegó al baño y se encerró en la oscuridad. Mientras se vestía a tientas abrió el ventani-llo, asomó la cabeza y vio brillar las estrellas en un claro sobre el alero de uralita. Notó que todo le quedaba grande, menos las gafas y el som-brero, pero no perdió el rigor de sus actos ni cayó en la tentación de opinar. Sólo cuando estuvo vestido, con las solapas altas, el sombrero bajo y el pañuelo en pompa, encendió la luz.

Tardó en reconocerse, y no halló ni rastro de su mueca de impos-tor. Tomándose las distancias, ladeando el talle, ensayó distintos ges-tos, posiciones y portes, encontró mil formas de ponerse y quitarse las gafas, de embolsarse las manos, de subirse las solapas o graduarse el sombrero, y otras mil de seducir o fulminar con la mirada, y final-mente sonrió. «¡Ah, Faroni, Faroni, eres mágico!», se dijo. Cierto que los pantalones le cubrían los zapatos, que la chaqueta le llegaba casi hasta las rodillas y la gabardina a los tobillos, pero eso tenía fácil arre-glo y tampoco entonces perdió la entereza. Con una mano en el pica-porte y puesto de perfil, se examinó por última vez, con una forma de volverse que le recordó al personaje que, a punto de irse, se eterniza un instante desde el fondo mágico de *Las Meninas*. Luego apagó la luz, abrió la puerta y escuchó: oyó llover dentro de casa, pero apenas entró en la sala se hizo el silencio y sólo entonces comprendió que había confundido la lluvia con la letanía del rosario. Angelina tenía en el rostro una exclamación muda y también la madre había dejado de rezar. Gregorio las miró fijamente a través de la doble penumbra del atardecer y las gafas, maravillándose de cómo ahora podía sostener cualquier mirada sin sentir el pudor del silencio ni la necesidad de una respuesta. Y así estuvo un rato, y así podía haber seguido indefinidamente, pues la distancia era regulable de tal modo que si bajaba o ladeaba la cabeza la oscurecía con el sombrero, y si enfilaba la escena con un reojo oblicuo la alejaba hasta convertirla en miniatura, y era como estar en un seguro de parchís o en la remota intimidad de una isleta.

Al fin se caló un poco más el sombrero, encendió la luz y dio unas vueltas de lucimiento. Angelina lo miraba boquiabierta y a punto de llorar, pero antes de que pudiera decir algo, Gregorio se paró frente a ella y habló por primera vez desde Año Nuevo:

—Me está grande —y se quedó mirando desde sus gafas negras, entre solapas y velado por la umbría del sombrero—. Me está grande de aquí, de aquí y de aquí, y lo necesito para el lunes —y otra vez sintió la seguridad fácil del silencio y la mirada inexpugnable, capaz de doblegar la altanería de cualquier oponente.

Angelina, sin descomponer el gesto de estupor, lo miró fijamente a la cara, luego el pañuelo, la camisa, los pantalones, y cuando llegó a los zapatos volvió a subir los ojos y dijo:

—Gregorio, ¡te has vuelto loco de verdad!

Gregorio ladeó la cabeza y sonrió comprensivo, como quien se dispone a disuadir a un niño de vanos terrores.

—No, no —explicó—, es que me lo piden en la oficina y me han dado una lista de lo que tengo que comprar.

—¿En la oficina?

—Sí, todo esto. El lunes empiezo a recibir clientes.

—Pero, Gregorio, estás fachoso. ¿Te has visto?

—Bueno, me está un poco grande, sólo eso.

—Estás fachoso. Pareces un mochuelo, con esas gafas y el sombrero.

—¿Tú qué sabes? Es la moda. Además, me hace daño la luz, y además con las gafas el cliente no te descubre las intenciones. Estaba en la lista que me dieron, unas gafas negras de sol. Qué quieres, ¿que me echen?

Por un momento se miraron entre ellos, los tres a la vez, como los puntos de un triángulo que intentasen reconocerse y buscarse un sentido. La madre se levantó entonces, se acercó a Gregorio, olfateando el aire como si oliese mierda, y lo palpó de arriba a abajo.

—Ya que te gustan tanto los motes —dijo al fin—, yo también te quiero poner uno: Juan Mundano. Y a Angelina le pongo Juana Hazmerreír, y a mí doña Juana Mártir.

Se apartó unos pasos y comenzó a largar una invectiva contra la vanidad e injusticia de los placeres de este mundo, y cómo era perverso y engañoso comprarse pañuelos de seda, camisas de hilo, cinturón de flor de piel, calcetines de lana virgen, gafas de sol y tantos otros lujos con sólo el pretexto de que le habían dicho en la oficina que el lunes tenía que llegar hecho un brazo de mar, pero que en cambio no le habían preguntado si su esposa necesitaba acaso un bolso de serpiente o si tenía su suegra una triste estola de piel para ir a misa los domingos, como las que usan las verdaderas señoras, siendo ella tan señora como la que más y viuda de un héroe, que no tenía alegrías desde hacía muchos años y hacía vida de santo del desierto por puro amor al sacrificio y para que a Juan Mundano, que lo sacó como quien dice del arroyo y le abrió las puertas de su casa y le concedió la mano de su hija, digna de mucho más, que podía haberse casado con un teniente o un médico si hubiese querido, o con un comerciante que ahora la tendría recogida en la gloria, y no que se fue a casar (y aquí extendió el índice y erró el señalamiento) con un pelagatos, que apenas ganaba para mantenerla y encima le daba por no hablar y aparecía luego vestido de príncipe, ahí lo tienen ustedes, mire qué bonito, como si eso fuese lo justo y no un pecado contra las verdades de la religión, porque era un pecador, Juan Mundano, y ya vería cuando estuviese en el infierno y ella le dijese desde arriba, ¿no te lo decía yo?, ¿te acuerdas cuando viniste así y así y yo te dije esto y lo otro?, y tendría que oírla sin rechistar, consumiéndose en las llamas eternas y arrepintiéndose ya tarde de sus muchos errores. Así que ya habría tiempo de ver quién de los dos tenía razón.

—¡Triunfa —gritó sarcástica—, que ya veremos al final quién ríe mejor el último!

Y ya se preparaba para proseguir el discurso cuando Angelina le exigió silencio con una energía desconocida en ella.

—O te callas o me pongo a gritar —dijo con determinación.

La madre la miró entre atónita y furibunda. «Así que éste es el pago», murmuró. Llamó al perro, el único que le tenía afecto en este mundo, y se fue retirando con un monólogo sobre la soledad ingrata de las madres, que después de darlo todo por los hijos, después de haber limpiado tantos culos y haber perdido así la juventud, luchando para que fuesen felices, ¿qué recibían a cambio?, desdén, coces, amenazas, palabras tan crueles como aquellas que acababa de oír y que eran dardos que le habían atravesado el corazón, y se llevó las manos al pecho, porque ahora ya podía decirlo, ella era vieja y se iba a morir pronto, tenía el presentimiento de la muerte y unos dolores tristes en el cuerpo que se había callado hasta entonces para no preocupar a quienes ya se conchababan para arrinconarla como un trasto inútil, sí señor, como un trapo que se tira de viejo, así, pero ya no le importaba y lo diría, que se enterasen de una vez de sus noches en vela con el tormento de los dolores tristes, mordiéndose los labios para no llorar y pidiéndole a Dios que si alguien había de morir que se la llevase a ella, que ella se ofrecía de víctima propiciatoria y fiador de sus hijos, y ¿todo para qué?, para que ahora alzase la mano contra ella, contra su propia madre, que le dio la vida con el dolor del parto y la amamantó con estos pechos que habían seducido a tantos hombres, y tantas cosas más que se callaba porque ya le daba igual, porque también el dolor del desaire estaba dispuesta a soportarlo, como los santos mártires, como Santa Mónica, o las Santas Inés y Eulalia que las devoraron los leones, y aquí aceleró el ritmo de su discurso y entró triunfante en su habitación, donde todavía siguió oyéndose su invencible protesta.

—¿De verdad te lo han mandado en la oficina? —preguntó Angelina, que no había movido las manos del regazo ni había perdido un solo instante la paciencia.

—Sí —contestó Gregorio.

Abrió la caja de los hilos, se arrodilló y comenzó a tomar medidas.

—Entonces, ahora que ya hablas, ¿cómo quieres que te llame?

—Ya da igual —dijo Gregorio—. Pero podemos hacer una cosa: cuando esté con el traje me llamas Faroni, y cuando no Gregorio.

—Eso es un lío.

—Pues entonces llámame como quieras. Total los nombres da lo mismo.

—Estás loco. A veces me das miedo.

Y Gregorio sonrió imperceptible, pues no le pareció mal aquello de inspirar miedo sin proponérselo.

Angelina trabajó sin descanso todo el fin de semana, y el domingo se quedó hasta las dos de la madrugada, mientras Gregorio, a su lado, la miraba coser.

A las once le preguntó si se acordaba de cuando él hacía poesías.

—Sí —dijo Angelina.

—¿Quieres que te lea alguna?

—Bueno.

Fue a por la caja de zapatos y estuvo leyendo durante media hora, y cada vez que Gregorio preguntaba, «¿te gusta?», Angelina decía que sí.

—A lo mejor vuelvo a escribir más —dijo al final, mientras ataba la caja—. En realidad, yo creo que tengo alma de poeta.

—Hacer poesías no es malo —dijo ella sin perder puntada.

—Y a lo mejor me presento a un concurso o me hago un libro por mi cuenta. Así empezaron todos los poetas.

—Pero eso será caro y no sirve de nada.

—Sirve para darse a conocer, y por el gusto de tenerlo. Y hasta puede venderse y ser un buen negocio.

—No sé.

Al dar las doce, preguntó Gregorio:

—¿Tú crees que las hadas existen de verdad?

—Qué tontería.

—Ahora es como si yo fuese Cenicienta y tú el hada madrina, ¿verdad?

—No sé.

A las doce y media preguntó:

—¿Tú sabes que a mí me hubiera gustado ser ingeniero?

—Eso son fantasías. Lo importante es ser feliz.

—¿Tú eres feliz?

—Yo sí —dijo, sin dejar de coser—. ¿Y tú? —preguntó al rato.

—A mí me hubiera gustado que cuando me muriese se hablase de mí. Lo peor de morirse es no dejar nada detrás, ni siquiera un hijo.

—Los hijos también se mueren.

—Pero los nombres no. Ahí tienes a Platón o a Cervantes.

—Después de muertos da lo mismo.

—No sé.

A la una en punto, Gregorio preguntó:

—¿Tú crees en Dios?

—Murió por nosotros —respondió Angelina sin ansiedad.

—Pero, ¿tú crees que hay una vida después?

—¡¡Os condenaréis los dos!! —gritó la madre desde su habitación.

A la una y cuarto preguntó Angelina:

—¿Quién es Faroni?

—Faroni soy yo —contestó Gregorio con un sobresalto—. Es mi seudónimo de poeta, ¿es que no lo sabes?

—Pero tú no eres ingeniero, ni músico, ni sabes idiomas —dijo Angelina sin levantar los ojos de la aguja—. Lo leí en una tarjeta.

Gregorio sintió una oleada de sonrojo y tardó en responder.

—Eso era una broma que le gasté a un amigo —dijo manoteando y exagerando el tono inocente de la voz—. El me dijo que era químico y pensador y yo le dije todo eso. Una broma sin malicia.

—Pero es mentira.

—¡Y dale con la mentira! —se exaltó Gregorio—. Y además, ¿tú qué sabes si yo soy o no soy? A lo mejor tengo un pasado oculto. A lo mejor ni siquiera me llamo Gregorio Olías.

—Qué tontuna.

—Además yo estudié inglés, ¿no? Hay muchas cosas de mi vida que ignoras por completo —dijo con rencor—. Yo en realidad siempre he sido un poeta y los poetas tenemos una especie de doble vida. Hay muchas cosas que no te he contado. Vamos a ver, ¿tú sabes por ejemplo que a veces voy a una tertulia de intelectuales, la mejor, por cierto, que hay en la ciudad, y que allí me conocen por Augusto Faroni y no por Gregorio, el oficinista?

—Y ¿qué se hace allí?

Gregorio adoptó un tono de revelación confidencial.

—Allí los poetas leen sus poesías, los científicos enseñan sus inventos, los pensadores sus ideas...

—Y ¿tú que pintas allí?

—¿Cómo que qué pinto? —echó a volar los brazos Gregorio—. ¿Es que no tengo esta caja llena de poesías? Las leo, y hablo.

—¿De qué?

—De cosas que se me ocurren. Y también se discute.

—Es malo discutir.

—Con tu madre por ejemplo sí —bajó Gregorio la voz—, pero con un historiador o un filósofo no. Allí se discute de grandes cosas.

—No sé, has cambiado tanto.

A las dos menos cuarto Gregorio suspiró.

—Y ahora, ¿qué pasa? —preguntó Angelina.

—Estaba pensando en mi tío y lo echaba de menos. Me daba muy buenos consejos.

—A mí también mi padre.

—Mi tío se volvió al final loco.

—Y tú acabarás igual. Ya empiezas a decir tonterías.

—Los locos no sufren.

—Pero hacen sufrir —dijo Angelina.

A las dos Gregorio preguntó:

—Tú entonces, ¿crees de verdad que hay otra vida?

Pero Angelina dio en ese instante la última puntada, se levantó y le puso a Gregorio la chaqueta en las manos.

—Pruébatela.

Gregorio se la puso y anduvo unos pasos.

—Te queda muy bien. Pareces otro.

—Sí, es verdad —dijo Gregorio—. Parezco otro.

Apenas se acostaron, dijo Angelina:

—A lo mejor te sale novia en ese sitio donde vas.

—Qué tontería —dijo Gregorio sonriendo, y apagó la luz.

El lunes se reconcilió nuevamente con Gil. Salió de casa vestido de Faroni y, como cada día, cruzó ante el portero del inmueble vecino —a quien tenía pensado contarle, si le preguntaba por su nueva apariencia, que había ascendido en la oficina y se dedicaba a visitar clientes y casas de comercio—, pero el otro no lo reconoció y Gregorio pasó de largo, sintiéndose seguro y más ligero que de costumbre. Al cortar la avenida tropezó con un militar y tuvo ocasión de sostenerle la mirada sin disculparse ni apresurar el paso. Hacía un buen día de viento y sol; el aire le movía el pañuelo y las solapas le iban dando en la cara guantaditas de fiesta. Se sentía feliz, confiado, liviano, milagrosamente inocente. En una esquina un árbol le ofreció una hoja nueva, que él aceptó por compromiso y deslizó bajo su anillo de casado. Sujetando el paso, recreándose en la lentitud de la tarde, llegó a la oficina. Antes de entrar se detuvo un momento en el sendero de arena y sin apenas levantar la cabeza, fumando en el hueco de la mano, miró hacia arriba, a las ventanas de la planta alta, pensando en el hombre de negro y en las respuestas que ahora le daría si se atreviese a interrogarlo. Sintió de nuevo la ilusión de que el tiempo era una arcilla blanda que cualquier artista de la vida podía moldear a su antojo, representando en un instante la imagen exacta de la eternidad, y volvió a sentirla cuando a las seis sonó el teléfono y él se puso el sombrero y las gafas y dejó que el timbre repicase tres, cuatro, cinco veces. Sólo entonces se llevó la hoja a los labios, tomó el auricular y se recostó en el sillón.

—Soy Gil —se oyó la voz nasal.

—¿Gil? No lo conozco.

—¿No es el señor Olías?

—Sí, Faroni al habla.

—Soy Gil.

—Creí que tu verdadero nombre era otro.

—Bueno, esto, Dacio quiero decir. Dacio Gil Monroy.

—Eso ya está mejor. Y bien, Dacio, ¿cómo te va?

—Pues mal, ¿cómo me va a ir? ¿Y usted?

Gregorio había preparado en la libreta de ficciones la apología de su silencio. Como era cierto que había sufrido una crisis de artista, le hubiera gustado contar sus verdaderos efectos, aunque silenciando las verdaderas causas, pero no encontró palabras suficientemente elocuentes (fuera quizá de pavor, infierno, araña y mortadela) y se resignó a decir que había sufrido una crisis de artista a causa de asuntos difíciles de explicar, pues resumir en unas frases meses y meses de contradicciones, ideas de suicidio, tedio y melancolía (palabras inferiores sin duda a las que hubiera usado de haber podido formar con ellas un concepto), era poco menos que absurdo, por lo que se conformaba, ahora que al fin había superado el desánimo, con que Gil supiese entender y disculpar estas cosas. Gil dijo que no tenía que explicarle nada porque Faroni era un artista y a los artistas —él siempre lo había dicho— había que comprenderlos. Que también él lo había pasado muy mal y hasta había llorado pensando que Faroni, cansado de él, aburrido de su torpeza e ignorancia, intentaba desengañarlo con sus silencios y evasivas, pero que ahora, podía confesarlo sin vergüenza, ganas le daban de llorar por todo lo contrario, ya que curiosamente él también había estado al borde del suicidio y sabía lo que era volver de aquellas lobregueces.

—Y usted, si me permite, ¿por qué quería matarse?

Gregorio habló entonces, con voz cansada, de un poema épico que estaba componiendo de más de veinte mil versos de extensión. Silbó Gil, admirado de aquella enormidad, y Gregorio aprovechó para explicar que era precisamente aquella enormidad, junto a la falta de inspiración, el infernal vacío, la araña del miedo, la mortadela del tedio, la duda pavorosa sobre la utilidad del arte y de la vida —que le había inspirado un canto de desesperación desde el umbral mismo de la muerte—, lo que había provocado la crisis.

—A los artistas hay que comprenderlos —se reafirmó Gil—, yo siempre lo he dicho.

—Hay que comprender a todos los que sufren —improvisó Gregorio.

—Sí, pero fíjese qué diferencia hay entre su crisis, que es una crisis de artista, y la mía, que no hay por medio ninguna genialidad. ¡Veinte mil versos! Y ¿cómo se llamará la obra?

—*El conquistador errante.*

—¡*El conquistador errante!* Será una gran obra, estoy seguro de que sí.

Gregorio volvió a engarzar la hoja en el anillo y se tentó el papo de seda.

—Bueno, y ahora cuéntame cosas tuyas. ¿Qué has hecho en estos meses?

—¿Se acuerda que le tenía que contar muchas cosas?

—Sí.

—Pues es cierto, y no sé por dónde empezar.

Estornudó.

—Verá —dijo mientras se limpiaba—, hace algún tiempo que estoy en relaciones con una mujer. Se llama Socorrito y es dueña de una pensión muy buena, con once camas y tres cuartos de baño. ¿Sabe? A lo mejor me caso.

—Pues que sea enhorabuena.

—Usted, claro, no está casado. Los artistas no suelen casarse pero los demás sí. Bueno, pues he pensado una cosa. He pensado que si me caso podría dedicarme a regentar la pensión y, lo que es más importante, fundaría en ella, los sábados por la tarde, un Círculo de Cultura.

—Qué gran idea.

—Y ¿sabe cómo se llamaría? ¡Círculo Cultural Faroni! ¿Qué le parece?

Gregorio se mordió los labios sin saber qué decir, furioso consigo mismo por no haber previsto aquella situación.

—¿Qué le parece?

—Que es una locura —susurró.

—Y además tengo pensado invitarle a la inauguración, para que nos lea sus poesías y nos hable del arte, del progreso y del mundo. ¿A que es una buena idea?

—Yo es que... —balbuceó Gregorio.

—¡No se hable más! —zanjó Gil—. Aquí no hay humildades que valgan. Como usted dijo, dejemos la humildad para los débiles. Yo mismo le presentaré: «Ante ustedes, el gran artista, viajero, ingeniero, filósofo y políglota, famoso en todas las tertulias del mundo, que me honra con su amistad y a todos ustedes con su presencia, ¡Fa-ro-ni!».

—Pero, eso es imposible. No, no lo puedo consentir —dijo Gregorio, ganando tiempo al desconcierto—. Mejor es poner Círculo Cultural Platón, o Espronceda, o Virgilio, o un nombre cualquiera, Círculo Cultural El Faro de Mar por ejemplo.

—No, no, se llamará Faroni. Está decidido.

—Bien, en ese caso acepto —dijo Gregorio, después de calcular las posibilidades a favor—, pero sólo porque tú me lo pides.

—Y yo seré el presidente del Círculo. Ya he pensado hacerme una tarjeta que diga: «DACIO GIL MONROY. Presidente del Círculo Cultural Faroni». En letras de oro.

—Sí que suena bien —reconoció Gregorio.

—Y entonces, ¿vendrá usted a la inauguración?

Admirado de la sutileza y rapidez de su inventiva, Gregorio dijo sin descomponerse:

—Si puedo, iré. Si no, mandaré en mi nombre a un discípulo.

—¿Un discípulo?

—Un discípulo. Pueden ser varios. Quizás el más apropiado, y que habría que llamarle mejor colega, sea un primo mío. Se llama casi como yo, Gregorio Olías, porque nuestro abuelo común se llamaba Gregorio, y es poeta, además de mi biógrafo. También él va mucho al café.

—Ya. Pero es que a mí me gustaría que viniese usted.

—Iré en la primera ocasión que pueda —se apresuró a decir Gregorio—. Pero date cuenta, con el poema épico apenas tengo tiempo de nada. Además, este Gregorio Olías es realmente un gran hombre. Tiene más o menos tu edad, y es poeta, como te he dicho, y también inició estudios de ingeniero, y ha viajado mucho y conoce mi vida tan bien o mejor que yo.

—Comprendo. Bueno, pues que venga entonces el discípulo, pero que venga alguien. Y le tomo la palabra para cuando acabe el poema.

—Ya veremos para entonces —dijo Gregorio, tirando la hoja por encima del hombro.

—Esto, ¿se acuerda que le tenía que contar más cosas? —dijo Gil—. Bueno, es que he vuelto a tener otra idea, que quizá se pueda exponer en el café.

—Sabes que lo haré con mucho gusto.

—Es muy poca cosa. Verá, se trata de un método para dejar de fumar. Yo no fumo, pero otros viajantes sí, y siempre están intentando dejarlo. Entonces me puse a discurrir un método y he pensado que la mejor forma de dejar de fumar es conseguir no fumar el último pitillo, ¿entiende?

—No del todo.

—Es que no me explico bien, nunca me explico bien. Dejar de fumar es difícil, pero dejar de fumar un pitillo es más fácil, ¿no?

—Eso es cierto.

—Entonces se trata de no fumar ese pitillo, que es el último y se lleva siempre en el bolsillo. Se trata de vencerlo a él, al pitillo, que es una cosa pequeña y concreta, y no al hábito de fumar, que es algo grande y abstracto. Cuando vienen las ganas, se saca el pitillo y se lucha con él hasta vencerlo. Y siempre es mejor luchar con uno que con muchos. Es decir, que primero se debilita al enemigo y luego se le vence. Por eso le decía yo que para dejar de fumar hay que conseguir no fumar el último pitillo, ganar esa pequeña batalla. ¿Qué le parece?

—Que es muy ingenioso, sí señor —respondió sinceramente Gregorio.

—Y lo mismo con todo —siguió alborozado Gil—. Para dejar de beber, pues no se bebe la última botella. Y así siempre.

—Eso es casi una filosofía de la vida.

—Gracias, señor Faroni. ¿Puedo pedirle entonces un último favor? ¿Sí? Pues que como no hay forma de encontrar sus libros, que al menos me mande alguna poesía, y si puede ser dedicada, mejor.

Gregorio sonrió, pues había adivinado que tarde o temprano habría de producirse aquella petición, y desde hacía algún tiempo llevaba siempre encima una de sus mejores poesías de adolescente.

—La próxima semana te mandaré varias —dijo—, pero si quieres, ahora mismo te puedo leer alguna.

—Sería un honor.

—Pues escucha. La compuse hace años —dijo, mientras desdoblaba el papel—, y trata de la pasión romántica que inspiran los grandes viajes. La tengo aquí porque el sábado se va a hablar en el café precisamente de los viajes, y me pedirán mi opinión de poeta. ¿Preparado?

—¡Sí!

Gregorio miró alrededor, se aclaró la garganta y con voz profunda y solemne recitó:

> Paseando por la playa un claro día,
> en las aguas azules contemplé
> un velero que lejos se partía,
> hacia tierras que yo nunca veré.
> En la popa cantaba el marinero,
> con la voz algo afónica de ron,
> la romanza doliente del viajero
> que en la orilla dejaba el corazón.
> Le grité por favor que silenciase
> los motivos de aquel triste cantar,
> que en su tierra querida se quedase
> y a cambio me dejase a mí embarcar.
> Mas veloz el velero se alejaba
> y no oyó mi anhelante petición,
> y en el aire tan sólo se escuchaba
> el eco dolorido de su son.

—Nunca he escuchado nada tan bonito —dijo emocionado Gil—. Se me ha puesto carne de gallina. Eso sí es una idea y no las mías, que ni siquiera sé explicarlas.

—La compuse hace años —dijo Gregorio, guardando el papel—. De éstas debo de tener cientos.

—Fíjese, y yo sólo tengo dos ideas mal dichas. Esa es la diferencia entre un gran artista y un pobre diablo como yo. Y lo más bonito de todo es cuando dice eso de «hacia tierras que yo nunca veré» —y se le puso dramática la voz—. Si yo consiguiese hacer una poesía como ésa, me pasaría la vida repitiéndola y diciéndome: «La has hecho tú, Gil, recuerda que la has hecho tú», y con la propia estima sería suficiente para ser feliz.

—Pero si no es nada. Una poesía de adolescente —se disculpó Gregorio.

—«Hacia tierras que yo nunca veré.» Qué bonito. Me gustaría que me la mandase dedicada, para aprendérmela de memoria.

—Bueno, no sólo eso. Tengo pensado hacer una poesía dedicada especialmente a ti.

—No, no soy digno —se excusó Gil—. Seguro que se está burlando de mí.

—Eres digno de eso y de mucho más.

—Gracias, amigo Faroni, permítame llamarle así, y acuérdese un poco de este fiel admirador suyo cuando vaya al café y se hable allí de los grandes viajes y de la cultura y del progreso.

—Hasta el lunes, Dacio.

—Que Dios lo bendiga, señor Faroni.

Capítulo XII

Y llegó el sábado. Después de decirle a Angelina que iba a reunirse con otros poetas donde ella ya sabía —y Angelina lo miró con las manos en el regazo y sin decir nada ni expresar sorpresa ni reproche—, escaleras abajo se ajustó el sombrero, a dos manos, se ahuecó el pañuelo, se subió las solapas, se caló las gafas, y ya en el portal se despejó el gesto con una carantoña facial, enyescó una breva, se persignó y salió a la calle, silbando a flor de labio.

Era día de tertulia, hora de preparativos. Los asistentes disponían en orquesta las sillas. No había ya asientos libres. Gregorio, después de observar un rato desde el mostrador, en un momento que juzgó favorable entró rápidamente en la sala, fue derecho a un rincón y se estribó contra una pilastra. Algunos contertulios tenían ya dispuestos lápices y papeles. También él sacó su libreta de hule y empezó a examinarla con aire inapetente. Leyó en ella que era centro de alguna curiosidad: compuso una mirada de macho espino y aceptó el reto, pero sólo encontró los ojos burlones, o acaso admirativos, de una señorita de labios recién iluminados y sobacos frescos de limón. A su lado, algunos jóvenes habían reunido las cabezas en ramillete coloquial, pero por sus gestos más bien parecía que estuviesen echando cartas o contando monedas. A todos los observó Gregorio con ojos distraídos. Vio el bodegón de frutas y perdices, las bufandas sabias, las risas cómplices, la giba de los íntimos parlamentos. Algunos llevaban zamarros de oveja, chalecos de punto, chaquetas al desgaire, jerseys gruesos de cuello cisne, lentes redondos de metal, botas o zapatillas deportivas. Ninguno gabardina solapada, ni traje, ni gafas de sol, ni sombrero ni pantalones blancos. Por lo menos dos lucían lacitos negros de poeta, y otro se acomodaba muellemente bajo una túnica bordada con fantasías de Oriente. ¿Habría equivocado, pues, la indumentaria? Se tranquilizó pensando que así vestían los héroes del cine, y que su aspecto de viajero sin rumbo le daba un aire intemporal y misterioso que no excluía la presunción de alguna actividad artística. Y más con la libre-

191

ta, en la que se puso a dibujar una casa con humo, lejanas siluetas de montañas, y pájaros y nubes. La sala estaba casi al completo. Muchos se amontonaban de pie, formando una segunda orquesta y forcejeando por no ceder terreno. La atmósfera comenzaba a cargarse, y había tanta gente en torno a la columna donde habría de situarse el maestro, que la luz de afuera —de tarde nubla— no daba para alumbrar a todos, y por lo mismo oscurecían los espejos casi hasta cegarlos. Pero también había espacios hondos en la sala, atravesados por haces polvorientos de luz, y tan en penumbra, que apenas se distinguían los bultos de los contertulios —si es que lo eran, pues parecía imposible que pudiera oírse desde allí al orador—. Y éste, ¿no usaría entonces un estrado o un púlpito? En esta duda estaba Gregorio cuando de pronto hubo un murmullo general, un tumulto creciente de carreras, aplausos, siseos, cuellos asomadizos y reajuste de asientos. Y apareció el maestro, envuelto en blanca peletería —pelo bufo florecido de canas y ceguera carnal en el rostro—, y tras él, como lesa de vergüenza, una criatura vestida de pardo. Todos los espejos lo proclamaron, lo condujeron al centro de la orquesta, que cerró filas a su alrededor. La criatura de pardo desplegó los útiles magistrales con diligencia de practicante a domicilio. El maestro esperó ese momento para despojarse de las pieles. La criatura lo miró, dio dos palmadas: se desvanecieron los cuchicheos en silencio de artesanía. Sin más, el maestro tomó la palabra y dejó que su voz se desperezase como humo, y cuando hubo bien untado el silencio con ella, abandonando su primera dulzura, propuso hablar del ser y del existir. Enseguida entró en materia y comenzó a enlabiar un discurso sutil. Gregorio intentó seguirlo, pero en vano: más atento a sí mismo que a las palabras del orador (y le parecía que el sombrero había extraviado su airosa compostura), muy pronto perdió el hilo y esparció los ojos por la sala: había allí gentes de otra guerra, que leían el periódico o escribían por su cuenta o dormitaban con la cabeza degollada a un lado, y eran varias las tareas que allí concurrían. Al fondo, incluso, en la angostura de los retretes, se oía un ruido irregular de entrechocado, como de bolas de billar. Y había otros ruidos, que enseguida acabaron confundidos en uno: en la barra se agrupaban las voces rápidas y agrestes de los bebedores de cerveza, y estaban las voces de los camareros («¡una de boquerones!, ¡churros para tres!, ¡marchando una morcilla!»), los golpes de las fichas de dominó y los jubilados, que aunque silenciosos en apariencia, ronroneaban, tosían y enredaban continuamente con objetos que extraían de los bolsillos. De modo que era difícil oír al maestro, y aun más seguir el curso de la plática. Gregorio captaba alguna palabra aislada, y a veces sólo sus gestos, o sus párpados, que caían regulares, entre fatigados y juiciosos. Cuando se volvía a un lado mostraba el cogote, corto y lanudo. En una ocasión Gregorio consiguió atrapar, sin embargo, una frase completa: «El yo es el ser para sí puro». ¿Qué querría decir con aquello? Lo anotó en la libreta e intentó distinguir otras, pero por más que aguzaba la oreja sólo alcanzaba el tono despedazado de la voz, persuasivo e implacable en el ritmo. «¿De qué habla?», le preguntó alguien por detrás. «Del ser», contestó Gregorio, sin volverse ni alterar la expresión.

Después de una hora —en que todos escucharon entre expectantes y apenados, como si aguardasen en una antesala— el maestro calló, intercambió un susurro con la criatura de pardo (confinada siempre en las umbrías del magisterio) y, con mano amplia, luciendo en ella un diamante ensangrentado de luz, cedió la palabra a los contertulios. Sonó un aplauso y algún silbido. De inmediato hubo una pregunta al maestro: Gregorio vio un torso, una cabeza, tres vueltas de perlas en un cuello. Parecía, sí, una mujer. Todos se volvieron para oírla. Hablaba con encono, pero era imposible oír otra cosa. Gregorio miró al maestro: escuchaba atento y almacenaba aire. Unas gotitas de sudor le perlaban la frente. Pero aquella mujer no acababa nunca su pregunta. El maestro había desviado los ojos y ofrecía el lóbulo de la oreja, peludo y ciego. Ahora se oían otras voces, que protestaban la intervención de la mujer, y otras que condenaban las protestas. El humo ponía temblores en el mármol. Gregorio se puso de puntillas e intentó seguir la polémica, como hacían otros, a través de los espejos. Las caras se habían reducido a bocas enormes; las voces sonaban como dentro de un sueño o de una vasija. El maestro dio en la mesa tres golpes con la uña. Parecía ridículo que aquellas señales pudiesen poner orden, pero así fue. Se hizo el silencio: los rostros quedaron a mitad de un gesto, de una frase. Volvió a hablar el maestro. Gregorio volvió a mirar a la señorita: jugaba con el fleco de una bufanda. Agotado por la escucha infructuosa, se esforzó por pensar en algo elevado. Sumió la barbilla en el pañuelo: la sala, convertida en tiovivo, empezó a girar en el vacío. Al son de una música de feria, que algo tenía también de ritmo cortesano, pasó la señorita con su risa de eterna juventud, el maestro hablando sin voz, Gil sin rostro pero con lágrimas en los ojos, el diablo con capa y cicatriz, la parda criatura, los dos asistentes que lucían lutos de poeta, los jóvenes con ojos inexpresivos y cerámicos. Pero no se le ocurría nada, fuera de palabras sueltas que giraban también en el tiovivo: ínfulas, cernícalo, penibán. Abrió la libreta, la cerró, se esponjó el pañuelo, mudó de pierna, se pellizcó las gafas. Pasaban de aquí para allá, como si hubiesen excavado invisibles galerías, los camareros, sin prestar atención a las voces, ni siquiera a los encrespamientos de las disputas. Se dio el caso de que mientras un joven hablaba desde una mesa, un camarero se acercó a retirar el servicio y lo ocultó con el arco laboral de su cuerpo, y el joven tuvo que asomarse en escorzo para poder ser visto, pues en cuanto un hablante, por cualquier motivo, quedaba fuera del ojo del auditorio, éste se desinteresaba inmediatamente del asunto. Incluso una vez, alguien que no conseguía ver al hablante, no contento con oírlo, se levantó furioso y gritó: «¿Quién coño habla?». Los demás desviaron los ojos y, cuando el interpelante hubo satisfecho su curiosidad (pues un rostro subió de entre las cabezas), ya no prestaron atención al orador ni volvieron hacia él la cara, sino que siguieron mirando al otro, como si el discurso se hubiese desplazado definitivamente hacia él. Había un hombrecillo sentado junto a Gregorio que, a cada instante, pedía silencio. Pero no hacía nada: se limitaba a protestar ante sus vecinos y a ganarse de ellos una cabezada de afirmación, con lo cual volvía a su posición de aprovechamiento escolar.

Entretanto, había oscurecido. Gregorio, que se había estado viendo en un espejo, apenas distinguía ya su propio rostro, con una expresión que había sido altiva y que ahora le parecía como una tara física. Del maestro sólo percibía el brillo del diamante cada vez que subía las manos para ondular los pensamientos o encontraba materia en que hincar el índice, y de sus palabras, el hipnótico abejorreo canicular. En una pausa, alguien le preguntó algo y todos intentaron localizarlo sin éxito. «Aquí, aquí», se oía una voz débil, pero muchos seguían sin verlo y buscándolo donde no estaba. Aprovechando aquella momentánea confusión, el maestro se puso a hablar con su ayudante, en voz baja, y aunque algunos seguían atentos a aquel diálogo, del que nada podían escuchar, la mayoría formó grupos aparte, que se sumieron en discusión propia.

Gregorio aprovechó también para ir al retrete. Enfiló un pasillo medio oscuro, con bóveda, a cuyos lados había mesas y en ellas, casi tumbados sobre los sofás, parejas besándose y jubilados que dormitaban o jugaban al dominó. Llegó a un espacio abierto, ocupado por un grupo de hombres en mangas de camisa que se deslizaban alrededor de una mesa de billar y miraban a ella fascinados. «¿Los servicios?» Uno de los jugadores —sin hablar ni levantar la vista— extendió el taco hacia otro pasillo. Gregorio tomó por él y, apenas hubo dado unos pasos, alguien le chistó desde una mesa. Se detuvo perplejo.

—¡Eh, usted! ¡Sí, usted, acérquese!

Gregorio miró alrededor. Contra las paredes se apilaban toneles, material de limpieza, envases y muebles de desecho. Olía a humedad, a orines, a fermentos y a malos hervores. Entre aquel revoltijo había una mesa, y en ella un tipo menudo, de unos sesenta y tres años, calculó Gregorio, que se restregaba frenéticamente las manos.

—Vamos, ¡acérquese! —urgió.

Gregorio se acercó, desconfiado y de mala gana.

—¿Es a mí?

—Sí, a usted, acérquese más.

En la mesa había una jarra de aluminio.

—¿Es usted policía?

—No, no —dijo Gregorio.

—¿Está de servicio? —insistió.

—He venido sólo a la tertulia y voy deprisa.

—Usted no tiene hijas, ¿verdad?

—Pues no.

—Entonces, tampoco habrá oído hablar de la flor de Piñata. ¿Me equivoco?

—No, lo siento.

Se retorció las manos y miró a Gregorio con ojos torturados.

—Debe confiar en mí —dijo, bajando la voz—. Aquí me conocen todos. Todos saben mi historia y por eso me han puesto aquí esta mesa, para que descanse. ¿Le gusta la tila?

—No.

—A mí sí —dijo con orgullo, y bebió de la jarra—. Es tila alpina con miel de azahar. A veces estoy aquí hasta muy tarde y necesito tranquilizarme, no perder los nervios. Esta es la cuarta jarra que bebo hoy. ¿Qué le parece?

—No sé, tengo prisa.

El desconocido se chascó los dedos uno por uno.

—Se nota que no tiene hijas. Yo, sin embargo, soy un honrado jefe de familia, viudo, y tengo tres hijas, que pronto serán el sostén de mi vejez. Y para que lo sepa y no me tome por uno de esos charlatanes ociosos, le diré que la mayor se llama María Casilda y, créame, es una santa, se pasa el día cosiendo y yendo de acá para allá que es un primor. La mediana es María Antonieta y es muy suya, ahora le ha dado por cantar y va a una academia de lírica, y la pequeña, que sólo se llama María, ésa quiere ser señorita. Las tres son muy hermosas. Por la noche se asoman juntas al balcón a ver las estrellas, y por las mañanas se peinan las tres en corro con peines de oro. Las tres me quieren mucho. Me preguntan tantas cosas al mismo tiempo que no sé a cuál responder. Me rodean, me acarician, me interrumpen para preguntarme si necesito algo y me cantan para que me duerma. Una me pone la mesa, otra me echa el vino, y la tercera me trae la fruta en bandeja de plata. Dígame si no es una responsabilidad y un orgullo tener tres hijas tan diferentes entre sí. Las tres vienen muchos días a esperarme a la salida del trabajo y me llevan en volandas a casa. ¿Qué le parece el asunto?

—Tiene mucha suerte.

—No lo crea, porque las tres son muy caprichosas. La pequeña sobre todo se pasa el día dudando sobre cuál es su pájaro favorito o qué flor prefiere. Y las tres me mandan a por cosas difíciles de conseguir. María Casilda me pidió una vez copos de soconusco para condimentar un arroz. Un domingo de invierno, la mediana me pidió que le trajese, para aclararse la voz, hiel de golondrina. Pero la peor es la pequeña. Ahora se le ha antojado una flor de Piñata y llevo un mes buscándola en vano, pues nadie conoce esa flor y hasta es posible que ni exista. Pero claro, a mí me da la impresión, o mejor dicho, estoy convencido de que la felicidad de mis hijas, y sobre todo la de la pequeña, depende de que yo cumpla o no sus caprichos, y como son muy soñadoras, ¿qué puedo hacer yo sino seguirles la corriente y esperar a que olviden sus quimeras? Por otro lado, son tan buenas conmigo que yo debo corresponder en la medida de mis fuerzas. Por eso hago como que cumplo sus caprichos, y en cierto modo es así, porque ahora por ejemplo he salido de casa sólo para darle a entender que iba a buscar la flor. Llevo un mes buscándola. Apenas salgo de trabajar me vengo a buscarla a este rincón, y confío en que ella acabe olvidándose del asunto. Así es como me hago la ilusión de que trabajo para satisfacer sus deseos. Cuando vuelvo a casa, al amanecer, apenas me oye entrar se levanta y me pide su flor de Piñata. Yo le digo siempre que estoy a punto de conseguirla y ella me abraza emocionada, diciéndome que soy muy bueno, y otras cosas que me avergüenzan, porque es vergonzoso que un padre no sepa hacer feliz a sus hijas, ni siquiera a la más pequeña.

Después de echar otro cumplido trago de la jarra, hundió las manos en el pelo y se lo mesó con violencia.

—Cómo de pronto me he visto enredado en esta situación, no lo sé —prosiguió—. Parece que fue ayer cuando era niño y perseguía gatos por la calle y ahora estoy aquí, abrumado por la responsabilidad. Pero no me asusta, no soy una de esas personas endebles que van contando a todos sus pequeñas calamidades. ¿Sabía usted que yo fui ferroviario en una guerra, que conducía una locomotora con estas manos? —y las enseñó, crispadas como garras—. Sí señor, ahora trabajo aquí cerca, llevo la contabilidad de una modesta industria de alambre.

—Está muy bien —dijo Gregorio, iniciando la retirada.

—No vaya a creer por lo que le he contado —dijo, endureciendo el tono— que soy uno de esos charlatanes que viven de sus pequeños éxitos callejeros. Al contrario, soy una persona reservada, e incluso tengo fama de huraño. Es posible que tenga ocasión de comprobarlo por sí mismo en el curso de estas confidencias. ¡Dios mío, hay tantas cosas que ignora usted de mí! Veamos, ¿usted sabe por ejemplo que yo sufro de insomnio? Sí señor, sufro de insomnio —y se restregó dolorosamente los ojos—. Llevo años sin dormir, siete u ocho, desde que me quedé viudo. La última vez que dormí soñé con un coche de carreras.

—Estará muy cansado —dijo Gregorio, apenándose de él.

—No, soy incansable. La responsabilidad no me deja dormir, pero en cierto modo tampoco me deja trabajar, así que nunca estoy ni cansado ni descansado. La flor de Piñata, como quizá no existe, no me obliga a ninguna actividad, pero sí a estar aquí, haciendo que la busco. Y eso, señor mío, sin exigir trabajo, llega a ser agotador. Así que ya lo ve: descanso al tiempo que me esfuerzo. ¿Quién me iba a decir a mí que acabaría en esto, si parece que fue ayer cuando perseguía gatos por la calle? Ahora me pregunto: ¿qué será de mis hijas, sobre todo de la menor? ¿Quién se encargará de cumplir sus deseos cuando yo falte? —y hundió la cara entre las manos.

Gregorio retrocedió unos pasos.

—Entonces, ¿no es usted policía? —preguntó el otro desde lo oscuro.

—No.

—Pues tiene toda la pinta. Y ¿no busca nada? Quiero decir, ¿nada concreto?

—Pues no.

—Y ¿a qué se dedica?

—Soy poeta.

El desconocido bostezó. Se embrocó de nuevo la jarra.

—Le aconsejo que se haga herbolario. Y si se hace, que utilice tirantes y bastón con punta de metal. Será usted feliz.

—Bueno, me voy —dijo Gregorio, caminando hacia atrás.

Cuando volvió del retrete oyó otra vez el «¡chist, chist!», pero no se detuvo. Al contrario, aceleró el paso y entró precipitadamente en la sala.

Tras las gafas, la oscuridad era casi total. El maestro, sin acallar del todo los rumores, había tomado la palabra. Gregorio oyó su salmodia, vio el brillo del anillo y el pelo rubio de la señorita, y comenzó a desear que todo aquello acabase pronto. Se sentía extenuado por el desconcierto. «¿De qué habla?», preguntó al hombrecillo escolar. «No sé, pero está contestando a una pregunta.» Gregorio se echó arriba el ala del sombrero y se recostó burlón en la pilastra. Al rato, cuando ya las caras apenas se reconocían, un camarero de andar solemne se acercó a la columna y, con las yemas de los dedos, encendió una lámpara —que se estremeció, defendiéndose débilmente de los ataques de la penumbra—. Se restablecieron las distancias. Pero para entonces, salvo los de las primeras filas, nadie sabía por dónde iba el discurso. Volvieron a preguntar algo. Volvieron las inciertas búsquedas y las vanas protestas. Volvió el maestro a hablarle a su ayudante en la oreja. Volvieron los rumores privados y los golpecitos de uña y la voz invencible del maestro. En ese instante un joven hercúleo, una especie de jayán (fue la palabra que se le ocurrió a Gregorio al ver su sombra gigantesca proyectada en el techo) se levantó y se dio a gritar: parecía que gritaba en latín, en lengua arcana, y a su voz la gritería se hizo general. Porque no confundieran (la señorita sobre todo) su silencio con ignorancia o temor, también Gregorio gritó algo: un grito de apuesta, de doblo la puja, de reproche taurino. Gritó con saña: «¿Qué tengo yo que mi amistad procuras?», dos, tres veces, y luego algo así como «sindicato de monos con nikis». El hombrecillo se volvió y lo miró atónito. Mientras echaba una bocanada artística de humo, Gregorio le devolvió una mirada de lástima. Enseguida, la tertulia comenzó a tocar a su fin. Muchos se levantaron y se pusieron los abrigos. El ayudante recogió las notas y ofreció las pieles al maestro. En uno de los fondos de la sala se seguía discutiendo a gritos, y se veía un vago movimiento de torsos atléticos y gestos ciclópeos de orador. Gregorio se dispuso a salir. En la puerta coincidió con el dómine. Venía con él la señorita y un grupo de jóvenes, y se habían detenido a hablar. Se bajó el sombrero, chupó de la breva y dijo: «Buen trabajo, ¿permite?», y lo sorteó juvenilmente con un quiebro de talle.

Llovía afuera. Los contertulios se resguardaron bajo el toldo, incluido el maestro. De pronto un relámpago rubricó sobre los tejados y todos, concertados en una, salieron corriendo como en un final de historieta cómica.

Exaltado por la carrera, ganándole la partida a los semáforos y enfilando luego calles solitarias, Gregorio no sabía si sentirse feliz o desdichado. Pensó primero que el éxito de esa tarde debía acompañarlo ya siempre, donde quiera que fuese, pues de haberse enterado de lo que allí se hablaba, no sólo hubiera intervenido como uno más sino que habría aprovechado para leer algunas de sus poesías, y tenía la íntima convicción de que la concurrencia lo hubiera aplaudido tanto o más que al maestro. Así que el próximo sábado llegaría antes al café, ocuparía una silla delantera y a la primera ocasión que se presentase levantaría la mano para hablar. Comenzó a idear una pregunta, dando por hecho que no se le ocurriría ninguna pero que de todos modos sería brillante y comprometedora. ¿Y qué dirían allí cuando supiesen que había un Círculo Cultural Faroni y que él no era otro, precisamente, que Faroni? Corría más y más, ebrio de acción, dejando atrás las esperanzas y los temores de que un día Gil llamase con el anuncio inminente de su boda. Pero luego, aminorando el paso, el recuerdo de la señorita y de los jóvenes vagamente lo entristeció. ¿Sabía él lo que allí se había debatido? ¿Tenía noción él, Gregorio Olías, del ser y del existir? ¿No era acaso un intruso, con sólo el bagaje de unas poesías de adolescente y unas gafas oscuras y más de cuarenta y tres años escondidos bajo una indumentaria que ya no se llevaba? Y en el caso de que se decidiera a intervenir, ¿qué diría? Y se puso a idealizar las palabras del maestro y de los interpelantes, que aquéllas sí que debían de ser palabras mágicas y no las suyas, fruto del ocio y del azar. Allí llevaban hablando más de veinte años, pues ya Gil conocía de entonces la tertulia. Quizá cien años, quizá siglos hacía que se debatían allí las más altas cuestiones. Y ahora, mire usted por dónde, venía un oficinista a desbaratarlas con unas cuantas rimas de juventud, que guardaba en una caja de zapatos. ¿Cabía mayor absurdo?

Una gota de lluvia le coloreó la mirada. Recordó al padre de las tres Marías y se preguntó si existiría la flor de Piñata, si no sería una palabra para designar alguna flor tan sencilla como la margarita por ejemplo. Lúgubre, práctico, se dijo que de seguir por los derroteros del ensueño acabaría cayendo otra vez en el pozo de la desgracia. Decidió no salirse de las lindes de la realidad, y que esa misma noche, sin otras reflexiones, retomaría el poema épico. Llegó a casa diciéndose: «Hacer algo, no pensar en nada, éste es el secreto de la felicidad».

—Vienes perdido —dijo Angelina, cuando lo vio detenerse en medio de la sala.

—Está lloviendo a mares.

Se levantó y dejó la costura en la silla.

—Anda, quítate la ropa que se seque. Ahora sí que pareces Cenicienta.

—En realidad, soy un príncipe encantado.

Lo miró de arriba a abajo:

—Fíjate qué zapatos. De dónde vendrás.

—Ya te lo dije, de la tertulia —respondió quitándose la gabardina.

—Y ¿de qué habéis hablado?

Gregorio le dio también la chaqueta y el pañuelo y empezó a aflojarse los pantalones.

—Del alma.

—No merece la pena hablar de nada si uno se moja —dijo Angelina saliendo abrazada a la ropa.

Cenaron juntos, sin saber de qué hablar, y apenas acabaron preguntó Angelina:

—¿Te acuestas?

—Tengo que hacer —respondió Gregorio con voz de nadie.

—¿A estas horas?

—Los poetas siempre escriben de noche.

—Estás tonto. Se te va a quedar cara de mochuelo.

En cuanto se acostó Angelina, Gregorio se instaló en la sala y deslazó la caja de zapatos. Temeroso quizá de haber perdido el favor de las musas, o de no encontrar, agobiado por la responsabilidad y los años, el ardor de las pasiones juveniles, se concedió una tregua: despejó la camilla, cargó la pluma, aguzó el lápiz, agrupó las virutas, numeró las páginas de la libreta —sin caer en la cuenta de que aquellos interminables preparativos eran los mismos que habían enredado a Gil en sus noches de bachiller autodidacto— y quedó sometido a los caprichos de la inspiración.

El poema se había interrumpido en el momento en que Alvar Núñez Cabeza de Vaca naufraga frente a las costas de Florida. ¿Seguía lloviendo afuera? Cuando regresó de ver la lluvia releyó lo anterior. Había 52 octavas. Hasta 20.000 versos quedaban por tanto 2.448 octavas: 19.584 versos. En un rincón de la libreta echó las cuentas. A cuatro octavas diarias, 612 días: dos años. ¿Y a ocho octavas? A ocho octavas, 306 días. Pero ¿cómo escribir 64 versos diarios? Sacó una hoja en limpio y halló que a una octava diaria (pues de ningún modo quería engañarse con cálculos demasiado generosos) daban un total de casi siete años. «Tendré entonces más de cincuenta», pensó sombrío. Llenó dos hojas con reglas de tres, multiplicando versos por años y partiendo por versos en busca de un milagro aritmético que le permitiese acabar la obra en un espacio breve de tiempo. Pero, a diferencia de las palabras, los números no eran mágicos, y sus noticias eran siempre tristes. Fue a por la enciclopedia y encontró que Espronceda a los catorce años había escrito un poema épico, y a los treinta y cuatro ya se había muerto, con la gloria cumplida. Buscó otros ejemplos. A los veinte años, Platón era discípulo de Sócrates. Sin embargo Cervantes tenía casi sesenta cuando empezó el Quijote. ¿Y Shakespeare? Shakespeare, a los veintinueve años —es decir, la edad que ahora tenía Faroni— había compuesto ya dos poemas épicos. ¿Y Garcilaso de la Vega? «Murió a los treinta y cinco, el cabrón», dijo, cerrando a dos manos la enciclopedia.

No tuvo valor para alargar las pesquisas. Cerró los ojos y se vio a sí mismo sentado ante la mole de los 20.000 versos. Era impresionante aquella estampa del artista captado en la soledad de la noche, mientras alrededor la ciudad se confiaba al sueño. «Aunque no escriba nada», pensó, «qué grandeza hay en estar aquí, persiguiendo un ideal.» Entonces recordó que su actitud era semejante a la del padre de las tres Marías, que ahora estaría en el café buscando la flor de Piñata, y abandonando la sugestión de las formas, con un temblorcito volvió a la realidad.

Se concentró en el naufragio hasta que una palabra salió como una lombriz de la memoria: retumbante. Reunió otras: fragor, bóveda, terror, bélico, horrísono, proceloso. Las encerró en un círculo. «Pastor es el artista de palabras ovejas», dijo en alto, advirtiendo que aquel era el primer fruto de la inspiración. Se puso a escribir. Era un gusto juntar palabras y observar cómo se trababan en singular combate, representando la lucha nunca vista entre el tigre y el tiburón, el alacrán y el as de espadas, o sucumbían con sólo conocerse a los hechizos de un turbulento amor. Empezó así a revivir los sobresaltos de sus antiguas inquietudes de poeta. Sintió de nuevo la presencia viva de las palabras y el milagro de una frase que superaba su verdadero poder mental. Con un suspiro, retomó la tarea, y al fin consiguió escribir dos versos: «Ya retumba la bóveda y se extiende / el horrísono manto de su sombra». Ganas le daban de saltar de contento, pues aquellas palabras, aquel alto oficio, concedían a su vida un sentido y una seguridad de ánimo que ignoraba desde hacía mucho tiempo. Pero enseguida se entristeció de golpe al comprobar que iba para cuarenta y cuatro años y había tardado cincuenta minutos en concluir dos versos. A ese paso, no acabaría nunca. Ahora bien, ¿y si dejase el poema épico o lo acortase a 4.000 versos? Quinientas octavas, quinientos días: un año y medio. Había pues que reconciliarse con la realidad por medio de otras cuentas, de otras conjeturas; había que pactar con la tarea o buscar en ella el modo de otorgarles a los números un valor mágico o abstracto donde los versos no se midiesen por octavas ni la vida por años ni los años por obras nunca hechas, sino que todo se bastase en el presente y cada acto cobrase sentido en el fragor diario del empeño. «Ha de bastar con el empeño», se dijo, entre animoso y cauto.

Claro que, ¿por qué no componer un libro de poemas con los mejores que ya tenía y otros que hiciese en adelante? Podría empezar por hacerle una poesía a Gil. Casi de un tirón escribió:

Querido Dacio Gil Monroy,
en verso esta misiva yo te escribo,
que solitario y triste como estoy,
de tu noble amistad vivo cautivo.

Examinó sus viejas poesías. Por lo menos veinte eran aprovechables, que retocadas y unidas a otras veinte que compusiera en los próximos meses (incluso en un mes, a la vista de lo inspirado que andaba esa noche), haría un libro de unas 60 o 70 páginas, prólogo aparte, que se titularía *Versos completos de la vida artística*. Se animó. Había poco menos que concluido su primera obra maestra y ya veía el libro, con un barco de vela en la portada, y unas gaviotas, y el nombre en letras grandes y rojas: Augusto Faroni. Y ¿qué diría Gil cuando lo tuviese en sus manos y sobre todo cuando leyese el prólogo, que o bien se lo adjudicaría a un ilustre personaje real o bien a Gregorio Olías, su discípulo y biógrafo? Y como el libro existía realmente, y también el seudónimo, y como la poesía consistía en idealizar las cosas, no habría vergüenza sino orgullo, no verdad relativa sino verdad desnuda: legítima, poética. Se lo dedicaría a su padre, el almirante, a su abuelo el notario, a su pobre madre y a su tío Félix, cardenal en Roma. ¡Ah, si su tío levantara la cabeza y viese su nombre impreso nada menos que bajo el título de Eminencia! Y desde luego también a Gil: *A Dacio, mi lejano y fiel amigo*. Saldría de casa con el libro en el bolsillo, el título asomando, e iría al café y le regalaría un ejemplar al maestro y otro a la señorita. ¿Quién sabe si, admirado del prólogo y los versos, no lo divulgaría el maestro en la tertulia? Saldría entonces él, Faroni, al centro de la orquesta, junto a la columna, y lo aclamarían como en el ensueño.

De pronto se le ocurrió otra idea deslumbrante. ¿No había pensado alguna vez decirle a Gil algo así como que su obra fue quemada entera por el Gobierno y que sólo se habían salvado fragmentos muy breves? Esta fatalidad la explicaría en el prólogo, donde ofrecería el censo y el resumen de las obras perdidas, con algún fragmento original. La hipótesis no era quimérica, porque con aplicación le hubiera sido fácil componer novelas y ensayos de mérito. El único error consistía en no haberlo hecho, pero como creía sinceramente en su talento artístico, como cada verso y hasta cada palabra demostraban que era suficiente multiplicarlos por medio del trabajo y reunirlos luego bajo un título para tener ahí otra obra maestra, le restó importancia al accidente de no haber emprendido la tarea, y le bastó con la satisfacción de saber que de haberse puesto a ella la habría culminado con éxito.

¿Cuántas grandes obras no se habrían perdido con las mudanzas de los siglos y cuántas no habría de las que sólo se conservaban unas pocas líneas? Así que, pasando por sobre cualquier otra consideración, dio por escritas y perdidas cuatro novelas, tres tomos de poesía, un poema épico (del que sobrevivían cincuenta y dos octavas y dos versos), dos ensayos, un libro de viajes y una obra dramática. Además, diría en el prólogo que esa ingente obra acaso se hallase confiscada en los sótanos de algún ministerio, o en la oscura cripta de un convento. Sacó una hoja en limpio y, tras escribir y subrayar *Restos de la obra perdida de Augusto Faroni,* comenzó a idear los argumentos y los títulos, así como los fragmentos que hasta hoy se habían salvado de la quema.

La primera novela, titulada *Vidas salvajes,* contaba la historia de Marcos, joven intelectual que, perseguido por la justicia por razones políticas, se embarca para Alaska, donde se hace trampero. Allí vive en una cabaña de troncos, comiendo renos y salmón. Todos los años baja a un poblado con una ristra de pieles y compra café, sal, azúcar, municiones y whisky. Viste una piel de oso; es alto, serio, huraño. Nadie conoce su verdadero nombre y le llaman Acero. Descubierto por la policía, una noche de luna llena escapa en su trineo perseguido de cerca por una manada de lobos. Alcanza la costa y se embarca de polizón hacia el Amazonas. Vive en la selva. Un día le pica una serpiente coral y convalece en la choza de una familia de salvajes. Los salvajes le llaman Mainú, que en su lengua quiere decir «el que nunca sonríe». Conoce un día a una mujer de extraordinaria belleza, a quien salva la vida de un único balazo cuando una anaconda se disponía a engullirla. La mujer se llama Vicky y es hija de un americano multimillonario, rey del automóvil. Había venido en viaje de placer y el avión se había estrellado en plena selva, sobreviviendo sólo ella. Se enamoran. Se hacen una casa en un árbol. Noches de amor. Pero la policía encuentra el rastro y han de huir en una canoa río abajo, acosados por los caimanes. Salen a mar abierto y un mes navegan a la deriva, hasta que llegan a un islote desierto. En una cueva pasan el invierno, comiendo peces y frutas silvestres. Los recoge un barco con rumbo a Nueva York. Alegría del padre americano. Marcos, que se ha cambiado el nombre en Luck Turner, es nombrado director de una fábrica de automóviles. Uno de los modelos es bautizado Vickytur, y lleva por enseña un corazón. Pero de nuevo irrumpe la policía. Hay un tiroteo y una persecución automovilística. Marcos huye y alcanza el islote. Allí vive solo, triste, mirando siempre al horizonte. Un día aparece una lancha. Es Vicky que, renunciando a la civilización, ha decidido reunirse con Luck. Corriendo uno hacia otro por la playa, abrazándose finalmente, con la rugiente tempestad al fondo, concluye el relato.

Miró el reloj: las dos de la mañana. Imperturbable, adelantó provisionalmente el primer fragmento que se conservaba de la novela: «La noche se extendía silenciosa por la infinita noche del Artico. Brillaban las estrellas en la inmensidad pura y azul, y el profundo rumor del bosque llenaba el alma de misterio, terror y dulzura. En la soledad de una cabaña de troncos, a la luz de la lumbre, un joven de perfil duro y melancólico leía tristemente un libro de Platón. En su cara impasible se dibujaba el signo de un destino único y fatal. Lejos, aullaban los lobos, y el termómetro marcaba en el exterior ochenta grados bajo cero. Pero dentro, el alma del joven se consumía en el fuego del conocimiento, de la nostalgia y del dolor».

Releyó el párrafo y le pareció verosímil y artístico. «Puede que sea un hombre de talento», se dijo. Sin concederse un instane de tregua, prodigando la inspiración más allá de lo razonable, compuso también el argumento de la obra dramática: doña Gloria, mujer hermosa y gorda, de grandes pechos y sobacos, deseada por mecánicos y lecheros, experta gastrónoma y gran cantante lírica, se enamora perdidamente de un guardia municipal desdeñoso, que suspira a su vez por una joven delgada y pálida, de nombre Carantoñita. Una noche, doña Gloria duerme a su rival con cantos de Pascua y Epifanía, y la suplanta. Pasea del brazo de Dominguín, que así se llama el munícipe de imponentes bigotes, y es noche oscura de septiembre. Con su risa, con el olor fresco de sus sobacos, lo embruja y enamora. Al llegar a una plaza iluminada, Dominguín advierte el engaño y se detiene suspenso. Doña Gloria, sin dejar de hablar y sonreír, sigue caminando y se pierde a lo lejos. Drama en verso, del que por ahora sólo se conservaban cuatro: «Carantoñita ya duerme / en su redondo cojín, / y doña Gloria pasea / del brazo de Dominguín».

Dudoso, dejó la pluma en la mesa, como un cubierto usado, y salió al pasillo. Otra vez sintió la fascinación del poeta en vela, e imaginó el sueño de la ciudad como un mar bravío por el que él se aventuraba en una solitaria barquilla. Volvió a la mesa, corrigió y amplió los fragmentos y a las tres en punto se acostó.

Se sentía satisfecho o cansado. Oyó dar las cuatro, urdiendo la trama de otra novela, que contaría la historia urbana de un músico ambulante. Apenas alcanzó la pleamar del sueño se le reveló el nombre del artista, Elías Centellas, y todavía alcanzó a imaginar el inicio de otra obra dramática, más sencilla, trágica y realista, pues la que había compuesto no acababa de satisfacerle del todo.

Capítulo XIII

Cuatro meses después, había escrito doce poesías y concluido el resumen ilustrado de su obra completa. Gregorio no olvidaría nunca el martes de agosto en que Gil llamó con la noticia de que acababa de leer en el periódico el nombre de Faroni.

—¡Lo tengo aquí delante! —gritó—. Es una carta donde se habla de usted muy elogiosamente. ¡Y también se me nombra a mí, figúrese! Por eso le llamo fuera de fecha.

—¿Una carta? —se acauteló Gregorio, recostándose en el sillón.

—Una carta, sí. Imagínese cuando la he leído. Se titula «Un genio olvidado». Cuando la leí y vi su nombre se me cortó la respiración. La llevo leída más de cien veces y estoy deseando enseñársela a otros viajantes. Porque yo les he hablado de usted, aunque muy discretamente, y ellos creen que no es tan importante como yo les digo. ¡Si supiera qué orgulloso me siento! Y mi padre, ¿qué diría mi padre si viese aquí mi nombre? La tengo aquí delante, en el periódico. ¿Usted no la ha leído?

—Pues no, ni siquiera lo sabía.

—¿No lo sabía? Lo que es ser un gran hombre. Salir en el periódico y no enterarse. ¿Quiere que se la lea? Me la sé casi de memoria.

—Está bien, veamos qué dice —se resignó Gregorio.

—Pues escuche, porque es una carta muy bonita, ya verá. Leo: «Señor Director: apelando al alto espíritu de justicia que sé que le caracteriza, le escribo estas líneas, que espero tenga a bien publicar, con la esperanza de llamar la atención sobre uno de los más grandes e incomprendidos hombres de nuestra época, a quien la envidia, la ignorancia y quién sabe si el odio, han condenado al más vergonzoso y triste de los olvidos. Me refiero, como ya más de uno habrá adivinado, a Augusto Faroni. No ignoro que el tiempo, gran juez de la Historia, acabará dando a cada cual el lugar que merece, y que no necesita valedores quien tiene sus obras que sobradamente lo defiendan. Pero mi deber, como biógrafo que soy de esta ingente figura, mi afán de justicia y también mi indignado patriotismo, me obligan a levantar la voz y a proclamar su nombre, para que nadie pueda pretextar, cuando una vez más hayamos de sufrir la vergüenza de que a nuestros genios se les descubra en el extranjero antes que aquí, que no se les avisó a tiempo, y sepa cada uno la parte de culpa y la deshonra que le ha de tocar en el futuro. Sé también, señor Director, que Faroni desaprobaría esta carta, pues su modo de ser sencillo lo convierte en enemigo de toda ostentación, y al brillo social prefiere la oscuridad de su modesta buhardilla de artista, y al boato de la gloria, su apartada y laboriosa senda de sabio. Así se explica que él mismo favorezca su propio olvido, y que renunciando a los honores trabaje humildemente en una oficina, sin que jamás se le haya oído una palabra de protesta. Es imposible resumir la obra del maestro, pero confiando en su generosidad lo voy a intentar, lo más breve que pueda. Por un lado está su actividad en renombradas tertulias de intelectuales, donde es figura cumbre y el curioso podrá oírlo disertar sobre las más difíciles cuestiones científicas y filosóficas, escuchar sus versos o el relato de sus apasionantes viajes, y embelesarse con su erudición y el donaire de su oratoria. A sus veintinueve años (aunque la edad es lo de menos), ya ha compuesto cuatro novelas, dos ensayos, dos libros de viaje, tres de poesía y una obra dramática. No voy a enumerarlas, por no alargarme, pero ¿cómo olvidar las novelas *Nombres para la eternidad* o *Te espero en Stambul,* por no citar *Vidas salvajes* o *La tragedia de un músico ambulante,* donde cuenta los infortunios de un guitarrista llamado Elías Centellas? ¿Cómo no recordar su libro de poesías *Mágicos vocablos,* o *El estudiante de los mares,* por no citar *Versos completos de la vida artística,* o su ensayo *Seres y Existencias,* su obra dramática *Convulsión* o las relaciones de sus viajes *El mundo en un pañuelo* y *Un poeta en el Artico?* ¿Y cómo silenciar, señor Director, el poema de 20.000 versos, titulado *El conquistador errante,* que ahora está componiendo? Pues bien, a pesar de tan extraordinarios méritos, ¿cuántos en este país (no en París o Roma, donde tanto lo admiran) han oído hablar de Faroni? ¿Cómo es posible que un hombre de tal valía no haya merecido aún un sillón en la Real Academia, a la que tanto podría aportar este gran mago de las palabras? Cada día somos más los que seguimos los pasos del maestro. Ya hay tertulias y centros a su nombre, sobre todo en el extranjero, y próximamente, uno de sus admiradores y discípulos, Dacio Gil Monroy, va a fundar un "Círculo Cultural Faroni", y a no dudar otros muchos seguirán pronto su ejemplo. Aprovecho desde aquí, y ya acabo, para rendir homenaje a quienes han descubierto en Faroni a uno de los más grandes e incomprendidos artistas de nuestro siglo. Y concluyo: ¿hasta cuándo este escandaloso olvido? ¿Hasta cuándo la envidia y la ignorancia? ¿Es que esta bendita tierra estará condenada a no conocer en vida a sus más grandes hombres? Gracias, señor Director, por publicar esta carta. Gracias en nombre del progreso. Firmado, en representación de la tertulia del Café de los Ensayistas: *Gregorio Olías*».

Guardaron un largo y solidario silencio.

—Señor Faroni —dijo finalmente Gil—, yo no sabía hasta qué punto era usted un hombre reconocido y famoso en tantas partes. Después de leer la carta, me da cierto reparo hablar con usted. Es como si estuviera hablando con Edison.

—Ese Gregorio Olías..., nunca debió hacerlo —susurró Gregorio.

—Pues yo creo que sí. ¡Que se entere la gente de quién es usted!

—Y de quién eres tú, que también vienes ahí —bajó Gregorio la voz.

—Sí, eso es lo que no entiendo. ¿Cómo es posible?

—Porque los biógrafos lo saben todo —dijo Gregorio desilusionado—. Date cuenta que nos vemos mucho y yo no tengo secretos para él.

—Ya entiendo. Pero ahora, ¿qué voy a hacer? Porque ahí me nombran como Dacio Gil Monroy, y aquí todos me conocen por Gil a secas. ¿Cómo voy a convencerlos de que ése del periódico soy yo?

—Diles la verdad, que es un seudónimo.

—No se lo van a creer. Pero, ¡fíjese qué orgullo poder enseñar el periódico y decir: «Yo conozco al gran Faroni, a uno de los más grandes genios del siglo, es mi amigo, y este Círculo Cultural lo voy a fundar yo»! Y me pondré en la tarjeta: *Fundador del Círculo Cultural Faroni*. Y diré: «Con este nombre me ha bautizado el gran Faroni para que presida el Círculo». Y ya nadie se atreverá a dudar de mis palabras. ¿Sabe? Ya he hablado del Círculo con Socorrito y he pensado decorarlo con un cuadro que represente un faro de mar, como en el café, y también con un retrato suyo, ¿qué le parece?

—¿Un retrato? —se sobresaltó Gregorio.

—Un retrato suyo.

—Pues la verdad..., no tengo ninguno apropiado.

—Pero se puede hacer uno, ¿no?

—No sé, ya veremos. Sabes que no me gusta la ostentación, y que además puede ser peligroso.

—Sí, pero fíjese qué bien quedaría. Y también he pensado hacer en las paredes un Museo Faroni, con cosas suyas que me mande. Sería muy bonito, ¿no cree?

—La verdad, no sé qué podría mandarle.

—Pues cosas personales que tenga por ahí. Bueno, y ¿cómo va *El conquistador errante*?

Gregorio explicó que avanzaba poco porque estaba componiendo a la vez un libro, con poesías viejas y nuevas, que aparecería en otoño, bajo el título ya clásico de *Versos completos de la vida artística,* y que el trabajo apenas le permitía visitar el café. «Ni siquiera veo a mi biógrafo», dijo, reservándose así una salida para el caso de que Gil llegase de verdad a inaugurar el Círculo. Pero a cambio le informó que el nuevo libro iría dedicado, entre otros, a su amigo Dacio Gil Monroy.

—¿A mí? ¿Es posible? —se asombró Gil.

—Para que veas que te estimo más de lo que tú crees. Allá para diciembre, en cuanto salga, te mandaré un ejemplar.

Gil se deshizo en agradecimientos y colgó como siempre entre excusas y balbuceos.

Gregorio cerró entonces los ojos, y con la mano todavía sobre el auricular, recordó la noche de julio en que, incapaz de ganar una línea en los fragmentos supervivientes a su novela *La tragedia de un músico ambulante,* tuvo de pronto la idea de escribir al periódico de provincias que Gil leía, y cuyas señas indagó por teléfono. Abandonó los ímprobos trabajos literarios y en tres noches consecutivas, desechando más de diez borradores, redactó la versión final de la carta. Para combatir los escrúpulos, pensó no tanto en que después de hacerse un nombre tendría tiempo de elaborar la obra atribuida como que aquella obra podía haber existido en realidad, a poco que se lo hubiera propuesto. «Me ha faltado constancia, no talento, y además la obra existe en mi cabeza», razonó, porque para entonces podía imaginarse con detalles precisos los personajes y situaciones de sus relatos, en los que a veces se abstraía durante horas, ideando nuevos episodios. Pero después de oír la carta en boca de Gil, pensó que la farsa estaba adquiriendo una apariencia peligrosamente real, y que así y todo parecía más condenado que nunca a mentir, porque ahora que iba todos los sábados a la tertulia se veía precisamente obligado a decirle a Gil que no iba, de modo que nunca conseguía coincidir con la realidad y aquello era como si jugase con ella al ratón y al gato, o a cualquier otro juego de nunca acabar. Lunes y jueves para hablar con Gil, y los sábados para asistir a la tertulia, Angelina le tenía preparada la ropa de fiesta, y con un índice al sombrero salía saludando a los vecinos.

En efecto, después de cuatro meses de rigurosa asistencia, ya algunos lo conocían en el café y lo recibían con señas sutiles de complicidad. Y aunque nunca se sentó en las primeras filas, que parecían reservadas a contertulios veteranos, y prefería atalayarse en la pilastra y limitarse a dejarse ver y a estar allí, sin embargo alguna tarde ocupó sitio en la compacta orquesta de a pie, donde tampoco era fácil seguir la exposición, ya que el grupo, por efecto del empuje, y sostenido a reculones por los oyentes delanteros, tan pronto se deslizaba hacia el maestro como retrocedía alejándose de él, y en aquel continuo vaivén de marea también la voz se iba y se venía, y sólo se atrapaban retazos, casi siempre faltos de sentido. Por otra parte, Gregorio atendía más a la señorita que al maestro, la cual se volvía a veces —o al menos eso le parecía a Gregorio— para mirarlo precisamente a él, y sólo de imaginar esa mirada sentía que los huesos le brincaban como en un cubilete, en tanto que las vísceras, concertadas en un vuelco común, permutaban los puestos.

Así que muy pronto se encontró esperando los sábados con una zozobra semejante a la de los días de su primer amor, cuando la plenitud del sentimiento lo condenaba a una conducta contradictoria, y un acto anulaba a otro y no había pensamiento que no se resolviese en dilema. Se pasaba el tiempo mirando fascinado sus hombros o las travesuras del cabello, que al echar atrás con una torsión desdeñosa, desparramándolo por la espalda como arena viva, descubría el perfil fugitivo, y la breve visión de los labios entreabiertos por la seriedad o la sonrisa, la curva del cuello que se desvanecía insinuante y la mirada de infinita, recóndita y abrasadora dulzura, lo torturaban sin piedad. Aquellos fugaces atisbos eran agujas, puñales, espinas, dardos de nieve que iban directos a las llagas profundas del deseo. Pero lo peor era que aquella inalcanzable belleza ponía en peligro la imagen de Faroni, para quien Gregorio sabía que el amor era fácil, y aunque intentó despreciarla, convenciéndose de que no era su tipo, o que le faltaba espiritualidad o que sus tetas eran insignificantes, o bien que su alta condición de artista le exigía un renunciamiento casi monacal y que aquella mujer venía a ser lo que las sirenas para el incauto marinero, todo fue en vano, porque su recuerdo lo perseguía como un dolor imperceptible, que a veces se alzase con alguna súbita punzada. Hizo cuanto pudo por evitar la vergüenza del ensueño arbitrario, hasta que un sábado, abrumado por la desazón, fue al retrete, sorteando los chistidos del padre de las tres Marías, y se masturbó frente a un espejo roñoso —pegando a él la cara para ahuyentar la tentación de mirarse—. En la acometida final, un hiriente sentimiento de lástima, mezclado al poderoso trance, convirtió el arrepentimiento en ambigua explosión de placer. Aceptó el hecho como una prueba más de su obediencia a las leyes sencillas de la realidad, y a partir de esa tarde inició una delicada conquista amorosa donde lo cierto y lo probable se entreveraban en proporciones verosímiles. De ese modo esperaba escapar al bochorno de la mera ficción.

Como no ignoraba lo que un poeta —con libro editado y atributos espléndidos— puede en el corazón de una mujer, tomó a crédito las futuras ganancias y una noche de julio cerró los ojos y vio la cubierta de su libro: arriba el nombre en letras de erizado terror, luego el cielo oscuro, el vuelo inmóvil de las gaviotas, la compleja arboladura del barco, y abajo el título mecido por las olas. De pronto la imagen cobró vida. Cabeceó el barco y chillaron las gaviotas. La más veloz salió de la escena y, siguiendo su vuelo, la cámara llegó a las puertas de un lejano jardín. Entró en la espesura y desembocó a un claro donde mujeres en trajes de noche y hombres con pajarita bailaban al son de una orquesta. Había una piscina, un toldo, un césped con sillas de lona abandonadas al fresco. Perdiendo el rastro de las risas, se internó la cámara por un sendero de arena y fue a detenerse en una glorieta, en cuyo centro hacían corro clásicas columnas, levemente ataviadas con enredaderas. Y allí estaba él, Faroni, de pie, radiante con sus galas, empujando la barra de un columpio donde una mujer vestida de blanco vaporoso, en actitud soñadora, se dejaba ir y venir, riendo en cada vuelta, y así un buen rato, hasta que con un golpe de cadera saltó también él sobre el columpio, pulsó un resorte y ofreció tabaco. Fumando con descuido, apurando las risas, dejaron detenerse el vaivén. Giró entonces el torso y, encimado sobre la mujer, le impuso una sonrisa mundana, aristocrática y viril. Ella bajó la cabeza y el sendero brilló en la oscuridad. Con el dorso de un dedo le alzó la cara y la obligó a mirarlo, y sólo en ese instante la reconoció con inequívoca nitidez.

«Soy Faroni», dijo burlón. Ella bajó de nuevo y como avergonzada la cabeza, la movió con melancólica evidencia y dijo: «Lo sé que eres Faroni, el poeta; he leído tu maravilloso libro y sé que has estado en el Artico y que eres mágico». El deslizó sobre sus hombros un brazo protector, la atrajo menuda hacia su pecho y le recitó al oído la canción del marinero triste. Con el último verso brotó del silencio el rumor de un agua oculta, se oyó en la espesura el imperioso reclamo de un pájaro y a lo lejos las notas de la orquesta de baile. Por un instante confundió el tumtum de la batería con el alboroto de los senos y la respiración entrecortada de la señorita, que se había ido irguiendo con el mudo temblor de Faroni en los labios y que ahora lo miraba fijamente, mientras él se aflojaba el pañuelo y le sonreía con sincera ternura, cada vez más cerca, hasta que de pronto se echó arriba el ala del sombrero, le rodeó el talle y, venciéndola sobre el respaldo, besó sus labios iluminados y quedó envuelto en el lujoso aroma de limón.

La misma ternura, que lo hacía conducirse como experto, le reveló el instante en que el amor parecía exigir el testimonio de la obscenidad. Y ya iba con tacto ciego buscando entre la botonadura del vestido, cuando de súbito sintió la tentación de pronunciar su nombre, y en vez de la boca abrió los ojos y vio correr por el techo el reguero de luz de un automóvil.

Entonces cayó en la cuenta de que no conocía el nombre de aquella mujer. De inmediato le buscó uno. Desechó Vicky, Amapola, Ester y Rosalinda, y eligió el de Teresa. De ese modo consiguió desabrocharle dos botones y sentir en los dedos la temperatura íntima de su piel, pero ocurría que al pronunciar su nombre se disolvía el ensueño, o bien provocaba la irrupción de paseantes indiscretos, que eran siempre los mismos: el maestro, seguido de cerca por la parda criatura, Alicia con su perro, Elicio con su corona fúnebre, el padre de las tres Marías con una flor desnuda en el puño, que lo obligaban a retroceder de nuevo a aquel momento en que saltaba al columpio, pulsaba el resorte y ofrecía tabaco. Era un trabajo agotador. Otra vez, cuando a punto estaba ya de ganar la entrepierna, Angelina se incorporó dormida y gritó:

—¡Bordaré la sobrepelliz que me mandaste a mí, bordaré un bordado tan grande como tú!

Exhausto, acabó por dormirse.

Volvió a fracasar otras noches, pues el nombre de Teresa era falso y no casaba con el verismo que exigía la escena. Necesitaba puntos reales de referencia, y entre otros conocer el nombre de la señorita y que ella conociese el suyo, no fuera a ser que lo llamase Luck Turner, como ya había ocurrido en una de las variantes del ensueño. Así que al otro sábado fue al café. Sorteando contertulios, se metió en el compacto grupo de a pie y se abrió paso hasta la primera fila. Atraída quizá por las protestas, la señorita se volvió y lo miró. Gregorio le ofreció una cabezada de complicidad. Como otras veces, apenas se enteró de nada (pues allí se estaba más atento a no ceder terreno que a otra cosa, y siempre había por medio alguna discusión que todos intentaban acallar, originando así nuevas discusiones y acallamientos), pero ya casi al final de la tertulia oyó que a la señorita la llamaban Marilín. Entonces dejó caer algunas tarjetas y con los pies las empujó hacia delante, con la esperanza de que alguna llegase hasta Marilín y el maestro, y se fueran previniendo de la existencia de Faroni, para cuando en diciembre apareciese el libro. No hubo suerte, pero en la confusión final consiguió acercarse a la mesa y deslizar media docena de tarjetas entre los papeles del maestro. Lo vio marcharse, acompañado de Marilín, y vio cómo sus tarjetas pisoteadas eran barridas por los camareros. Entonces preguntó a un contertulio rezagado:

211

—¿Quién es esa señorita que se sienta cerca del maestro?

—Es Marilín.

Se llegó a un camarero:

—¿Quién es Marilín?

—La señorita rubia que se sienta cerca del maestro —contestó.

Gregorio le ofreció una tarjeta.

—¿Para qué me da esto?

—Una cortesía.

El camarero la leyó y se la embolsó en la chaquetilla.

—Es un honor —dijo con leve reverencia.

Esa misma noche retomó la conquista amorosa. Siguió a la gaviota, tomó por el sendero y llegó a la glorieta. Vio sus zapatos blancos salir de un súbito recodo y detenerse frente a las columnas. Llevaba en una mano una flor oscura y complicada, de largo tallo, que había tomado al paso con fácil destreza y que ahora sostenía suspendida como una fusta o un trofeo pueril. Dio algunos pasos más. Adivinando su breve avance por la corteza del planeta, sintiendo bajo sus pies la ardiente pulsación mineral, llegó junto al columpio, lo meció bajo las estrellas, saltó sobre él en marcha, accionó el resorte y ofreció tabaco. Oyó el clic del mechero y la remota orquesta. «Buenas noches, Marilín», se oyó decir. Ella entornó apenas sus ojos de esmeralda: «Buenas noches, Faroni, mi viajero y poeta». Apenas la besó, rindiéndola sobre el respaldo, ganó de inmediato tres botones, y cuando al hundir la mano en la ardiente desnudez de sus piernas la escena amenazó con desvanecerse, él volvió a pronunciar su nombre verdadero, y ella dijo el suyo, y él añadió, «huiremos a Alaska», y ella dijo, entreabriéndose a la lenta caricia, «donde tú quieras, amor mío», y le tendió una mano que él recogió y llevó sin violencia a lo más desazonado de su ansiedad. Se adormeció oyendo la música de baile. Al rato despertó y, sin abrir los ojos, buscó el escenario del ensueño. Marilín dormía en el columpio, esparcida de brazos y piernas como sobreviviente a un naufragio agotador. El vestido revuelto, el pelo, una mano que en su caída salía del desorden para entreabrirse en el vacío, eran signos de la reciente consumación amorosa. Entonces la gaviota chilló en el aire y regresó a la cubierta del libro, y con esta visión concluyó el ensueño.

Al levantarse encontró a Angelina frente al puchero del café. Su perfil, iluminado por el resplandor del fuego, no se alteró cuando Gregorio dijo, quitándole importancia, que ya tenía listo el libro para publicarlo en diciembre.

—Será mi regalo de Reyes —anunció, para darle al asunto un valor sentimental o cotidiano.

—Y eso, ¿cuánto cuesta?

Gregorio, que ya había pedido presupuesto en la misma imprenta donde encargó las tarjetas, aventuró una cifra aproximada.

—Es muy caro —dijo Angelina en tono neutro.

Gregorio la siguió hasta la sala, explicándole los secretos financieros del mercado editorial, y continuó hablando con la boca llena, intentando contagiarle su euforia y enredarla en las trampas del sentido práctico.

—Primero lo mando a todos los concursos —dijo, golpeando con el canto de una mano en la palma de la otra—, y si no gana ninguno, que yo creo que sí, lo ofrezco en las librerías al cuarenta o cincuenta por ciento, y a poco que se venda, que se venderá, ganaremos dinero.

—Primero esa ropa de fantoche, ahora el libro..., es un despilfarro.

—Al contrario —dijo él, apartando las migas de pan como si con ellas rechazase la objeción—, es un buen negocio. Sólo en la tertulia venderé unos doscientos ejemplares, que ya están, como quien dice, apalabrados. Y a un amigo que tengo en provincias le mandaré otros doscientos para que los coloque por allí. Los otros cien los venderemos entre las librerías y el vecindario. Así que si me encargo quinientos, que es lo mínimo que hacen en la imprenta, y ya me están pareciendo pocos, se puede decir que prácticamente están vendidos todos. Se mire por donde se mire, sacaremos dinero. Si es muy fácil, mira —y ayudándose con los cubiertos repitió la operación mercantil.

—Esas son las cuentas del Gran Capitán —dijo Angelina recogiendo la mesa.

—Tú ríete, que puede que estés hablando con un genio.

—Menudo genio. El genio Merlín —dijo ella saliendo de la sala.

Gregorio la siguió a la cocina.

—¿Qué nombre has dicho?

—El genio Merlín.

—¡Qué nombre tan bonito! ¡Merlín! ¿De dónde lo has sacado?

—No sé, de los cuentos que me contaban de niña.

Gregorio sintió entonces un acceso de ternura y, acercándose por atrás, la besó en el pelo. Olía a ropa enjabonada y a pájaro dormido. Su piel tenía el color cansado del mármol en invierno, y el pelo, vagamente rubio, había perdido la voluntad y los últimos brillos, y sólo expresaba la práctica inconsciente de la honestidad. Muchas veces había tenido la impresión de que eran dos extraños, de que habían perdido la oportunidad de conocerse de un solo golpe de intuición, en el primer encuentro, como le había ocurrido con Marilín, a quien nada más verla creyó conocer de toda la vida, pero ahora, viendo sus gestos pausados y metódicos, la plenitud de sus hábitos y los estragos del tiempo en su pelo, le pareció que la impresión debía de ser un espejismo de la costumbre. Pensó que había en el hombre un desnivel absurdo entre la complejidad de la existencia (con todo su aparato de sueños, proyectos, creencias, palabras y ansiedades) y su escandalosa brevedad, que era injusto habernos creado contradictorios y efímeros a un tiempo y que había que resignarse a conocer a los seres más queridos por sus gestos, sonrisas, miradas, olores y signos del Zodíaco. Y sin embargo, frente al conocer añejo, ¿qué era aquello de la revelación súbita, de la relación inmemorial que estalla con sólo una mirada y nos hace creernos por un instante eternos? Al recordar los cuentos infantiles, y al mago Merlín, nada se alteró en ella. Continuó lavando los cacharros con una mansedumbre que a Gregorio le pareció de una dulzura humilde, sin alarde, pero tan incierta y secreta que cuando la besó y ella dijo, «déjate de pamplinas», en un tono que no significaba aceptación ni rechazo, la confundió con un repentino sentimiento de lástima. Entonces, volviéndole la cara, la miró a los ojos. Buscó en ellos los fantasmas terribles del fracaso y del tedio, los convocó con una mirada sabia, pero sólo encontró el sosiego, sin mezcla de incertidumbre. Por un momento creyó que podría despertarla del sueño de la vida, como en los cuentos, mediante un beso o una palabra mágica. Luego, observando otra vez la precisión de sus movimientos, se preguntó si no sería él el durmiente, si no existiría alguna palabra prohibida, como abracadabra, que al pronunciarla por azar convirtiese el mundo en ilusión. Recordó un palíndromo, «atar a la rata», que él había mejorado en su juventud. Después de una tarde entera de emborronar papeles, mientras los otros empleados de la oficina habían salido de excursión a un monte, él se levantó y pronunció en alto: «Notar y atar a la rata y ratón», y le pareció que era un elegido, un hombre llamado por fuerza a alguna gran tarea.

Angelina apartó la cara y volvió a los enigmas de su oficio. Le hubiera gustado a Gregorio pedir perdón, no con una palabra sino con un discurso donde la disculpa se convirtiese en alegato, de modo que también él tuviese acceso al privilegio de la compasión, pero en ese instante entró la madre con su bata de papagayos y el pelo empitonado de sueño y los envolvió en un silencio de infinito reproche. Desde la noche en que Gregorio apareció vestido de Faroni, no había vuelto apenas a hablar, y vivía entregada de lleno a las prácticas religiosas. Rezaba a voces y a cualquier hora. Había inventado nuevas oraciones y establecido rigurosas jerarquías de santos y vírgenes, otorgándole a cada deidad los atributos que le parecieron más propicios. En la cúspide del altar que había instalado en la peinadora de su habitación, presidiendo el santoral, colocó a San Jorge, y sus símbolos fueron una espuela y un diente de perro, que semejaba de dragón; lo seguía San Antonio María Claret, representado por un cubo de agua y una bobina de hilo de perlé; San Francisco de Asís venía declarado por un bozal y una pluma de alondra, y por último Santa Catalina traía por señas una palma de mártir y un libro de controversias teológicas, que a falta de otro mejor era un rústico tomo de ordenanzas militares. Se inventó incluso un santo que remediase todos aquellos males que, por inadvertidos o livianos, no disponían de intercesores divinos. Le dio el nombre de San Espolón y su signo fue una polvera vacía, con un puñado de arena dentro.

Al verla allí, revolviendo en el azúcar, exagerando sus dolencias, desmayándose en ayes de dolor, y luego salir de la cocina seguida de cerca por el cascabel del perro, Gregorio se llenó de ternura por aquellas dos mujeres, que no ofrecían más de lo que tenían ni menos de lo que podían dar. Camino de la oficina, hubo de apelar a sus mejores convicciones para no caer de nuevo en la tentación del arrepentimiento.

Así pasó julio, entró agosto, y Gregorio se pasaba las horas componiendo o corrigiendo versos para el libro, mejorando su obra completa y pensando casi constantemente en Marilín. Revivió con frecuencia la escena del columpio, y como ahora sabía su nombre y ella conocía seguramente el suyo, no sólo la condujo muchas veces a su justo final sino que la amplió con intimidades hogareñas —en una bohardilla que ganó noche a noche, detalle a detalle, hasta conseguir una precisión microscópica y real.

Para no incurrir en hipótesis prematuras, juró no contar a Gil la conquista amorosa, cuyas incidencias tan pronto lo avergonzaban como lo comprometían en vagas ilusiones. Pero una mañana, ya al final del verano, encontró en la oficina una carta a su nombre. Era de Gil. Dentro había una fotografía, y en el dorso una dedicatoria escrita a lápiz: *Para el gran artista del siglo, Faroni, para que conozca a la novia de su más grande admirador y fiel amigo, Dacio Gil Monroy.* Debajo una posdata: *La foto está tomada en el comedor de la pensión. ¿Qué le parece el sitio para el Círculo Cultural? Se acaba de reformar y es bonito, ¿no cree? Fíjese en el cuadro y a ver qué le parece.*

Era, ciertamente, una sala grande, con amplitudes de local. En las paredes, sobre la claridad fresca de la reciente albañilería, había tres cuadros: uno representaba un sembrado llano, otro la Ultima Cena, el tercero un faro de mar entre unas escolleras batidas por las olas. Convivían allí lo privado y lo público. A un lado se alzaba un aparador oscuro, con una como jineta disecada de garras sobre el subiente de un tronco. A la derecha asomaba la rueda de una máquina de coser. El resto eran dos lámparas con palitos de vidrio, bajo el techo de vigas blanqueadas, y algunas mesas dispersas aquí y allá, como fichas sobrevivientes a una partida de ajedrez, con manteles de cuadros y, en el centro de cada una, un jarroncillo funeral con rosas reglamentarias de plástico. Tapando una de las ventanas —dejando ver por un extremo la desaparición de un entremuslo de caballería—, estaba de cuerpo entero la mujer. Era robusta y triste, y vestía un vestido también triste. Miraba torpemente a la cámara, y para reír había tenido que quebrar la cadera y afirmar en ella una mano con pícara licencia, pero era triste, y la risa se le paraba sin querer salir de la boca, como una papilla, haciendo inútil aquel gesto de levantar el rostro y regalarlo todo a la alegría. Abajo, el dedo meñique se le rizaba aflamencado, con más autoridad que gracia, y la otra mano se alzaba sobre la cabeza como para brindar un toro o advertir de un peligro. Se adivinaba que, huyendo de la naturalidad, había adoptado una pose de estatua y un aire equívoco de mocedad, y que alguien debía de estar allí cerca riendo la ocurrencia. Aquel escorzo era como una invitación a imaginársela con los brazos caídos, la risa vuelta al estómago, la cabeza baja y la expresión diaria, y quizá por eso, cuando el 4 de octubre Gregorio intentó recordar la foto, vio sucesivamente ambas imágenes, y ninguna le resultó definitiva ni real. Sin embargo, recordó sin vacilación la nota del pedido (doce cajas de vino y ochenta botes de aceitunas) que al otro lunes dictó Gil.

De inmediato preguntó por la fotografía.

—¿Qué le pareció el sitio?

—Bien. Es amplio y cómodo.

—Y el cuadro, ¿qué le pareció el cuadro? Se lo encargué a un pintor de aquí. Yo le di la idea.

—Ha quedado casi tan bien como el del café.

—Se hace lo que se puede —dijo Gil, reprimiendo el orgullo—. Verá, he pensado que para la tertulia podemos traer los pupitres de la escuela, además de algunos bancos, porque seguro que esto se llena. Todos querrán verle de tanto como he hablado de usted.

Gregorio se ajustó las gafas y tragó saliva.

—Hará falta una tarima.

—La conseguiré. De la escuela o la banda de música.

Gregorio se acordó entonces de la criatura de pardo y dijo que tanto si iba él como su biógrafo, necesitarían también un ayudante.

—¿Un ayudante?

—Sí, alguien que cuide de los papeles y del orden.

—Ese puedo ser yo —dijo Gil—. Si usted me lo permite, si me concede ese honor, yo seré su ayudante.

Gregorio aceptó. De inmediato, adivinando la dificultad del silencio en el que acababan de adentrarse, se puso a dibujar un pájaro y una flor. Pero no esperó la pregunta de Gil. Dijo:

—Tienes una novia muy atractiva.

—¿De verdad? ¿Le ha gustado?

Gregorio elogió su estampa y su carácter y Gil añadió que era además muy trabajadora y muy inteligente para los negocios.

—¿Cuántos años le echa? —preguntó.

—Pues no sé, pero parece joven —mintió Gregorio.

—¿Cuántos?

—No sé, las fotografías engañan tanto...

—Tiene cuarenta y cinco, dos más que yo, pero se conserva tan bien que la gente no le echa más de cuarenta.

—La edad es relativa.

—Sí es verdad —dijo Gil con tristeza—. Pero es fea, seguro que le ha parecido fea y no quiere decírmelo. Lo he notado en la voz.

—Por supuesto que no —protestó Gregorio.

—Y gorda.

—Pero...

—Y vieja.

—Vamos, Dacio, no desvaríes. De verdad que me parece una mujer atractiva. Y por otro lado eres tú quien va a casarse con ella, ¿no?

—Pero a usted no le gusta. Es fea y vieja.

—¿Ya estamos otra vez?

—Seguro que usted vive con una mujer muy hermosa y por eso no le gusta Socorrito.

—Vamos, Dacio, vas a conseguir que me enfade.

—¿A que vive con una mujer muy hermosa?

Gregorio dibujó el tallo de una flor.

—Sí —dijo resignado.

—¿A que es rubia?

—Sí —y dibujó un pétalo.

—Y con los ojos azules.

—Verdes.

—Verdes, fíjese. Y ¿qué edad tiene?

—Veinte años —dijo, dibujando el tercer pétalo.

—Veinte años. ¿Lo ve? Lo sabía. No podía ser de otro modo. Y es universitaria, ¿no?

—Pues sí, pero...

—¡Lo sabía, lo sabía! Es una cosa fácil de deducir. Y ¿cómo se llama?

—Marilín.

—¡Marilín! ¿Lo ve? ¡Si supiera cuánto le envidio!

—Sólo el amor es lo que importa —dijo Gregorio, rematando la flor.

—Por eso mismo —elevó Gil su protesta nasal—, por eso mismo. Yo a quien quise de verdad fue a Mari, mi novia de joven. Y, si quiere que le sea sincero, le diré que ahora que me imagino a la señorita Marilín, me avergüenzo de Socorrito, que no es culta, ni moderna, ni joven ni nada. Ya sé que es difícil que comprenda. Usted triunfa en los cafés, sale en los periódicos, ha escrito libros, es famoso, es joven, vive con la señorita Marilín, tiene admiradores, y no se da cuenta de que yo vivo en los pueblos, que ya voy para viejo, que me canso de tanto andar y estoy solo en el mundo. Por las mañanas, me digo al levantarme: «Pobre Gil, mira cómo amanece, ponte ahora los zapatos, coge la maleta y a luchar por la vida». Y los sábados, al anochecer, que a veces vuelvo andando por un camino oscuro, me digo: «Ahora estará hablando el señor Faroni en la tertulia, quizás algún inventor está haciendo en este mismo instante la demostración de un invento, o un filósofo exponiendo sus últimas ideas, y allí estarán todos calentitos y viendo de cerca los pasos del progreso, y tú, Gil, mira por dónde vas, por estas soledades, camino de un cuarto de pensión, sin nadie con quien hablar y muerto de cansancio». Y luego en el cuarto saco el espejito que me regaló mi novia y la navaja de mi padre y me pongo a recordar el pasado. Yo, señor Faroni —y empezó a quebrársele la voz—, yo soy un fracasado y no tengo remedio, eso es lo que yo soy, un tonto del bote, tan torpe que no serviría para ser su ayudante ni su amigo ni nada. Ahí tiene lo que hay y ahora ya puede usted despreciarme, porque es lo único que me merezco —y se puso a llorar.

Gregorio lo oyó gemir allá lejos, convulsivamente, y también a él le hubiera gustado llorar y gritarle que todo era mentira, que su vida de cuarenta y cuatro años era quizá más lastimosa que la suya y que de allí en adelante harían un pacto de amistad pura como no se habría conocido otro en el mundo, y que los dos solos, sin ayuda de nadie, con sus miserias e ilusiones, con el dolor de pies el uno y el olor a gallina mojada el otro, buscarían juntos algún camino de acceso a la felicidad. Un camino verdadero y brillante como una tarde infantil de verano. Que se harían vagabundos y vivirían al raso calentándose en una lumbre y asando patatas y hablando de las cosas menudas de la vida, y llamándose por sus verdaderos nombres. Pero nada de eso dijo. Se quitó las gafas y susurró: «Vamos, Dacio».

—Que no —se obstinaba Gil, balbuceando entre hipidos—, que no hay que darle vueltas, que no, que yo soy un don nadie y sólo sirvo para vender aceitunas y no me merezco el nombre de Dacio. Un desastre, un desastre...

Entonces Gregorio gritó:

—¡Gil, cállate!

Y Gil se calló. Se sonó los mocos y dijo: «Ya me callo, señor Faroni. Perdóneme usted».

Gregorio esperó a que se calmara:

—Pero, vamos a ver —razonó Gregorio—. ¿Por qué no dejas de quejarte y te haces pensador de verdad?

—Tengo cuarenta y tres años —objetó Gil.

—Nunca es tarde si la dicha es buena. Además, mira, de aquí en adelante yo te mandaré revistas, libros y muchas cosas más. Verás como ahí, con mi ayuda, llegarás a aprender tanto o más que en la ciudad. Y en cuanto a Socorrito...

—Tiene un nombre ridículo.

—Pues cámbiaselo.

—¿Cambiarlo?

—Sí. Le podías poner Aurora, o Alicia, o Vicky.

—No, no, ella no querría. Eso no puede ser.

—Pues se lo impones. Don Quijote, por ejemplo, le cambió el nombre a su amada y le puso Dulcinea.

—No, pero esas cosas no son para mí. Ella seguiría siendo la misma y yo también. No, no, mi vida es un desastre.

—No eres justo contigo mismo. Además, ¿no vas a fundar un Círculo de Cultura y no cuentas para eso conmigo?

—Eso sí.

—Entonces no te quejes, porque hay gente todavía peor. Piensa en los que son analfabetos, o pasan hambre, o tienen un defecto físico.

—¡Lo que yo daría por oírle hablar en el café! —dijo Gil, sin entrar en razón—. Me digo: «Gil, te morirás sin entrar nunca a una tertulia». Si yo pudiese oír un poco, sólo un poco, con sólo eso me conformaba. Se lo ruego, señor Faroni, usted que es un gran hombre, ¿no se le ocurre algo?

—Y ¿qué podríamos hacer? —caviló Gregorio.

—No sé, usted sabrá.

—¿Yo?

—Bueno, no sé.

De pronto a Gregorio se le ocurrió otra idea luminosa. Empezó a dibujar una nube y dijo:

—¿Por qué no me llamas por teléfono a la tertulia el próximo sábado?

—Sería estupendo —se emocionó Gil.

—Toma nota —y le dio el teléfono del café—. Llama a las ocho en punto y di lo siguiente: «Que se ponga el poeta Faroni de parte de un discípulo». Ni una palabra más ni una menos.

Gil prometió que haría lo que le ordenaban y colgó entre tartamudeos de gratitud.

Esa misma tarde Gregorio fue al café, buscó al camarero a quien semanas antes le había obsequiado con una tarjeta y le preguntó:

—¿Se acuerda de mí?

—No del todo.

—¿No se acuerda de Faroni, el poeta?

—¿Faroni? No en este momento.

—Yo soy Faroni. Verá, el próximo sábado, durante la tertulia, a las ocho en punto, me llamarán por teléfono. Es una llamada urgente y por eso he dado el teléfono de aquí. ¿Hará usted el favor de estar atento y avisarme? —y le deslizó un billete en el bolsillo, como había aprendido en las películas policíacas.

—Faroni —murmuró laboriosamente el camarero.

—El poeta Faroni de parte de un discípulo —corrigió Gregorio, tendiéndole otra tarjeta—. Si lo hace bien y es discreto, yo sabré agradecérselo.

El sábado, antes de las siete, fue al café, abordó al camarero y le recordó el pacto. Bebió dos copas de anís, y apenas llegó la comitiva, entró tras ellos y —seguro, animoso, centelleante la mirada, adelgazado el labio y oponiendo el hombro— se abrió paso entre el grupo —«permiso, permiso»—, dejando atrás protestas y calumnias, y fue ganando lugares hasta llegar a las primeras filas. Miró a Marilín. Gregorio se llevó un índice al sombrero y extendió el saludo hasta el maestro, que ya se desgarraba de sus pieles de estío.

Se empezó a hablar del alma, le pareció a Gregorio. El grupo se puso a oscilar y de pronto surgió una discusión y dos contertulios, entre blasfemias, rodaron trabados por el suelo. Luchaban en silencio, laboriosos y humildes, y Gregorio los vio desaparecer rodando camino del retrete. El ayudante de pardo se levantó, fue a ver qué ocurría y regresó a informar al maestro. Este asintió y se quedó gravemente dando cabezadas. Gregorio no hacía más que mirar el reloj y el teléfono. Le parecía tan imposible que aquellos artefactos pudiesen sonar alguna vez como que un perro rompiese a hablar de pronto. Allí, en el grupo, hacía un calor terrible. El discurso avanzaba implacable y

Gregorio, aflojado repentinamente por el temor, fue perdiendo terreno. El reloj dio el cuarto y la media. Pronto, empezó a oscurecer. A través del humo y de las gafas veía al maestro hacer redondelitos en el aire con el pulgar y el índice, picos de pato si pellizcaba algún argumento del grosor de una pulga, casitas alpinas cuando unía fraternalmente los dedos, y también manejaba naipes invisibles, acariciaba bolas de cristal de tamaño adivinatorio, degustaba bizcochos, desenroscaba tuercas, subía a pulso pesados objetos, desparramaba embozadas de plumas o monedas, cambiaba probetas de lugar, rechazaba ofertas tentadoras, allegaba montones de trigo y lana, despreciaba locos proyectos, descubría islas distantes, señalaba cumbres y simas, juntaba los dedos como flores dormidas, los abría con lentitud carnívora, se sacudía arañas, cardaba lino, sembraba arroz, segaba hierba, escogía las mejores naranjas, cambiaba candelabros por figurillas de cerámica, tiraba de una soga, sacaba a pastar rebaños, liberaba pájaros, trazaba en el aire rúbricas, espirales, teoremas, mapas con sus caminos y provincias, sus ríos de curso ágil o caudaloso, sus cordilleras, cascadas, isobaras, golfos y lagos interiores, y en sus manos se alzaba la tempestad y la calma, y había en todo aquello algo fantástico que Gregorio miraba deslumbrado, sin conseguir imaginarse qué palabras podían sustentar tanta maravilla. La voz crecía y decrecía, rehaciéndose desde el susurro a la distorsión, como un ruido de olas. El grupo oscilaba, entrando y saliendo de un espejo enloquecido por aquel asalto interminable. En una de las reculadas, Gregorio se metió en lo más compacto del auditorio y miró fijamente el teléfono. De pronto, sonó.

Eran las ocho en punto. Nadie lo atendía. Al fin se llegó a él un jubilado y habló con aspavientos de sordo. Luego, arrastrando los pies, se acercó a un camarero. El camarero llevó la noticia a otros camareros, hasta que de ellos vio Gregorio a su cómplice destacarse unos pasos y levantar un índice hacia él. Abismándose en la libreta, se hizo el distraído. Quienes habían advertido la seña, buscaban al destinatario, y por señas se entendían con el camarero para que éste precisara su objeto. Enarbolaba el índice: señalaba, reiteraba, negaba cuando alguien señalaba a alguien a su vez. Hubo un momento en que casi todos se aludían unos a otros con el dedo, y algunos incluso se apuntaban sorprendidos a sí mismos, tocándose el pecho y extrañando la cara, hasta que al fin el maestro se detuvo, se hizo el silencio y el camarero avanzó unos pasos y dijo con voz clara, lúgubre y cavernosa:

—El poeta Faroni, al teléfono, de parte de un discípulo.

Un escalofrío le subió por la espalda.

—Yo soy —dijo, levantando un dedo.

Todos se volvieron a mirarlo, unos atónitos, otros sonrientes, otros inexpresivos, y también Marilín se volvió y enarcó las cejas. Gregorio la miró con pródigo lujo de perfil y ella le devolvió la calderilla de una sonrisa, le pareció a Gregorio, mientras salía estirando la nuez —«permiso, permiso»— hacia el teléfono.

Muchos ojos siguieron sus pasos, y el maestro no se decidía a continuar y permanecía dubitativo junto a la columna. Gregorio se estribó contra la pared, cruzó los tobillos en escuadra y medio gritó: «¡Faroni al habla!».

Entonces, se reanudó el discurso, pero algunos continuaron mirándolo fijamente, y otros se volvían a menudo para comprobar si seguía aún hablando por teléfono.

Se oyó muy lejos una vocecita: «Soy Gil». «Hable más alto», dijo Gregorio. «Soy Gil.» «¿Dónde está ahora?» «Mire usted, en la pensión de Socorrito.» Gregorio buscó la intimidad de la pared: «Pues aquí estamos en la tertulia. Justo en estos momentos se está hablando del alma. ¿Quieres escuchar el ambiente?». «Me gustaría mucho.» «Escucha», y tendió el auricular hacia la sala. Algunos miraron con asombro y él hizo que buscaba algo en los bolsillos.

«¡Qué! ¿Has oído?» «Se oía un rumor.» «¿No había una voz más alta que las otras?» «Sí.» «Era la voz de uno de los maestros. Se llama Santos Merlín.» «¿Y usted no habla hoy?» «Después.» «¿Cómo?» «¡Después!» «Ya. ¿Y hay mucha gente?» «Sí, está lleno.» «¿Y también está la señorita Marilín?» «Sí, la estoy viendo en la primera fila.» «Salúdela de mi parte.» «¿A quién?» «¡A la señorita Marilín!» Callaron sin saber qué decir. «¿Quieres volver a escuchar?» «Por favor.» De nuevo buscó en los bolsillos y tendió el aparato. Habían comenzado las intervenciones y se oían murmullos y voces de protesta. También al otro lado de la línea se oyó a Gil pedir silencio con siseos enérgicos. Una voz femenina se acercó al auricular: «¡Hola, señor Faroni!». «Era Socorrito», dijo Gil. «Salúdela en mi nombre.» Se oyó un confuso vocerío a ambos lados de la línea.

«Bueno, esto es lo que hay», dijo finalmente Gregorio. «Gracias, señor Faroni. Esto, créame, significa mucho para mí, porque aunque poco, es algo real», se emocionó Gil. «Bien, ya hablaremos de todo esto el lunes.» «Dé recuerdos a todos de mi parte», oyó antes de colgar.

Se apoyó en la pilastra, sin devolver las miradas curiosas, y esperó a que concluyera la tertulia. Rehuyó cualquier palabra que pudiese alterar la calidad ambigua de sus sentimientos, se imaginó el cansancio como una cabaña de troncos al otro lado de un río, constató que le quedaban fuerzas para derribar un taburete, resignarse a la contemplación de la próxima lluvia o renunciar a la esperanza de un medio de transporte, una motocicleta por ejemplo. Pensó en una expedición en busca del origen de un río, en alguien que cruza en otra dirección con una escoba al hombro y en un albañil que antes de echar a andar se ajusta un gorro de lana azul. «Albañil a tus albas», se dijo, tocándose la cara, y ya se disponía a refugiarse en otras imágenes y palabras cuando se oyeron algunos aplausos y rechiflas. Arqueó el espinazo y adelantó el mentón para enfrentar el paso de la comitiva. La vio alejarse y desaparecer en un espejo. Detrás salieron los demás. Los camareros desbarataron la orquesta de sillas y esparcieron serrín. Despertaron los jubilados de su modorra y, como por arte de magia, todo adquirió un aire de pacífica irrealidad.

Gregorio continuó apoyado en la pilastra. «Carpintero a tus carpas, fontanero a tus fontas, herrero a tus erres, pecador a tus pecas», fue enumerando, sin ilusión ni desaliento.

Antes de pagar al cómplice, se imaginó a un niño tocando el violín con una anguila, y vio un camino con una jarra de leche rota en medio. Luego salió, se subió las solapas y se perdió entre la multitud.

Capítulo XIV

Fue un invierno crudo, de cielos bajos, aire colado en los zaguanes, tirites de charcos y nortes esquineros. Invulnerable a cualquier inclemencia, Gregorio seguía trabajando en el libro, y por las tardes se aventuraba más allá de los linderos del barrio, en busca de los regalos que había prometido a Gil.

Primero encontró el catalejo de su padre almirante. Luego fueron los lentes del notario, el capelo felizmente descolorido del cardenal, la pamela parisina de Marilín y la gorra marinera que utilizó él mismo en su época de grumete. Con pequeñas pero metódicas cantidades que iba sisando del cestillo de mimbre, envió revistas y tarjetas postales de todo el mundo que encontró en puestos callejeros y en tiendas de anticuario, y objetos que atestiguaban su propio y magnífico pasado: un jipijapa de fantasía, la brújula que utilizó la expedición del Artico, la copa que le entregó un rey en el Certamen Lírico de París y que hizo grabar con la leyenda: AL INSIGNE AUGUSTO FARONI. PRIMER PREMIO DE LA POESIA INTERNACIONAL, y otras cosas que ilustraban con exactitud las distintas fases de su existencia imaginaria. Llegaba a casa con los trofeos, que escondía en el trastero del sótano, y mientras subía las escaleras se preguntaba en qué acabaría aquel adverso o feliz malentendido, y si le llegarían las fuerzas y la convicción para seguir manteniendo la alta imagen de Faroni, con el que tan pronto se identificaba como evocaba de un modo independiente: un tercero creado por las ambiciones y miserias de dos seres ilusos. Pero apenas iniciaba la reflexión cedía a los apremios de las visiones nocturnas y el mundo se le volvía un fantástico carrusel de cosas ciertas y fingidas, que se superponían en el vértigo de las vueltas, y entonces comprendía hasta qué punto le hastiaban los ensueños que no estuviesen unidos a la realidad por algún vínculo tangible.

Aquellos objetos le revelaron su pasado ficticio con una veracidad deslumbrante, y se pasaba las horas enriqueciéndolos con nuevos detalles y desechando otros que no se ajustaban a su temperamento o a la lógica de lo posible. Tenía, pues, un pasado ejemplar y una extensa obra, con sus indicios reales, su densidad fragmentaria y hasta con las lagunas propias del olvido. Confuso, lúcido, animoso o cansado, convenciéndose de que estaba haciendo con Gil una obra de caridad y salvando así los breves vislumbres del riesgo y la vergüenza, durante dos meses cursó puntualmente su opulenta colección de despojos.

Gil recibía alborozado las reliquias, y como su vida ambulante le impedía llevarlas consigo, alquiló un cuarto estable en la pensión de Socorrito, las dispuso con sus rótulos correspondientes y allí se pasaba las horas libres y fiestas de guardar, sin acabar nunca de maravillarse con la elocuencia de aquellos símbolos, que venían a representar el espíritu del progreso y la identidad histórica del siglo. Gregorio le había aconsejado que por el momento no enseñase a nadie aquellos tesoros de familia, para precaverse de ladrones e incrédulos, y que hasta que no se inaugurase el Círculo Cultural, el improvisado museo permanecería cerrado al público.

También le mandó o le recomendó los libros prometidos. Gil sólo conservaba algunos manuales del bachillerato y la biografía de Mister Edison. Fuera de eso, apenas leía y, cuando lo intentaba, siempre sufría la duda sobre si el libro que había escogido sería o no provechoso. «Usted podría recomendarme los libros esenciales. Dirigirme», le había suplicado en más de una ocasión. Y Gregorio desempolvó sus libros de estudiante y le recomendó o le envió los *Diálogos* de Platón, la *Poética* de Aristóteles, la *Summa Teologica* de Santo Tomás, la *Crítica de la razón pura* de Kant o la *Lógica* de Hegel, y en literatura, comenzaron por el *Majabarata* y el *Ramayana*, con objeto de ir luego barriendo obras maestras hasta la época actual. De aquellos libros, descontados los que le envió Gregorio, Gil no encontró la mayoría, y los que encontró no los entendió.

—No estoy preparado —se lamentaba—. Y además estas cosas hay que cogerlas de chico. Como decía mi padre, «loro viejo no aprende lengua».

Pero su entusiasmo se desbordó cuando Gregorio empezó a enviarle, en tallas grandes y sabiamente envejecidas, todas las prendas de su indumentaria faroniana, desde el sombrero a los zapatos blancos, e incluidas las gafas. No pudo evitar entonces un sentimiento de inquietud, pues la farsa había alcanzado una fluidez tan natural, que lo arrastraba con su lógica y no exigía ya de ninguna invención. Y cuando un lunes de noviembre llamó Gil con el anuncio de que se había encargado a medida un atuendo idéntico al de Faroni, con sus gafas negras y todo, Gregorio descubrió con angustiada certeza que ya era tarde para volver atrás, y que lo único que podía salvarlo del peligro de un desenmascaramiento era adentrarse sin miedo en lo más espeso de la ficción. Así que la tarde en que callejeando por la parte antigua de la ciudad se detuvo ante una vitrina y vio el retrato, no lo dudó un instante.

Representaba de busto a un joven con el cabello alborotado por el viento y la mirada torturada y remota, vestido descuidadamente con una levita entre cuyas solapas se rizaba, con ondas y remansos, un pañuelo de seda a medio desceñir. Un aire de fatal melancolía empañaba sus ojos, como si hubiese descubierto en el confín el enigma de su propio y terrible destino, y el viento que todo lo agitaba parecía emanarle de la profundidad sombría del pensamiento. «Podría ser Faroni», pensó de inmediato, y en lo más hondo de su alma se reconoció sin error ni malicia. Miró hacia arriba: era una librería de viejo con umbral de madera y campanilla diáfana, a cuya seña salió de la trastienda un anciano, ajustándose los lentes.

Gregorio señaló a sus espaldas con el pulgar:

—¿Quién es ése, el del retrato?

El anciano dio unos pasos tímidos y abrigados:

—Un poeta —pronunció con dulzura.

—Y ¿qué más?

—Un poeta romántico.

—¿Cuándo vivió?

—Hace mucho tiempo. Más de un siglo.

—¿De dónde era?

—Era inglés.

«Inglés, hace más de un siglo», pensó Gregorio, calculando las posibilidades favorables. «Puedo decir que es un retrato idealizado o que lo engañé para no comprometerlo en cuestiones políticas.» Y en cuanto al desajuste de la época, razonó que la levita había pasado de moda, ciertamente, pero no así el anacronismo, como le enseñaba su experiencia en el café, donde algunos llevaban capas, túnicas orientales, pellejos de oveja y otros atuendos más o menos rancios, de modo que nada antiguo parecía ser inoportuno.

Lo envió al día siguiente, con rúbrica y dedicatoria, y al otro jueves repicó el teléfono con perentoria intensidad.

—¡He recibido su retrato! —gritó Gil—. Es usted muy guapo. Parece, no sé cómo decirle, un ángel rebelde.

—Bueno, en realidad —dijo Gregorio, poniendo las cosas en su sitio—, el pintor, que es amigo mío, más que la figura lo que ha intentado es captar el espíritu.

—Pues lo ha captado de maravilla.

—Sí, porque el espíritu es lo que importa, y lo demás es secundario.

—No tanto —murmuró Gil.

—Hombre, date cuenta que ha habido escritores mancos y cojos, conquistadores enanos y filósofos jorobados, y sin embargo sus espíritus eran grandes y sin defecto. Y si tú tuvieras que pintarlos, ¿les pintarías la joroba y el muñón o el espíritu?

—El espíritu.

—Pues eso es lo que importa, el espíritu. De hecho —se le ocurrió de pronto— el retrato se titula *Retrato espiritual de Faroni,* y en general ahí se me ve mejor el alma que el cuerpo.

—Pero siempre se ha dicho que la cara es el espejo del alma.

—Eso es relativo. Platón por ejemplo era muy feo de cara, y ya ves qué gran filósofo fue. Y Cervantes no tenía dientes, y así muchos.

—La vida es un misterio —se sobrecogió Gil.

La vida, efectivamente, era un misterio. Cuando Gil estrenó en navidad su nueva indumentaria y llamó con ella puesta, a Gregorio, que vestía igual al otro lado, le pareció increíble haber llegado a aquella situación. Sí, la vida era un misterio, un sueño, el puñado de arena que había echado la madre en la polvera vacía. Pero, por otra parte, había ganado tanto en la conquista de la realidad, que no se sorprendió cuando un sábado, al pasar junto a Marilín al término de la tertulia, sacase fuerzas para saludarla por su nombre: «Adiós, Marilín», y que ella respondiese: «¿Cómo va eso, Faroni?». Para evitar cualquier barrunto de burla, para castigar su atrevimiento en el caso de que ésa hubiese sido su intención, aceleró los preparativos del libro.

Planeó detalladamente el original. Constaría de cuarenta y tres poesías de la adolescencia y doce nuevas, dos prólogos (uno de Gregorio Olías, con la semblanza biográfica, y otro que pensaba adjudicar a alguna ilustre personalidad extranjera) y un soneto o décima de Santos Merlín a Faroni. Durante siete noches trabajó sin descanso. Redactó primero la dedicatoria: *A mis padres y abuelos. A mi tío, Ilustrísimo Félix de Olías. A Angelina. A mi amigo Dacio Gil Monroy, químico y pensador. A Gregorio Olías, mi primo y biógrafo.* ¿Qué más? Pensó en Elicio, en Alicia, en Marilín, en la madre y en algunos vecinos, pero, huyendo del exceso, se limitó a añadir: *A mis amigos de todo el mundo.* Le pareció una dedicatoria elegante, discreta y hasta un punto enigmática.

Abordó luego los prólogos. La biografía se ajustaba a todo lo que le había contado a Gil, y contenía la relación de su obra completa, con algunos fragmentos escogidos. Le llevó poco tiempo. Pero el segundo, ¿a quién atribuirlo? ¿A un imaginario doctor Sprummer o a un personaje real, que todos conocieran? Quizás en otros tiempos se hubiese decidido por el primero, pero ahora, hambriento de realidad y saturado hasta la náusea de invenciones demasiado fantásticas, rechazó a aquella etérea criatura como si se tratase de algo deshonesto. Elegiría, pues, un personaje real.

Se concentró en nombres insignes. Desechó los nombres ilustres del país, pues su cercanía los hacía peligrosos, y después de barajar las pocas celebridades extranjeras que conocía, eligió finalmente —y fue como una revelación— a Ernest Hemingway, cuyo nombre había leído alguna vez en los periódicos y al que no consideraba excesivamente famoso. Como, por otra parte, ya había muerto, nadie podría venir a desmentir el prólogo.

Volvió a la historia. Habló de un hotel en Bagdad, el Hotel de la Media Luna, de dos vasos de whisky, de una noche de junio, de una porfía sobre Platón, de una súbita revuelta armada y de cómo Hemingway y Faroni huyen en un camello a través del desierto. Seis días vagaron los fugitivos por el arenal, acechados por la sed y los espejismos. Al séptimo alcanzaron un oasis y compartieron un ramo de dátiles y un tasajo de cabra. La invención era suficiente. Añadió otros detalles de carácter realista y encaró el prólogo. Venció los prejuicios del estilo y del idioma diciéndose que la sugestión de la firma bastaría para acallar cualquier sospecha. Amagó un trazo en el aire y escribió:

«Me pide mi amigo Faroni, a quien tantas cosas debo, entre ellas la vida allá en Bagdad, que prologue sus versos de juventud, y he de decir que esto no supone para mí un compromiso sino por el contrario un gran honor. Y sin embargo, ¡menudo papeleo en la oficina nocturna de la inspiración hablar de Faroni! Porque por un lado su talento artístico y su valía humana lo convierten en una de las figuras más apasionantes de nuestra época...».

Se detuvo, pensó largo rato y prosiguió:

«... en una de las más cristalinas y apasionantes figuras de nuestra época, pero por otro, ¿quién es ese ser infausto y misterioso del que nadie sabe nada cierto salvo unos pocos elegidos, entre los que hay que destacar a su gentil y no menos infausto biógrafo, Gregorio Olías? ¿Qué decir de él si las blasfemias no lo hieren y los halagos no lo alcanzan? Faroni es la brisa mágica de un ideal de oro. Humo y oro es su obra, confiscada sin duda, por sicarios de precio, en algún tenebroso lugar. Mas, ¿qué importa? Ni nosotros, ni las generaciones venideras, perderemos nunca la esperanza de salvarla de su cautiverio, como en la Edad Media los cristianos a Jerusalén».

No sin pesadumbre tachó la referencia histórica, y siguió:

«Pero aunque no lo consiguiéramos, aunque la empresa sucumbiese en el proceloso piélago de la fatalidad, y el negro olvido nos cubriese con su fúnebre e inmisericorde ropaje, quedarían aún los fragmentos, tendidos al futuro por la inocente mano de un bandido, cuyo resplandor bastaría para alumbrar la ingente grandeza del autor. Y aunque no quedase nada, ni siquiera una línea, bastaría con la garantía de su existencia para recordarlo eternamente. Ninguna inclemente adversidad, ninguna vil conjura, podrá destruir nunca la magia eterna de su nombre».

Releyó sobrecogido el último párrafo. ¿Qué asombrosa fortuna le habría concedido el privilegio de tan altas palabras? ¿Al dictado de qué soplo acudía, puntual e inocente, la mano del bandido? ¿Sería de verdad un genio en bruto, como sugerían aquellos vislumbres? «La esperanza es delicada como un pájaro», improvisó de viva voz, «como la rosa en junio. No la expongamos a dedos incrédulos.» Le pareció entonces que estaba extraviándose en un tono demasiado subido para lo que pedía la situación. «Busquemos palabras nutritivas, de menos golosina», pensó, «la palabra lenteja, el menú que engorda y da eructos, el tocinete del concepto, la morcilleja de un refrán», y temeroso de enredarse en aquella retahíla, añadió: «el coño de la hipótesis, los sobacos de la definición, la polla de la idea», y sintió que ahora, purificado por el exabrupto, podría volver a un tono más cordial. Puso punto y aparte y en apenas dos horas concluyó felizmente el prólogo:

«Recordaréis, amables lectores, aquella escena de la Biblia en que uno de los apóstoles pidió tocar las llagas de Cristo para creer en él. De igual manera, sólo los que poseen una fe ilimitada en el arte, creerán en Faroni sin necesidad de conocer sus obras. Pero, para los incrédulos, para los que necesitan tocar las llagas, o como diría él, "tocar la frágil rosa estival", aquí está su libro, con algunas de las poesías de juventud.

»Prepárate ya, lector, para traspasar el umbral del misterio y entrar en el mundo de las palabras mágicas. Porque en los versos de Faroni las palabras se hacen nuevas. Leed por ejemplo aquello de:

"Más deprisa canta el mirlo
mirando el agua correr,
y más fuerte llora mi alma
según se va tu querer...".

»Recitad las palabras una a una, saboreando bien el sonido, cerrad los ojos y veréis cómo al mirlo le nacen plumas y gorjeos, y el agua se os mete, cristalina y susurrante, en las orejas. Ese es su talento. Esa es su grandeza para quien la sepa merecer. Ante estas poesías primerizas de juventud, uno se pregunta qué maravillas esconderá el resto de su obra.

»No remuevas, lector, las llagas del maestro. Y para ti, amigo Faroni, allá donde estés, un abrazo sincero de tu camarada y admirador.

Ernest Hemingway».

En la quinta y sexta noche compuso la décima de Santos Merlín, que le salió doble:

No hay duda, según entiendo,
sobre lo que he de decir,
ni tampoco descubrir
una novedad pretendo,
pues a nadie creo que ofendo
si digo que yo me sé
lo que bien alto diré:
que entre todos los artistas
que van a los Ensayistas
o a cualquier otro café,
hay uno (nadie se asombre)
que es de todos admirado,
y si aún no lo has acertado
te declararé su nombre:
es, por artista y por hombre,
no faro ni fulgor vivo,
sino lucero que altivo
relumbra en la oscuridad,
su patria es la inmensidad:
¿cuál será su apelativo?

Santos Merlín.

Al amanecer del séptimo día, conteniendo la euforia y oyendo a lo lejos las primeras cornetas, se acostó, cerró los ojos y, sin pensar en nada, sintió cómo el cansancio le salía del cuerpo y lo dejaba en un estado de livianía inerme. Era un martes de enero.

El miércoles se hizo una foto de estudio para la contraportada. Posó de medio cuerpo y de perfil, enmascarado por el sombrero bajo, las solapas y las gafas de sol, con un cigarrillo humeante en los labios y finalmente envuelto, por la técnica y el retocado, en una luz vaporosa que difuminaba los contornos y le daba un aire de actor de cine negro. Aquel era el héroe que había soñado ser en su adolescencia. Examinó la expresión enigmática, sin fecha ni lugar, el dominio secreto de las pasiones y el porte privilegiadamente melancólico, y reconoció sin error al poeta romántico inglés que un siglo más tarde, después de sufrir la mutación que exigen las modas y los tiempos, seguía mirando fascinado el mismo punto remoto del vacío. Entonces se le ocurrió una idea. Vio por allí unos decorados idílicos y pidió al fotógrafo que lo retratase con ellos al fondo. Había pensado ilustrar el libro con motivos reales, dándole así a la obra un cierto carácter de documento lírico. Entre otros, había un telón blanco, la silueta de un barco, una arquería moruna y una selva. En todas se sobrepuso de perfil y medio cuerpo, y ordenó matar el fondo para que no se advirtiera el artificio. El fotógrafo le ofreció vestidos apropiados. Aceptó un gorro de piel de castor para el telón blanco, un casco de explorador y un fusil para la selva y una gorra de capitán para el barco, pero no renunció a la gabardina, y sólo en la última toma se deslazó el pañuelo y, con ayuda de un ventilador, lo dejó flotar sobre un horizonte tropical de palmeras. Ya en casa, fue escribiendo al pie de cada foto: *Faroni en el Artico, Faroni en la selva amazónica, Faroni en Bagdad, Faroni en los mares del Sur.* Se vio tan ilusorio, y al mismo tiempo tan milagrosamente real, que no supo si sentirse humillado o enaltecido por un equívoco donde los riesgos se mezclaban con las ventajas hasta confundirse en ellas por completo.

Al día siguiente entregó el original en la imprenta. Antes de que nadie le preguntara, se adelantó explicando que él era un amigo del autor, que el tal Faroni era un primo suyo que vivía en París y que él se llamaba Gregorio Olías, biógrafo del poeta —y al decir su nombre tuvo la sensación de que estaba mintiendo, y se alegró de que aquel sentimiento fuese ya posible—. Eligió un modelo en papel tela y tamaño infolio, describió el dibujo para la cubierta y cerró el trato sin regatear, adelantando el 30 % del importe.

Esperó dos meses y diez días. Al principio iba a la imprenta, que quedaba en un sótano, tras una pequeña puerta de hierro a la que se bajaba por tres escalones de mezcla. Pero no se atrevía a entrar. Espiaba por un ventanillo sucio con tela de alambre y se recreaba en el olor a papel, a tinta y a grasa. Luego, desazonado por la espera, buscó mejores formas de combatir el tiempo. Intentó primero hacer dos cosas a la vez, pensando que los instantes venían a ser recipientes que antes se colmarían cuanto mayor fuese el caudal de la acción. Si leía el periódico (en busca de noticias de Hemingway, de Bagdad, de Roma, del Ártico, y de otras ciudades, lugares y hechos que confirmaran su existencia hipotética), tenía también que silbar o limarse las uñas; si miraba las nubes debía concentrarse en el recuerdo de una mirada anterior. Se peinaba afeitándose, comía cantando, hablaba escribiendo, y en momentos de gran inspiración hacía coincidir los cinco sentidos y las tres potencias del alma: olía una hoja, miraba un pájaro, acariciaba un hierro, degustaba una hierba, oía un reloj, pensaba en Platón, recordaba algún episodio de la infancia y se imaginaba un torneo medieval, como un consumado equilibrista de circo.

Se inventó otros trucos para engañar al tiempo, como dividir la jornada en secuencias tan breves que permitían ser desechadas de antemano. «Ahora tengo que bajar las escaleras», se decía, y en efecto, cuando quería darse cuenta ya estaba abajo, y allí se marcaba otro objetivo, que más tardaba en proponérselo que en cumplirlo, y así, la espera se convertía en una sucesión de fulgurantes victorias. Llegó incluso a intercalar un día apócrifo entre el jueves y el viernes, al que llamó saturnio, de forma que cuando llegaba el sábado descubría alborozado que era ya domingo. Y así, queriendo burlar el tiempo, sólo consiguió vivirlo con una intensidad interminable.

Pero llegó la primavera, tan temprana que a últimos de febrero, precisamente un día saturnio, Gregorio descubrió que habían florecido los almendros. Cuando llamó Gil, eso fue lo primero que le dijo, que la vida era hermosa y digna de vivirse, aunque sólo fuese para admirar las flores y salir al balcón a respirar el aire nuevo.

—Yo prefiero, sin embargo —dijo Gil—, el humo de los cafés.

Uno defendió la vida sencilla de los hortelanos y el otro las maravillas del progreso, y los dos con una nostalgia tan sincera que el desacuerdo se convirtió enseguida en complicidad.

—Cada uno quiere lo que no tiene —dijo Gil.

—Puede ser. Pero a veces la felicidad es algo tan sencillo que no nos damos cuenta de su presencia, y vamos a buscarla a otra parte, muy lejos.

—Pues yo creo que la felicidad hay que merecerla, y que es como ir a buscar un tesoro. Y los tesoros siempre están lejos, ¿no?

—Bueno, a lo mejor estamos ya lejos y no nos damos cuenta —dijo Gregorio.

¿Qué era aquello de estar lejos o cerca? Y ¿respecto a qué? Gregorio lo ignoraba, pero era feliz: había completado los envíos de su pasado y dentro de poco vería publicado su libro. Por tanto la primavera equivalía a una tregua de esperanza y de paz. «Soy feliz esperando», pensaba, y pedía, no sabía a quién, que aquella espera se prolongase mucho más, porque ahora que conocía el valor de los hábitos, la humilde trama inextricable de cualquier vida anónima, era dichoso, y percibía el futuro como una amenaza de la que por el momento parecía estar a salvo.

Pero cuando pocos días después fue a la imprenta y vio el libro impreso, y la cubierta con el barco y las gaviotas, y su nombre en letras llameantes, tal como se lo había imaginado en sus ensueños, sintió que una succión delicada y enérgica lo levantaba en vilo para pasarlo al otro lado de la amenaza y el temor. Las fotos, los versos, la magia de los nombres propios (Faroni, Gregorio, Hemingway, Santos Merlín, Dacio Gil Monroy, Angelina, Félix de Olías), y el olor a cola y a papel, le parecieron de una realidad indiscutible y deslumbrante. Era como en los cuentos de niño, cuando el hada madrina convierte la calabaza y los ratones en coche de caballos, la casa del pescador en luciente palacio, el mísero pan en oro auténtico. Así era el mundo, así de sutil la frontera que separaba la realidad de la ficción: un gato y un hombre vestido de negro, un zapatito de cristal que sólo por una talla no te convierte en reina, una palabra que por una sílaba trabucada transforma en tumba la cueva vehemente de tesoros. «Así es la vida», se dijo, mientras pagaba con gusto el 70 % del precio convenido. «Este es el gran misterio de la letra impresa, de los dibujos, de las fotos.» ¿Quién se atrevería a decir ahora que él era un impostor? ¿Qué prueba podría oponerse a la del libro que tenía en las manos, donde todos los nombres parecían destinados a sobrevivir a las opiniones de los efímeros mortales? Había juntado allí palabras que, siendo de todos, eran sólo suyas. Ellas lo defenderían contra las inclemencias de la vida. Definitivamente, aquélla era su isleta, sólida y tangible. Y aquellas gaviotas, hijas de su invención, eran también suyas. ¿Quién podría arrebatárselas? Casi con lágrimas de agradecimiento, firmó un albarán y estrechó una mano.

Eran quince bultos. Alquiló un motocarro y, sentado detrás, con los bultos, saltando y agarrado a los hierros, llegó a casa. Apenas subió la carga, abrió uno de los paquetes y le tendió un ejemplar a Angelina.

—Es muy bonito.

—Mira el barco, y las gaviotas, y las olas. Y mira, aquí estoy yo.

Leyeron la dedicatoria.

—¿Ves? También te lo dedico a ti. Y este Dacio Gil Monroy es aquel amigo del que te hablé. Vive en un pueblo, ¿sabes?, y se va a casar con una mujer que se llama Socorrito. Y a mi tío le llamo Ilustrísima porque a los muertos se les da en poesía ese tratamiento.

Juntas las cabezas, leyeron el prólogo de Gregorio Olías.

—Esto es también poético —se adelantó Gregorio a la sorpresa de Angelina—. Lo hacen muchos autores. El del seudónimo consta como autor y el verdadero autor hace el elogio. Una broma, ¿comprendes?

—Pero esto es mentira, Gregorio. Tu padre no fue almirante, ni tu abuelo juez, ni tuviste un tío cardenal, ni has estado en París ni en el Artico ni nada de lo que pone aquí.

—¿Tú qué sabes? —dijo Gregorio—. ¿Qué sabes tú del arte? ¿No ves que la poesía siempre es mentira? Fíjate aquí cuando digo: «la luna en el río se baña». También es mentira, porque la luna no se baña nunca. Es como en el cine. Verás —y fue a buscar un libro.

Trajo el *Quijote* y enseñó los prólogos.

—¿Te das cuenta? Todo esto también es inventado. Lo que pasa es que tú no entiendes de estas cosas. El arte todo es mentira, como en el cine. ¿O es que las novelas de la radio que tú oyes son verdad?

—Y éste quién es.

—Ese es Hemingway. Va a la tertulia y de allí lo conozco. Es americano. Es un tipo bajito, muy poca cosa, pero es un gran poeta, y también un gran orador. A veces lleva una túnica y un laurel, como los romanos. Le dejé el libro y le gustó tanto que ya ves lo que dice de mí. ¿A que es bonito? Y este Santos Merlín, mira qué poesía me ha dedicado. Es otro de la tertulia, se llama como el mago de tus cuentos.

—Pero tú no eres un genio, Gregorio.

—Y ¿tú qué sabes si yo soy un genio? Aquí dice que sí, ¿no? Y si lo dice esta gente, será que es verdad. Y ¿por qué no iba a ser yo un genio? A ver, ¿por qué no?

—Y estas fotos.

—Son para ilustrar las poesías. Pero, ¿será posible que no lo entiendas? Fíjate en ésta que se titula *La nieve eterna*. Entonces pongo aquí una foto con nieve, representando el Artico, para que el lector se haga una idea mejor de la poesía y del poeta.

Angelina meneó la cabeza y lo miró con los brazos caídos y llena de lástima:

—Eres un embustero, Gregorio.

—¿Yo? —miró Gregorio alrededor—. ¿Yo un embustero? Pero ¿no ves que todo es una broma, que el único embustero de verdad es el libro?

—Te van a meter en la cárcel, Gregorio, o en el manicomio. Te van a denunciar, y a ver qué hacemos entonces.

Gregorio volvió a explicar la naturaleza ilusoria del arte, extendiendo sus argumentos a la vida real, donde teníamos el caso de la madre, que se había inventado un santo y un marido, o al mismo Dios, cuya existencia era problemática, como todas las existencias.

—¿O es que nosotros existimos de verdad? —gritó girando bruscamente—. ¿Quién me dice a mí que tú no eres un espejismo, o quien te dice a ti que los mandriles (que son unos monos de colores) existen de verdad si nunca los has visto?

Y siguió a gritos, declarando que ya estaba harto de aquella mosquita muerta que sólo bordaba, bordaba y bordaba, que nunca abría la boca pero que de pronto le daba por decir, y puso voz de cotorra: «Esto existe, esto no existe, tú no eres un genio, tú no has estado nunca en la selva, te van a meter en la cárcel», y otras afirmaciones temerarias de ese estilo. ¡A él, además, que llevaba toda la vida escribiendo poesías por la noche, consagrado a una noble tarea, unas veces con suerte, otras, las más, con desventura, pero batallando sin tregua para encontrar una lucecita en el misterio de la vida, algo que diera sentido al universo, una lucecita de salvación, una respuesta a tantas y tantas preguntas terribles!, mientras que ella, la mosquita muerta, nunca pensaba, ni leía ni quería ir al teatro, siempre bordando y bordando hasta que de pronto se atrevía a condenar todo el producto de sus desvelos sin más autoridad que su láaanguido y miserable sentido común. Pues bien, que lo supiera:

—Me da igual haber estado en el Artico o no, la selva me la paso por aquí, mi tío fue cardenal porque a mí me da la gana que haya sido cardenal, y yo, yo soy Faroni porque he escrito esto —y enarboló el libro—, esto, y aquí en la pasta dice, mira, léelo, Fa-ro-ni, y porque prefiero ser Faroni a medias que tú Angelina por entero. ¡Y no quiero oír en esta casa que si tal cosa o la otra existe o no existe! ¡Hazte la cuenta de que tampoco el libro existe, ni yo, ni tú, ni el Artico de mierda!

Fue hasta la ventana y miró a la calle. «La vida es hermosa», pensó sin querer, en el tono rutinario y eficaz con que un funcionario hubiera dicho: «Vaya usted a la ventanilla número 5». Recuperó la calma y siguió hablando. Porque ella era hija legítima de la rutina. Lo blanco era blanco para siempre. Ella era fiel a un solo color. Porque, ¿cuándo había tenido ella una crisis como la que él tuvo, que no quería hablar y apenas comía? Nunca. Y qué pensaba, ¿que tuvo la crisis por capricho, o que también fue de mentira? Aquel Faroni que ella tomaba tan a broma, a punto estuvo un día de suicidarse. No Gregorio, que sólo existía en la mente enfermiza de Angelina, sino Faroni, el autor del libro, el que una vez había sido joven, el poeta al que ella se negaba a reconocer.

—Porque yo soy un extraño para ti, por eso crees que miento, porque tú te guías por el Gregorio oficinista y no por el Faroni poeta.

Pero estas cosas, quizás ella no llegara a comprenderlas. Él vivía en el mundo del arte y ella en el mundo de los bordados. Bordaba cisnes, y algunos dragones.

—Pues bien, ahí tienes un ejemplo de lo que te quiero explicar. Tus cisnes son tan mentirosos como mis viajes o mi padre almirante. ¿Te he dicho yo alguna vez: «Angelina, eso que estás bordando es mentira, es inútil que te esfuerces porque los dragones no existen y te van a denunciar, te van a meter en la cárcel o en el manicomio»? No, porque los bordados también son poesía y todos en el mundo somos un poco poetas.

Y Angelina, bien por los gritos, bien por la elocuencia del ejemplo, el caso es que comprendió.

—Perdóname, Gregorio —dijo.

Gregorio la tomó por los hombros y se sentó con ella en el sofá. Abrieron el libro y leyeron el primer poema que encontraron, que fue precisamente el de la nieve eterna.

—Es muy bonito —dijo Angelina.

—Lo escribí mientras tú dormías —explicó Gregorio en voz baja—, y al escribirlo pensaba en ti.

Angelina bajó la cabeza y él la alcanzó con un beso extraviado en el cuello.

—La poesía es como la religión. Por eso el Señor tiene tantos nombres: Jesús, Cristo, Jesucristo, Yavé, el Salvador, el Mesías, el Cordero, el Redentor, el Verbo, el Nazareno, el Hijo de Dios, y más que no me acuerdo ahora. Y lo mismo pasa con las cosas. Si te fijas, las cosas que tienen más de un nombre siempre son mágicas, y lo que hacemos los poetas es ponerles a las cosas nombres nuevos, para hacerlas misteriosas.

Continuó revelando los secretos del arte, pero no mencionó sin embargo las perspectivas financieras del libro. Desde el principio había sabido que a los concursos no podría mandarlo, porque resultaba imposible justificar las inexactitudes, sobre todo las referentes a Hemingway y a los títulos y fragmentos de las obras completas, y por la misma razón renunció también a ofrecerlo en las librerías. Restringiría por tanto el ámbito de sus lectores. Esa misma noche confeccionó cuatro paquetes: tres ejemplares para el maestro, tres para Marilín, cincuenta para Gil, para gasto del Círculo, y uno para el camarero cómplice. ¿Qué hacer con los otros cuatrocientos cuarenta y tres?

Siete meses después, el 4 de octubre, Gregorio recordó que a partir de entonces los libros comenzaron a aparecer en los lugares más insospechados: debajo de los muebles, en las alacenas de la cocina, entre el ramaje de una maceta, al desdoblar una manta, al tender un mantel, al volver una olla, dentro del organillo, bajo un colchón, en el horno y en los bolsillos de todos los trajes, abrigos, batas y pijamas. Un día, al abrir un armario empotrado, a Angelina se le vino encima un derrumbe de libros, y en el trastero encontró otros, medio roídos por los ratones. Vivían rodeados, acechados, sorprendidos y derrotados por aquel mar de letra impresa. La madre habló de plagas justicieras, y el perrillo, cada vez que encontraba un libro, se ponía a ladrar furiosamente a su alrededor. Como además las fotos habían quedado mal encuadernadas, bastaba cualquier ráfaga de viento para que se levantase un revuelo de hojas y una lenta lluvia de Faroni en el Ártico, Faroni en la selva, Faroni en Bagdad y Faroni en los mares del Sur, y no había forma de escapar a la furia de lo que parecía, en efecto, una plaga de dimensiones bíblicas.

Pero, entretanto, Gregorio había conseguido algunos éxitos notables. Gil, después de no encontrar palabras para expresar su admiración, después de decir que aunque no conocía a Hemingway había preguntado a todos los viajeros que fue encontrando en los caminos hasta oír maravillas de aquel genial americano, informó que ahora, entre los libros y las reliquias, el cuarto de pensión se le había quedado pequeño para tantos objetos memorables y que había alquilado un bajo en una casa medio derruida, sobre cuya puerta había colgado ya un cartel que anunciaba: CIRCULO CULTURAL FARONI. Contó que había reñido con Socorrito porque ella decía que le estaba llenando la casa de trastos y le dio a elegir entre ella o la colección de recuerdos. Y como era una mujer muy brava también le dijo que si se vestía así, con el sombrero y las gafas y de aquel modo tan ridículo, que no quería volver a verlo.

—Y yo, señor Faroni —y el orgullo le ablandó la voz—, elegí sus recuerdos. Por eso alquilé el bajo, que aunque era una cuadra ha quedado muy propio. Le he echado el piso de cemento y he cubierto el pesebre con una estantería para los libros. Las paredes las he pintado de azul, y estoy poniendo una tarima para cuando usted venga a la inauguración. Lo malo es que allí no caben más de veinte personas, si caben, y en fin, que no es digno de usted. Y por eso —continuó, alborotándose de nuevo—, no me quiero casar. Yo, mi querido Faroni, y permítame que le llame así, permítame esa libertad, yo tampoco creo en el matrimonio. Yo sólo creo en la ciencia, en el arte y en el progreso, como usted. Leyendo el libro me he dado cuenta de algunas cosas. He pensado: «Unos tantos y otros tan poco». No lo he pensado con envidia, usted sabe que no. Al contrario, he leído mil veces la dedicatoria y me he dicho: «Ahí estás tú, pobre Gil, inmortalizado sin haber hecho nada. Tienes cuarenta y cinco años y te morirás sin haber hecho nada, y dentro de muchos años alguien leerá el libro y dirá: "Este Dacio Gil debió de ser un gran hombre"». Y entonces he pensado: «Quizá todavía puedas hacer algo. Algo pequeño pero ejemplar, un acto que te salve de esta vida de desastre». Y entonces lo he visto muy claro. Me he dicho: «Necesitas un plan al que dedicar las fuerzas que te quedan». Porque fuerza todavía tengo mucha. No se ría. A veces la siento como si tuviera dentro un toro bravo, pero no sé contra qué dirigirla. Y entonces, ¿para qué sirve? Para amargarme, sólo para eso. ¿Tengo o no razón?

Gregorio contestó que, efectivamente, ése era el secreto de la felicidad, y añadió, recordando las enseñanzas de su abuelo: «Y no te quedes corto en el pedir. Cuanto más difícil sea el plan, más orgulloso estarás de él, y si es imposible, mejor aún, porque en el fracaso tendrás también la gloria».

—Entonces, ¿usted cree que me debo trazar un plan grandioso?

—Grandioso o quizá pequeño, no lo sé. Eso depende de los ideales de la persona.

—Entonces, señor Faroni, me trazaré un plan, aunque sea imposible. Es más, le diré que en cierto modo ya tengo uno.

—¿Uno? ¿Y cuál es?

—Bueno, por ahora prefiero no hablar. Si se lo contara se reiría de mí. Y además, es una tontería, ¿comprende?

Gregorio pensó que un hombre como Gil no podría sacar adelante más que humildes proyectos, como aquel de la cuadra, y supuso que la inauguración del Círculo era ya inminente. Pero ahora tenía el libro, y conocía tan bien la vida y la obra de Faroni, con sus claroscuros, galerías laterales y puertas de emergencia, que no le asustó demasiado el riesgo de un desenmascaramiento. No obstante, aquella misma noche comenzó a elaborar un largo discurso sobre Faroni, con poemas, fragmentos escogidos y algunos episodios de sus viajes y aventuras. Aquella ocupación le levantó el ánimo, pues después del libro vagamente intuía que la invención había concluido y que ya nada, o muy poco, quedaba por añadir.

El libro le permitió también realizar el ensueño de salir de casa vestido de Faroni y con el título, *Versos completos de la vida artística,* asomado al bolsillo. El primer sábado le regaló un ejemplar al camarero, pero el miedo a la burla o a la indiferencia, mezclado al placer de recrearse en el estupor que causaría la lectura, le aconsejó posponer la entrega de los dirigidos al maestro y a Marilín. Pensó incluso en la posibilidad de presentarse públicamente en la tertulia como Gregorio Olías, portavoz de Faroni, y resignarse al triunfo de que Marilín se enamorase del mismo ser hipotético del que se había prendado Gil, pero el escándalo de aquella nueva duplicidad contuvo su audacia. Finalmente, cuando supo que a final de junio se despedía la tertulia hasta septiembre, decidió que la entrega tendría lugar en el último sábado, para que así el enigma acompañase a Marilín y al maestro durante el verano y él tuviese tiempo de prepararse contra los coletazos de la realidad.

Ahora bien, según iba llegando junio, cierto temor sombrío vino a enturbiar sus planes. Era evidente que Marilín y el maestro no iban a deslumbrarse con la misma facilidad que Gil, cuya credulidad confundía los límites con la nostalgia y el deseo. Quizás el libro provocase efectos contrarios a los previstos. Quizás a la vuelta leyese en los ojos, en vez de la admiración, el sarcasmo y la lástima, y hubiese de huir avergonzado y renunciar a la tertulia para siempre. Tanto fue su espanto que, en la primera ocasión que tuvo, requisó el libro que había dedicado al camarero, con el pretexto de algunas correcciones. Durante tres sábados no fue al café, y el cuarto se recostó en la columna y desapareció antes del final. Creyó que algunos contertulios lo habían mirado con segunda intención, que no había cuchicheo que no lo hubiese aludido ni mirada que no hubiese atisbado al impostor tras las gafas oscuras. Pero rehusó aceptar la derrota. El último sábado de junio sacó fuerzas de la altanería y se dirigió al café con los seis libros dedicados. Se dejó ver en las primeras filas, y cuando la exposición dejó paso al coloquio se acercó al camarero, le encomendó la entrega de los paquetes y se marchó con la confusa convicción de que aquel acto era de renunciamiento, de arrojo, de humildad.

Durante julio, la ciudad quedó medio desierta y Gregorio dedicó sus ocios a deshacerse de los libros. Todos los días salía de casa con un capacho y regresaba con él plegado bajo el brazo. Los dejó olvidados en buzones, estantes de librerías, bibliotecas (sin olvidar registrarlos en los ficheros, junto con el censo de su obra completa), cines, bancos públicos y mesas de café. A Angelina le contó que estaba distribuyéndolos por las editoriales, y ella no opuso el más leve gesto de duda, de aliento o de desánimo, ni volvió a preguntarle nunca más por ellos.

Y al mismo ritmo, Gregorio iba perdiendo el gusto por la farsa y cayendo en un vacío que le era sobradamente familiar. No sabía si sentirse feliz o desdichado. No sabía si aquel aflojamiento anunciaba un principio o un fin, ni en qué punto exacto de su existencia se hallaba, si reencontrado en su tierra de origen o perdido definitivamente en un paraje sin retorno. Por el contrario, Gil parecía cada vez más dueño de un entusiasmo contenido, que con frecuencia se empañaba de melancólicos silencios.

—¿En qué piensas, Dacio? —preguntaba Gregorio, con una dulzura que invitaba más a un suspiro que a una respuesta.

—¿Yo? En nada. ¿En qué iba a pensar yo?

—No sé, a lo mejor pensabas en el plan.

—¿Yo en un plan? ¡Qué va! Estaba sólo mirando las cigüeñas.

Gregorio intentaba sonsacarle el secreto, pero Gil objetaba que los secretos no se dicen, porque entonces ya no serían secretos. Quién sabe si no le estaría preparando un recibimiento apoteósico, con banda de música y niños de escuela con banderitas de papel. Quién sabe si no sería capaz de alquilar un cine o una plaza de toros, de erigirle una estatua o de entregarle en un cojín de terciopelo las llaves de oro de una ciudad. Quién sabe si no estaría al cabo de la burla, y andaría urdiendo la venganza. Aunque tenía ya listo el discurso de apertura —que siempre había imaginado en un lugar reducido y secreto y ante un auditorio dócil, de no más de nueve o diez personas: los íntimos de Gil—, empezó a poner pretextos que excusaron su doble presencia, de biógrafo y de biografiado, pues si en otro tiempo Gregorio había temido la incredulidad de Gil, ahora que éste había tomado la iniciativa de la acción, aun temía más su fanatismo. Para ganar tiempo, y recobrar la propia estima, informó a Gil que en agosto, durante las vacaciones, haría un viaje por América del Norte.

—¡A América! ¡Cómo le envidio, mi querido Faroni, permítame la expresión. Y lo dice así, como si fuese a por pastillas a la esquina! ¡A América! ¡A la gran América! ¿Y va también la señorita Marilín?

Gregorio dijo que no sólo ella, también Santos Merlín y otros científicos y artistas del café: «Es una especie de Comité Cultural. Ya sabes, cada diez años se celebra una reunión mundial de tertulias», añadió.

—¡Lo que habrá que oír allí! ¡La de cosas que se dirán! —susurró Gil, con más tristeza que entusiasmo—. ¡Y lo que yo daría por oírlos, aunque fuese debajo de una mesa, como los gatos! ¡Fíjese, y yo aquí, viendo las cigüeñas!

—A la vuelta —dijo Gregorio, rehuyendo el consuelo—, ya hablaremos de la inauguración del Círculo. A mí me gustaría, por mi amor a las cosas sencillas, que se hiciese en el bajo, con poca gente, como los primeros cristianos. Una reunión íntima. Cuatro, cinco, nueve personas.

—Usted se merece algo más —protestó Gil—. Mucho más. ¡Estaría bueno que viniese de América a hablar en una cuadra, y ante media docena de personas!

—Pero a mí no me importa. De sobra sabes que soy un hombre solitario y tímido, un particular como si dijéramos. Y teniendo en cuenta que la reunión es clandestina, y por tanto peligrosa, yo creo que la cuadra es el lugar más indicado.

—No, señor Faroni, eso no puede ser. Yo no puedo meterlo en ese sitio. Sería vergonzoso.

—Entonces, vamos a ver. ¿Tu plan está relacionado con mi visita?

—Perdóneme, pero yo no tengo ningún plan.

Gregorio endureció el tono:

—No me gustan los secretos de niños.

Con aquella amenaza, esperaba amedrentar a Gil. Pero fue él quien salió confundido cuando Gil se alzó con un grito nasal:

—¡Le exijo que me perdone! —y ambos quedaron espantados de aquellas palabras.

Enseguida Gil compuso un tono de lamento:

—Yo, perdóneme, no se enfade conmigo, se lo suplico. Y no vaya a creer nada malo. ¡Si yo no tengo ningún plan! Y en el caso de que lo tuviera, si se lo contara se reiría de mí. Y ¿qué necesidad tenemos de eso? Yo soy poca cosa, y por eso usted debe comprenderme y perdonarme. Por favor, ¡dígame que me perdona!

Y Gregorio, incapaz de encontrar otra salida, dijo: «Sí, Gil, te perdono», y ya no supieron qué añadir.

A finales de julio, recibió por giro postal el importe de los veintiséis libros que Gil había conseguido vender en sus correrías extras de viajante, y una semana después se despidieron hasta septiembre. Gil le pidió que le escribiese desde América. «Y no se olvide de mí, ni se vaya a quedar allí para siempre», le dijo, «porque entonces, ¿qué sería de mí?» Gregorio, emocionado sinceramente con aquellas palabras, le prometió escribirle y contarle todas las novedades dignas de mención.

—Adiós, señor Faroni, buen viaje, y déles recuerdos a los del Comité —fueron sus últimas palabras.

Capítulo XV

Agosto fue un mes monótono y pacífico. Gregorio y Angelina iban al cine y paseaban por el barrio, como en la época de novios, y no olvidaban nunca llevarle a la madre alguna golosina, que ella devoraba en su habitación, quejándose a boca llena de la mala condición de los tiempos. Al anochecer, Gregorio retrasaba seis horas el reloj, abría el atlas y viajaba por América del Norte ayudándose con un lápiz rojo y avanzando cada día distancias siempre verosímiles. En embajadas y agencias de viaje se había provisto de folletos que informaban de horarios y medios de transporte, y se atenía a ellos con rigor. Consiguió también postales de las cataratas del Niágara, de los rascacielos de Nueva York, del Pentágono y de una estampida de búfalos, que envió a Gil con una nota adjunta del biógrafo: *Estas tarjetas las ha enviado Faroni para usted. No le ha escrito directamente por prudencia. ¿Cómo va ese Círculo? Suyo afectísimo, G. Olías.* En ellas, describía paisajes y costumbres, hablaba de máquinas prodigiosas que descubrían las mentiras y traducían el lenguaje secreto de las flores, de luces y puertas que obedecían a la palabra y de automóviles que se gobernaban con la mente. Contó el recibimiento («entusiasta e inmerecido») que le habían hecho los artistas de América, los homenajes y discursos y la oferta, que quizás aceptase, para protagonizar una película sobre su vida, con una primera estrella de Hollywood en el papel de Marilín. En una de las tarjetas, adjuntaron breves mensajes otros miembros del Comité, cada uno con su identidad caligráfica: «*También en agosto te recordamos, Dacio. No nos olvides,* Marilín»; «*Hello, Dacio! How do you do? I am Mark. I know by Faroni. And the Circle Cultural? Goodbye, friendly Dacio,* Mark Spermann»; «*Señor Gil Monroy: por Augusto me han llegado noticias de su vida. Sigo de cerca sus pensamientos y le digo: ¡Ánimo, muchacho!, confíe en la posteridad. Afectuosamente,* Santos Merlín».

Gregorio, por su parte, no mintió en sus sentimientos: a pesar de todo estaba triste, bien por la añoranza de su soledad de artista, bien «porque a lo mejor me estoy haciendo viejo», le decía, y estaba pensando muy seriamente en marcharse al campo en buca de la paz esencial. «Te envidio, Dacio, porque el progreso es sólo vanidad; la gloria, un poco de ceniza, y la vida un sueño sin sentido.» En el fondo, sus cartas eran humildes y sinceras, y en una de ellas se atrevió a decir: «A veces pienso que soy una ilusión de mi biógrafo». Sin Gil, sin la tertulia, publicado el libro, concluida la obra y despachadas las cartas de América, Gregorio sospechó que había llegado al final de la farsa. No se sentía con fuerzas para retomarla en otoño, y las pocas que le quedaban había que guardarlas para tramar un desenlace, saludar al público y correr el telón.

Tal era su estado de ánimo cuando el 2 de septiembre llamó Gil. Había recibido las tarjetas, incluida la del Comité, y estaba ofuscado con tantas atenciones y buenas palabras. Eso fue lo primero que le dijo:

—¿Cómo podré agradecer que personalidades de tanto relumbre se acuerden desde América de un pobre vendedor como yo? No me lo merezco. Por eso, les he enviado unos obsequios, me he tomado esa libertad. A la señorita Marilín me he permitido mandarle una muñeca con el traje regional de estas tierras, al señor Merlín un paquete con salchichones y chorizos típicos de aquí, que son muy ricos, y lo mismo al señor Spermann, para que los pruebe, y a usted no sabía qué mandarle y al final le he mandado una tontería, pero que es lo mejor que puedo regalar porque significa mucho para mí. Es la navaja de mi padre. No he encontrado mejor forma de demostrarle mi agradecimiento. Yo, prefiero hacer el ridículo antes que pasar por un hombre desagradecido.

Gregorio, desarmado ante aquella humilde lección de lealtad, balbució unas palabras en nombre de los del Comité. Enseguida, pasaron a hablar de los prodigios del viaje. Gregorio contestó a las preguntas con más oficio que devoción, y en un tono lacónico que se hizo jovial cuando, en una pausa, preguntó:

—Por cierto, y ¿cómo va ese plan?

—¿El plan? ¡Ah, no sé, supongo que mal! —se entristeció Gil.

—¿No sabes?

—Pues no, porque no va a salir, ya verá como no —dijo sombrío.

—Bueno, si me lo cuentas, a lo mejor puedo ayudarte.

—No, no quiero molestarle. Lo siento.

—Pero, Dacio, ¿desde cuándo hay secretos entre nosotros? ¿No te he contado yo todo sobre mi vida, incluso lo que no he contado a nadie?

—Si ya lo sé, señor Faroni, y por eso le pido perdón. ¿Me perdona, aunque no lo merezco?

Y tanto pidió perdón, y tanto dijo que no lo merecía, y tanto insistió no obstante en ser perdonado, que Gregorio lo perdonó, sin saber de qué ni para qué.

A partir de ese día, tampoco Gregorio supo con claridad por qué las conversaciones se hicieron misteriosas. Durante septiembre hablaron de América y de las tertulias americanas, pero enseguida los diálogos languidecían bajo el hechizo de silencios vagamente elocuentes. Hablaban de algo y, de pronto, callaban como deslumbrados por una sugestión. Gregorio dudaba si atribuir aquel devaneo a la veteranía de las relaciones, que los condenaba a un cansancio de cónyuges felices donde los sobreentendidos hacían inútiles las palabras, o era que los obsequios de Gil le habían renovado los escrúpulos y había perdido el placer de la ficción y, con él, la maestría de su oficio. La navaja, sobre todo, lo puso al borde de la claudicación. Era una navaja de lo más vulgar, con cachas de tornasoles y hoja herrumbrosa y mellada que olía a pescadilla. Pero él la miraba como el botín que hubiera ganado tras muchos años de asedio. Los otros regalos, sin embargo, no le correspondían. Esto lo tenía claro. Así que una mañana se levantó con la convicción, absurda y exacta, de que debía entregarlos a sus dueños legítimos. Ni siquiera pensó que aquellas buenas intenciones fuesen un pretexto para volver por el café. En efecto, temía que con el libro hubieran descubierto el engaño y que se burlasen de él, preguntándole por Hemingway o por sus viajes al Ártico o a la selva. Pues bien, ahora, con la muñeca regional y los embutidos, quizá pudiese responder a la burla con otra más sutil: casi un sarcasmo.

Esa esperanza, oscuramente lo animó. Al segundo sábado de septiembre se apostó en una esquina, con los paquetes bajo el brazo, y espió desde allí la llegada del maestro, de Marilín y de la comitiva, pero no se atrevió a entrar, y mucho menos a abordarlos. Se sentía acorralado y sin saber qué hacer. Caminó arriba y abajo de la acera, miró por los cristales (con tanta precaución que no vio nada), decidió irse, volvió, se apostó otra vez en la esquina, conteniendo la temeridad con el miedo y el miedo con la temeridad, hasta que al fin consiguió reunir en un punto ambos sentimientos, se caló el sombrero y, oponiendo el perfil, entró al salón y se escondió tras la pilastra. Con asomos de gánster, vislumbró el pelo de Marilín y las manos creadoras y etéreas del maestro. Al rato oyó risas y de repente tuvo la certeza de que estaban hablando de él.

—¿De quién hablan? —le echó el aliento a un joven que se recostaba al otro lado de la pilastra.

—De poesía.

«Entonces, ya está», se dijo, y buscó alrededor por dónde huir. Un reguero de frío le bajó por la espalda y lo dejó sin voluntad para la fuga. En algún lugar de su ilimitado espanto, vio la gaviota que salía de la cubierta del libro y venía a su encuentro, haciéndose cada vez más grande. Entonces cerró los ojos y la oyó chillar dentro de la cabeza, y los chillidos se confundían con las risas y gritos de los contertulios. ¡Dios mío! ¿Y si lo descubrían y lo llamaban? «¡Eh, Faroni, sal aquí, hombre, y cuéntanos lo de Bagdad y los secuaces!» Aflojado contra la pilastra, de pronto tuvo una visión fugaz, intensa y completa de su vida, no como una secuencia en el tiempo sino como una tira de viñetas cómicas, pero también entrevió la imagen global del hombre pacífico y prudente, e identificándose con ella sintió lástima por el otro y se avergonzó de él, como de un sátiro en la familia. Cuando estaba juntando fuerzas para huir (y se imaginó a sí mismo ganando la calle con una embestida de búfalo, y a la vez como un diablo retrocediendo ante una exorcisión, pero en ambos casos dejando atrás un desorden de injurias y embutidos), el joven del otro lado, se asomó y dijo:

—Creo que de Petrarca.

En ese instante concluyó la tertulia. Crecido ante la visión terrible de una desdicha finalmente infundada, que quizás en desagravio le garantizase un éxito inminente, salió afuera y esperó bajo el toldo. Apenas apareció el maestro, que venía con Marilín y escoltados ambos por el grupo de jóvenes, Gregorio se destacó ante él y le puso un índice en el pecho:

—Maestro —le dijo—, ¿ha leído el libro de Faroni?

—¿De Faroni? —y se volvió al grupo, obteniendo al momento una mirada solidaria de asombro.

—Sí, el libro de poesías que le dio el camarero. Se titula *Versos completos de la vida artística*. Faroni, sabe usted, no se lo pudo entregar en mano porque estaba en América del Norte.

El maestro reflexionó un instante y una sombra le oscureció la frente, como una mano que hace un pase de magia ante unos ojos débilmente cerrados.

—¡Ah, ya recuerdo! —dijo, y su voz cobró una pureza de dicción y una riqueza de matices que a Gregorio le recordó un manantial alpino—. Muy hermoso. Atrevido. Ingenuo o extraño, no sabría qué decir.

Juntó los dedos abiertos de las manos y, apoyando los pulgares en el esternón y la punta de los índices en la barbilla, bajó la cabeza y se quedó profundamente pensativo. Todos lo miraban expectantes, e incluso algunos transeúntes se habían parado a curiosear y se asomaban de puntillas por detrás del corro. Y, sin embargo, fue todo muy rápido. Enseguida, con una inhalación tan cumplida que parecía que iba a echarse a flotar, subió la cabeza, abrió los ojos y dijo:

—Una curiosa y sofisticada pieza artística de la parodia popular.

Gregorio lo miró atónito:

—¿De verdad le gustó?

—Un libro notable. Extraño. Lúdico. Juvenil —y miró a los otros, iluminándolos con una sonrisa.

Gregorio volvió a tocarle el pecho.

—¿Sabe? —dijo—. Yo, yo soy Faroni —aunque su intención primera era decir: «¿Sabe? Yo soy Gregorio Olías, el biógrafo de Faroni».

El otro enarcó apreciativamente las cejas y Gregorio, sin esperar más, le mostró los paquetes.

—Un admirador me ha dado esto para ustedes. Se llama Dacio Gil Monroy, y es químico y pensador. Un detalle sin importancia, que ruego acepten —y antes de que abriesen los regalos, le dio una palmada en el hombro al maestro al tiempo que tras las gafas guiñaba un ojo a Marilín. Acto seguido, llevándose dos dedos al sombrero, saludó a los demás y desapareció a toda prisa.

Esa noche, apenas se metió en la cama, le dijo a Angelina:

—¿Te acuerdas que tú te reías de que yo era un buen poeta?

—Ya estamos.

—Pues ríete, pero hoy se ha hablado de mí en la tertulia. El maestro ha dicho de mí que soy poco menos que un genio, una figura del arte popular.

Angelina, en la oscuridad, musitó algo.

—¿Qué dices? —preguntó Gregorio.

—Nada, estoy rezando.

—Yo he sido el primer sorprendido. No es que no creyera en mí, pero, claro, imagínate lo que es oírlo en boca del maestro. Me dijo que el libro era muy hermoso, de los mejores que él había leído. Yo le dije: «Pero, ¿de verdad?», y él contestó: «Sí señor, un libro muy hermoso», y todos estaban de acuerdo con él —y hablaba con una sinceridad que a él mismo le resultaba extraña.

—Lo que pasa es que se están riendo de ti. Y tú sin darte cuenta —dijo Angelina, sin alterar el tono salmódico del rezo.

—¿Eso es todo lo que se te ocurre? —murmuró amargamente Gregorio—. Con razón dice el refrán que nadie es profeta en su tierra. Y además, aunque se rían de mí. Bueno, ¿y qué? Mejor es eso que no que a uno lo ignoren.

—Tontunas.

—Me ha dicho también que escriba más libros, que no se me ocurra dejar de escribir.

—¿Con qué dinero?

—No sé. Lo podemos mandar a un concurso. Esta vez seguro que gana.

—Eso dijiste la otra vez.

—Pero ahora es distinto. Lo difícil siempre es empezar. Además, ahora voy a escribir una novela. Con mi nombre, Gregorio Olías. Ya tengo el título pensado. Se llamará *Faroni*, a secas, y será la historia de un artista incomprendido —y se sintió tan sobrado de fuerzas para componerla, que de pronto tuvo de ella una visión espléndida y real, y con todos los pormenores de estilo, trama y personajes.

—Es como si ya estuviese escrita —dijo, en un tono dulce y sobrecogido, como si hablase por boca de un espíritu.

Angelina no supo qué responder. Se persignó, apagó la luz y sólo al rato dijo: «Tontunas», y también a ella le salió una voz ajena, que Gregorio nunca le había oído.

El lunes, 29 de septiembre, después de un domingo de desazones y súbitas euforias, Gregorio se levantó en un lamentable estado de ansiedad. A pesar del éxito reciente, que por momentos parecía dar alas a sus ambiciones, su optimismo no tardó en enturbiarse con la sospecha de si realmente no se habrían reído de él, o si los elogios no equivaldrían a una cortesía de circunstancias. Así que de nuevo sintió el futuro como una amenaza ineludible. Necesitaba poner orden en su vida, encontrar el punto de equilibrio que, conciliando la verdad y la apariencia, le permitiese el descanso de una identidad definitiva. Mientras se afeitaba, de pronto decidió que sólo le quedaba una salida: darle un plazo a Gil para la inauguración del Círculo. Era la única forma de que la situación, empantanada en el fango de las repeticiones, tomase un nuevo rumbo. Y hasta podría ocurrir que allí, cara a cara, se atreviese a desbaratar la farsa, con argumentos que ya tendría ocasión de urdir, poniendo fin a lo que ya iba pareciéndose mucho a una pesadilla. Y para dar a la decisión un carácter irrevocable, escribió la fecha en el cuaderno: *29 de octubre*. Siguiendo el curso de una reflexión feliz, fijó el próximo jueves para comunicar que si la inauguración no era en octubre no sería ya nunca. Antes, quería anunciarlo en casa, pues de ese modo ya no podría ceder a los pretextos y súplicas de Gil.

Apenas llegó a casa, le dijo a Angelina que pronto tendría que hacer un viaje por cuenta de la empresa.

—A una subasta de vinos —añadió, saliendo hacia el baño.

Al rato, Angelina preguntó de lejos:

—Y en ese viaje, ¿te pagan?

—¡No sé, a lo mejor! —se vio gritar en el espejo.

—Y ¿adónde vas?

—A un pueblo, no recuerdo el nombre, me parece que se llama Quínola, o algo parecido.

—¿Quínola?

—Sí, es un pueblo agrícola, estepario.

—Y ¿vas solo?

—Con uno de los jefes. Don Crispín Pallavoy, un tipo de sangre azul, marqués o algo así —y se quedó admirado de sus buenos reflejos.

—¿Qué pasa ahora? —gritó la madre desde su dormitorio.

—¡Que Gregorio se va de viaje!

—¿A qué?

—¡Dice que a comprar vino!

—¿A comprar vino? ¡Mentira podrida! ¡Irá a lucir el tipo, o a saber qué irá a hacer!

Gregorio esperó en el baño hasta que se sintió confiado en su capacidad para compadecer y despreciar. Luego salió silbando y se sentó, con ostensible desenfado, a leer el periódico.

—Y entonces, ese viaje, ¿cuándo es?

—No sé, el veintinueve es la subasta, así que saldremos el veintiocho, o el veintisiete, ¿no?

—Ah, tú sabrás. Y ¿qué pintas tú allí?

—Hombre, pues para llevar las cuentas y vigilar la carga, ¿no?

—No sé, es todo tan raro.

Así estuvieron, forcejeando vanamente, sin conseguir salir de aquel círculo de preguntas incrédulas y respuestas fáciles y precisas (demasiado fáciles de creer para ser ciertas, demasiado precisas para parecer espontáneas), hasta que al rato Gregorio recordó una vez más que la mentira sólo resulta verosímil si tiene algo de intrincada, de incomprensible como la vida misma. Pero la idea de inventar algo que alterase la armonía del proyecto y lo perdiese en cambio por vericuetos extenuantes, le produjo un cansancio próximo a la náusea. Entonces apeló a los reproches. Habló de directores y gerentes que volaban por todo el mundo sin más equipaje que un carterín de piel y una bolsa de aseo. Hizo un canto de aquel modo de vida y al final afirmó que eso era lo que le hubiera gustado hacer a él: «Yo tenía que haberme ido a la selva y haberte dado a elegir entre la selva y yo o tu madre y la costura», dijo amargamente. «Pero me quedé por ti, entré en una oficina por ti», y fue alzando la voz, «y ahora, ¿qué soy?, un hombre medio calvo que escribe poesías. Esa es la historia de mi vida, ahí tienen ustedes el esquema de un hombre. Te lo dije, no me digas que no. Te dije, "vámonos al Amazonas", y tú, "aquí se está bien, aquí se está bien". Aquí, con el perrito, y los hilos, y los retratos de papaíto. Aquí bien calentitos todos. Y me dijiste: "Anda, Gregorio, arregla ese reloj, verás como puedes". ¡Y arreglando ese puto reloj me he pasado la vida! Y entre el reloj y los rosarios me he ido quedando, ¿ves?», y aunque iba a decir que con el alma triste, dijo: «¡Me he ido quedando con la polla triste!», y se sintió espantado de aquellas palabras. Pero no se arrepintió. Tiró el periódico al aire y gritó con todas sus fuerzas:

—¡¡Me cago en los hilos y en el militar y en todos los santos de esta puta casa!! —y con el mismo impulso del grito llegó hasta donde estaba Angelina y le puso una mano en el hombro.

—¡¡No he querido decir eso!! ¡¡Perdóname!! —voceó.

—Si ya lo sé. Son cosas que se dicen.

Desde arriba la vio con las rodillas juntas y una horquilla en el pelo.

—¡¡Yo no quiero que sufras!! —dijo, sin encontrar la forma de dejar de gritar.

—Si no sufro —susurró Angelina.

—¡¡Lo de la selva es mentira, y lo otro también!!

—Si ya lo sé.

—¡¡Pero lo del pueblo es verdad, ¿sabes?!! ¡¡Tengo que ir aunque no quiera!! ¡¡Por eso me he enfadado!! ¡¡Por un lado el jefe, por otro tú, cada uno diciendo una cosa!!

—Perdóname, yo no sabía. No vayas a pensar mal.

—¡¡Si ya lo sé, si no pienso mal!!

La besó en el pelo, hundiéndose en su olor, y esa noche apenas pudo dormir, sobresaltado por bruscas acometidas de arrepentimiento y de ternura.

El jueves, 1 de octubre, Gregorio estuvo todo el día tan abstraído con los pormenores del viaje, que de pronto se dio cuenta de que había atardecido, de que era hora de irse y de que Gil no había llamado. «¿Qué habrá ocurrido?», pensó. Salió al sendero de arena, traspuso la verja y, ya en la calle, se paró de golpe, se rascó el entrecejo y se preguntó: «¿Qué le habrá ocurrido a Gil?». Para esquivar las preguntas de Angelina, llegó a casa pretextando un horrible dolor de muelas. Angelina le hizo un sopicaldo que él comió soplando cada cucharada y cabeceando con pesar. Tan sinceramente hacía su papel que, cuando se acostó y apagó la luz, siguió con una mano en la mejilla hasta descubrir que los trabajos de la apariencia le habían producido un leve pero indudable malestar. A las doce se levantó, con la idea de ensayar el discurso de apertura y esbozar la trama de la novela sobre Faroni. Pero apenas había escrito el título le volvió el fingido (o real, ya no sabía) dolor de muelas. Se levantó, fue hasta la ventana, fijó la vista en el cerco del farol y se dijo: «¿Qué le habrá ocurrido a Gil?». Su tono era patético, y el dolor de muelas no acababa de regresar a la ilusión.

El viernes se levantó libre de presagios. Había decidido que Gil tenía anginas y que sus conjeturas de ayer eran tan infundadas como el dolor imaginario: «Figuraciones de poeta». Salió silbando de casa y regresó silbando y durante todo el día luchó sin tregua contra la tentación de un miedo sombrío e indescifrable. Y debió de vencer, porque al otro día, fue abrir los ojos y descubrir que era un hombre feliz y en paz con su conciencia. «Todo en orden», se dijo ante el espejo.

Apenas empezó a trabajar, sintió la sencillez magistral de la vida, la plenitud de los placeres cotidianos, la promesa continuamente cumplida, pero siempre pospuesta, de cada instante. Encordaba paquetes, hacía nudos, manejaba con virtuosismo las tijeras, los dedos, el cordel, el lápiz, gobernaba el fuego y la escritura, y cada útil que empleaba volvía de nuevo a su lugar. «Las dulzuras del orden», se dijo. De vez en cuando se rascaba las palmas de las manos, y luego los tobillos. La lámpara de alcohol proyectaba las sombras en el muro y también allí se repetía el lento prodigio del orden. Para confirmar aquel dulce misterio, Gregorio compuso con las manos la figura del lobo comedor y durante un rato lo vio comer y aullar en la pared.

A las diez le dio cuerda al reloj y comenzó a pasar a máquina las direcciones de los bultos. Sin peligro de distraerse, pensó en la Navidad, en mazapanes, turrones y zambombas. Pensó en la primavera, y vio un prado y un arroyito con flores y renacuajos en la orilla.

Hacia las once se concedió un descanso y empezó a sentir sueño. «Las mañanitas de abril», se dijo. Cerró los ojos y pensó o soñó con un eucalipto y un perro chico. Vio otra vez la casa de la infancia, alterada definitivamente en el recuerdo por la casa apócrifa de sus noches en vela. Vio una sombra de mujer cruzando las altas ventanas de la torre y oyó que le decían al oído: «Gregorio, Gregorio, corre a casa que va a salir la luna». Entonces se acercó al umbral, se puso de puntillas (pues era un niño y vestía de Primera Comunión, aunque con sombrero de gánster y gafas metálicas de sol) y pulsó el timbre. El estruendo lo levantó en vilo de la silla. Se frotó los ojos y miró la hora: las doce menos veinte.

Y, sin embargo, ¿qué ocurría? ¿Estaría soñando aún? Porque el timbre del sueño no había dejado de sonar. Miró alrededor, intentando comprender en qué laberinto de la realidad se había extraviado, hasta que de pronto sus ojos se detuvieron en la mesa: el teléfono repicaba con tal apremio que le pareció que se estremecía en el soporte, como en los dibujos cómicos. Alcanzó a pensar que en catorce años nunca había sonado el teléfono en sábado, y en ese instante tuvo un presentimiento del que sólo percibió su condición sombría y amenazante. Vio su sombra en el muro tomar el aparato y echarse atrás. No dijo nada, y su perfil no se alteró cuando oyó gritar al otro lado:

—¡Señor Faroni! ¿Me oye? ¡Soy yo, soy Dacio! ¡Vuelvo a la ciudad! ¡Mañana mismo vuelvo a la ciudad! ¿Me oye, señor Faroni, me oye usted?

Al día siguiente, 4 de octubre, Gregorio recordaría no sin cierto orgullo cómo dijo, con voz cavernosa: «Faroni no está aquí. Se ha marchado», y cómo colgó el teléfono, sin prisas, sin hablar, oyendo cada vez más lejos el clamor desatado de Gil.

Oscuramente supo que el temor había previsto aquel desenlace. No sintió vértigo ni asombro. No miró afuera ni encendió un cigarrillo. No se concedió un solo instante de pánico o de duda. Al contrario: una suerte de lúcida fatalidad lo dispuso a la acción. Como si cumpliese un plan largamente ideado, y sin errar un solo movimiento, ordenó los paquetes, guardó en un cajón los útiles de trabajo, limpió la mesa, tomó papel y lápiz, se santiguó y escribió de un tirón:

«Muy señores míos: razones familiares graves me obligan a abandonar precipitadamente la ciudad. No sé cuánto tiempo estaré fuera, pero a mi vuelta les explicaré los motivos de mi marcha, que espero sabrán comprender. Hubiera deseado despedirme personalmente de ustedes, pero el tren sale dentro de media hora y sólo tengo tiempo para disculparme. Les ruego tengan a bien reservarme el puesto hasta mi vuelta. Respetuosamente,

Olías».

Dejó el mensaje en el rincón acordado, sobre las cartas comerciales listas para el correo. Luego se levantó, corrigió dos veces la posición de la carta para destacarla de la correspondencia cotidiana, sopló la lamparilla de alcohol, se subió las solapas, echó una última mirada sobre el hombro y en cuatro zancadas, casi incorpóreo por la ilusión de que caminaba de perfil, y seducido por su propio sigilo, cruzó el sendero y alcanzó la calle. «¡Pingüino a salvo!», exclamó, juntándose a las paredes y acelerando el paso.

Regresó a casa y se sentó a esperar una señal. Era extraño: no sentía angustia. Por más que se decía a sí mismo, animándose a la desgracia, «¿no ves, desdichado, dónde te has metido?, ¿qué será de ti ahora, perro sin amo?», y otras muchas recriminaciones y advertencias, no conseguía sino confirmarse en la precisión arbitraria de sus actos. Después de comer, con más aplicación que apetito, sacó las piezas del reloj y se dio a armarlo como en los tiempos jóvenes. Tal era el poder de su voluntad y el rigor paciente de sus dedos, que después de dos horas logró que funcionase por primera vez en veinticuatro años. ¿Era aquélla la señal que esperaba? Angelina, que cosía remota en su idílica viñeta otoñal, levantó los ojos y dijo: «Lo has conseguido, Gregorio. ¿Ves? Cuando tú quieres eres un hombre que da gusto contigo». Siguieron fascinados el incierto tictac y, cuando a los pocos minutos se detuvo, comenzaron a oír los primeros titubeos de la lluvia. «Está empezando a llover», dijo uno de los dos, y el tiempo recuperó entonces su ritmo natural.

Gregorio cerró los ojos, y ya empezaba a cortejar de nuevo la desgracia, cuando se dio cuenta de que estaba quedándose dormido. Habían pasado muchos años y he aquí que estaba de nuevo en el sillón, a salvo otra vez de las amenazas del mundo. «Mientras duerma, nada debo temer», se dijo. Se encogió feliz, y ya estaba borrándose su voluntad cuando lo despertó el cascabel del perro. Había atardecido y en la cocina se oía el crepitar del aceite, remedado de lejos por la salmodia de la lluvia. Sólo entonces la realidad empezó a revelarse en toda su deslumbrante magnitud. Sólo entonces entendió que, desde que llamó Gil, llevaba todo el día combatiendo la desesperación con la inconsciencia y que por eso se retrasaba tanto la desgracia. Incluso había hecho planes inconscientes que ahora empezaba a vislumbrar.

Y también inconscientemente se había enfrentado al bochorno de presentarse ante Gil (y se veía allí: bajito, feo, viejo, cínico y anónimo) y decirle: «Yo soy Faroni, el que fuese ingeniero, conspirador, poeta, viajero universal, hermoso y joven como en el retrato, prófugo y políglota, y ésta es la tertulia y aquí está Marilín y éste es Gil, Dacio Gil, el químico del páramo, el feliz corrector de la fábula del cuervo: señores, un fuerte aplauso para él».

¿Cómo soportar la ira, el estupor del hombre escarnecido, arrancado de una vida segura por las artes ilusionistas de un vulgar farsante? Inconscientemente rechazó la posibilidad de aparecer como Gregorio Olías, pues faltaban todas las circunstancias que diesen sentido a su existencia de biógrafo. ¿Pedir perdón entonces, pasar el trago, envejecer en el oprobio? Y así, fue rechazando cada solución, las más sencillas, las más arduas y las más absurdas, pero también inconscientemente reparó en una que era mezcla de las tres cualidades, y aquí ahincó el paso, aturdido por la convicción de que aquel recurso, aunque desesperado, era el único posible. Incapaz de cualquier decisión, apenas llegó a casa, se dijo: «Que las cosas decidan por mí», y se sentó a esperar una señal.

Y ahora era ya de noche, había dejado de llover, y la señal no había llegado aún. Ahora, las piezas esparcidas de su conciencia se habían reunido al fin. Era, pues, el momento de preguntarse: «¿Qué voy a hacer?, ¿qué será de mi vida?». Pero quizá no había alcanzado la plenitud de la desgracia, o bien su instinto de supervivencia permanecía aún aletargado. Sólo sentía amargura, algo amorfo como un animal con las extremidades mutiladas, y seguía llamándose a sí mismo pingüino, pues se había convertido de pronto en un extraño de su propia vida.

Mientras cenaban, pusieron la radio y escucharon el himno nacional. Comían en silencio, moviendo sólo los codos, y alguien arriba había empezado a correr muebles y a no saber qué hacer con ellos.

—¿Cuántos años llevamos ya de paz? —preguntó de repente la madre.

Pero nadie contestó, porque ella misma, engullendo medio tomate, dijo: «Mañana hubiera cumplido ochenta años», y sólo al rato siguió masticando, con mucha pesadumbre.

Angelina, sin levantar los ojos, preguntó:

—Y tú entonces, ¿vas a venir o no?

—¿Yo? ¿A qué? —se sobresaltó Gregorio.

—Pues, ¿a qué va a ser? A ver al General. Te lo he dicho ya tres veces.

—No, no —tartamudeó—. Yo estoy cansado. Me duelen las muelas.

—¡Siempre le duele algo a este hombre! —gritó la madre, con una ironía que el tono de reproche moral no dejó prosperar.

Gregorio no replicó: estaba, ciertamente, muy cansado. Tanto, que carecía de fuerzas para sentir siquiera la cercanía de la desgracia. «Hasta mañana queda mucho tiempo. Una eternidad», se dijo, pues estaba convencido de que su vida sólo necesitaba un instante para decidirse.

A medianoche despertó envuelto en pesadillas. Orinó largamente, escuchando el rumor de sus vísceras, y antes de volver a dormirse sintió el roce de la adversidad, y siguió sintiéndolo dentro del sueño, transitado por gentes que venían a decirle algo pero que no podían, porque apenas abrían la boca sus palabras se despedazaban como en una tinaja, y las sílabas se juntaban luego para formar mensajes absurdos: «Venin las murgas mindaladas», «trinca la mano de zotal», «devén la calva del cordel de la luna», le aconsejaban, le advertían. Al amanecer tuvo frío, intentó despertarse y fue entonces cuando creyó soñar que un mensajero se asomaba a la puerta para anunciarle que el día de la desgracia había llegado al fin: «¡Levántate, pingüino, que ya se oyen cerca los tambores!», le dijo.

Ahora eran las dos y la niña se había dormido en su silloncito de reina. El hombre de negro miraba abajo, descansado el talle sobre el barandal. De súbito, se hizo el silencio. Alguien dijo en voz baja: «Ahí viene el Caudillo». Se oyó una nota grave de trombón. Contestó un clarinete ajustando el tono en otra octava. Un trueno retumbó a lo lejos. De uno de los balcones, alguien perdió unas monedas, que se desmenuzaron por el suelo. «Ya está aquí», volvió a oírse. Entonces el director de la banda se estiró la guerrera, sacó el gañote, levantó las manos e interminablemente las mantuvo en lo alto, amenazantes y suspensas. De pronto las hundió junto con el torso en una zambullida y emergió no con el estruendo de un himno sino con un clamor de sirenas por entre el cual llegaba el chimpún distante de la música. Gregorio vio pasar un destello de luces. Detrás, como en sueños, como si un rumoroso surtidor se hubiese abierto en el centro mismo del estrépito, cruzó la motorizada; y detrás un cortejo de automóviles negros y, cerrando la marcha, un escuadrón de lanceros a caballo, cuyos airones de plumas fueron dando saltitos, cada vez más pequeños, hasta perderse en el confín.

La multitud quedó como hechizada por la rapidez e intensidad del desenlace. Arriba, el hombre de negro había desaparecido del balcón. Gregorio aprovechó aquel momento de incertidumbre general para abrirse paso hasta un pasaje de piedra, y allí se detuvo, sin saber qué hacer. Vio dos perros fornicando junto a la fachada de un palacio, con las cabezas vueltas y concertadas en una expresión alarmada de súplica. Rodeándolos, aceleró el paso, cada vez más sombrío. Anduvo sin rumbo, como si huyese de un presagio, buscando calles apartadas y esquivando a la festiva multitud, y cuando llegó a casa era ya media tarde.

Ahora, otra vez estaba allí, sentado en la penumbra, en el centro exacto de un laberinto que no sabía si interpretar como refugio o como cárcel.

—¿Dónde has estado? —preguntó Angelina.

Gregorio no respondió.

—Entonces, ¿te duelen todavía las muelas?

—Un poco las raíces —dijo Gregorio, comprendiendo que aquella respuesta era el último parapeto que le quedaba por oponer a la inminencia de la desesperación.

«Ahora Gil ya está en la ciudad», pensó, «quizás en estos momentos ande en el café preguntando por mí, intentando enterarse dónde vivo.»

Apretó los ojos para escapar al terror. Volvió a oír en la memoria el tintineo de hebillas y se dijo, «cuarenta y seis años», como si con ello purgase sus culpas. Otros recuerdos saltaron en el tiempo y se encaminaron al presente, como perros famélicos que vinieran a lamer una grande herida de buey. Una de las mujeres suspiró y, por un instante, él sintió que la conciencia le rozaba la cara con su rabo de zorro. «Aún queda tiempo para descansar», se dijo, pero apenas se encogió en el sillón, pensó: «Gil viene hacia aquí, lo estoy oyendo subir las escaleras y llamar a la puerta. ¡Dios mío, el tiempo se ha cumplido! ¿Qué voy a hacer?», y entonces, coincidiendo con la revelación del mísero lugar que ocupaba en el mundo, alguien gritó en la calle: «¡Dentaduras postizas!, ¡dentaduras postizas!», y el reloj comenzó a dar las ocho. «¡La señal!», pensó Gregorio a voces. Se levantó, fingiendo —incluso entonces— un cansancio infinito.

Fue al dormitorio, llenó precipitadamente una bolsa de ropa, cogió al tacto un buen puñado de billetes, agarró la caja de zapatos y, antes de salir, ensayó en el espejo una sonrisa de ánimo. Ya en el pasillo, dijo: «Bajo un momento a por pastillas». Alcanzó la puerta, la abrió con sigilo, contó hasta cuatro, hizo la morisqueta del conjuro, se subió las solapas, se santiguó y, encogiéndose de hombros, se hundió escaleras abajo.

Tercera parte

Capítulo XVI

—Y ¿cuánto tiempo piensa usted quedarse?

Gregorio no dudó: «Uno o dos meses, quizá menos», y esta vez supo sin reservas que aquella afirmación no era producto aventurado de la audacia, ni de la inspiración transitoria, sino de la madurez que para entonces, sin él saberlo, había alcanzado su proyecto de fuga.

Fue una revelación repentina, pero no inesperada. «¡Volveré!», se había repetido escaleras abajo, y al salir del portal, y al tomar el camino hacia los lugares donde alguna vez había visto anuncios de pensiones modestas; pero enseguida, deslumbrado quizá por la novedad de su situación, se dio a deambular por los vericuetos del barrio, bajo la lluvia torrencial, sin decidirse a ningún rumbo, esperando unas veces la orden del destino que lo determinase a huir o a regresar y calculando otras qué circunstancias exigía la ocasión para vivir en el límite de ambas decisiones, en un territorio que no acertaba a imaginarse y que al fin aceptó como una isleta en medio del océano. Era inevitable: oía sus pasos, que el eco doblaba por corredores y traspatios, y en ellos volvía a encontrar sus temores de siempre. En vano había buscado alguna frase memorable, que lo defendiese en esa hora. Recordó la de Cristo en la Cruz, la de Julio César al cruzar un río, la de Diógenes ante un rey y la de Francisco Pizarro al trazar una raya y dividir en dos el mundo: expresiones felices que justifican y esclarecen una vida.

Pero a él, ¿qué se le ocurría?, ¿qué tenía él que decir desde el pedestal de su infortunio? Iba bajo la lluvia, por calles solitarias, pensando si en el equipaje llevaría los calzoncillos y el dinero necesarios para emprender la huida, y al mismo tiempo, y esto era lo incomprensible, pensando en islas y en sentencias. Tres veces volvió al portal de casa, tres veces cruzó el parque y tres veces contó el dinero, billete a billete, con la esperanza incierta de convertir las novedades en hábitos y sin que las reiteraciones le trajesen la necesaria paz de espíritu para tomar una decisión que ya estaba tomada, y que de sobra sabía inexcusable. Pero al desandar el camino por cuarta vez, cuando ya estaba al límite de la resistencia, y la lluvia y el tiempo comenzaban a ser la misma cosa, de pronto se detuvo con un grito pintado en el rostro: en alguna parte, no sabía muy bien dónde, acababa de ver una figura (inconfundible con el sombrero bajo, las solapas altas y las gafas de sol) que por un instante lo miró con una fijeza alarmada y atónita. «Ahí está Gil», se dijo, echándose a un lado. Se dio la vuelta y, apenas dobló una esquina, aceleró el paso y se internó por calles cada vez más oscuras. Sólo cuando se atrevió a mirar atrás, girando al trote la cabeza, sospechó que lo que había visto era acaso su propia imagen, reflejada en alguna vitrina o en un charco de lluvia. Pero para entonces ya estaba lejos y todo daba igual, porque aquella visión equivalía a una advertencia, y Gregorio tenía ahora la seguridad de que cualquier camino, salvo el de regreso, era el mejor y, sin duda, el único posible.

La misma fuerza de la decisión le bastó para apartar hacia unas calles resonantes y estrechas y hundirse por ellas a buen paso, tenaz y encogido bajo la lluvia torrencial, y la misma fuerza lo obligó a detenerse ante un letrero que no se diferenciaba de otros ni en humildad ni en importancia, pero que le pareció el indicado para calmar las exigencias instantáneas de su inspiración. PENSION DOÑA GLORIA, ponía, y debajo: «Habitaciones. Caballeros estables. 1.º izquierda».

Sin pensarlo dos veces, entró en el zaguán, cruzó un patio de cemento, donde había toneles y bultos y vertía de lo alto un roto canalón, tomó una escalera de peldaños dóciles, acomodados sin duda a las dolencias y artimañas de varias generaciones de inquilinos, y al llegar arriba era ya un hombre dueño de sus actos. Empezaba a entrever los detalles del plan que inconscientemente había urdido en los últimos días. Por un instante le maravilló la exactitud con que encajaban las piezas, la armonía del conjunto y hasta la sencillez de su ejecución, pero enseguida el miedo de estar fingiendo un optimismo desmedido, que lo defendiese del pánico, lo obligó a exagerar las dificultades y a atormentarse por adelantado con las consecuencias de una derrota en toda regla. Pero no era el momento de perderse en vanas reflexiones. Apretó los dientes, se ajustó las gafas, buscó el timbre a tientas y llamó.

Se oyó un remoto aviso musical y, al rato, unos pasos se destacaron del silencio.

Una voz femenina, entre conjetural y complaciente, preguntó por la mirilla.

—¿Qué desea?

Gregorio contestó: «Una habitación», pero de inmediato, comprendiendo que en todo ruego hay siempre un matiz equívoco y hasta claudicante que sólo la exigencia puede desvanecer, añadió:

—Una habitación pequeña y tranquila.

Saltaron los cerrojos y Gregorio se encontró una vez más ante un pasillo en penumbra. Apenas entró en él, una mujer baja, casi enana, de aspecto rudo y desenvuelto, surgió de detrás de la puerta, la atrancó de nuevo y desapareció por el pasillo con las manos en el mandil y gritando:

—¡Doña Gloria, un caballero!

Una voz doliente se sobresaltó en algún lado:

—¿A estas horas? ¿A estas horas un caballero? Pase, pase usted.

Gregorio miró alrededor, pero no supo dónde ir. No había luces, y nada se oía sino un apagado trajín de vajilla al otro lado de la casa, tan lejos que se confundía con la lluvia. En las paredes, una trémula perspectiva de brillos muertos definía la distancia, y por todas partes había un olor a gente ya cenada, a mondas de fruta y a limpieza ganada a pulso y exhibida con los legítimos despojos arrebatados al contrario. Olía a pulcritud en estado de sitio, a orines derrotados, a carne vieja embutida en pijama.

—¿Señora? —dijo, dando unos pasos en la oscuridad.

La voz, inesperadamente fuerte y profunda, retumbó en el corredor. Se oyó un sobresalto de toses y suspiros, crujió una cama y alguien en sueños intentó decir algo. Enseguida, una franja de luz rosada se proyectó en el pasillo.

—¿Hay alguien ahí fuera? —preguntó la misma voz quejumbrosa de antes.

—Quería una habitación —dijo Gregorio, asustado, casi orgulloso de la potencia de su voz.

—¡Dios mío, qué soñerita! Y ¿lleva usted mucho tiempo esperando? Pase, pase y siéntese.

Doña Gloria estaba sentada en un sillón de orejas, con un chal en los hombros y envuelta en una manta blanca desde la cintura hasta los pies. Era una anciana robusta y de aire distinguido. Tenía los ojos de un azul acuoso, y el pelo blanco y venerable. Usaba lentes de metal, prendidos por un cordón de terciopelo, y su mano derecha descansaba sobre un bastón con empuñadura de plata. La habitación prolongaba aquella imagen entre dulce y vetusta. Los muebles eran serios, de un esplendor caduco que los emancipaba de los tiempos y parecía eximirlos de los deberes de su oficio. Apenas se dejaban alumbrar por una lámpara de pergamino con madroños que, en un rincón, era marchita matrona sorprendida en enaguas. En la vitrina de un aparador se veía un juego de loza con dragones y aves del paraíso, y las paredes estaban cubiertas hasta el techo por cuadros que representaban siem-

261

pre una plaza y un burro. El burro podía aparecer bebiendo, rebuznando, cargado de leña, de melones, de paja, yendo o viniendo, a pelo o con albarda, con o sin jinete, de día o de noche, con sol o con lluvia, y en todas las posturas, planos y combinaciones que se pudiera imaginar. La plaza tenía una torre, un ayuntamiento con balconada y un pilón central, en el que a veces aparecía una mujer con cántaro. Según la perspectiva, podía o no salir un viejo sentado en una silla (que al parecer siempre estaba allí, dormido o cabizbajo), un perro con el rabo entre piernas y, sobre el colorín de una barbería, un anuncio de Nitrato de Chile. Era una habitación incomprensible, y sólo la mesa camilla, con hule de gallos portugueses y patas con bolillos, sobre la que había una radio portátil, una canastilla de costura y una cacerola de alubias crudas, le daba un aspecto elemental y de vida diaria.

—Pase, pase y siéntese —dijo doña Gloria, sacándose un pañuelo de la manga y recogiéndose en los lagrimales las agüillas del sueño—. Viene usted empapado.

Gregorio aceptó la invitación con una sonrisa de abatimiento y gratitud. La caja de zapatos estaba hecha papilla, tenía lluvia en el sombrero y los pies parecían seguir andando solos por debajo del agua.

—Bueno —dijo, como si justificase una travesura—, soy forastero y llevo todo el día perdido, buscando pensión.

Doña Gloria meció la cabeza en el abismo de lo irremediable.

—No es de extrañar —dijo, dulce y recóndita, como si disertase ante el auditorio de sus propias certezas—. Ha sido un día de locos. Hace un rato tampoco yo hubiera podido atenderle. Ayer noche tuvimos en casa a once caballeros de no sé qué sindicato del trigo, grandes como torres, que toda la santa noche se la pasaron abriendo y cerrando puertas, encendiendo y apagando luces y preguntándose la hora unos a otros. Una locura —e hizo una pausa para asumir la amarga evidencia de sus palabras—. Pero ya se han ido. Ahora sólo tenemos tres caballeros estables, que hace un rato se han retirado a dormir. También usted habrá venido a la celebración, ¿no es así?

—No, no —dijo Gregorio, defendiéndose de la pregunta con las manos—. He venido por cosa de negocios.

Doña Gloria suspiró:

—Y ¿cuánto tiempo piensa usted quedarse?

—Uno o dos meses, quizá menos —y entonces supo que aquel era el plazo que, sin auxilio de la inspiración ni de la audacia, exigía su proyecto.

Gregorio llevaba preparadas algunas palabras, unos pedazos de historia confusa cuyo valor consistía, más que en el contenido, en el patetismo de la elocución. Algo que, antes que justificar su conducta, disculpara por adelantado la comprensible malicia que pudiese inspirar su presencia. Pero, abreviando las formalidades, mostró su equipaje y explicó que al bajar del tren le habían robado la maleta y la cartera con los documentos. «He estado en la policía y han quedado en hacerme otros papeles», dijo, y se pasó una mano por la cara, de arriba a abajo, apurándose la piel hasta ponerse ojeras de Cristo bizantino. «Estoy agotado», añadió.

—Ha sido un día de locos —confirmó doña Gloria.

Meditó un instante, con la mirada cuajada en el vacío, y enseguida se puso a bascular en el sillón y, ganando el borde y haciendo allí palanca con los codos, consiguió incorporarse.

—Ya hablará usted con Paquita, mi sobrina, que es la que se ocupa de estos asuntos. Ahora, venga conmigo. Le enseñaré su habitación. ¡No hagamos ruido!

De pie, parecía aún más robusta. Era alta, y aunque caminaba muy encorvada, el bastón por delante y la otra mano afirmando la manta en el regazo, tenía el porte achacoso de una reina madre.

—Aquí estará usted muy bien. Esta es una casa de caballeros honrados y estables, y la más limpia y desinfectada que se pueda encontrar. Aunque claro —y se señaló la manta, encogiéndose con resignación—, ya sabe usted que los microbios están por todas partes. Yo me defiendo de ellos como puedo, abrigándome sobre todo por abajo, que es por donde suben. Lo decía mi hermano, que esté en gloria: «La política y los microbios, los peores enemigos del hombre». Y usted, ¿no estará enfermo?

—No, señora.

—Las personas enfermas traen microbios que luego se quedan aquí, y hay que combatirlos. En fin, ¿me ha dicho usted que era comerciante? —preguntó, saliendo al pasillo.

—No, no, soy viajante de vinos y aceitunas —dijo jovialmente, y salió tras ella—. Bueno, viajante y artista, si he de decirle la verdad. Escritor.

—En tiempos los artistas morían tuberculosos. Ahora, con los adelantos, llegan a viejos, ya ve usted las cosas. En este piso no, pero en otros del inmueble debe de haber todavía microbios del siglo pasado, cuando los románticos. Aquí, los más viejos calculo yo que serán de la época de la República. Algunos son grandes como piojos, y de noche se les oye salir.

Y contó, sin detenerse en su dificultoso avance, que aquella pensión la había fundado su abuela, que también se llamaba doña Gloria, en los tiempos en que los caballeros gastaban chalecos amarillos y se batían en duelo, y que ya entonces era famosa por su limpieza y honradez. Al pasar ante una puerta se oyó un golpe de tos, y doña Gloria aprovechó para explicar que los tres caballeros estables estaban allí alojados desde hacía veinte años. Ya se habían jubilado, y los tres habían sido empleados de Hacienda, además de solteros, miopes, castellanos, aficionados a la zarzuela y grandes comedores de lechuga. Ahora, apenas salían de sus habitaciones. A veces iban todavía al teatro, o a pasear por el parque, pero nunca iban juntos.

—No son malas personas, pero nunca se han querido bien. Ya ve usted las rarezas.

Explicó también que la pensión era completa. «Y usted, ¿va a comer aquí?» «No, por el momento no», dijo Gregorio. «Aunque», añadió, «espero noticias de un libro y unos pedidos, y no sé cuánto tiempo tardarán en llegar.»

—También mi hermano —siguió doña Gloria— era artista. Todos los cuadros que hay en esta casa los pintó él. Se llamaba Cabrera, Aurelio Cabrera, y de apodo le decían el Cávila. A lo mejor lo ha oído nombrar, porque de joven fue pintor del Rey. Pero un día tuvo un sueño y soñó con una plaza y un burro, y tanto se obsesionó con la visión que desde entonces ya no supo pintar otra cosa. La pintó cientos de veces, y siempre decía: «No, no es así como yo la vi», y otra vez a empezar. Creía que aquel era el pueblo donde había vivido en los tiempos de una vida anterior, y hasta alguna vez dijo que a lo mejor en esa vida él había sido burro. A todos los cuadros —y se detuvo en el pasillo, señalando a las paredes con el bastón— les puso el mismo título: *Los niños libres*. Y ya ve, en ellos no se ve ningún niño. Siempre hay un burro, y a veces una mujer, un viejo y un perro, pero niños ninguno. Más raro era que los ratones colorados. Y usted, ¿tiene también alguna manía?

—No, señora, soy un hombre normal.

—¿Y qué libros escribe?

—Poesía, y algo de novela. Y de vez en cuando algún ensayo. ¡Lo que se puede! —dio un gritito de humilde júbilo.

Doña Gloria, con su andar errático y doliente, dobló por el pasillo. Iban a oscuras, guiados apenas por los brillos muertos de los cuadros.

—A mi hermano le gustaba mucho leer. Leer y cavilar. Tenía muchos libros, y los distinguía por el olor. Para releerlos, los olía. Cerraba los ojos, se llevaba el libro a la nariz, y con el olor se le venía otra vez a la memoria, en todos sus detalles. Yo, ¿sabe usted? —y se detuvo, bajando confidencialmente la voz—, no leo, ni apenas me muevo, para no gastarme. Tengo ochenta y siete años, y si consigo gastarme poco e irme defendiendo de los microbios, espero llegar a los cien. Hoy, sin embargo, ha sido un día de mucho gasto. A este ritmo, no duraría un año. Pero en fin —dijo, abriendo una puerta—, ésta es su habitación.

Había una cama grande de madera, muy alta, un armario de tres cuerpos con crestería gótica, una mesa y una silla de palo. En las paredes volvían a aparecer los cuadros de la plaza y el burro, el suelo era de baldosas de verde escoria y del techo colgaba una bombilla con tulipa. Había una ventana estrecha, de una hoja, con un visillo de estampados, que daba a un patio interior.

—¿Le gusta?

—Sí, algo así quería yo —sonrió Gregorio.

—Pues ahora le dejo, que es tarde. Mañana se entenderá con mi sobrina. El cuarto de baño lo tiene al fondo del pasillo, por allí. Y si necesita algo, no tiene más que avisar a mi sobrina. Buenas noches.

En cuanto se quedó solo, Gregorio se quitó la gabardina, el sombrero y las gafas, llevó la caja de zapatos a la mesa, sacó papel y lápiz y escribió: «Querida Angelina». Se detuvo y, ganando distancia, consideró la firmeza del trazo. Sus manos no temblaban. Su expresión debía de ser impenetrable; su mirada, fría y calculadora. El cajón de la mesa, que abrió por el solo gusto de recrearse en la exactitud y poner a prueba el virtuosismo de sus actos, estaba tapizado con unas hojas de diario amarillas, donde venían avisos necrológicos. Aguzó el oído: sólo se oía, sobre la lluvia, el canalón del patio. Miró la cama: la colcha era azul y lucía un gastado boscaje con ninfas al corro, y sobre ella, la gabardina, que pesaba como tierra y olía a plumaje hervido, había adoptado una figura de paño de Pasión. Esperó un poco más, convencido de que si conseguía no sucumbir en esos instantes a la angustia, si la miraba cara a cara sin que le flaquease el ánimo ni le temblase el pulso, quedaría a salvo de sus ataques durante el tiempo necesario para poner en marcha su proyecto. Entonces la angustia cedería ante las exigencias de la acción. Esperó, y cuando al rato se sintió seguro de la fuerza en reposo de su voluntad, volvió a tomar la pluma:

«Querida Angelina: te escribo esta carta desde un lugar secreto, que por ahora no te puedo decir. Ya te explicaré todo con más calma. Confía en mí y atiende bien lo que voy a decirte, y sigue mis instrucciones al pie de la letra, por absurdas que te parezcan, porque de eso depende mi vida y puede que la tuya. Ha llegado la hora de que conozcas la verdad. Has de saber que hace ya mucho tiempo, desde antes de conocernos, que estoy metido en política, aunque nunca te he dicho nada para no asustarte ni comprometerte. Era el gran secreto de mi vida. Cuando iba al café que tú sabes, además de la poesía iba a reunirme con los del Partido (no te puedo decir más por carta, pero ya te puedes imaginar a lo que me refiero). Yo era uno de los jefes y hace tiempo que la policía me seguía los pasos. Por eso tenía un seudónimo y me ponía gafas y sombrero. ¿Comprendes ahora todo?

»Bueno, pues cuando bajé a por pastillas para las muelas me llevé, como hacía siempre desde hace años, algo de ropa y de dinero, por si tenía que huir de repente, y nada más salir había dos hombres escondidos que me echaron el alto. Tú lo debiste oír desde arriba. Me gritaron: ¡Faroni, date preso! Así que salí corriendo y me dieron por atrás un tiro en el hombro. Pero no te asustes, el balazo fue limpio y ya estoy casi bien. Ahora, como te dije, estoy en un lugar secreto, en un sótano, y aquí seguiré algún tiempo, uno o dos meses, no creo que llegue a dos, hasta que amaine el temporal. Y ahora viene lo más importante. Quizá mañana o al otro, o cuando menos lo esperes, vaya a verte Gil, del que ya te hablé, que viste más o menos como yo y que quizá diga que se llama Dacio Gil Monroy. Te dirá que trabaja en Belson y que acaba de llegar de provincias. A saber qué es lo que te contará. Tú no le creas. Es en realidad un policía y va allí a buscar pruebas contra mí. Intentará sonsacarte. Te dirá que es amigo mío y que me conoce desde hace años. No le creas nada, porque es un hombre sin escrúpulos. Tú sólo tienes que decir que Faroni se ha ido al extranjero. No se te ocurra enseñarle ninguna foto mía, ni le digas mi verdadero nombre, ni me describas, ni digas mi edad, ni que tú eres mi mujer ni que yo vivo ahí. Dile que lo único que has oído es que Faroni se ha ido al extranjero por motivos políticos, que me dieron un tiro y conseguí escapar, que estoy grave, ni una palabra más ni una menos. Si te pregunta por el café, dile que crees que los han detenido a todos, que le han cambiado el nombre y que han cerrado la tertulia. Si te pregunta por una tal Marilín, dile que no sabes nada, o que quizá se ha ido también al extranjero. Y si te pregunta por Gregorio Olías (porque ellos creen que Faroni y Gregorio Olías son dos personas distintas, ya te lo explicaré todo), dile que tampoco sabes nada, pero que crees que está en la cárcel o escondido. Y si te pregunta quién eres tú, dile que una admiradora de Faroni. Dile que si realmente él es Dacio Gil, ya encontrará Faroni el modo de ponerse en contacto con él, y si sigue preguntándote, tú échalo de casa. Grábate bien en la cabeza todas estas cosas, no vayas a meter la pata y acabe de verdad en el extranjero o en la cárcel por tu culpa. Mañana, día 5, ve a pasear por el parque, a la glorieta de la estatua, a eso de las diez. Yo apareceré por allí y te lo contaré todo. Llévame ropa y mira que no te siga ese tal Gil. Confía en mí. Te quiere más que nunca, *G*».

La carta le pareció de un verismo sencillo y magistral: con ella, no sólo se congraciaría con Angelina sino que la haría cómplice en su lucha contra Gil. La primera amenaza quedaba conjurada. Pero había otras —y aquí se levantó sombrío y empezó a desvestirse— de más difícil solución. Ante todo, había que buscar la forma de impedir que Gil entrase el próximo sábado en el café. Y no se le ocurría nada. Se le ocurría, sí, sobornar al camarero para que, pasándose por emisario de Faroni, lo detuviese en la puerta con el soplo confidencial de que el café estaba tomado por policías disfrazados de artistas y que su vida corría peligro si no huía de inmediato. Pero quizás al camarero aquel encargo le pareciese temerario. O quizás el propio Gil, irrumpiendo en la tertulia al grito de «¡Viva Faroni!, ¡mueran los secuaces!», aprovechase la ocasión de inmolarse en aras del progreso. No, no, era absolutamente necesario encontrar el modo de hablar con Gil y exigirle, en nombre del Progreso, del Partido y de la seguridad de los Contertulios, que se abstuviese por el momento de entrar en el café. Se detuvo ante el espejo: «Con tu llegada nos has delatado a todos. Gente valiosa caminando en el barro. Eruditos chupando hierbas. Insignes académicos subiendo en marcha a trenes de ganado. Filósofos sin lentes. Un biólogo en alpargatas. Dramaturgos en paños menores. Políglotas amordazados. Esa es tu obra, pobre Dacio. Vino el químico y acabóse el mundo».

Se vio en calzoncillos, como si el del espejo fuese Gil y, desde el otro lado, él lo mirase con la piedad triunfante del desprecio. Lo amenazó con el dedo: «Ay, Gil Gil Gil, ¿qué Dios de ojos verdes castigará tu audacia?!», y se echó atrás, con amplitudes de orador, fijando en un desmesurado ademán estatuario el prometedor poder de su elocuencia. Y Gil, avergonzado por la culpa, obediente al destino, huiría de la ciudad, tal como su proyecto había previsto. Y entonces él podría volver a casa, recuperar el empleo, lavar el deshonor.

Animado por aquellas perspectivas, se puso el pijama y apagó la luz. Las campanadas de las doce, dadas en alguna iglesia próxima, dejaron en el silencio una lúgubre resonancia. Entonces, durante un instante de interminable intensidad, Gregorio se atrevió a considerar la hondura de su angustia, imaginándola como una herida de asta de toro y calculando si cabrían en ella, en forma de trapos y cartones, los años que le quedaban por vivir. Repasó los hechos de su vida, las múltiples tarcas y circunstancias que lo habían llevado a aquella situación, los pecados que habría podido cometer para encontrarse allí al cabo de los años, un domingo por la noche, lejos de casa, respirando un aire que no era el suyo y compartiendo con desconocidos su silencio de siempre. Entonces oyó ladrar tras él los perros de la negra desgracia y, para escapar a su acoso, pensó en un día infantil de verano. Quizás algún día pudiese dirigir palabras claras e imborrables a un auditorio joven. «Un verano de fin de siglo, en un prado con bueyes y cornejas.»

Vio venir por un camino hacia el prado al grupo de jóvenes, cantando un himno. Sin levantarse de la piedra donde estaba sentado, agitó el bastón, y los muchachos al verlo subieron los brazos, como espantapájaros, y con tan súbita energía, que las cornejas alzaron el vuelo. Uac, uac, las oyó graznar, antes de dormirse.

Capítulo XVII

Al día siguiente, bien de mañana, Gregorio salió a la calle pensando en moros y cristianos.

Era aquel un barrio de calles estrechas, que Gregorio conocía de pasada. Hacía un buen día de sol y la ciudad presentaba un formidable aspecto laboral. Iban unos con la escalera o el canasto al hombro, el practicante con su maletín, las señoras con sus capachos rebosados de acelgas; se apresuraba aquél, felino y trajeado, a hacer una gestión, venía éste con el llavero espoleándose en las ancas, filosofaba amargamente el comerciante requiriendo el lápiz de la oreja, pasaba el jubilado con la garrota absorta y el rumbo cepón, surgía de pronto una gresca de voces y salía el peluquero a la puerta dando tijeretazos en el aire, bajaba por una cuesta el municipal, con almorzada lentitud, y se cruzaba balanceante y desdeñoso con un grupo de obreros que comían de tartera y navaja alrededor de una lumbre de astillas, y todo ofrecía un aspecto cívico de pueblo en marcha, de mural didáctico, de viñeta ejemplar.

Gregorio caminaba a buen paso, el sombrero torcido, las solapas altas, el rostro inescrutable. La sospecha de que a Gil le hubiesen concedido el día para instalarse en la ciudad y que llegara a casa antes que él, o de que Angelina hubiese denunciado la ausencia del esposo, lo obligaba a trotar pegado a las paredes y con los ojos fijos en el suelo. No había color ni forma que no se resolviese esa mañana en presagio ni presagio que no anunciara a un tiempo esperanza y desastre. El menor viento, la nube más alta y errabunda, el olor alcobero de las ventanas entreabiertas o el tibio sol en las esquinas, pregonaban que el mundo era azar y desorden. Pero cuando llegó a su calle y vio en el balcón una de sus camisas puesta a secar, pensó que en el mundo era aún posible la armonía. La camisa se agitaba como si lo hubiese reconocido y le pidiese ayuda, y Gregorio se emocionó y pensó sin querer en sastrecillos, dragones y princesas.

Sin dudar un instante, cruzó la calle, se hundió en el portal, subió desganadamente las escaleras y llamó al timbre. Apenas oyó pasos, dejó la carta en el felpudo y corrió de puntillas, jorobado y con un torpe aleteo de brazos, hacia el piso inferior. Allí se detuvo, una mano en la barandilla lista para un descenso de emergencia, y esperó a que Angelina, después de gritar dos veces, «¿quién va?», y después de un silencio reflexivo que se fue haciendo de estupor, cerrase la puerta. De inmediato, vio su sombra en el muro subir cuatro escalones y estirar el cuello: la carta ya no estaba. A toda prisa, oyendo cada vez más próximo el fragor de moros y cristianos, salió a la calle y tomó de nuevo el rumbo del exilio.

Cerca de la pensión, en una esquina, entró en un bar y ocupó una mesa apartada. Pidió un café con bollo, abrió la libreta, encabezó con la fecha una página en blanco y escribió: *Guerras de la Patria*. Porque, desde ese amanecer, Gregorio llevaba toda la mañana pensando en moros y cristianos. Primero fue la extrañeza y el pánico de verse ocioso en lunes, lejos de casa y del trabajo y con Gil instalado no sólo en la ciudad sino en el territorio que, con sigilo de serpiente, había usurpado a su dueño legítimo. Luego, al salir a la calle, se le ocurrió que también él iniciaba allí, desde su último reducto, la reconquista de los solares patrios, y que aquél era el principio de una guerra cuyo objetivo final consistía en expulsar al invasor a sus tierras de origen. Siendo imaginario y más que discutible, como en algún momento de lucidez no dejó de entrever, aquel hallazgo le ofrecía un lugar en el mundo, una causa justa, un modo enérgico y general de entender las cosas, y eso lo fue llenando de coraje, de razón, de eficacia.

Subrayó el título y consultó la hora: las nueve menos veinte. El bar, que era más bien taberna, tenía colgada en la puerta una jaula con perdigones. El mostrador era alto, de cemento crudo, y las paredes estaban decoradas con motivos futbolísticos y taurinos. Al fondo había algunas mesas con vinagreras y manteles de cuadros, y arriba, como presidiendo, un televisor y una cabeza de toro con la lengua fuera. Allí se sentó Gregorio, junto a la pared. Un hombre, de manos grandes y tardías, le trajo el café con bollo, que él comió con apetito urgente y distraído. Luego, volvió a la libreta. Hizo cuatro columnas, a las que llamó *Dacio Gil, Gregorio Faroni, Café Hispano-Ensayista* y *Angelina del Mar,* y comenzó a escribir furiosamente y a relacionar las columnas con flechas, llaves, llamadas al margen y signos de su propia invención. A las nueve y veintidós, el proyecto era una inagotable y prometedora maraña de perspectivas y alusiones. Consideró que aún era alguien, que aún podía llenar una hoja con signos que anunciaban un futuro, si no espléndido, al menos idéntico al razonable edén del que fuera expulsado. Recordó así que en su juventud había dedicado un romance a inquirir dónde quedaría el Paraíso, si en el pasado o en el futuro, si sería un remoto jardín que habíamos perdido para siempre o una ciudad con polideportivos y avenidas aéreas, y si estábamos condenados por tanto a la esperanza o a la nostalgia. «Somos el joven que pregunta y el viejo que contesta o calla», apuntó, y quizás ahora que luchaba por recobrar un mal empleo, una mujer a la que acaso no quería y el honor de un fantasma al que no se resignaba a renunciar, tuviese respuesta para la insolencia de aquel joven. Y en eso estaba, buscando, más que una respuesta, un sarcasmo que se burlase de la propia pregunta, cuando oyó decir a su espalda:

—¿Un numerito de la suerte?

Gregorio se volvió con el vértigo de la duda todavía en los ojos. Había allí un hombre bajo y corpulento, de unos sesenta años, de aspecto complicado o absurdo. Vestía un impermeable de hule negro que, cinchado a la cintura, le llegaba casi hasta los pies. Llevaba en el pecho décimos de lotería, cogidos con imperdibles. Lucía un bisoñé amarillento, como un estropajo, zapatones de muerto, gafas negras de romanceador ciego y bigotín de perito en leyes sindicales. Se dejó mirar complacido y luego torció servicialmente la cabeza:

—¿Un numerito?

La voz, distorsionada de tan grave, le salía de lo profundo por media boca aguardentosa en la que se veían unos dientes de verde podredumbre.

—No soy hombre de suerte —sonrió Gregorio.

El otro movió la cabeza, rodeando la silla. El impermeable le daba un aire torpe y rígido, y el menor gesto le cogía todo el cuerpo.

—Me permitirá usted que me presente: Antón Requejo. No le había visto antes por aquí, le diré, y me he dicho: nobleza obliga. Así que he venido a ofrecerle mis servicios, junto con mis respetos. ¿Está usted de paso? —dijo, con cortesía teatral.

Gregorio cerró la libreta:

—Sí, soy forastero.

—Le diré, y ¿viene de muy lejos?

—De París.

—Ciudad luz. ¿Permite que me siente, un instante?

Pronunciaba con énfasis, y en un tono de afectación profesoral, casi declamatorio.

—Desde luego —dijo Gregorio, contento de que la fortuna le deparase, en aquellas horas solitarias, el alivio de alguna amistad.

—¿Ha acabado ya de escribir, le preguntaría? —dijo Antón, señalando la libreta.

—Por hoy, sí —contestó Gregorio, dispuesto a proclamar a la menor ocasión su condición de artista.

—Yo, ¿sabe usted? —dijo el otro con dolorosa vaguedad, como si deplorase tener que ir a buscar tan lejos las razones de su discurso—, soy hombre de intuiciones. Le diré. Intuyo el sexo del nonato, saco los nombres por las caras (si los nombres están puestos conforme a natura), adivino las lluvias y las guerras, y sobre todo distingo con un golpe de vista a los dolidos de amor. A ésos, los bordo. Permítame un sobreinciso, ¿es una carta de amor? —y señaló la libreta.

—De negocios —dijo Gregorio, en un tono cordial de burla.

—Nadie lo hubiera dicho. Le he venido observando, no vaya a ofenderse, y por las caras y posturas que ponía al escribir, me dije, de amor o de suicidio. Como poco, versos.

—Bueno —repuso Gregorio, animándose a las confidencias—, no iba descaminado. En realidad, soy poeta.

—¿Escritor de versos? —exclamó eufórico—. ¿No andaba equivocado yo entonces?

—De versos y prosas. Poeta y novelista.

—Pues yo podría contarle muy buenas historias, dignas del Dante. Historias de otros tiempos, sentimentales y verídicas. He hecho llorar con ellas. Le diré, ¿es usted casado?

—Sí —dudó Gregorio.

—También yo lo soy. Casado y coronado. No me avergüenzo —e interpuso un índice—. Perdí el honor como otros pierden la salud o la hacienda. Donde unos dicen, soy electricista o diabético, yo digo, soy cornudo. He aquí una historia apropiada al poderío de mi ronquera crónica. Hace ya algún tiempo la conté al sobreprecio de un salchichón y una botella de hipocrás. Pero, no entienda mal. No vaya a creer que vengo a ofertarle lágrimas de ocasión. Le diré. Yo soy un hombre de ideales, trabajo para una doctrina, como los misioneros. Abordo al respetable cuando distingo señales que reclaman mi presencia, como es éste el caso. Mi territorio por el momento son los lugares públicos del barrio. Todos me conocen. Pregunte por mí. Le dirán: ¿Antón? Un prócer, un visionario. Yo difundo mi historia como los apóstoles la religión. Todos los días la cuento dos, tres y hasta cinco veces —y sonrió como un diablo: «Es mi misión en este mundo», añadió.

Gregorio lo miró a su vez sonriendo, comprensivo y conciliador.

—¿Dispone usted de media hora para escuchar mi parlamento? ¿Dispone? —dijo, animado por la expresión risueña de Gregorio—. Es lo que dura mi relato. Veinticinco minutos. Lo tengo al milímetro. Hace diez años me llevaba ocho horas, y a veces más, según la inspiración.

Pero lo he ido limando, conforme al espíritu de los tiempos, y calculo que de aquí a unos años lo despacharé en cuatro o cinco minutejos. Le diré. El relato consta de un inciso o preámbulo, de una parte central y una teoría de sobrepostre. Se lo contaré al hilo de estos cuatro retratos —y sacó un papel sucio de seda rosa que desdobló con torpe lentitud—, que ilustran la historia, junto a algunos objetos que aparecen en ella y que iré mostrando en su momento. Yo la llamo historia museo. Le diré. En esta época, la vista es la que trabaja, y si la historia no se ve, la gente no cree en ella. Así que póngase cómodo, ilustre amigo, como si estuviera en el cine. Y para empezar, mire esto —y enseñó una mano, que sólo conservaba el índice y el meñique—. No se vaya a ofender. Tampoco le dé pena. Este accidente me permitió en mis años mozos ser artista de circo y variedades. Y antes, fui cabrero. Compruebe —y mostró el primer retrato.

Subido a unos riscos aparecía bruscamente un joven dentón y desgarbado, con un garrote, una piel de cabra y un perro entre los pies.

—Me la sacó un merchante a cambio de unos huevos de pava. ¿Ve el paisaje? Yo nací a trasmano, en estos valles, donde se estilaban otros tiempos. ¡Ay, eran los tiempos idos —y alzó teatralmente la cabeza, mientras balanceaba el torso y acompasaba las exclamaciones con las manos, como un tenor italianizante interpretando una romanza—, cuando las lechuzas entraban en las casas y se bebían las capuchinas, cuando las culebras hipnotizaban a los pájaros y los gatos enfermos de amores iban a oler la flor del lilo, cuando la gente hablaba en verso y los caminantes se alumbraban con farolillos de sandía! Eran los tiempos de los zorros sabios, cuando todavía en los montes se daban las fábulas y los animales andaban de pleitos y asambleas. Los horóscopos, entonces, los hacían las mariposas, de su propio instinto. ¿Querrá creerme? El ave que llaman ferreruelo avisaba del alacrán, y el abejaruco y el martín daban los cantos combinados. ¡Ay, los tiempos en que los burros se ahogaban por el culo y uno podía encontrar en una vereda un anillo de oro! No habían llegado a aquellos valles el progreso y la industria, y se vivía en la antigüedad. Yo soy uno de los pocos hombres antiguos que van quedando. Contándole un día a un catedrático historiador el camino que llevo andado desde los valles a la ciudad, en esta misma taberna, ante testigos, me sacó quinientos años de experiencia. Y conociendo luego mi teoría, y que yo era fundador de una secta, me nombró, entre bromas y veras, el heresiarca Requejano. Mire aquí en el retrato mis dos manos íntegras. ¿Qué pasó?, me pregunta. Le diré. Una noche, hurgando en el tueco de una encina, donde había un rumor, resultó ser un zorro, y en la captura me comió estos tres dedos. Y ahora le daré un sesgo a la historia para decirle, le diré, que antiguamente había refranes en las casas. Eran, dicho a groso modo, animalitos mansos. Convivían con los gatos, iban y venían por las alcobas moviendo el rabo y no mordían ni arañaban a nadie. Pero, ¿ve usted? Ahora ya nadie tiene refranes. Están todos en el zoológico, de huérfanos. Ya nadie quiere sus servicios. Refranes, gatos y ratones, todos cayeron en desuso. Pero en aquellos tiempos, era contraer una pena y venir un refrán a sobrelamerte la herida. Y a mí vino uno y me dijo: No hay mal que por bien no venga. Y entonces, así que me vi incapacitado para la vida agropecuaria, agarré al zorro y anduve con él por el mundo hasta hará como unos quince años, que se me murió. Lo transportaba en un cajón y lo lucía en las plazas, al tiempo que contaba la historia, que yo mismo puse en verso y adorné con penalidades. Cuando uno está al tanto de una pena, la flor del ingenio sobrebrota de ese mismo estiércol. Vea —y sacó de los bolsillos un rabo de zorro y dos colmillos—. Esto es lo que conservo de él. Y ahora mire esto —y le tendió a Gregorio el segundo retrato.

Se veía al narrador vestido con un traje de campesino regional, en el centro de un pequeño corro de curiosos. Mantenía la mano estropeada en alto, y con la otra señalaba el cajón, por donde el zorro asomaba el hocico.

—Así viví algunos años, nueve o diez, y no me iba mal. Pero sigamos adelante porque estamos llegando a la parte central de la historia. Le diré, muy breve. En esas andanzas conocí a una mujer, también del arte. La vida es un cantarillo camino de la fuente. Nos conocimos, congeniamos, formamos compañía, y al año cumplido la llevé virgen al altar. Ella cantaba y bailaba y yo, con estos dos dedos libres, la acompañaba con un rasgueo al requinto. Nos pusimos nombres artísticos. Le diré. Ella era Carmencita del Gran Sur, y yo y el zorro, el Buen Pastor y la Fiera. Escuche, porque este relato, además de estar ilustrado con objetos, tiene también música, como las películas —y haciendo ritmo con los nudillos en la mesa y afinando la voz con un jipío, cantó por lo bajo una copla flamenca:

> Carmencita del Gran Sur
> y el Buen Pastor y la Fiera,
> espectáculo dantesco
> de bailes, cantes y penas.

Con un pañuelo se limpió una legaña sentimental, antes de seguir.
—Vea —y sacó una cajita de nácar donde entre algodones había un

anillo de casado—. Oro de ley. ¿Querrá creerme? Fueron tiempos prósperos y felices. Le diré. Teníamos radio y camioneta. De ser yo cabrero en los valles, me vi usando colonia, mechero de gas, bragueta con cremallera y zapatos de pico. No me faltaba ni un diente, y hasta tenía uno de oro. Y por si fuera poco, el médico me había hablado de recetarme gafas para leer, y ya tenía yo escogido modelo en la óptica, unos lentes con montura de plata y con su estuche de muerto mayor. Y a mi Carmencita, que era algo sorda, le recetó un sonitrón, y ella decía (se me parte el alma de pensarlo), que ya puestos a lo mejor se sacaba también el carnet de conducir. ¡Y cómo se reía la putona con aquella ocurrencia! Hasta el zorro se asomaba al cajón y hacía con los dientes así, chak, chak, porque también él, a su modo, era feliz. Pero dejemos los sobreincisos y examine aquí el tercer retrato de esta parte central.

Aparecían los dos ante la camioneta. Ella, con vestido de volantes, fondona y descarada, abrazaba el requinto; Antón, con traje blanco y zapatos de pico, destacando una pierna, la señalaba con la mano extendida, como si la presentara en escena. Abajo el zorro se asomaba al cajón, huraño y olfativo.

—¿Ve a éste? —y señaló una figura borrosa en un ángulo del retrato—. Este era un vendedor ambulante de miel, que ese día cogimos de camino. Un mequetrefe que hablaba por los codos y hacía juegos de manos. Le diré, y abrevio. Durante dos meses lo encontramos por todos los pueblos donde íbamos. ¿Tú por aquí, Rufino?, le decía yo. Y él respondía, el mundo es un pañuelo. Total, que un día ocurrió lo que tenía que ocurrir. Una mañana al despertarme en la fonda me vi sobrecoronado de mariposas azules. En aquellos tiempos, las mariposas azules rodeaban todavía al cornudo en el momento mismo de la desgracia. Le hacían un cortejo de pésame. Corrí a la ventana y estaba amaneciendo. Vi un camino que le iba buscando las vueltas a un llano, y por el fondo vi un punto negro que se corría a lo lejos. Era la camioneta. ¡Era mi Carmencita del Gran Sur, ilustre amigo, que se me había fugado con el mequetrefe! Y yo me quedé solo con las mariposas, el zorro y las gafas de lectura. Lo demás, todo se lo llevaron. El dinero, el vestuario y todo.

Bajó la cabeza y con un dedo empujó hacia Gregorio el último retrato. Aparecía allí Antón, de facha ya contemporánea, con unos cuernos de carnero en una mano y una navaja abierta en la otra.

—Aquí empezó mi sacerdocio —dijo—. Me hice esta foto para no olvidar quién soy y lo que hago en el mundo. Yo entonces era joven. No sabía, como está hoy sobredemostrado, que todas las mujeres tienden a putas de natura. ¿Estamos o no de acuerdo en esto? ¿Es o no una verdad universal? —y se echó adelante, con una expresión entre amenazadora y suplicante.

Gregorio, que había escuchado con obsequiosa seriedad, y que dudaba si aquel hombre sería un iluminado o un simple charlatán, sonrió conciliador:

—Hombre, habrá de todo.

—Le diré —objetó él—. Excluyendo a la suya, que la doy por santa, las demás son todas putas, sobreentendidas o declaradas. Permítame, está demostrado. Todas, antiguas y modernas. De obra o pensamiento. ¿O es que no lo tienen todas en el mismo sitio? Seamos realistas. Es de natura. Lo dice la Biblia, se lee en San Agustín y los Santos Padres. He hecho estudios intrínsecos. Desde la antigüedad, cuando los sabios, no hay filósofo ni arcipreste que no lo certifique. Comparadas están a las gallinas, a las zorras y a las serpientes. Ahí quedan a la par reinas y fregonas. Todas se peinan el moño, se afeitan los sobacos, se jabonan las tetas, y al reír se les ve a todas la campanita. ¿Es o no es así?

Su voz era baja e insinuante. Le hedía el aliento, y había apresado con una mano de hierro el brazo de Gregorio para mejor persuadirlo con el poder de su murmullo.

—Son hijas bastardas del grito y legítimas del susurro —cuchicheó—. De cintura para abajo se les condensan todas las neblinas. Tienen allí el alma en vinagreta. Son húmedas de por sí. Hasta las beatas adoratrices llevan bragas. Las hay blancas y negras, y de todos los colores y más que el arco iris. Se las quitan y se las ponen. Limpias y sucias. Suben una pierna y luego la otra, y se las ajustan a la horcajadura. También las monjas. Todas. Y eso durante siglos. Da escalofríos pensarlo, ¿eh? Imagínese, ilustre amigo, la reina con el caballerizo, el abad con la costurera, la marquesa con el mastín, la peluquera con el fresador, arriba y abajo, poner y quitar, y siempre lo mismo. No me negará estos hechos. Mire —y se llevó las manos a los bolsillos—. ¿Ve esto? —y fue dejando sobre la mesa una pelota de pimpón, tres avellanas, cuatro horquillas, una barra de labios, dos pinzas de la ropa y unas bragas marchitas—. Esto es todo lo que quedó en la fonda. ¿Ve? Todavía huelen —y se las metió a Gregorio en las narices.

A dos manos, reunió los objetos que había sobre la mesa y los miró cabeceando.

—Diez años anduve en su busca, para ajusticiarla. Pero no di con ella y aquí me tiene usted, un hombre deshonrado. Y éste es el último objeto de mi historia —y sacó una navaja de muelle, cuyo acero expuso a la luz—. Si la encuentro, ¿querrá creerme?, sabría dónde hincársela. Un carbón vivo, donde dicen los libros que se hospeda una anguila, a la que nada aprovecha. Ni el mismo orangután las satisface. Amigo, el honor se lava matando la anguila, y aquí concluyo. Han pasado veinticinco minutos y yo soy hombre de palabra. Y ahora dígame, le diré. Esa carta, ¿no era de amor?

Gregorio, que según escuchaba a Antón se había ido sintiendo desazonado por una idea tan imprecisa como luminosa, respondió con un gesto ambiguo. «Yo soy un hombre de intuiciones», dijo de inmediato Antón, cogiendo el gesto al vuelo. «Un idealista. Por eso le he contado la historia», y volvió a atenazarle el brazo y a confinarlo en el círculo íntimo de su voz.

—Tengo grandes proyectos. Los cornudos somos legión. Debemos organizarnos, fundar un club, o una cofradía, como el kukusclán. Saldríamos de noche con antorchas, a chamuscar coños. La gente se reúne para formar sectas. Las hay políticas, religiosas, laborales y de todo tipo. Hasta los maricas y las putas tienen sede propia. Sólo los coronados vamos insolidarios por el mundo. Con el honor se nos va el coraje. Y siendo, como somos, víctimas de natura, no una secta secreta, un Real Colegio deberíamos fundar. Hay que remover los cimientos del mundo y aprender materia de los animalillos. La humildad nos enseñará el orgullo de las calamidades. Y aún le diré más: todos los hombres son cornudos. Hasta los más seguros, aunque sólo sea del pensamiento, los tienen esbozados. Hay cabrones aéreos y terrestres. Vivir es estar de camino. Hasta la soltería y el clero andan en armas, en servicios de retén. Hablo como hombre antiguo que soy. Va uno a la guerra, pierde un brazo y gana una medalla. Pues lo mismo nosotros. Los coronados también lo somos de laurel. Debemos llevar la añadidura como otros el miembro mutilado, como un timbre de gloria. Imagínese un ejército de vencidos. Una embestida mundial de cabrones tendría efectos parejos al de una guerra atómica. Cambiaría el curso de la Historia, como ocurrió con otras grandes sectas, la masonería o el socialismo. Mire esto —y sacó un pequeño látigo con puntas de plomo—. ¿Se imagina? ¿Qué ejército habría mayor que el nuestro? ¡El Ejército coronado!

Estrechó aún más el cerco de su voz:

—Por el momento somos tres. Tres soldados, que nos reunimos los sábados después de medianoche. Pero, le diré. Sólo en este barrio, tengo contabilizados más de cuatrocientos posibles infantes. Tienen miedo del deshonor. No han aprendido todavía el orgullo de esta gran desgracia natural. Tenemos antepasados emperadores, príncipes, santos, papas y sabios. Una genealogía que nos hace aristócratas. Tenemos una bandera, dos rayos rojos sobre fondo blanco, y pronto tendremos también un himno. Amigo, si alguna vez cae en desgracia, o ya ha caído, únase a nosotros. Yo estoy aquí todas las noches, después de las nueve. Corra la voz. Nuestro lema es: «¡Honor en llamas!».

Se levantó y dio un taconazo militar:

—¡Antón Requejo, para servirle! Y ya sabe dónde tiene su casa.

Fue hasta el mostrador, pidió una copa de aguardiente, la embuchó de un trago y salió a la calle. «¡Los numeritos de la suerte! ¡Mañana salen!», se le oyó alejarse.

Gregorio, confuso y absorto, tardó en retomar el hilo de sus inquietudes. Mientras comía —de pie, en cualquier lado, todavía aturdido por la historia de aquel hombre insólito—, volvió a repasar el plan que esa misma tarde pensaba poner en marcha y a examinar las posibilidades de que Antón pudiese participar en él, y que había creído entrever durante el relato. «Quizá sea la Providencia, que viene en mi auxilio», pensó. Pero no conseguiría adivinar qué papel podía tener reservado Antón en su proyecto. Recordó que la realidad se vale con frecuencia de las casualidades para imponer su lógica implacable, pero también que eso se debe a que a menudo es la propia desdicha la que, en su hambruna de esperanza, interpreta ventajosamente los imprevistos, creando nexos de fatalidad o de fortuna donde en realidad no los hay.

El peligro de enredarse una vez más en vanas antítesis, lo urgió a concentrarse en sus proyectos inmediatos. Según ellos, el próximo paso consistía en impedir que Gil entrase en el café. Aunque era lunes, estaba seguro de que esa misma tarde aparecería por allí preguntando por Faroni y, en su defecto, por Gregorio Olías o Marilín. Buscaría el cuadro con el faro de mar y otros detalles de la descripción que él le había hecho, y al comprobar que no existían comenzaría a pensar que había sido víctima de un engaño. Y lo que era peor: si Gil perdía la fe en Faroni, no habría forma de expulsarlo ya de la ciudad. «Al contrario», pensó, «me buscará para pedirme cuentas, y yo no podré volver a casa y perderé el empleo para siempre», pues calculaba que por un mes de ausencia no iban a echarlo del trabajo. Eran catorce años de fidelidad laboral, y ya sabría él contar una historia lo suficientemente dramática y verídica para justificar su repentina deserción. Podría incluso cambiar aquel mes por el de vacaciones. Sí, el asunto era así de sencillo. La única dificultad consistía en convencer a Gil para que abandonara la ciudad. Y ése era un problema elemental de fe. Si Gil creía en él, acabaría obedeciendo. Ahí estaba, sí, el nudo del conflicto.

Toda la tarde anduvo a vueltas con aquellas cuestiones, mientras callejeaba y esperaba la hora en que presumiblemente Gil iría al café. «Hay que apuntalar esta casa en ruinas», se decía, «hay que actuar antes que Gil descubra el engaño, porque entonces no sé qué será de mí», y la visión de su futuro lo llenaba de espanto.

Finalmente, a las seis y media, después de darle muchas vueltas a todos los detalles del plan, llegó frente al café. Se puso al acecho en una esquina, y apenas vio el campo despejado cruzó de soslayo la puerta y fue a emboscarse entre los bebedores de la barra. Desde allí buscó un lugar apartado. Enseguida, llamando con una seña sutil e imperiosa al camarero cómplice, se reunió con él tras una columna.

—¿Recuerda quién soy?

—No del todo.

—Soy Faroni.

—El señor Faroni.

—El mismo. Verá —dijo, quitándole importancia a la confidencia—, hoy vendrá por aquí, hacia las siete y media, un tipo bajito, vestido como yo, que se llama Dacio, Dacio Gil Monroy o algo así. Yo lo avisaré. Vendrá preguntando por mí o por un tal Gregorio Olías. Se trata de una apuesta, o más bien de una broma, y consiste en que ese Dacio no entre aquí, en el café. Si no, perderé, y está en juego el honor, ¿comprende?

El camarero remotamente asintió.

—Usted le pregunta: ¿Eres Dacio, el amigo de Faroni? Él dirá que sí. Entonces va y le dice: Faroni se ha ido al extranjero, creo que a Chicago. Y le dice: Déjame un teléfono donde él pueda llamarte y no hagas nada hasta que él te llame. Ahora vete a casa, por tu bien, porque la policía está dentro. Dígale también: ¿No ves que hasta nos han cambiado el nombre?, refiriéndose al nombre del café. Y si se resiste, le dice: Es una orden de Faroni. Sólo eso. No se le ocurra decirle que yo estoy aquí porque entonces perderemos la apuesta. ¿Entendido?

—Al extranjero.

—Sí, a Chicago.

—Que nos han cambiado el nombre.

—Eso es, y le pide el teléfono.

—¿No será cosa de política? —ladeó el otro la cabeza.

—Si quiere le dejo en prenda el carnet de identidad —y se echó las manos al pecho.

El camarero lo detuvo con una mano, como si jurase en un juicio:

—Basta con su palabra.

—Es una broma de artistas —lo tranquilizó Gregorio.

Le deslizó unos billetes. «Si gano la apuesta le daré más», y su voz, susurrante, le recordó la de Antón. El otro hizo una breve reverencia de mayordomo lúgubre y se marchó.

Desde la columna, y a través de un espejo, Gregorio espiaba la puerta y estudiaba el terreno para el caso de una fuga de urgencia. Tenía arena en la boca y un nudo de esparto en la garganta. Quería tragar y no podía, y aquel esfuerzo le iba poniendo dolor de hierro en las mandíbulas. En el salón había jubilados y estudiantes, y el rumor de las voces distorsionaba el aire y las perspectivas. Se imaginó la sorpresa de Gil cuando viese el nombre verdadero del café y el bodegón de frutas y perdices, y se dijo que por sus mentiras, que más bien debían llamarse inexactitudes, no merecía tanta penitencia. Había actuado como el artista que en realidad era, alterando las cosas para hacerlas mejores y más bellas, como Platón y como tantos otros. Pero, claro, Gil no atendería a razones. Gil confundía el arte y hasta la propia cultura con la religión y hacía del juego una cuestión de fe. Quería salvarse a toda costa, entrar en el paraíso que él sospechaba que existía en este mundo, y se comportaba con el mismo empeño cándido con que otros se afanan por ganar el cielo. Aquél, en efecto, era un caso de fe, y sólo por la fe podría expulsar a Gil a su infierno de provincia.

Se miró en el espejo. Tenía la expresión sucia y las carnes flojas, y otras miserias de la edad y el espíritu que quedaron suspensas porque, en un rincón, al fondo del espejo, un reloj marcaba ya las siete y media. Gregorio se apretó contra la columna, y todos los fantasmas de la espera se esfumaron de golpe. No había sombra o figura que no le produjese un sobresalto. En cada parpadeo adoptaban combinaciones nuevas, como un caleidoscopio. La puerta giratoria era una continua e indiscernible novedad, y como además el espejo se reflejaba en otros espejos, Gregorio no tardó en perder el sentido de las distancias y la capacidad de orientación. Se ponía de puntillas, se encogía, se ladeaba, y no sabía ya dónde mirar. De pronto, en uno de aquellos atisbos, entre muchas figuras distinguió a una inconfundible. La reconoció con la memoria antes que con los ojos. Era una silueta baja —sombrero, gabardina y gafas de sol—, y estaba parada en la puerta, estorbando y sin decidirse a entrar.

De inmediato, buscó al camarero, le hizo con los dedos unas castañetas de alerta y con la cabeza le indicó la calle. El camarero asintió con un profundo pestañazo de búho. Sin apresurarse, se estiró dignamente la chaquetilla y llegó a la columna. «Ahí lo tiene», le dijo Gregorio sin mover los labios, «ese tipo bajito que hay ahí, con gafas y sombrero. Dése prisa, no vaya a entrar.» El otro se pellizcó una oreja: «No me gusta este asunto». «¿Quiere el carnet de identidad?», susurró violentamente Gregorio. «Está bien, iré. Pero si hay líos me vuelvo», y se dirigió a la puerta.

Gregorio vio por el espejo cómo la silueta alta alcanzaba a la silueta baja y comenzaba a hablar. La silueta baja miraba arriba y escuchaba. Enseguida —y se llevó una mano a la garganta para parar un vómito de miedo— vio cómo las dos dirigían los ojos a lo alto, donde estaba el rótulo del café, y cómo la silueta baja, después de levantar los brazos como si no diese crédito a lo que oía, sacaba papel y lápiz y anotaba algo. Inmediatamente, el camarero tomó el papel, giró en la puerta y llegó a la columna.

—¿Cómo ha ido todo? —preguntó Gregorio, sin apartar los ojos del espejo.

—Bien. Le dije lo que me encargó. Que se había ido al extranjero, que la policía estaba aquí dentro y que nos habían cambiado el nombre.

—Y él, ¿qué dijo?

—Nada. Se puso pálido. Aquí tiene el teléfono.

La silueta baja seguía parada afuera. Sin perderlo de vista, Gregorio se guardó el papel y devolvió un billete. «Gracias», dijo.

Durante un rato, vio cómo la sombra de Gil flotaba a lo largo de las cristaleras y cómo a veces se detenía para mirar adentro. Finalmente, desapareció. Tras ella, con el sombrero en la mano y las solapas bajas, salió Gregorio.

Oculto entre la gente, vio a Gil cruzar al trote una calle, entorpecido por la gabardina, que le quedaba larga y nueva y lo obligaba a moverse con cierta rigidez de autómata. Desde el otro lado se volvió a mirar el café. Gregorio, que esperaba el disco en la otra acera, giró al mismo tiempo y se escondió tras el semáforo. Entre los claros de los transeúntes, vio a Gil retroceder ante los empujones, con una mano en el sombrero y sin quitar la vista del café. Lo siguió a distancia, desplegando sus mejores artes de espionaje. Gil caminaba como sin control, con los hombros un poco encogidos, y unas veces daba trotecitos y otras remansaba el paso y dejaba de bracear. A veces se paraba como deslumbrado por una revelación súbita, y entonces parecía que iba a volver atrás, pero el mismo impulso de aquella débil decisión le servía para prolongar un instante la duda, y con la fuerza errática de la duda reanudaba el camino, sin gracia ni rigor. En una esquina se juntó a la pared para encordarse los zapatos. Gregorio saltó a un portal y asomando el perfil lo vio allí agachado, el vuelo de la gabardina derramado por tierra.

Así estaba cuando de pronto cruzó, con luces y sirenas, un coche de bomberos. Gil corrió al bordillo a verlo pasar y siguió mirando hasta que dejó de oírse la alarma. Allí mismo acabó de atarse los zapatos. Y otra vez a andar, y otra vez a correr hacia un grupo de curiosos que rodeaban a un voceador callejero. Gregorio se puso de puntillas para ver a Gil, que también de puntillas se asomaba al corro. Tomó posiciones tras una farola hasta que Gil, después de comprar algo, siguió su camino. Gregorio se acercó al corro. Un hombre de pelo aceitoso y rizado vendía cruces magnéticas para la salud. Charlaba sin parar y hacía demostraciones del producto. Colocaba unas ancas desnudas de rana sobre una lámina de metal, aplicaba al borde la cruz magnética y las ancas de rana se estremecían con un brinco de rana.

—¡Demostrado! —gritaba entonces—. ¡Sin trampa ni cartón! ¡El milagro del magnetismo oculto! ¡El último avance de la ciencia magnética! ¡Ciencia y arte unidos en esta práctica y preciosa joya a precio de regalo!

Siguió tras Gil. Lo perdía y lo reencontraba, no a Gil, sino al sombrero, que iba dando saltitos entre los viandantes. Y lo mismo él: dos sombreros saltando hacia Dios sabe dónde. Más allá, cuando disminuyó el gentío, pensó en abordarlo. Se le ocurrió que, haciéndose pasar por Gregorio Olías o por cualquier otro emisario de Faroni, podía exigirle que abandonase la ciudad, suplicarle en nombre del progreso aquel sacrificio memorable. Pero tuvo miedo de enfrentarse a él cara a cara, o de que la fe de Gil, debilitada quizá por la ausencia de las maravillas prometidas, no diese para tanto. «Primero la fe, después el sacrificio», se dijo. Casi inmediatamente, y como para olvidar aquella tentación, se le ocurrió poner nombres a los lugares transitados por Gil: Café de los Espejismos, Esquina del Buen Cordón, Bordillo de los Sobresaltos, Chaflán del Elixir, y con aquellas invenciones intentaba burlar la amargura, que lo ganaba por momentos. Uno tras otro pasaron ante la puerta con toldo de un club nocturno, y los dos acortaron el paso para mirar la roja penumbra y el ambiguo silencio de los terciopelos.

Un poco más allá, Gil se detuvo ante una iglesia y, tras un instante de duda, finalmente se decidió a entrar. La puerta estaba abierta y Gregorio lo vio quitarse el sombrero, tomar agua bendita, persignarse y avanzar hacia el altar mayor. Fue a ocupar uno de los primeros bancos. Desde la penumbra del fondo, Gregorio lo vio rezar de rodillas y con las manos juntas, como los niños antes de acostarse. Luego se dirigió a una capilla lateral, donde había una vieja con los brazos en cruz, y besó el manto de la Virgen. Al salir echó una moneda en un cepillo. Gregorio lo vio pasar a su lado, con el sombrero sostenido a dos manos a la altura del pecho, y apenas distinguió, o más bien adivinó en la oscuridad su expresión contrita y concentrada.

Un poco más allá se detuvo, cepón y solemne, en una parada de autobús. Preguntó algo a alguien, guardó unas monedas en el puño y se aplicó a la espera. Viéndolo allí, con el puño pegado al muslo y encogido de hombros, Gregorio volvió a dudar entre seguir fiel a su proyecto o desbaratarlo de golpe y para siempre con la confesión espontánea y sincera de todas sus mentiras.

Pero se contuvo. «Así que éste es Gil», pensó. Lo vio quitarse el sombrero y alisarse con el antebrazo la entrecalva. «Es algo más bajo que yo, un poquitín más bajo.» Y como en sus correrías de detective joven había aprendido a sacar las caras, y hasta los caracteres, por los cogotes —los cuales aludían con exactitud grotesca, como la urdimbre de un tapiz, al rostro invisible—, juzgó que el de Gil era el negativo de una fisonomía medrosa y poco agraciada. «Pobre Gil», se dijo, «pobre hiena feúcha.» Allí estaba, perdido, abandonado en una ciudad cuyas maravillas no sabría nunca descubrir. Ni pirámides, ni zigurat, ni globos aerostáticos, ni río navegable, ni robots, ni tertulias de sabios ni bandas de música. ¿Dónde estarían entonces las fuentes del gran río del progreso?, se habría preguntado. Y se habría dicho que él («se lo digo yo, señor Faroni, que lo sé») tenía un mal destino y estaba condenado a mirar el banquete por fuera, como si viviese al margen de su tiempo.

«Así que éste es Gil», se repitió, cerrando los ojos con un estremecimiento de piedad. De inmediato, sin querer, el escenario sombrío de su conciencia se iluminó violentamente y se vio a sí mismo joven y apuesto, de una belleza gentil y atormentada, como en el retrato del poeta romántico inglés. Se vio avanzar sonriente, vertiginoso, con su melena al aire, acercarse a Gil y decirle (¡oh, y qué dulce sonrisa juvenil!, ¡qué fuego en la mirada!, ¡qué tierna cortesía de amante!): «Dacio, amigo mío, hermano menor del alma, sígueme, porque la ciudad ha abierto sus puertas para ti».

Con una mano por los hombros, como para protegerlo del riesgo de un espejismo, lo llevó a la tertulia y allí vio cómo todos, al verlo entrar, se levantaban en su honor. Lo vio avanzar hasta el centro del corro y corresponder a los aplausos con cumplidas reverencias de anfitrión chino. La más profunda fue para un robot que le trajo un ramo de rosas y pronunció un breve discurso de homenaje con voz nasal y entrecortada de robot. Marilín le dio un beso, y el maestro que él había conocido, pidiendo silencio para tan señalada ofrenda, se extrajo limpiamente su dentadura de oro y se la tendió con un gesto solemne, y luego esbozó un abrazo de alternativa taurina. Entonces vio cómo él, Faroni, tomaba la palabra y le iba presentando a los maestros: «Mira,

Dacio, éste es el señor Fausto Cienfuentes, el gran químico inventor de la energía sentimental, y aquí tienes a don Feliciano Ballesteros Matamoros, ilustre arquitecto de rascacielos subterráneos, y éste es Octavio Friso, eminente filósofo, y éste es Mack Spermann», y Gil iba haciendo reverencias chinas y diciendo: «Encantado, señor Cienfuentes; es un honor, señor Matamoros; yo no lo merezco, Mister Spermann», y de vez en cuando miraba a Faroni con los ojos empañados de lágrimas. Luego, a petición de los oyentes, lo oyó hablar del cuervo. Y oyó preguntar a alguien: «¿Quién es ése?», y que alguien respondía: «Es Dacio Gil Monroy, la hiena del páramo».

Otra vez entre aplausos, se vio salir con Gil a la calle, donde un globo esperaba. Montaron en la cesta y ascendieron entre vítores, músicas, pañuelos y cohetes. Iban despeinados entre jirones de nubes, con gafas de aviadores, y abajo la ciudad se extendía iluminada e infinita. «Ahí tienes, a tus pies, la ciudad de tus sueños. Mira el río y las pirámides, abre bien los ojos y mira todo bien, querido Dacio, porque ahora estás en la primera fila del gran espectáculo del siglo.» Y abrió los ojos y tristemente sonrió. Pero no tuvo tiempo de recrearse en la melancolía del ensueño. Eran las ocho y media cuando, desde la penumbra, vio a Gil subir al autobús y desaparecer agarrado a un hierro y con el puño bien en alto.

Gregorio se volvió al fondo del portal. «Eres un miserable», se dijo, y cerró los ojos para asumir plenamente su propio desprecio.

Capítulo XVIII

Eran las ocho y media. Todavía era temprano para la cita con Angelina y era preciso no pensar, no mirar a la angustia cara a cara, no perder la calma, convencerse de que por el momento no estaba tan angustiado como suponía, qué va, apenas alguna burbuja que de vez en cuando le reventaba en el estómago y lo obligaba a un vomitón de aire y a una oración de circunstancias: clavos de Cristo socorredme en este trance de la vida obligada. Y si acaso no hubiese ya remedio pensar entonces que dentro de veinte o treinta años todos calvos, mirar alrededor aquellos cuerpos menguantes caminando por la corteza del planeta, haciendo rodar la bola de los días con no mayor afán que el escarabajo pelotero, que huye del corcho y de los moros, sus afanes de gloria, vacas y legumbres, también Platón y Marilín, y todos, todos calvos a la vuelta de unos pocos lustros. Así, eso es, no amontonarse, no mezclar las aguas del tiempo, confundirse con el ritmo natural de las cosas, de la lluvia, del sol, de la propia sangre, del viento, de las flores, por ejemplo un nenúfar. Concentrarse en esto, en el nenúfar, pensar en él cada vez que sintiese el olor de la angustia. Nenúfar, lluvia, sangre. Nada iba a pasar. Veinte, treinta años, y ahí os quedáis todos. Todos calvos y mondos. Calma, rigor, nenúfar. Quedarse al fondo de la cueva de espaldas a la luz, aturdirse con palabras y no pensar en Gil ni en su cogote de tortuga. No decir pobre Gil, no decir ay, no decir miserable ni hiena ni piedad. No pensar. O pensar en estrellas. El mismo pero más pálido y delgado, con cucurucho de astrónomo y túnica de dragoncetes dorados, en una torre circular. Ay, otros tiempos, otras inquietudes. Ay, quizá pronto en alguna calle surgiese de pronto la solitaria luna celestina y él se atreviese a mirarla con ironía testicular de seductor cuarentón, resignadamente comprensivo, los dos juntos bajo el ala confidencial del sombrero. Sí, eran hermosas las estrellas, qué hostias, y se detuvo en el umbral de una agencia bancaria. Así, no pensar, o pensar en pensamientos ajenos, acuérdate, alguien te lo contó en la infancia, un viejo desdentado y meón, que de los muchos vientos que recorren el mundo llevando y trayendo olores y presagios hay uno que roba los recuerdos, y como a veces extravía alguno en un lugar distante de donde lo robó ocurre que quien lo encuentra recuerda hechos extraños a su propio pasado, que atribuye a una vida anterior, y quien encuentra muchos enloquece, se convierte en otro, y quien los pierde se queda lelo sin remedio. Por eso en días de mucho aire como hoy no conviene pensar. No pensar. Pensar que pronto o luego calvo. Que perros también calvos, eso es, así, domando, sujetando el caletre, pensar que las enfermedades han de estar cercanas porque la edad pide ya un escarmiento y quizá muy pronto has de hacer la maletita para el hospital, la misma maletita con la que hiciste el viaje de novio, acuérdate, la ropita querida que compraste a la moda sin sospechar que alguna vez ese traje tan bien elegido serviría de mortaja, serás un muerto esbelto y elegante y de lo más moderno, ya te lo decía el de la tienda que esa camisa te sentaba muy bien y hasta te hacía más joven. Sí, todos calvos, Marilín y todos. Napoleón calvo, Hemingway calvo, los jóvenes de las bufandas también calvos y abrigaditos. Sí, ya se sentía mejor. Pensar estas cosas reconforta mucho. Ahora iba más despacio y veía a los viandantes como lo que realmente eran: futuros calvos vistiendo mortajas a la moda. También, ay, el pobre Gil, un muerto con los zapatos desabrochados. Y entonces, oh hijo de la grandísima puta, ¿tendrás valor para expulsarlo, para engañar hasta el final a ese pobre cogote? Pero no, ya habría tiempo de examinar la conciencia. Ay, pobre Gil, pobre hiena feúcha. Y, por cierto, ¿es que no era Gil quien lo había dejado sin empleo? ¿Qué leches hacía aquel maricón de Gil en la ciudad, persiguiéndolo como a un bandido? ¡Ah, no, pensar, claro que sí! ¡Basta ya de ternezas! ¡La vida es eso, lucha, selección natural! ¡El hombre es un lobo para el hombre! ¡Ser o no ser, ésa es la cuestión! ¡Dadme un punto de apoyo y moveré el mundo! ¡Al principio fue el Verbo! ¡Llegué, vi, vencí! ¡Pienso luego existo! Sí, claro, le dolía la conciencia por haber engañado a aquel hombre indefenso, pero también él era débil y estaba indefenso frente al mundo. Hasta el propio Faroni (que por muy ilusoria que fuese aquella espléndida criatura la había inventado inspirándose en sus propios sueños de juventud, y en la medida en que sobrevivía algún rescoldo de ellos él era Faroni, con todas sus consecuencias) estaba herido en el exilio. Y además, ¡qué coño!, Gil no tenía familia, era un extraño en la ciudad y no tenía tanto que perder. Y eso sin contar que si se quedaba acabaría por descubrirlo todo, y sabiéndose víctima de una burla se hundiría en un desconsuelo ya definitivo, pero si se iba se llevaría junto al desconsuelo el derecho a persistir en la esperanza o en la fe. Así que ¡nada de escrúpulos! ¡Guerra al invasor! ¡A concentrarse en el proyecto! ¡Vista, suerte y al toro!, y se subió la gabardina, afirmó las mandíbulas, y aceleró el paso hacia el parque.

En el lugar convenido, sentada en el borde de un banco, aguardaba Angelina. Estaba allí quieta, rígida, como si esperase un tren, y con ambas manos sostenía un bulto en el regazo. Mientras sacaba un brazo de la manga y, con el pañuelo del cuello, se lo ponía en cabestrillo, Gregorio pensó que aquel día de siluetas y medias palabras ilustraba con precisión lo que había sido su existencia: vivir al fondo de la cueva y ver pasar sombras, de espaldas a la luz. Convencido de que el mundo era sólo ilusión, salió cojeando de la espesura y entró con un suspiro en la claridad lunar de la glorieta. Al otro lado, Angelina se levantó y se quedó inmóvil, abrazada al bulto, con las rodillas juntas y los pies juntos, como consumando escalonadamente el desplome de los hombros caídos. Tenía una expresión de cuerpo entero que Gregorio no supo si era de asombro o de torpeza. No se paró a considerarlo. Renqueante pero decidido, fue hacia ella, la tomó de un brazo y la condujo a la intimidad de unos arbustos.

—¿Te ha seguido alguien? —preguntó, con un susurro amenazante.

Angelina agitó la cabeza.

—¿Recibiste la carta? ¿Fue a verte el policía?

Angelina afirmó con un cabeceo convulsivo.

—Y ¿qué te dijo? Cuéntame con detalle. ¡Vamos, es tarde y corremos peligro!

Ella lo miró a la cara, y mientras decía, «pero, ¿qué ha pasado aquí?, ¿qué barullo es éste de policías ni policías?», él, para escapar a su mirada, la apretó del brazo y la hundió un poco más en el ramaje.

—¿Fue a verte? —preguntó con dureza.

—Sí, vino a la hora de comer —respondió Angelina, con un hilo atolondrado de voz.

—Y ¿qué pasó?

—Nada.

—¿Cómo es?

—Bajito, de tu altura, y viste de fantoche, como tú.

—¿Es educado?

—Sí, hacía reverencias.

—¡El muy canalla! —susurró Gregorio, como si no diese crédito a tanta desfachatez—. Es educado para ganarse la confianza de los demás, y viste como yo para parecer uno de los nuestros.

Volvió a apretarle el brazo:

—Tienes que tener mucho cuidado con él. Ahí donde lo ves, parece una mosquita muerta, pero en el fondo es un hombre sin entrañas, una verdadera hiena. ¿Le has dicho que me he ido al extranjero?

—Sí.

—¿Adónde?

—Pues al extranjero.

—Muy bien. ¿Te preguntó por una tal Marilín?

—Sí.

—Y ¿qué le dijiste?

—Que se había ido también al extranjero.

—Y ¿te preguntó por Gregorio Olías?

—Sí. Le dije que a lo mejor estaba en la cárcel. Pero, Gregorio, ¿qué lío es éste de nombres y de irse al extranjero y a la cárcel? —se alborotó Angelina.

—Ya te contaré luego —zanjó Gregorio—. ¿Cómo dijo que se llamaba?

—Dacio Gil Monroy.

—Y a ti, ¿te preguntó quién eras tú?

—Sí.

—¿Y qué?

—Que una admiradora de Faroni. Pero, ¿qué es lo que ha pasado? —volvió a exaltarse Angelina—. ¿Qué locura es ésta?

—¿Y luego? —preguntó Gregorio, duro y cortante.

—Nada. Hizo una reverencia y se fue.

—¿Te contó algo de su vida?

—Dijo que trabajaba contigo y que acababa de venir a la ciudad. Que tenía que verte como fuese.

—Y ¿tú qué dijiste?

—Yo, que no sabía nada y que no quería líos. También preguntó por un tal Santos Merlín. Por si acaso, le dije que también se había ido al extranjero. Pero entonces, ¿qué ha pasado con el trabajo? Por Dios, Gregorio, cuéntame qué es todo esto —suplicó.

Gregorio salió cojeando de los arbustos e inspeccionó los alrededores.

—No hay nadie. Vamos al banco.

Apenas se sentaron, Gregorio se tocó el brazo izquierdo y torció la cara de dolor.

—¿Te duele mucho?

—¿El qué?

—El brazo.

—Por poco me matan, esos miserables —susurró entre sí amargamente.

—Tienes que ir al médico, Gregorio. Se te va a gangrenar.

—Ya me ha visto uno —gruñó Gregorio—. Me sacó la bala con un cuchillo y una botella de coñac. Me dijo que apenas quedaría cicatriz, que me había escapado por los pelos.

Angelina lo miró entonces con una fijeza tan atónita que Gregorio sintió la desnudez indefensa e impúdica de su propia cara, y para no comprometerse en una expresión de patetismo, bajó los ojos e insinuó una sonrisa de tristeza viril.

Angelina cabeceó incrédula:

—Pero, yo no entiendo nada. ¿Cómo te van a dar a ti un tiro? Pero, ¿qué has hecho tú?

—Te lo decía en la carta. Era un secreto. Perdóname —y su sonrisa se hizo piadosa y soñadora—. Yo no quería que te preocupases por mí. Hace ya muchos años, desde antes de conocernos, que soy del Partido.

—Pero, ¿qué Partido?

Gregorio miró alrededor con un reojo de desconfianza.

—Pues ¿qué Partido va a ser? —susurró impaciente—. ¡El Partido Comunista!

—¿Tú comunista? Gregorio, tú no riges bien. Tú lo que estás es mal de la cabeza.

—¡Chsss! —la urgió Gregorio, mirando otra vez alrededor y bajando luego el tono de la voz—. Es difícil de explicar, y ahora no hay tiempo. En realidad no es el Partido Comunista. Es algo parecido. Yo soy uno de los fundadores. Le llamamos Liga Mundial de Tertulias Reunidas. Es una tapadera. Pero, ¡ojalá estuviera loco, como tú dices! —y su voz adquirió un tono desolado y sarcástico—. Ojalá. Prefiero el manicomio a la cárcel.

—Y entonces —preguntó Angelina, recuperando su voz de siempre—, ¿ahora no trabajas, o cómo es eso?

Gregorio se volvió furioso.

—Pero, ¿es que no ves que estoy herido? —dijo a gritos—. ¿No me ves que me han dado un tiro y me persiguen? Por si quieres saberlo, te diré que he salido en la radio, y que pronto pondrán por todas partes pasquines con mi cara. ¡Y a ti sólo se te ocurre hablar del trabajo! ¿Qué importa un miserable trabajo cuando está en juego la vida? —y sintió una sincera indignación ante aquella injusticia.

Angelina lo miró con paciencia.

—Entonces, ¿has perdido el empleo?

Gregorio no tuvo que fingir esta vez para poner un quiebro de tortura en la voz:

—No lo sé. A lo mejor vuelvo, casi seguro, dentro de un mes o dos, o quizá dentro de una semana. Y, si no, cuando pase todo, me buscaré otro empleo.

—Pero, ¿qué empleo con cuarenta y seis años? Dios mío, no entiendo nada.

—Hay cosas más importantes que un empleo.

—Como qué.

—La justicia, el orgullo, la libertad.

—Eso son pamplinas. Y además, ¿qué tiene que ver el empleo con todo eso?

—¿Otra vez? ¿Es que no comprendes que me persiguen?

—Pero ese Gil Monroy trabaja también en Belson. ¿Cómo va a ser policía?

—Porque Belson es un nido de ratas —le abrió Gregorio los ojos—. Me contrató para tenerme vigilado. ¿No entiendes? Ellos sabían que yo era del Partido. Y me pusieron a ese Gil detrás, para espiarme.

Angelina seguía rígida, con el bulto sobre las rodillas y mirando de frente.

—Qué lío. ¿No me estarás mintiendo? Estas cosas no pasan de verdad en la vida.

—¿Yo mintiendo? —se maravilló Gregorio, señalándose con los dos índices en el pecho—. Pero ¿no ves, desgraciada, que estoy herido, viviendo en un sótano, sin empleo, sucio y con hambre? Pero, ¿qué interés podía tener yo en mentir? ¿Para qué me iba a marchar si no de casa?

—No sé —bajó Angelina la cabeza—. A lo mejor esa Marilín es la mujer de ese Gil Monroy, y a lo mejor esa Marilín era tu querida y por eso el marido te dio un tiro y te anda buscando. No creas que no lo he pensado.

—¿Marilín mi amante? —se asombró Gregorio, vagamente orgulloso de aquella sospecha, y presintiendo que la conversación tomaba un rumbo favorable—. Pero ¿no ves, Angelina, que eso es un absurdo? Pero ¿no te dijo el propio Gil que acaba de llegar a la ciudad? Y además, ¡si Marilín es la mujer de Faroni!

—Pero entonces. ¿Faroni no eres tú?

—Sí y no. Vamos a ver. Mira, yo tengo el seudónimo de Faroni, que es un hombre real. Un gran artista, por cierto, un genio como hay pocos. Y mi nombre se lo dieron a Faroni de seudónimo. Nos trocamos los nombres para despistar a la policía. Y Marilín es la mujer de Faroni. Pero claro, Gil cree que es mi mujer porque cree que yo soy Faroni, y que tú eres la mujer de Faroni, a quien él confunde con Gregorio Olías. ¿Comprendes ahora?

—Eso es un lío.

—Así funciona todo en el Partido —se lamentó Gregorio—. ¿Ves como es absurdo pensar que Marilín pueda ser mi amante? ¿Lo ves claro ahora?

Angelina no contestó. Puso el bulto en el banco, entre los dos, lo desató y sacó una tartera y media barra de pan.

—Te he traído de comer.

—¿Tú ya has cenado? —se animó Gregorio.

—Yo sí. Anda, come, que no caigas enfermo por lo menos.

Había tortilla, con mucha cebolla, y queso de oveja. Gregorio puso el sombrero a un lado y, con la mano buena, atacó la tortilla.

—Y ¿por qué te metiste en política? La política no es buena.

—Porque yo soy un hombre de ideales —dijo Gregorio con la boca llena—. Lucho por una sociedad mejor, pura y libre. Pero tú eso a lo mejor no lo entiendes.

—Y entretanto, ¿qué comemos?

—No lo sé. Si hace falta pasaremos hambre.

Estaban allí los dos, en la glorieta solitaria, encogidos en el banco y hablando entre susurros. El viento helado movía los árboles y traía a rachas el ruido lejano de la ciudad.

—Volveré pronto, ya verás —dijo Gregorio—. Iremos otra vez a la costa. Nos compraremos un coche.

—Y ¿por qué no te entregas? —preguntó Angelina—. Vas a la policía y le dices que tú no sabías nada, que tú eres un don nadie, que te engañaron como a un tonto. Diles que estás arrepentido. No te harán nada, ya verás.

—Estás loca —dijo Gregorio, torciendo el bocado—. Me meterían para siempre en la cárcel, me torturarían para que hablase, y a lo mejor me fusilaban. Además, yo no soy un don nadie. Yo soy un idealista. Lucho por un ideal, ¿no lo entiendes?

—Cada uno debe mirar por su casa. Nadie viene a regalarte nada.

—Si todos fuésemos así, seguiríamos viviendo en las cavernas. La sociedad necesita soñadores para progresar. Si hace falta, me moriré de hambre y de frío, pero nunca renunciaré a mis ideales. ¡Jamás! —susurró, desde lo más recóndito de sus inquietudes.

—Estás loco.

—No, es el precio que hay que pagar por el progreso. Algún día no habrá que trabajar para comer. Todo lo harán las máquinas. No habrá ricos ni pobres, ni ladrones, ni policías, ni gobiernos ni nada —y hablaba con una convicción que le parecía en el fondo sincera. «Tengo razón en lo que digo», pensaba. «Quizá sea mentira en los detalles, pero son palabras nobles, que me dignifican y que comparto en lo más hondo de mi corazón. Ojalá la vida me hubiera dado la oportunidad de sacrificarme por un gran ideal.»

—No pasaremos hambre ni frío —y cortó una rebanadita de queso—. Todo estará bien. Habrá tiempo para ir al campo, y hablar, y hacer poesías o volar cometas. No habrá soldados, y cada uno tendrá un avión pequeño a reacción para viajar por todo el mundo. Tendremos casas con jardines. Daremos a un botón y no habrá moscas.

—Sí, porque tú lo digas. Mi madre dice, y con razón, que eres una caña hueca. A ti lo que no te gusta es trabajar.

—He trabajado siempre —dijo Gregorio, limpiándose amargamente las manos—. He trabajado en la oficina y luego en casa, escribiendo y pensando. Y luego, la tertulia, y siempre así. He trabajado más de lo que tú crees.

—No sé —dijo ella.

El la tomó por los hombros y la obligó a mirarlo a los ojos. Era tarde, y necesitaba una reconciliación de urgencia.

—Contéstame, ¿te habrías casado conmigo si hubieras sabido que era del Partido?

—No sé.

—¿Te hubieras casado?

—Si eras un buen hombre por qué no.

—Y yo, ¿soy un buen hombre o no?

—Sí.

—Entonces, ¿me vas a ayudar o prefieres que me vaya para siempre?

—¿Adónde?

—Al extranjero, o a la cárcel.

—Y yo, ¿qué puedo hacer?

—Esperarme. Es como si estuviera en la guerra. ¿Me vas a esperar?

—Sí.

Así que poco después habían decidido que se verían dos veces por semana en aquel mismo lugar y a la misma hora, donde Gregorio llevaría la ropa sucia y recogería la limpia, junto a algunos víveres y un poco de dinero.

—A tu madre le dices que la empresa me ha mandado a trabajar fuera. Al extranjero si quieres. Y si vuelve Gil, no le abras. Y sobre todo que no te siga cuando vengas aquí.

—Gregorio, yo no sé qué va a ser de nosotros —dijo Angelina al despedirse.

Se habían levantado y dado unos pasos y ahora estaban de pie, los dos quietos y definidos por la clarividencia lunar de una estatua ecuestre. Angelina llevaba un abrigo de pintas muy escarmentado de inviernos y medio pensativo de una percha, y unos zapatos planos y aplicados que parecían ir juntos a la escuela y el pelo adecentado con horquillas, y en todo eso reconoció Gregorio las señales terribles de un mundo quizá perdido para siempre.

—Volveremos a la costa —dijo antes de alejarse.

Cuando llegó a la pensión era ya tarde y los huéspedes se habían retirado a dormir. «¡Anda que ya está bien!», oyó gritar a la misma mujer, agreste y desenvuelta, de la primera noche. A Gregorio le hubiera gustado completar la jornada con algunas explicaciones amables y festivas, pero la mujer ya iba lejos y la habitación de doña Gloria estaba a oscuras y sólo se oía en ella el pulso lento del reloj. A tientas, se guió hasta su cuarto. La cama estaba hecha, y sobre la colcha había una ficha de identidad y un papel de mayúsculas escolares que decía: LOS RECIBOS ESTAN AL COBRO.

Mientras sacaba y ordenaba la ropa que traía en el bulto, hizo un cálculo mental del dinero y halló que apenas le llegaría para la primera semana. Sin pensar más, se desnudó, apagó la luz y cerró los ojos con ímpetu infantil. Sólo entonces recordó el papel que le había entregado el camarero, y que había guardado sin mirar. Quizás el instinto de la desdicha lo había prevenido, sin él saberlo, contra los riesgos de un mal hallazgo. Volvió a encender la luz. Ni siquiera le asombró su falta de asombro cuando leyó el teléfono y descubrió que era el mismo que había usado Gil durante nueve años. Esperó a estar en la cama, otra vez a oscuras, para preguntarse qué hacía Gil ocupando su empleo, atendiendo quizás a su propio sucesor en provincias. Pero de nuevo el cansancio vino en su ayuda, y antes de dormirse se vio en la costa, vestido de sport, junto a un automóvil descapotable cuya marca, Lincoln Cabriolet, se le reveló ya en el sueño.

Capítulo XIX

Se iniciaba al amanecer la sinfonía secreta de la casa. Tras un breve ensayo, en que cada solista templaba su instrumento (y aquellas incursiones en el silencio parecían también a veces preparativos militares, con caracoleos de caballos, toques de corneta, gritos de mensajeros y rumores de rancho), comenzaba a llegar de lejos la solfa lastimera de una armónica. La música crecía y decrecía, como si se acercase por un laberinto, hasta resolverse en lo que realmente era: el zumbido de una maquinilla de afeitar, que en la duermevela había provocado el recuerdo de una melodía oída y olvidada muchos años atrás. De inmediato, reagrupadas las fuerzas, atacaba la orquesta. Crujir de camas, pasos en el corredor, cerrar y abrir de puertas, el chorro de un grifo o la descarga de una cisterna, suspiros de muebles, bocinas, campanas, gritos, toses, retiemblo de cristales: sinfonía que Gregorio escuchaba confundida con los muchos sonidos que almacenaba en el recuerdo, pensando que cada cual es un poco la historia de las habitaciones que lo han cobijado y de los ruidos que se ha acostumbrado a escuchar. Y entonces quizá la vida pudiese medirse y describirse en metros cuadrados, pensaba, o según la mayor o menor sonoridad del cónyuge, de la actividad fabril del barrio o de la suerte o la desdicha de tener en el piso de arriba a un bailarín o a un filósofo, y acaso el destino de cada jornada se decidiese precisamente en ese instante en que uno despierta y oye el rumor del mundo y, reconociéndolo, lo estima o lo rechaza según la calidad del anuncio...

Sin embargo, cualquier oyente diestro habría advertido que los solistas introducían algunas variantes en la partitura de aquel martes de octubre, y hasta el mismo Gregorio notó que le era menos penoso esa mañana el acceso del sueño a la vigilia. Y es que una vez al mes se hacía en la pensión limpieza general. Ese día venía anunciado por un trajín incierto, que parecía que iba a desvanecerse en ilusión hasta que, de pronto, una voz destemplada y cachonda salía al pasillo gritando: «¡Zafarrancho de combate! ¡Guerra a los microbios! ¡A mí la Legión!».

Era Paquita, la sobrina de doña Gloria, que despertaba a los huéspedes y los urgía así a desalojar las habitaciones.

También se detuvo en la puerta de Gregorio.

—¡Arriba, caballero de pluma y sombrero, que viene la aviación! Era baja y forzuda, pelo platino de maíz y carmín trasnochado en labios y bigote. Parecía un recluta vestido de corista, se le ocurrió a Gregorio al asomarse al pasillo. Iba vestida de faena. Llevaba botas catiuscas, guantes de goma y una falda corta de volantes que le ponía respingón el culo y musculoso el muslo, y dejaba a la intemperie dos rodillas duras, fragosas y recién cocidas.

—¡Limpieza de microbios! —se detuvo ante Gregorio al volver—. ¡Adelante mis soldados!, ¡fuego a discreción!, ¡o sale ahora o se queda dentro hasta las tres! —y lo miró de arriba a abajo, haciendo sorna con las caderas—. ¡Y antes de irse, me rellena el papel y me abona el recibo!

Afectó un desplante zarzuelero, como si rechazase las locas pretensiones de un viejo verde, y siguió adelante, vociferando sus consignas de guerra.

Gregorio se vistió a toda prisa y en un instante rellenó la ficha y preparó el dinero. Quizás aquellas urgencias le fuesen favorables. Tal como ya tenía decidido, en el nombre puso Augusto Faroni, con su verdadera caligrafía, para que no se le notase la mentira, y en el estado civil puso una «S», y más abajo —y esto era lo fundamental, pues ante todo debía hacerse pasar por forastero— natural de Villapanuco, pueblo que no sabía si se acababa de inventar o lo había leído en alguna novela. Tampoco dudó mucho en la edad. Se quitó ocho años, aunque respetando, eso sí, la verdadera fecha de nacimiento, y finalmente eligió la profesión de escritor y consultor de ventas. De inmediato, salió al pasillo y se dirigió a Paquita, que al verlo le gritó desde el otro extremo: «¡Atención a don Perejil! ¡Vista a la derecha! ¡Sin novedad en el batallón!».

Gregorio se acercó con una sonrisa burlona de galán incauto: «Me rindo», dijo, levantando las manos. Se recostó en la pared y, sin esperar a que Paquita acabase de deletrear la ficha, dijo, poniendo en la voz un nublado de gravedad: «Ya le habrá explicado doña Gloria que me quitaron los papeles. El caso está ya denunciado. Se está investigando. Pero, en fin, si necesita pruebas, esto puede valer», y le tendió el libro. «Ahí constan todos los datos de identidad.» Paquita le dio la vuelta al libro, como si no entendiese el mecanismo, hasta que encontró la foto de la contraportada. «¿Y éste es usted?», preguntó con una especie de asombrado desdén. Gregorio encendió tabaco, se embolsó el mechero con un molinete y apartó la cabeza para expulsar el humo. «El mismo», dijo al fin. La mujer empezó a pasar hojas. «¿Y aquí va en un barco?» «En el Caribe.» «¿Y éste?» «Ahí estoy, para ser exactos, a ochenta grados de latitud norte. Es decir, en el Polo.» «¿Usted?» «El mismo», y sonrió, tolerante, mundano, seductor. «Y esto, ¿lo ha escrito usted?» «Ese y otros. Entre novela, poesía y ensayo, unos diez o doce.» «¿Usted?» Gregorio se aplicó al cigarrillo, bajó la cabeza y sonrió resignado. Y cuando Paquita intentó devolvérselo, él adelantó una mano y la detuvo: «No, no, quédate con él, es un obsequio, y además sirve de garante».

Ella se lo puso en la axila y contó el dinero, gritando las cifras.

—¡Anda que no son raros estos mozos viejos! —chilló al final, mientras entraba en la cocina marcando el paso con la fregona al hombro.

Gregorio echó a andar, satisfecho de lo bien que había arreglado por el momento aquel asunto. A un lado del corredor vio a doña Gloria sentada en un sillón y con la manta hasta los pies. La saludó sin detenerse, con una cabezada que la mujer no tuvo tiempo de reconocer. Al otro lado, por una puerta entreabierta, vio fugazmente a los tres caballeros estables. Estaban sentados a una mesa, en hilera. Los tres vestían de oscuro y tenían un aire reconcentrado y triste, como si les pesara la dignidad. Debían de haber acabado de desayunar, porque ante cada uno aparecía un enorme tazón y dos llevaban todavía las servilletas anudadas al cuello.

Gregorio siguió adelante, deprisa, como si escapara de una casa en llamas. Sólo cuando abrió la puerta de la calle, sintiéndose ya a salvo, se volvió. Al otro lado del largo pasillo, muerta de risa y a los gritos de «¡agua va!», «¡más agua va!» y «¡venga agua!», Paquita lanzaba cubos y cubos de agua y más agua y venga agua. Doña Gloria, desde su habitación, iba diciendo: «Duro con ellos», «más a los rincones», «que se ahoguen todos».

Salió a la calle abrumado por la convicción de que esa mañana habría de decidirse su vida. Según los planes, debía de hacerse pasar esa mañana por Nick Porter, discípulo y amigo de Faroni, con objeto de sondear a Gil y comprobar la fuerza de su fe, y sobre todo para evitar que Gil le pidiese cuentas de las maravillas nunca vistas. Pero a última hora, cuando ya había marcado el número y esperaba la señal, decidió precipitar los acontecimientos y presentarse directamente como Faroni. «De los cobardes nadie habla», se dijo, y se sintió tan seguro de sus propios recursos que no le tembló el ánimo cuando oyó a lo lejos la voz nasal de Gil:

—Aquí Requena y Belson. Gil al habla. Dígame.

Con una moneda Gregorio golpeó y raspó el auricular, mientras inquiría con débil y remota voz de cotorra ilustrada:

—*Hello! That's of Spain? That's of Belson?*

—¡Señor Faroni! —exclamó Gil—. ¿Es usted?

—*Who's there? Listen!* —dijo con su verdadera voz, apartándose del auricular y deformándola por la distancia.

—¡Sí! ¿Oiga? ¡Soy yo, señor Faroni, soy Gil! ¡Oiga!

—*That's of Belson?* —volvió a deslenguarse la cotorra—. *Is Deisio Mounro?*

—¡Sí, aquí Dacio Gil Monroy!

—*Moment please!* —cacareó la línea—. *Here Chicago! Mister Faroni speaking!*

—¿Oiga? ¿Es Dacio?

—¡Sí, soy yo, Dacio al habla!

Sin dejar de raspar suavemente con la moneda, con un pañuelo en la boca para alejar la voz, Gregorio consiguió decir que llamaba desde Chicago. Enseguida, cesaron las interferencias.

—¡Sí, ya me lo dijo el camarero! —gritó confidencialmente Gil—. Y también que estaba herido. Me lo dijo la mujer. ¡Menos mal que ha llamado! Y ¿cómo está usted?

—Convaleciente —informó Gregorio—. Me dispararon por la espalda y estoy en cama.

—¡Dios mío, qué desgracia! Y también me han dicho que han huido todos sus amigos, y la señorita Marilín, y que Gregorio Olías está en la cárcel.

—Así es —y comenzó a acercarse y a alejarse del auricular, de modo que el claroscuro de la voz iba y venía como una luz giratoria en la noche—. Nos han descubierto y la desbandada ha sido general. Marilín creo que está en la India, no lo sé con seguridad. Cada uno huyó como pudo, y a dos los mataron.

—¡Los mataron, dice usted!

—Sí —contestó con un quiebro de voz—. Los cosieron a tiros. A un físico y a un autor dramático.

—Pero es horrible...

—Una tragedia.

En el silencio que siguió, se imaginó a Gil afligido, sin saber qué decir, sin atreverse a preguntar pero preguntándose qué parte de culpa le habría de corresponder en el reparto del desastre.

—Y tú, ¿cómo estás?

—¿Yo? Pues mal, ¿cómo voy a estar? Cuando bajé del tren me caí de bruces y me partí dos dientes. Ahora se me va el habla por la mella.

Y si he de decirle la verdad, estoy estreñido. Llevo dos semanas sin obrar. Pero, claro, estas cosas no tienen importancia. Lo peor es lo que les ha pasado a ustedes. ¡Tantas desgracias juntas, figúrese! Estuve en una dirección que encontré aquí en la oficina. Yo creía que era la suya. Hablé con una mujer que me dijo que usted no vivía allí, que se había marchado al extranjero y que estaba herido.

—Sí, era una dirección falsa, para despistar a la policía —osciló la voz—. Se llama creo que Lucinda y no es muy de fiar. Así que no se te ocurra volver a verla.

—Sí, fue todo muy raro. Me dijo que Gregorio Olías era una buena persona, honrada y con la cabeza llena de pájaros. Que lo habían malmetido entre unos y otros. Me pidió que lo perdonara, que es como un niño y que los verdaderos culpables eran los del café. Yo pensé que quería sonsacarme.

—Pudiera ser.

—Y había también una señora mayor que preguntaba a gritos quién había venido, y la mujer le decía que el de la contribución. No sé, me pareció raro.

—Bueno, a lo mejor ella pensaba que eras un policía.

—¿Yo?

—Sí, hay demasiados lobos con pieles de oveja. Han ocurrido tantas cosas que ya nadie sabe en quién confiar. Por ejemplo, cuando me dieron tu teléfono —dijo, y la voz se desvaneció en la distancia—, me sorprendió que estuvieras ahí, en la oficina. Entonces alguno se preguntó: ¿es que Gil sabía que ese puesto iba a quedar libre?

—Yo... ¡le juro que no, señor Faroni! —protestó Gregorio—. ¡Se lo juro por Dios! Yo no sabía nada. Yo venía como vendedor, porque al de la ciudad le tocó la lotería. Ese era mi secreto, que no se lo dije porque me daba vergüenza no fundar ya el Círculo. Pero como usted se fue, al quedar vacante la plaza de escribiente me destinaron aquí. Me enteré ayer y figúrese mi sorpresa.

—Y ahí en la oficina, ¿no se ha comentado nada de mí, de mi huida?

—Yo no he oído nada. Me lo comunicaron por escrito.

—¿Estás solo? ¿No te oye nadie? —se acauteló Gregorio.

—No, creo que no.

—Pues escucha bien. Yo he dicho ahí que me he ido por asuntos familiares, pero no sería extraño que un día de estos te interroguen sobre mí. No digas ni una palabra. Si te preguntan, tú no sabes nada, y no se te ocurra decir que me conoces, ¿estamos?

—No se preocupe, señor Faroni, no diré nada. Se lo juro. Pero entonces, ¿qué es lo que ha ocurrido? ¿Por qué han huido todos ustedes tan de golpe?

En ese momento volvieron las interferencias, se oyó algo de un nido de ratas y otra vez solfeó la cotorra: «*Hello, mister Faroni! That's of Belson?*».

Apenas se restableció la línea, Gregorio reapareció al otro lado con una voz absorta y doliente:

—Ya ves, Gil, la que has organizado viniendo a la ciudad.

—¿Yo? —balbuceó Gil—. No entiendo. Si yo no sé lo que pasa. Se lo juro que no lo sé.

—Nunca entiendes nada, Gil —dijo Gregorio con amarga ironía—. Nunca lo entiendes. Te avisé que mi amistad te iba a traer peligros. Te lo dije, ¿te acuerdas? Pero tú, con tanto quejarte, te has acostumbrado a ser siempre inocente. En fin, te lo explicaré en dos palabras. Hace tiempo que la policía seguía tus pasos, sobre todo desde que se enteró que ibas a fundar un Círculo y tenías un seudónimo. Así que cuando viniste a la ciudad te tomaron por enlace de una conspiración en marcha, y entonces, ante el miedo de una revuelta general, decidieron desbaratar el Partido. Hicieron una redada. A unos los mataron, a otros los detuvieron y los demás conseguimos huir. Ahí tienes lo que pasó, y tú verás si te toca algo de culpa.

—Yo, señor Faroni —declamó Gil con un hilo de voz—, le juro que actué de buena fe. ¡Cómo me iba a imaginar yo todo esto!

—Sí, y también me han dicho que las fuerzas del orden han acabado en dos días con nuestra obra. ¡Una labor de tantos años destruida en dos días! ¡La ciudad secreta que habíamos erigido! —y la voz se fue debilitando—. Es como si hubieran cambiado los muebles de una habitación. Hasta el nombre del café me han dicho que ya no es el mismo.

—Ahora se llama como antes, el Hispano Exprés —se lamentó Gil—. Ayer fui allí, a verlo de cerca y a preguntar por usted, y un camarero salió a avisarme que no entrase. Me dijo que le habían cambiado el nombre y que la policía estaba dentro.

—Sí, ese camarero es Esquivel Dorantes, uno de los nuestros. Un hombre leal. No hará falta decirte que no intentes volver a hablar con él. Podrías comprometerlo, y ya nos has hecho bastante daño viniendo a la ciudad.

—Yo, señor Faroni, le juro por Dios... —comenzó otra vez Gil.

—Ya no tiene remedio —lo interrumpió duramente Gregorio—. Ahora lo que hay que hacer es salvar lo poco que queda, y sobre eso volver a levantar la obra.

—Y yo, ¿qué puedo hacer? —imploró Gil.

—Siento decírtelo, pero sólo hay una solución, proporcional al daño que has causado: que te marches de la ciudad —y se santiguó mentalmente.

—¿Yo? ¿Irme de la ciudad? No, no entiendo.

—¡Piensa, Dacio, reflexiona, medita, analiza fríamente los hechos! —se desesperó Gregorio—. La policía anda tras de ti. Te siguen. Tú no los ves, pero están ahí esperando, al acecho. Esperan que los conduzcas a los refugios secretos del Partido. Te irán acorralando para obligarte a pedir ayuda, y si no pides ayuda acabarán por detenerte. Y ¿sabes lo que pasará entonces, Dacio? ¿Lo sabes?

—No, señor Faroni, yo no sé nada.

—Te torturarán. Te meterán astillas en las uñas. Te quemarán con hierros al rojo vivo. Te pondrán una campana sobre la barriga con una rata dentro, muerta de hambre. Y tú tendrás que contar lo que sabes. Y hablarás, ¡vaya si hablarás! Dirás que la tertulia es una tapadera del Partido. Dirás quién soy yo en realidad, y dónde trabajaba. Delatarás a Lucinda, y a Esquivel Dorantes. Confesarás lo que sabes de Gregorio Olías, dirás que es mi biógrafo y, por salvarte, hasta puede que te inventes cosas. ¿Entiendes ahora por qué tienes que irte de la ciudad? Por el amor de Dios, ¿lo entiendes?

—Pero, ¿adónde voy a ir yo?

—Por donde viniste, o al extranjero, eso da igual.

—Pero entonces me quedaría sin trabajo, y ¿qué sería de mí?

—¿Y qué será si no de todos, del Partido, de la tertulia? Mira, Dacio, más vale perder el trabajo que el honor o la vida. No nos sacrifiques a todos. No pongas en peligro el futuro de este país.

La cabina quedaba junto al patio de una escuela y algunos niños con babis se habían encaramado a la reja y se burlaban de Gregorio enseñándole la lengua. Gregorio, que tenía ante sí la libreta con las instrucciones del plan, se volvió al otro lado. Ahora veía los torsos de un grupo de obreros trabajar en una zanja. Raspando en el auricular, esperó a que sus palabras se hundiesen del todo en el silencio y estragaran la conciencia del enemigo. «Es necesario», intentaba justificarse, «o él o yo, no hay remedio.» Pero de pronto se oyó la voz de Gil, como surgida victoriosa y solemne de su propio quebranto:

—Señor Faroni, una cosa voy a decirle. Que esté tranquilo por lo que a mí respecta. Siempre fui un cobarde, es verdad. Pero ha llegado el día de demostrar al mundo la hiena que hay en mí. Yo le aseguro que no hablaré. Dígaselo a todos. Aunque me quemen vivo o me pongan ratas no hablaré. Y si me matan, moriré orgulloso de haber tenido una muerte heroica después de haber vivido como un cobarde. Es la gran oportunidad de salvar mi vida y me parece que Dios me ha puesto esta prueba para que me redima. Si huyera, sería mi fin. Sería ya para siempre el cobarde que a lo mejor no soy. Señor Faroni, ¡pido esa oportunidad!

Los obreros seguían afanados en la zanja. Se volvió. Los niños, que esperaban precisamente ese momento, de inmediato le sacaron la lengua. Gregorio sonrió y los saludó ondulando los dedos.

—¿Me oye, señor Faroni?

Gregorio, desconcertado por la reacción de Gil, dijo: «Vamos, vamos».

—Como lo oye. Ahora lo veo claro. Es cosa del destino. ¡Lo veo, lo veo! Siempre le he pedido a Dios en mis oraciones que me concediese una oportunidad antes de morir. Yo de niño, antes de querer ser periodista, quería ser mártir. Y ahora va a resultar que aquellas locuras infantiles a lo mejor se cumplen. Para quienes llevamos una vida tan triste, lo único que nos queda esperar es una muerte heroica. A lo mejor un día se habla en los cafés de Dacio Gil Monroy, la víctima de un ideal —y la voz tenía acentos sobrenaturales—. Uno, o es verdugo o es mártir, y yo de verdugo no sirvo.

Gregorio cerró la libreta, raspó en el auricular y encendió tabaco.

—Creo que no me has entendido.

—Sí que le he entendido —respondió Gil sin dudar—. Oigo voces. Dos voces. Una la del diablo que dice: «¡Vete y sálvate, Gil!», y la de Dios que dice: «¡Quédate y muere, Dacio!». Señor Faroni, ¡estoy como iluminado!

—Vamos, vamos.

—Y por eso le digo: ¡por mí no tenga miedo! ¡Sabré comportarme como un hombre! ¡Quedaré como ejemplo para las futuras generaciones del país! Ustedes están en el extranjero, ilustres en su exilio. Sí, ilustres. Yo estoy aquí, de escribiente, en la boca del lobo. Pues bien, ¡estarán orgullosos de mí, no lo olviden! ¡Dígaselo así a todos! Dígales que el sábado iré al café aunque esté allí la policía. Y dígales que no voy a comprometer al señor Esquivel. ¡Yo no conozco a nadie! ¡Ni lo miraré siquiera! ¡Oigo voces por dentro, las oigo, y estoy listo a morir!

—No se trata de tu salvación sino de la del Partido —dijo Gregorio arrastrando las sílabas—. Trabajamos para la libertad de un pueblo, para la justicia. Nadie tiene derecho a salvarse él solo, ni a sacrificarse en su propio provecho. Sería un sacrificio egoísta y estéril. Dacio, si quieres ser de los nuestros, tendrás que aceptar las órdenes del Comité.

—Y yo, señor Faroni, pido una oportunidad. De no ser químico y pensador, déjeme al menos ser un mártir del progreso. Entiéndalo, vengo a la ciudad y como quien dice la ciudad huye de mí, y para que regrese la ciudad primero tengo yo que irme. ¿Le parece un destino envidiable? Yo en el mundo estoy a las migajas. Siempre llego tarde a todo. Por eso, se lo ruego, daño no les puedo hacer más del que ya he hecho sin querer.

Gregorio, desarmado ante aquella heroica obstinación, no supo qué decir.

—Déme alguna orden que no sea abandonar la ciudad. Dígame lo que quiera y lo haré.

A Gregorio, distraído por la visión amenazadora del futuro, no se le ocurrió otra cosa que pedirle que por precaución se cambiase el nombre. Gil replicó que, aunque en el fondo de su corazón siempre sería Dacio, estaba dispuesto a acatar el que le designara el Comité. Y aunque hubiese deseado un nombre de más sustancia, aceptó llamarse en adelante X-63, en tanto que Faroni sería X-1.

—Sin embargo —dijo Gregorio—, será el Comité quien decida si puedes o no quedarte en la ciudad. Un día de éstos te llamaré con lo que haya, y vete haciendo a la idea de que, si quieres ser de los nuestros, tendrás que aceptar nuestras órdenes.

Y otra vez Gil empezó a defender sus razones y a hablar de Dios y del diablo, pero Gregorio, absorto y confundido, fingió unas interferencias, hizo comparecer imperativamente a la cotorra y colgó.

Como un conspirador convocado de urgencia en la alta noche, con las mandíbulas firmes y la mente sombría, Gregorio echó a andar deprisa y sin rumbo. Distraídamente se detuvo en una tienda de comestibles, donde mercó pan, embutido y una lata de anchoas. De inmediato, sin proponérselo, sin dudar, buscó el banco más apartado del parque más próximo, y allí se derrumbó con el peso entero y aplazado de su negra desgracia. Apenas se familiarizó con el lugar, dejó el paquete a un lado, bajo el sombrero, abrió la libreta y tomó apresuradamente algunas notas. Enseguida se quedó pensativo, golpeándose los dientes con el lápiz y meciendo la cabeza en el vértigo de la reflexión. Qué ingenuo había sido. No había contado con que la debilidad de Gil se resolviera en heroísmo ni que todos los planes que había ideado para obligarlo a huir fuesen otras tantas invitaciones a la perseverancia y a la fe. Pero qué ingenuo y qué alcornoque. Había dudado de la fe de Gil, pero no había previsto sus excesos. Leyó en la libreta: «El moro se resiste y al lugareño le flaquean las alforjas». Porque entre el soborno y la pensión, apenas le quedaba dinero para sobrevivir unos días. ¡Y vaya aspecto que tenía el lugareño! En los cristales de la cabina había visto su lastimosa estampa: estaba viejo y sucio, con una barba de cuatro días que le recordó una esquela de luto no fechada, y luego tenía los zapatos de barro, la boca pastosa, las uñas negras y el cuello de la camisa pegajoso de mugre. «Así debió de andar Faroni por París», pensó, y por un momento intentó comprender la grandeza de una vida bohemia. Pero no, cabeceó, él parecía más bien un mendigo que un artista menesteroso, y ya no tenía edad ni ilusiones para sobrellevar aquellas indigencias.

La visión de un futuro solitario y mísero lo llenó de espanto. Recordó su casa, la brocha de afeitar, el arroz en su punto, las zapatillas serviciales, el olor de la franela recién planchada, la penumbra tibia de las alcobas en las tardes de lluvia, y la enumeración le fue torciendo la boca en una mueca de amargura. Ahora, no tenía nada. Ni siquiera una caja con hilos y botones, ni un espejo propio, ni un bote con lápices.

Palabras, esto es lo que poseía. Sólo algunas palabras de uso íntimo, algunos nombres propios de quitar y poner. Eso era todo. Recordó los tiempos en que el amor y la poesía lo convirtieron en señor del mundo, la época feliz o inverosímil en que bastaba llamar a las cosas por sus nombres secretos, o rimarlas, para adueñarse de ellas. Con un palito trazó unos signos en la arena. Luego los borró. Así era su vida, breve e ilusoria. Se agachó a coger una hierba, y al subir, por entre el claroscuro de unos arbustos vio flotar hacia él a un grupo de corredores vestidos con chándal. Saltaban sin esfuerzo, como en sueños, agitando a los costados las manos de pelele. Eran jóvenes, altos y hermosos. Algunos llevaban cintas en el pelo y todos iban serios y con la mirada perdida en su propio horizonte, atentos a una dicha que no parecía ser de este mundo. Desganadamente, como si cumpliese una obligación ingrata, Gregorio se aflojó en el banco, se echó el sombrero hacia atrás, sacó una moneda y la lanzó al aire. En cada vuelo subía los ojos y los veía avanzar por los claros de luz, y en los descensos los bajaba y entonces oía cada vez más cerca la lluvia de pasos en la arena. Los esperó sin prisas, exagerando la vejez, la miseria y la mugre, y al cruzar junto al banco les opuso una mueca cínica, retadora y obscena, de hombre curtido en vanidades juveniles, y cuando se alejaron él se quedó allí con la mirada en el vacío, buscando algún modo digno de dejar de voltear la moneda y sin saber qué hacer con la sonrisa de desprecio.

No, la vida vagabunda no era para él, se repitió mientras comía. Había que terminar con aquella pesadilla, al precio que fuera, empeñando en ello si era preciso el oro del orgullo: cualquier cosa antes que precipitarse para siempre en el infierno de la necesidad. Entonces se le ocurrió que podía volver a casa al menos a comer y a dormir, hasta que consiguiera convencer a Gil para que abandonase la ciudad. ¿Cómo no haber caído antes? Porque si Gil tenía fe, y rebañó la lata de anchoas, nada estaba perdido. Era cuestión de tiempo. Además contaba con un arma secreta cuyos efectos quizá fuesen mortíferos, y en cuanto al empleo, esa misma tarde iniciaría la reconquista. Sí, decidido: en dos o tres semanas regresaría definitivamente a casa e instauraría un nuevo orden en su vida. Sería un hombre bueno, ejemplar, y se tumbó en el banco y empezó a adormecerse con el solecito de otoño.

Un hombre ejemplar, eso es. Nunca alzaría la voz. Sería justo hasta en los más pequeños e inocentes actos cotidianos. Analizaría serenamente las cuestiones. Sería respetado. Comería con mesura, pensando que hay valores más altos que el de la comida, pero que comer es saludable y necesario para quien ha trabajado con diligencia y honradez. Dejaría de fumar. Aprendería algo de economía y algo de leyes. Sería un hombre bien informado. Quizá fumase en pipa. Hablaría agitándola, jugando con ella, como había visto alguna vez en el cine. ¡Qué poco había cultivado los gestos! Y recordó que de Alicia se había enamorado precisamente de sus manos, que al hombre de negro la autoridad le emanaba de las manos, que el maestro del café hechizaba con las manos tanto o más que con las palabras y que también Elicio lo había hipnotizado con la sabia mundanía de sus gestos. Sí, los suyos en adelante, cuando se reintegrase al hogar, serían mesurados, sutiles, convincentes. ¡Nada de manotear sin ton ni son! Ademanes lentos, estudiados, que contuviesen una opinión, una actitud. Manos muy limpias, pues, uñas perfectas. Y luego, las miradas. Enarcar las cejas, entornar los ojos con asombro o con burla, entrecerrarlos perspicaces o desconfiados, y todo eso con el dorso de un dedo en los labios preocupadamente fruncidos, con dos dedos horquillados en la mejilla, con tres dedos haciendo un trípode en el mentón, con una viserilla en la frente sabiamente arrugada (se lo había visto hacer en un libro de texto a un filósofo de mucho fuste), con el dorso del índice sujetar la nariz como para parar un estornudo mientras el pulgar de la misma mano sostenía la barbilla, pellizcarse una oreja, y tantos y tantos otros que pensaba estudiar en cuanto volviese a casa y rompiese con el pasado, con la lastimosa vigencia de la juventud.

Eso es, sería un hombre en la plenitud de su madurez. O fumaría menos, tres pitillos al día. Pensaría mucho antes de hablar, y hablaría con aplomo. Sabría ser cortés: «¡Hermoso aspecto tiene usted hoy, señora Pimentel!», «¡señor Ferreruelo, muy interesante su observación!».

Cortés pero no débil, ¿eh? También sabría ser duro en ocasiones. Educadamente duro: «¿Insinúa usted, señor Cabanillas, que hemos de concederle la razón por la energía que ha puesto en la defensa de su hipótesis?», «retomemos, señores, el hilo argumental. Si me permite, señor Garcinúñez, subrayaré sus últimas palabras», «monseñor, déjeme decirle que, según mis noticias, la situación internacional no es tan grave como usted la plantea». Y en un momento dado, de pronto echarse atrás con las manos al aire: «¡Señores, por favor, seamos serios! ¡Utilicemos métodos científicos!». ¡Oh, sí, su fama de hombre reflexivo, serio y ecuánime le valdría la admiración de todo el mundo! Iría al teatro. A exposiciones. A museos. Opinaría. Aprendería a bailar. Fumaría sólo puros, dos al día. En el aperitivo, besar, cuadrando los talones, la mano de la señora Pimentel. Ducha diaria, frotación enérgica, canturreo viril. En fin, un hombre íntegro.

Y un año de éstos, volvería a la costa y estudiaría en ella la actividad comercial del puerto. Interrogaría a los pescadores. Se compraría una agenda, se pondría gafas para ver de cerca, estudiaría también las costumbres de algún molusco, las corrientes marinas, el mecanismo de los faros de mar. Observador, reflexivo, paciente. O seis pitillos diarios, dos por la mañana, uno después de comer, dos por la tarde y uno al acostarse. Eso es. Escuchar con rostro preocupado las noticias de la radio. Subrayar un libro. Comentar con alguien el espíritu de la época. Tener el orgullo de no quedar en la memoria de los demás pero creer, sin amargura, que eso sería lo justo en un mundo imparcial. Aceptar por aclamación la presidencia de la comunidad de vecinos. Pedir presupuestos para revocar la fachada. Moderar las reuniones con la pipa, sin alzar la voz. No perder la calma. Proponer mejoras en la oficina. Ser comprensivo y tolerante pero ejemplar en todo. Ejemplar en comprender que los demás no fuesen ejemplares. Degustar sin ansia, al borde de la renuncia, pastelillos de nata. Hablar despacio, cada palabra en su sitio, bien elegida y modulada. Saber escuchar. Cruzar los dedos de las manos, flexionarlos, acompasar con cabeceos apreciativos las palabras ajenas y escuchar, escuchar sin asombro, murria o servilismo, sólo deferencia y un algo sutil de socarronería. No blasfemar. No beber salvo una copita de ocasión. No fumar mucho. No gritar. No eructar. No hacerse pajas. No pensar tonterías. En fin, una vida cívica y ejemplar.

Regresó a la pensión animado por la perspectiva feliz de sus designios. No sólo le parecían fáciles de cumplir sino que, ahora, todo lo veía claro. Nada de dudas ni de escrúpulos y nada de temores. Y como un futuro hombre íntegro debe empezar a demostrar sus cualidades antes de que la realidad marchite su proyecto, de inmediato se puso a la tarea.

La carta a R. y Belson le llevó más de lo previsto. Después de desechar dos borradores largos y prolijos, le quedó una misiva breve, donde contaba que su padre había muerto en accidente ferroviario y que asuntos sentimentales y de herencia lo retendrían en los lugares de la infancia algo más de un mes. Se lamentó del trabajo atrasado y prometió recuperarlo a la vuelta, por las noches, y que el próximo año renunciaría al mes de vacaciones. Firmó sólo Olías, y para que Gil no abriese la carta puso en el sobre: PRIVADO. A LA ATENCION DE LA DIRECTIVA, con grandes letras rojas.

Al anochecer bajó a echar la carta. Luego paseó por las calles céntricas, mirando escaparates y fumando sin freno. «Aprovecha ahora, pingüino», se decía, «que dentro de poco se acabaron los excesos.» Se sentía dueño de sí mismo y lleno de grandes esperanzas, pero no tenía dónde ir. Caminaba al azar, liviano y sin apuro, y podía haber seguido caminando indefinidamente, pues nadie le iba a pedir cuentas de sus actos, y todo cuanto hiciera quedaría negado o redimido muy pronto por el ejercicio de una vida ejemplar. Pero, antes de medianoche, como confirmando sus venideras virtudes o sus viejos temores, regresó a la pensión.

Capítulo XX

Decía en el papel que ya no era necesario que le llevase ropa limpia, aunque sí algo de cena, y que fuese puntual porque traía grandes noticias. Como la vez anterior, había despachado el mensaje con un largo timbrazo anónimo, y a las diez en punto, después de haberse hecho afeitar en una barbería, de comer en un restaurante con manteles de papel y camarero de lápiz en la oreja y de gastar el último puñado de calderilla en una sesión doble de romanos y mosqueteros, cruzó la glorieta, sonriendo bajo la luna clara, y se sentó junto a Angelina con un suspiro triunfal de cansancio. «Un par de mentiras más y seré un hombre nuevo», se animó antes de hablar. Enseguida, atropellándose, indicando con la mano que la excitación le impedía explicarse de corrido, contó a trompicones que los perseguidores habían aflojado el cerco y que desde mañana mismo podría volver a casa a comer y a dormir, aunque por el día continuaría fuera por tres razones, y enseñó tres dedos: la primera, y escondió el cordial, por precaución; la segunda, y escondió el índice, para no alarmar a la madre, y la tercera y más importante, y aquí enarboló el pulgar ante los ojos impasibles de Angelina, porque estaba ultimando gestiones para recuperar el empleo: «Cuestión de dos o tres semanas», concluyó, con un resoplido de alivio, «pero lo importante es que otra vez volvamos a estar juntos, y verás cómo ahora todo va a ser distinto».

Angelina, que había escuchado con vigilante cautela, miró afligida al horizonte:

—Ni se te ocurra —dijo—. Si te ven entrar te detendrían en casa.

Gregorio no perdió el aplomo.

—Te digo que no —argumentó—. Ellos me buscan por otros sitios. Creen que estoy en el extranjero. Y además les da igual. Han descubierto ya quién es Faroni y quién soy yo y ahora —e hizo con un dedo una espiral hacia arriba— apuntan más alto.

Angelina negó con la cabeza:

—Ayer vi al policía enfrente de casa. Si te ven entrar, subirán, y a lo mejor nos detienen también a mi madre y a mí. Fíjate mi madre si sube la policía a por comunistas. No, es una locura. Tú lo que tienes que hacer es entregarte y decir que te malmetieron, que tú no sabes nada de política.

—¿El policía? —murmuró Gregorio.

—Sí, ese que subió a casa. Más de una hora estuvo mirando desde enfrente.

Así que cerró los ojos y chafó los labios: otra vez volvía a ser víctima de sus propias mentiras. Era como si la realidad, infinitamente misericordiosa, acogiese en su casa a cuantas quimeras errantes llamasen a la puerta. Y otra vez pensó que la vida era injusta: demasiado complicada para ser tan breve. «Me moriré con la cara de bobo», se quedó pensando.

—Y vas a la empresa y les pides perdón —recitó Angelina—. Pídeles que te admitan de nuevo. Diles que eres un hombre honrado y serio, y que te han engañado.

Gregorio empezó a perder la paciencia.

—Ya he escrito explicándolo todo. Todo está claro. Lo que pasa es que yo no puedo ir por ahí pidiéndole perdón a todo el mundo. Yo soy un hombre de ideales, tú lo sabes —y sin saber cómo empezó a enredarse de nuevo en la visión mesiánica de un futuro feliz. Le preguntó si se imaginaba lo que podía ser aquella ciudad llena de jardines, con músicos en cada esquina y con robots que hiciesen el trabajo de todos. Dudó que ella fuese capaz de comprenderlo, de comprender por ejemplo que ayer mismo había visto a unos obreros abriendo una zanja y se había preguntado si no era un escándalo venir a este mundo a abrir zanjas.

—Más vale que aprendieses de ellos —dijo Angelina.

—Ya estamos.

—La gente debe trabajar para comer. A ti lo que pasa es que te gusta poco trabajar.

Gregorio se volvió con un repente de furia tabernaria en el rostro y otra vez habló a gritos de sus noches en vela y sus días de oficina:

—¡Yo no soy como tu padre, que andaba por ahí como un zascandil, con unas estrellas y un caballo! ¡Desde los ocho años he trabajado sin parar, de sol a sol! ¿Cuándo he estado yo sin trabajar? ¡A ver, dime! ¿Cuándo?

—Está bien, cálmate.

—Cuarenta y seis años —dijo desalentado, con las manos implorando al cielo—. Una vida. De niño leí una vez el cuento del pescador que bajaba a los reinos del fondo del mar y estaba allí unos meses, con una princesa. Cuando subió, en el mundo habían pasado trescientos años. Yo entonces no lo entendía, cómo era posible una cosa así, pero ahora sí lo entiendo, porque yo también he vivido cuarenta y seis años y parece que fue ayer cuando llegué a esta ciudad y vi a mi tío Félix. Lo estoy viendo ahora mismo en la estación. Tiene un abrigo viejo. Veo el humo del tren y huelo el carbón mojado. Noto el peso de la mano de mi tío en el hombro y lo oigo hablar de un bacalao. Y estoy viendo a mi padre sentado en una piedra y lo oigo respirar y moverse. Y sin embargo, han pasado cuarenta y seis años. La vida no vale nada. Cuando te das cuenta eres ya viejo y estás para morirte. Y entonces dices: «¡Ay, si viviera otra vez, qué distinto sería todo!». Pero ya es tarde, y los años que quedan se van en amarguras y lamentos, y así están las cosas. Ni siquiera hemos tenido un hijo, ni hemos vuelto a la costa, ni hemos ido al teatro, ni hemos montado en avión. Yo en la oficina y tú cosiendo, ésa es nuestra historia. Dos sillas y cuatro manos.

—Yo he sido feliz —dijo Angelina con voz neutra—. No hemos pasado hambre ni hemos estado malos. No ha habido guerras. ¿Qué más quieres entonces?

Gregorio no contestó. Aprovechó la tristeza para explicar que el sótano en que vivía era húmedo y oscuro, que bebía agua con gusarapos y comía sólo galletas, como los náufragos. Dijo que había ratas y arañas y que se alumbraba con un cabo de vela. Que sólo había arriba una claraboya, que se oían rezumar los techos y que la cama era un duro jergón de rastrojo. Todo eso contó, con la voz dolorida, mientras Angelina extendía la cena (sopa de fideos y queso de oveja) sin el menor gesto de piedad.

Durante la cena, desmemoriada y displicente, siguió con sus desgracias, seguro de que acabaría por ablandarle el corazón. Pero Angelina, con los mismos argumentos que Gregorio había usado para justificar y acreditar la fuga, se negó a que volviese a casa ni siquiera a pasar la noche, y hasta le prohibió los mensajes debajo de la puerta.

—Te estás en el sótano hasta que pidas perdón.

Gregorio apartó la tartera.

—Del sótano me tengo que ir mañana mismo. La policía lo conoce. Tendría que buscarme una pensión, y no tengo dinero —dijo desamparado.

—Que te alimente ahora ese Santos Merlín del que tanto hablas, para que veas que a la hora de la verdad cada uno va a lo suyo. O esa pelandusca que a saber si no será tu querida como dice mi madre y todo esto es un lío de faldas.

—Yo te he mantenido muchos años y nunca te lo he echado en cara —dijo Gregorio con dureza—. Y respecto a Marilín, la novia de Faroni, has de saber que la pobre mujer está en la India, pasando calamidades que tú ni por imaginación has conocido nunca.

—Nadie la mandó meterse en política —dijo Angelina—. Si se hubiese estado en su casa no le hubiera pasado nada. Y tú, date cuenta, Gregorio, lo hago por tu bien. Si subes a casa, nos vas a comprometer a todos. Nos van a detener y a ver qué hacemos entonces.

—Y yo, ¿cómo pago la pensión?

—No lo sé.

—Tú tienes ahorros.

—Ahora que no trabajas los necesitamos para vivir.

—¿Y tu madre?

—Ella sólo tiene el retiro.

—Entonces, ¿qué va a ser de mí? —dijo Gregorio, sinceramente conmovido.

Angelina bajó la cabeza y tardó en responder:

—Entregarte y pedir perdón.

Después de algunas porfías, concertaron que Angelina le daría un poco de dinero, que el viernes le traería ropa limpia y que para entonces Gregorio habría de tener decidido entre la rendición o el exilio.

—Esto me pasa por idealista —dijo en la despedida.

—No, eso te pasa por tonto —contestó ella.

Pero a pesar de todo, decidió que ahora menos que nunca debía perder el ánimo. Al contrario, cuando se supo acorralado pensó que el único remedio que le quedaba era lanzarse de inmediato a la acción. «No me han dejado otro camino; una a una me han cerrado todas las puertas y es como si de verdad estuviese herido en el destierro. Yo me lavo las manos», se decía. Caminaba aprisa por las calles, tan veloz y seguro que, apenas llegó a la taberna donde a esa hora debía de estar Antón, se detuvo fuera a percibir el furor de su sangre y la autoridad de su desdicha. Sintió que había dejado atrás los últimos escrúpulos, como pellejos de culebra, y que en adelante no tendría más amigos que sus propios y exactos intereses. Estaba solo, y había llegado la hora del desquite. «Gil no se quiere ir, Angelina no me deja entrar. Desde ahora, ni un ruego más. Veremos quién entre todos es la hiena.»

Desde la puerta vio a Antón en la barra, bebedor y sombrío. Vio una silenciosa perspectiva de parroquianos solitarios, diseminados como pueblos, y al fondo un corro humeante de jugadores de cartas. No lo pensó dos veces. Entró, pidió un anís, y sólo después de embucharlo con un giro de muñeca miró a su lado y se encontró con las gafas negras y analíticas de Antón.

—¡Antón Requejo, para servirle! —dijo, y se cuadró a lo militar.

Todavía llevaba algunos décimos en las solapas, y tenía los labios extraviados por el alcohol. «Tenemos que hablar», dijo sin mirarlo. Antón asintió y se colgó la garrota del brazo para buscar en los bolsillos, pero Gregorio se le adelantó en la ronda y con la barbilla le señaló adentro. Fueron a ocupar una mesa apartada. Antón cojeaba ahora de una pierna y llevaba colgando la mano buena, con los dedos juntos y marchitos como un racimo muerto. Apenas se sentaron, miró a Gregorio, siguió el hilo de su mirada y llegó a la mano.

—Le extraña, ¿eh? —dijo, y sacó del bolsillo un frasco minúsculo cerrado con un tapón de rosca—. Le diré. Tengo la vida aquí sujeta, en este envase que contiene el agua con que me bautizaron. El día que se derrame, o se disipe, o se rompa el frasco, se acabarán también mis días. Todos tenemos la existencia subordinada a algún objeto. Pero mientras llega esa hora funesta, me preparo para las calamidades. Permítame dos consideraciones. Una, que es conveniente para llegar a viejo tener algunos vicios. Otra, que hay que ganarle la delantera a las catástrofes. Respecto a la primera, le diré. Es bueno tener en cultivo algunos vicios como pueden ser fumar, comer cerdo, beber alguna sobrecopa o no hacer gimnasia, para que si algún día cae uno enfermo tenga el médico algo que prohibir, y uno sane. Pero si uno es todo virtud, en cayendo enfermo morirá, por impotencia de mejora. Sólo el pecador puede arrepentirse. Sin gula no hay abstinencia. Y de lo otro, le contaré por sobreencima las medidas que he tomado contra el infortunio. Cada semana finjo una dolencia nueva, le diré. Unas voy de cojo, otras de ciego, otras de sordo y mudo, otras de jorobado, de manco, de temblón, de inerme, de sin dientes, de mentecato, de orate, y combinadas entre sí, y de este modo me ejercito para el porvenir, por si me sorprende la tara. He visto tantas desgracias, y tan súbitas, que no quiero que me cojan a mí descuidado. Llevo así diez años y ya sé arreglármelas de todo lo malo que conozco. Comer cerdo y fingirse ciego —y sonrió con fealdad de máscara—, ¿qué otra cosa mejor puede hacer el hombre prudente?

Gregorio se pasó un dedo por los labios y no devolvió la sonrisa.

—Y sin embargo todo es inútil —dijo—. No se puede luchar contra el destino.

—Le diré —matizó Antón—. Yo no lucho, me sobreadapto. Cuido de la botella. He visto yo a un perro chico hacerse el cojo ante otro grande para difundir lástima. Hay que conseguir que Dios se apiade de uno. Pero vayamos a lo que usted quería decirme. Le diré. Dígame.

—Bueno —divagó Gregorio, mesándose la frente—, es un asunto delicado y, en fin, no sé cómo empezar...

—Permítame un sobreinciso. ¿Se trata de su mujer?

—Sí —dudó Gregorio.

—Entonces seamos francos. Yo soy un profesional. Usted, ¿está coronado también?

Gregorio meditó largamente y al fin dijo:

—Creo que sí.

—Lo sospechaba, desde el momento en que le vi. ¡Amigo, choque esos cinco!

—Verá, no lo sé con certeza y...

—¿Cómo se llama su mujer?

—Marilín.

—Marilín. Le diré. Permítame una opinión profesional. Tiene nombre de hetaira. ¿Es rubia?

—Sí.

—También lo sospechaba. ¿Puedo hacerle una pregunta íntima?

Gregorio asintió.

—No se ofenda, pero necesito datos para un diagnóstico. ¿Tiene el coño claro?

Gregorio lo miró ofuscado.

—Entiéndalo —dijo Antón—. También los médicos hacen preguntas íntimas.

—Pues..., sí —murmuró Gregorio.

—Justo lo que sospechaba. Esas son las peores, créame. Y entonces, ¿dónde están las dudas?

—Le ruego discreción —advirtió Gregorio.

—Hágase la cuenta que se está confesando con un sacerdote.

—Verá, he dudado mucho si contárselo o no —titubeó Gregorio—. Pero luego he pensado que quizá me pueda ayudar. En fin, se lo contaré todo.

Y contó, con algunos otros pormenores, que el domingo pasado se había marchado de casa fingiendo un viaje de negocios. Que era, aunque quizá con la estrategia había perdido el empleo, viajante de una casa de quesos y embutidos, que se llamaba Alvar Osián y que se había instalado aquí cerca, en una pensión, con objeto de espiar a su mujer y sorprenderla *in fraganti*. El amante era al parecer un tal Gil, Dacio Gil Monroy para ser exactos, y vestía más o menos como el marido para, en su ausencia, poder entrar en casa sin llamar la atención del vecindario. Pero ahora los amantes debían de recelar algo porque no se veían en casa sino en un café, el Hispano Exprés, los sábados por la tarde y quizás otros días. Por cierto que ellos a ese café le llamaban en clave el Café de los Ensayistas.

—¿Me va siguiendo?

—Sobremanera —dijo Antón, que escuchaba con la cara ladeada, los labios prietos y feroces y una expresión concentrada de astucia.

Pues bien, Marilín, continuó Gregorio en tono cabizbajo, iba al café acompañada de un tipo ya mayor, melenudo y cano, que según todos los indicios hacía de celestina del adulterio, y que se llamaba, o fingía llamarse, Santos Merlín o algo parecido. Tenían una tertulia y este hombre era el que más hablaba. Era una especie de maestro. Se ponía al lado de una columna, todos los sábados a partir de las siete, y hablaba por los codos. Bueno, pues a lo que iba. El amante, el tal Gil, estaba metido en política. Profesaba de comunista y formaba parte de una banda cuyo jefe era un tal Feroni o Faroni. Sí, Faroni, eso es. Este Faroni estaba ahora en el extranjero, y a los de la banda, a la que también pertenecían, por cierto, Marilín y el maestro, los perseguía la policía. Bueno, eran sospechosos y estaban vigilados. Y el caso era que Gil, que antes vivía en un pueblo desde donde venía de tarde en tarde a encontrarse con Marilín, cegado por la pasión se había trasladado definitivamente a la ciudad y trabajaba en una empresa que ahora no venía a cuento. Esta era, en síntesis, la historia.

Antón, con dos dedos, se ordeñó la barbilla y torció astutamente la boca.

—Claro como el agua —dijo al fin—. ¡Amigo Osián, está usted coronado!

—No lo sé —se torturó Gregorio—. Esa es mi duda.

—Y ¿qué quiere que hagamos?

—De eso se trata. Le estoy venga a dar vueltas...

Antón le atenazó el brazo, se humedeció los labios y le buscó la oreja.

—Hay varias soluciones, a saber. Una: ¿los ajusticiamos?

—¡Está usted loco! —se espantó Gregorio, echándose atrás.

—¿Por qué no? —sonrió desdeñosamente Antón—. Es en defensa propia.

—Yo no soy un asesino.

El otro levantó una mano:

—Es un acto de justicia. Viene en los libros.

—No, no, por ese camino no vamos a entendernos.

—Bueno, quedan otras fórmulas. ¿Le metemos a la señora un tizón en su parte, allí donde el pecado brota y tiene origen?

—Mire usted —dijo Gregorio, en tono concluyente , si quiere ayudarme se harán las cosas a mi modo.

—Cuente conmigo, pero déjeme aconsejarle, le diré, que los lances de honor no se arreglan con palabras. Reclaman sangre y fuego. Es una ley antigua y, como tal, sabia. Y no hay que pensar que el tormento sea desventaja para el reo, como no lo es la lanceta para el enfermo. El pecador que en el castigo se destruye, alcanza gloria por ausencia. Se lee en los Padres de la Iglesia, es ley santa.

Gregorio negó con la cabeza y dijo que tenía sus propios planes. Primero, quería impedir que Gil entrase los sábados en el café.

—¿El café? ¿Es que es allí —y juntó las puntas de los índices— donde se efectúa el fornicio?

Gregorio explicó que de lo que se trataba era de asustar a Gil, que parecía un hombre cobarde. De demostrarle que la policía le seguía los pasos por razones políticas, para obligarlo así a regresar al pueblo.

—En una palabra, usted hace de policía y lo asusta para que se vaya de la ciudad. Luego —y sonrió con funesto designio—, ya me encargaré yo de ajustar cuentas con mi mujer. Pagará ella por los dos.

—Le diré. Estas cosas, o se reducen en su raíz o sobrebrotan —disintió Antón—, pero lo haremos a su modo. El próximo sábado lo espero entonces a la puerta del café y lo amenazo de muerte, ¿no es eso?

—Más bien con la cárcel. Le dice que la próxima vez que lo vea por allí lo enchirona, y que lo va a torturar. Y aconséjele, en plan de amigo, que si en algo estima su pellejo que abandone inmediatamente la ciudad. Y dígale también que Santos Merlín está al caer, y que en cuanto a Faroni, sus días están contados.

—Lo haremos así —convino Antón—. Por cierto, ¿va usted armado?

—No —se sobresaltó Gregorio.

—Permítame entonces una liberalidad —y, mirando alrededor, le puso en las manos una pequeña cachiporra de cuero—. Y en cuanto a su caso le diré que muy a menudo la política y el adulterio van juntos de la mano. La política es fuente de cabrones. Así que su coronación es doble, y de un virtuosismo insuperable. Amigo Osián, ¡veo en usted signos de aristocracia!

De allí, y a requerimiento de Antón, Gregorio pasó a referir algunos episodios de su vida, cómo de joven había viajado mucho y cómo había consagrado la madurez a la creación literaria. Habló de sus libros, mientras se cercioraba de que quedaba bien oculto el que llevaba en el bolsillo, y después de pedir unas copas de anís, recitó de memoria algunos poemas. Antón, que entendía algo de versos, de su época de circo y variedades, los escuchó con una atención viril y trascendente. «Nunca faltó el talento en Iberia», dictaminó al final. «Amigo Osián, ¡es usted un incomprendido! ¡Un genio en conserva!» Consumieron un poco de escabeche, bebieron más anís —ahogando en cada trago sus penas intransferibles de hombres—, y al filo de la medianoche salieron a la calle y caminaron un trecho juntos.

—En las dificultades, los hombres se sobrepasan —iba diciendo Antón, en un tono que el alcohol y el relente hacían dramático, y al pasar bajo los faroles se vislumbraba el agujero de su boca, que parecía comunicar directamente con las honduras de la conciencia—. He conocido casos que es maravilla oírlos. Historias de linda majestad. Me ha llegado el eco del infierno. Sé de un cónsul con flequillo y zapatos azules, que lo que más le gustaba en el mundo eran las ostras con limones. Y siempre estaba acatarrado. Y supe el caso de un pastor portugués que no usaba camisa, y que la poca hacienda que ganó en este mundo la convirtió en museo. Era un hombre tan bajito que daban ganas de ir corriendo a él y medirlo por cuartas. Y la pieza más preciada del museo eran las seis camisas de hilo bayal que su madre, un día antes de morir, le dejó limpias y planchadas. Le diré, si no son cosas para llorar en seco. De estos recortes sé muchos y muy buenos, como aquel de un hombre que tenía un vecino ventrílocuo, de esos que hablan con las tripas, y cuando se lo encontraba, el artista lo saludaba con voz clara y normal. «Buenos días, ¿cómo está usted?», decía, y allí quedaba el otro, escarnecido para todo el día. La vida, amigo Osián, ¿quién la entiende? Deje usted un pelo en su raíz en el charco de una pisada de vaca, y ¿qué ocurre? Que a los quince días se transforma el pelo en culebrilla. Todo proviene del agua y la serpiente. Así son las cosas de este mundo. ¿Usted sabe, tiene vacilaciones? ¿Querría usted escuchar otros mil casos admirables? Pero, ¡mire!, ahí viene una mujer. Echémonos a un lado —y lo cogió del brazo y se refugiaron en un portal—. ¿La ve? Trae gafas, y un libro entre las manos, la muy artera. Pura apariencia. Esa mujer, como todas, lleva bragas y, debajo, un coño peludo. ¿Me negará esto? Lo otro, las gafas y el libro, o el misal, ¿qué son sino señuelos? Piense en las monjas, rezando ante el altar con las manos juntas, dando el coño al Cristo. Considere los reinos y grandes patrimonios que han naufragado en esas humedades. Y aquí estamos nosotros. ¿Qué es nuestra vida, qué nos tiene aquí juntos y apenas sin cenar, quién ha juntado nuestros destinos sino la historia de dos coños, uno oscuro y el otro claro? ¿Quién podrá sosegar con esta angustia? ¡Ay, me queman los ardores, y no doy abasto al pensamiento! —rugió, y siguió caminando, con fingida cojera.

Antes de despedirse, volvieron a estudiar los detalles para la escaramuza del sábado. Gregorio describió a Gil, pero finalmente decidió que él mismo iría al café para indicarle el objetivo.

—Prométame que hará sólo lo que hemos convenido, y que del adulterio no le dirá a Gil ni una palabra.

—Así se hará —dijo Antón—, pero si fracasa, prométame usted que se dejará asesorar por mi mejor juicio en estos lances. ¡Honor en llamas! —gritó, y se despidió con un taconazo militar.

Gregorio, nublado por el anís, fue tanteando el rumbo hacia la pensión y dejando que el pensamiento vagara a su antojo por la esperanza y el cansancio. Estaba la luna clara, las calles solitarias, las perspectivas irreales. Flojeaba el aire en las esquinas, y el silencio era entonces tan nítido que podían oírse muy lejos sus remotos cánticos legendarios. El refresco de la noche le iba poniendo juvenil el rostro, y se sentía precursor y ligero, se sentía elegido por las más tenues miserias de la vida, y estaba seguro de que muy pronto podría volver a casa y al trabajo e iniciar una vida ejemplar. Antes de entrar en la pensión, en una alcantarilla, tiró la cachiporra, y apenas se acostó vino a borrarlo el sueño.

En los días sucesivos, se condujo con el rigor y el sentido práctico que exigían sus proyectos. Las preocupaciones eran ahora tan exactas que cualquier inquietud parecía fabulosa o inútil. Estaba ante todo el problema económico, cuya amenaza lo torturaba a todas horas. Comenzó a leer ofertas de trabajo, y hasta se compró un lápiz rojo para encerrarlas en círculos y proceder así con orden y criterio. Pero en todas partes donde se presentaba le pedían los antecedentes laborales y él tenía que mentir —de un modo tan difuso que cuando quería darse cuenta sus pretensiones habían quedado contagiadas por la ilusión de la mentira—. Entonces intentó buscar algún humilde trabajo eventual, al menos para costearse el exilio hasta que Angelina le permitiese regresar a casa. Pero tampoco esto era fácil. En los albañiles le exigieron juventud o experiencia, y en los mercados donde se ofreció por horas para mozo de carga, su aspecto no resultó convincente: lo miraron de arriba abajo y lo despacharon con cualquier disculpa, algunas medio jocosas. Así que esa noche, cuando Angelina le llevó la ropa limpia, él no tenía nada definitivo que decir. Probó a convencerla otra vez de que por caridad lo dejase volver, y hasta la amenazó con irse al extranjero, pero todo fue inútil. Sólo después de muchos ruegos y reproches consiguió otra cita para la semana próxima: Angelina traería una bolsa con comida, pero de dinero, ni un céntimo.

Se marchó cabizbajo, y cabizbajo estuvo la mañana del sábado, debatido entre euforias y presagios y sin saber adónde ir. Comió en el parque a punta de navaja, pan y fuagrás, y antes de las seis se dirigió al café.

Después de un rodeo de reconocimiento, fue a emboscarse tras un quiosco de periódicos, como había acordado con Antón. A las seis y media llegó su aliado. Lo vio situarse de centinela ante la puerta. Con más apremio que ritmo, se puso a golpear con la garrota en el suelo. Gregorio, escondido tras un periódico desplegado a dos manos, con el sombrero por los ojos, se asomó disimuladamente y lo saludó con la barbilla. Antón contestó con reforzados golpes de garrota. A las siete menos cuarto aparecieron el maestro y Marilín, entre el grupo de jóvenes. Antón, sin apartarse, dividiendo el grupo, los siguió con la vista. Miró a Gregorio, que asintió con una lenta cabezada de complicidad. Apenas entraron, y en el momento en que se ensalivaba el dedo para pasar una hoja, entrevió a Gil en la otra acera.

Rápidamente plegó el periódico, que era la señal convenida, y con un guiño que le cogió media cara, hincó el pulgar en dirección al objetivo. Rodeando el quiosco a un ritmo proporcional al que traía Gil, le ganó las espaldas. Cruzó la calle apurando el mismo semáforo, con la cabeza ladeada y una mano al sombrero, como defendiéndolo del aire, y antes de llegar al otro extremo se volvió sobre el hombro y vio el cogote de Gil avanzar hacia la puerta del café. En ese instante el semáforo se puso en rojo. Dio una carrerita para ganar la acera. Por encima de los coches, y entre los claros de la gente, vio a Gil parado frente a Antón. Este le había puesto la punta de la garrota en el pecho y hablaba con vigor. Enseguida lo agarró del brazo y lo apartó hacia las cristaleras. Allí manejó la garrota y mostró algunos objetos que fue extrayendo de los bolsillos. Vio a Gil enseñar unos papeles y gesticular, con más inocencia que energía, y a Antón que lo volvía a coger del brazo, lo atraía hacia sí y le hablaba al oído. Así estuvieron un buen rato. Luego, de pronto vio cómo Antón empujaba a Gil y lo llevaba a empujones, como desparramándolo, hasta el disco. Gil trompicó. Un coche frenó violentamente y se oyó un bocinazo. Todos se volvieron y Gregorio se convirtió en un curioso más cuando Gil vino trotando hacia él con el sombrero torcido y sujetándose a dos manos el vuelo de la gabardina. No se atrevió a mirarlo, y apenas tuvo tiempo de reconocer la portada del libro que agitaba al trotar. Se dio la vuelta y lo sintió pasar junto a él y hasta pudo escuchar un instante el alboroto de su respiración.

Con el mismo semáforo cruzó la calle y siguió a Antón de lejos. Lo alcanzó cerca de la taberna, y durante un trecho caminaron juntos, en silencio y con la garrota por delante. Entraron sin hablar, se sentaron al fondo, y sólo después de pedir unas copas de anís, Antón dio un resoplido y dijo:

—Amigo Osián, ¡comunico victoria!

En pocas palabras vino a contar que todo había salido según lo previsto. Después de presentarse como policía de la secreta, le había pedido los papeles y lo había amenazado con la cárcel perpetua si volvía a verlo por allí. «Le diré que al principio se me puso algo gallito. Dijo que él no era un cobarde y que no pensaba hablar. Entonces buenamente yo le aconsejé que una de dos: o se iba de la ciudad o le impondría tortura. Para más claridad ilustré el consejo con la presentación de algunos útiles demostrativos, a modo, le diré, de material didáctico. Ya sabe usted que la gente de hoy sólo cree en lo que ve con sus propios ojos. También me permití informarle que haría extensivo el tormento a su círculo de allegados. Le dije, inspirado en las Escrituras: "Cuenta que lo que haga contigo lo haré también con tus amigos y parientes". Y él, ¿qué hizo? ¡Se asustó! ¡Blanco como el papel se puso! Amigo Osián, ¡ese hombre es un flojo! ¡Un bocado exquisito para nuestras ansias justicieras! ¡Brindemos por la victoria!»

Tras los brindis, pasaron a estudiar las siguientes fases del plan. Antón opinó que, de ser coherentes con el proyecto y para no caer en la descortesía de incumplir las amenazas prometidas, el próximo paso no podía ser otro que el de la tortura, y citó un descampado donde llevarlo a efecto, al menos para conseguir que la víctima confesara su culpa y jurase abandonar inmediatamente la ciudad. Pero Gregorio volvió a afirmar que las cosas se harían a su modo y que hasta el lunes no tomarían ninguna decisión. A regañadientes, Antón aceptó.

Gregorio pasó el domingo encerrado en su cuarto, sin saber qué hacer ni a dónde ir. Si pensaba en el futuro, tan pronto se veía convertido en mendigo como en ciudadano ejemplar, y si pensaba en Gil, se admiraba de no sentir remordimiento ni lástima sino una especie de extrañeza que bien podía confundirse con crueldad o desdén. En ningún momento se apartó de las razones que sustentaban su inocencia. No, él no era un pecador. Al contrario: si lo hubiera sido no se encontraría ahora tan apurado como estaba. Ah, tenía razón Angelina: aquello le había pasado por tonto, por ser demasiado bueno. Había querido ayudar al pobre, hacer feliz a Gil, redimirlo incluso de sus miserias a riesgo de empeñar la propia vida en empresas tan generosas como descabelladas, y ¿qué había conseguido? Que el pobrete se aferrase a él como una garrapata. La garrapata Gil, que no satisfecho con la cuota de sangre recibida, se había desplazado a la ciudad con el propósito de darse un gran banquete final a costa de su benefactor.

¡Ah, pero él sabría defenderse! ¡Vaya si sabría! Si era preciso, aceptaría llevarlo al descampado, y hasta puede que él mismo se animase a azotarlo y le fuese diciendo en cada azote: «No estabas contento con las pirámides, ¿eh?, pues ¡toma pirámides!; ¿no querías café?, pues ¡toma café!; las noticias que recibías del mundo se te antojaban pocas, ¿no?, pues ¡aquí tienes más!, y ¡éste por Marilín!, ¡éste por Hemingway!, ¡éste por el poema épico!, ¡éste por el dinero que he gastado en tu causa!, ¡éstos por todas las desgracias que me has hecho pasar!», y cuando se dio cuenta estaba en medio de la habitación, asestando golpes inmisericordes en el aire.

Se acostó con la convicción de que en la medida en que había sido demasiado bueno tenía ahora derecho a la revancha. Era un acto de defensa propia, y en definitiva de justicia. Y cuando a media noche se despertó y, más sereno, anotó en la libreta: «La paciencia es el arte de ganar guerras sin batallas», se sintió fuerte, saludable y juicioso, como el hombre ejemplar que pronto habría de ser.

El lunes, al regresar del baño, silbador y aseado, encontró sobre la cama el cartel de LOS RECIBOS ESTAN AL COBRO, y su única preocupación en ese instante fue asomarse al espejo para comprobar que efectivamente su rostro no se había alterado. En el pasillo se cruzó con Paquita y le guiñó un ojo, sin dejar de silbar, y silbando bajó las escaleras y salió sin prisas a la calle.

En una esquina tomó café y copa, intervino en una controversia para afirmar lacónicamente que las ocasiones de gol sólo podían llegar por los extremos, se dejó caer, blando y burlón, por una calle comercial, tiró chinitas a un estanque, y al filo de las once entró en una cabina telefónica y llamó desde Chicago a Gil.

—¿Es X-1? —oyó a lo lejos—. Aquí X-63 al habla, ¿me oye?

Después de preguntarle por la herida y lamentar que se hubiese infectado, Gil se precipitó a contar lo que le había ocurrido el sábado en el café. Contó que el café estaba rodeado de policías y que uno de ellos lo detuvo y le pidió la documentación.

—Me preguntó por Santos Merlín, por Marilín y por usted, pero yo no dije nada. Dije que no sabía nada y que no pensaba hablar aunque me hiciesen perrerías. Y eso que el policía es un hombre terrible. Iba disfrazado de ciego y dijo unas cosas que no me atrevo a repetir.

—Sí, lo conozco —murmuró Gregorio—. Es el inspector general Requejo, un hombre sanguinario y que cumple siempre sus promesas.

—Bueno, pues fue terrible. En mi vida he pasado un momento así. Primero me dijo cosas que no entendí. Me dijo: «A mí no me engañas. Sé que para mejor coronar, te vistes como el coronado. ¿Está ahí dentro la infiel?». Pero lo peor fue luego. ¿Quiere que le diga lo que me dijo? ¿No se va a enfadar? Bueno, pues primero me amenazó con la cárcel, y luego dijo que me iba a meter un palo por el, por el trasero, que me iba a cortar los, los testículos con una navaja de afeitar y que me iba a dar a comer (usted me perdonará, pero se lo cuento tal cual, para que lo sepa) las, los pechos cortados de, de la señorita Marilín. Me dijo: «Con el pellejo de tus, de tus partes me haré un gorro, y con los, con el cabello del, de la parte íntima de Marilín una escobilla para el wáter». Y añadió: «Y a la alcahueta Merlina le dices que le voy a arrancar la lengua con unas tenazas para un gato que tengo». Y me enseñó algunas cosas: una navaja de afeitar, un cortafrío, una porra, un látigo y no sé qué más. «Con todo esto, os voy a merendar a los tres», dijo. Pero yo me mantuve firme. Contesté que no me asustaba con aquello, y que desde luego no iba a hablar. Creo humildemente que me comporté como un hombre.

—¿No dijo más? —preguntó Gregorio.

—Pues no me acuerdo.

—No habló de que te marcharas.

—¿Yo? ¿Adónde?

—De la ciudad, por ejemplo.

—Sí, también dijo algo de eso —divagó Gil.

—Lo sospechaba. No sé cuál será su estrategia, pero debes hacerle caso. Si no, acabará contigo.

—No me importa —dijo Gil.

—Sí, pero es que además está el Partido. Verás, he hablado con todos, por eso te llamo, y todos te ruegan que te vayas. Te lo piden por favor. Te lo piden en nombre de la ciencia, del arte y del pueblo. Gente altiva, acostumbrada al agasajo, está de rodillas ante ti.

—Pero yo..., ¿qué se va a ganar con eso? Si yo no hago daño aquí.

—El asunto es muy simple —atajó la queja—. Si tú te vas, la policía seguirá tus pasos, porque ellos creen que tú eres el responsable de la organización en provincias, y así quedará desguarnecido el flanco de la ciudad. Una vieja estrategia. A ti no te pueden detener porque no tienen pruebas, y nosotros podremos ir volviendo poco a poco y reestructurando la organización. ¿Comprendes?

—Pero yo, señor Faroni, no voy a hablar, se lo juro.

—No se trata de ti, se trata de todos. Si tú te salvas, nos condenamos los demás.

—Pues en ese caso esperaré a que me maten y entonces ya no causaré más problemas —declaró Gil con la voz quejumbrosa.

—Eres un egoísta, Gil —dijo Gregorio, sílaba a sílaba—. Así se lo diré a todos. Les diré que estimas tu empleo más que el arte, la ciencia y el progreso.

—¡Eso no es verdad! —gritó Gil—. ¡Eso no es así! Además yo no me considero tan importante para creer que porque yo me vaya se va a arreglar todo.

—Pues así es —dijo Gregorio, con la voz inflexible—. La policía sí te cree importante. ¿Por qué si no te va a seguir los pasos, y nada menos que el inspector general Requejo?

—No lo sé, señor Faroni —se desesperó Gil—, y le juro que yo quiero ayudarles. Pero, ¿adónde voy a ir a mi edad? ¿Adónde? —preguntó dramáticamente.

—Entonces, te niegas a marcharte, ¿no es eso?

Gil no contestó.

—¿Te niegas?

—Yo le juro que no hablaré.

—O sea, que no te vas.

—Aunque me maten no hablaré.

Gregorio cerró los ojos y confió su desamparo al cielo. ¿Qué podía hacer?

—Mañana o pasado —dijo absorto, sin saber qué decir y sin perder la calma—, parto hacia la India. Allí viviré sin nada en los bolsillos, a pecho descubierto, mendigando quizá por las esquinas. Voy a buscar a Marilín, y quizá ya no vuelva.

—No diga eso, señor Faroni. Volverá, verá como sí. Usted es joven y resistirá todo eso. Y, si me permite, déjeme decirle que yo le puedo dejar algún dinero. No tengo mucho, pero lo que tengo es todo suyo.

Gregorio, convencido de que Gil era en efecto un egoísta, una garrapata sin escrúpulos, y urgido por la necesidad, se resignó a aceptar el ofrecimiento. «No es sólo para mí, que tengo aquí amigos», dijo, «también es para aliviar la situación de Gregorio Olías, que está en la cárcel, y de otros que andan perdidos por el mundo.»

Quedaron en que esa misma tarde Gil iría al café y entregaría disimuladamente el sobre al camarero, el cual se encargaría de despacharlo inmediatamente por vía aérea con rumbo a Chicago.

—Y en cuanto a tu marcha, te daré una última oportunidad. Estoy seguro de que muy pronto tu conciencia podrá más que tu miedo. Recuerda que todos confiamos en ti, yo más que nadie, y sabemos que tú no nos puedes defraudar. Esperamos ansiosos tu decisión —y sin dar tiempo a la respuesta, colgó.

A las siete y media, Gil entregó el sobre al camarero y el camarero se lo entregó a Gregorio, que acechaba tras una columna. Esa misma tarde pagó la semana y bromeó con Paquita acerca de la severidad con que llevaba el hospedaje. «Cualquier día de éstos no podré pagarte. Los artistas somos pobres», dijo sonriente, recostado en el larguero de la puerta. «¡Anda que no tiene éste labia!», replicó ella, dando manivela a dos manos. Gregorio alzó la cabeza, como rindiéndola sin condiciones a un claro de luna, y desde allí esquinó una mirada soñadora y ambigua.

—Pobres pero apasionados —dijo.

—Ya, ya —canturreó Paquita.

—Algún día habrá una placa ahí fuera. Dirá —y cerró los ojos—: AQUI VIVIO AUGUSTO FARONI, AQUI LAS MUSAS VISITARON AL GENIO.

—¡Ande, ande, que ya le veo venir! —gritó ella, alejándose por el pasillo con la mirada sobre el hombro.

Gregorio siguió unos instantes con los ojos cerrados y enseguida entró en su habitación. Se sentó en la cama y durante mucho tiempo silbó la habanera. No sabía si debía estar triste o satisfecho. Finalmente decidió que la reacción de Gil era la que él lógicamente había supuesto. La garrapata se obstinaba en permanecer en la ciudad, se resistía a abandonar su presa. Lógico. Pero aquella resistencia no duraría mucho, porque en la garrapata había algo aún de inocencia y orgullo. Si había tenido valor para enfrentarse a la policía, también lo tendría para huir. El mismo se iría acostumbrando a la idea de lo que acaso ya en el fondo de su alma consideraba inevitable. Sólo hacía falta un poco de tiempo. De tacto. De diplomacia. Eso era todo. El mundo no podía permitir aquel desbarajuste. Había una ley, una armonía general de la que él deseaba formar parte, y por eso su triunfo sería sencillamente la victoria rutinaria del orden. De alguna forma, compartía su suerte con la geometría. Eso era todo. Un par de intervenciones más de Antón, un par de llamadas telefónicas desde la India, y la fruta caería por el peso de su propia madurez. Esa tarde, Gregorio comprendió que la paciencia era, en efecto, la madre de todas las virtudes. Y se dijo que sólo en la Providencia podía ya confiar.

Capítulo XXI

Y Gregorio se encomendó al tiempo providencial de las estaciones, de las fuentes y de los parques: al tiempo implacable del orden que lo habría de salvar. Fue el único paliativo que encontró contra las arbitrariedades del presente. Pensaba que Algo, un Ser divino, o la propia Armonía natural, calibraba sus desventuras para ponerles fin en el momento en que llegase la hora de la recompensa. Y había que confiar en ese Espíritu Supremo, en ese Gran Legislador que combina los vientos y regula el curso de los ríos. El mismo que había puesto a prueba al santo Job para mostrar que los caminos de su justicia son inescrutables. El que hace mansa a la oveja y fiero al tigre y le da a cada cosa un lugar en el mundo y una forma de ser y de existir. Muy pronto, el orden vendría a rescatar a Gregorio de las tinieblas del caos. Era inevitable. Entretanto, había que esperar y no perder la fe.

Fue así como durante un tiempo se resignó a ser testigo de sus propias maquinaciones. Por Antón conocía puntualmente las correrías de Gil. Dos veces por semana se reunían en la taberna y analizaban las novedades del proyecto en común. Exaltado por la Causa, Antón había llevado sus pesquisas más allá de las instrucciones de Gregorio. Dedicaba casi todo el día a vigilar a Gil. Había estudiado sus hábitos con tal exactitud, que sabía en qué lugar y a qué hora debía encontrarse para que su presa acudiese al instante a lo que parecía una cita más que una emboscada. Una de aquellas noches, enumeró los cinco lugares que frecuentaba el adversario: la oficina, la pensión, un colegio, donde llegaba a las ocho y salía al filo de las once, el café y, a veces, y aquí debía de estar según Antón la clave del misterio, una casa a la que no entraba pero que rondaba desde fuera.

—Qué busca en esa casa, aún no lo sé, aunque me pregunto si no será la casa del tal Faroni, que en vez de haberse ido al extranjero esté allí escondido. He observado también que, cuando vigila la casa, en el tercer piso hay una mujer que lo vigila a él por el cortinaje. ¿Usted sabe quién puede ser esa mujer?

—Naturalmente —dijo Gregorio, que ya tenía preparada la respuesta—. Esa mujer es mi hermana. Y Gil va allí para comprobar si yo estoy de viaje o escondido en la casa. Antón, ¡debe usted impedir que ese canalla acose a mi familia!

Antón aseguró que eso era fácil de cumplir: un juego de niños. Que hasta ahora no lo había abordado en aquel lugar por la esperanza de descubrir alguna pista nueva, pero que conociendo ya sus intenciones a la próxima vez actuaría en consecuencia. «¡Le digo que ese hombre es un flojo, un palo carcomido!», susurró con violencia, «y que bastaría un soplo para derribarlo.»

—Y en cuanto al café —contó otra noche— donde los sábados va su esposa, le diré que el adúltero la ronda como un lobo. Va y viene por la acera de enfrente, pero en cuanto me ve de centinela ni se atreve a cruzar. Mira de lejos y se marcha. Así que en ese aspecto, camarada Osián, puede sosegarse. Desde que yo velo su deshonra, no ha sido usted sobrecoronado. Si lo ha sido por el maestro o por alguno de los jovenzuelos que su esposa trata, y en esto me reservo la opinión, no le sabría decir. Y en cuanto a los hábitos del libertino, le diré. No bebe alcohol ni fuma. Su único vicio creo yo que es la lujuria. Por la mañana bebe leche pura, con un mojicón. Come el plato del día en un económico cercano a la pensión. Al salir a la calle se santigua dos veces. El domingo pasado entró en un museo. Yo entré detrás, por si se hubiera citado allí con la infiel, que no fue el caso. Era un museo de piedras y animales antiguos. Se paró delante del dinosaurio y lo estuvo mirando más de media hora. Al final lo tocó, como si estuviera vivo y pudiera morderle. Es un flojo. Los domingos va a misa. Se confiesa, comulga y siempre echa algo en el cepillo. También va a una biblioteca, pero enseguida sale. Viéndolo, nadie diría que es un seductor. El sabe que lo sigo. Le diré. Cada tantos pasos se vuelve a mirarme. Me tiene miedo. Una vez nos juntamos a cruzar un semáforo. Como si dijese para mí, le dije, le diré: «A los adúlteros y comunistas los quemaba yo a todos. Y a Faroni el primero». El me miró asustado y salió que perdía el culo. Pero, amigo Osián, con sólo seguirlo dudo yo que acabemos echándolo de la ciudad. Habría que pasar a la acción —y la cara se le iluminó ante la visión de aquella perspectiva—, tanto para que huya, como para que no se vaya sin castigo.

Gregorio exigió calma. «La paciencia es la madre de todas las virtudes», le dijo, «y por el momento sólo le pido que Gil no ronde a mi hermana ni entre en el café. Procure que no salga de la pensión más que para ir a la oficina.»

Antón se desesperaba con aquellos melindres impropios de la Causa.

Otra noche le dijo: «Le diré que este sábado estuve en el burdel donde va su señora esposa. La observé mucho tiempo. Muy joven y bella, la Marilín, aunque si me permite un veredicto profesional, tiene pinta de ninfa coñera y maturranga, dicho sea sin ofensa. Se sienta con los muslos al aire y lleva un jersey que se le ve la raja de las tetas. Es un hecho objetivo. Estuvieron hablando allí casi tres horas. Qué sé yo de qué hablarían. Porque lo importante allí son las cosas que unos a otros se dicen al oído, las miradas, los codazos, las risas, las señas, los juegos a hurtadillas. Me da a mí la espina que todos andan en ese café más fijos al magreo que al discurso. Al final su esposa salió con el alcahuete y se fueron juntos. Y juntos del brazo entraron a un portal. Usted sabrá qué clase de cosa podrían hacer allí dentro los dos».

Gregorio, para evitar aquella nueva ramificación del enredo, dijo que sabía de buena tinta que el maestro era homosexual, y que nada había que temer por ese lado.

—Entonces me pregunto —dijo Antón, después de pensar mucho— si el libertino no le estará dando por detrás al alcahuete y por delante a su señora esposa. Si no estará usted, camarada Osián, coronado por orgía.

Lo cogió del brazo, lo atrajo hacia su media boca tenebrosa y lo urgió con un susurro apasionado: «¡Déjeme las riendas de este memorable asunto! Piense que quien ha pecado pide a gritos penitencia, como el dolido de hartazgo solicita sales carbonadas. ¡Confíe en mí y obremos con pericia! ¡Pongámosle a la esperanza alas de querubín!».

—Quiero arreglar esto por las buenas, y sólo en último extremo recurriremos a sus métodos —moderó Gregorio.

Antón le puso una mano en el hombro y lo miró noblemente a los ojos:

—Amigo Osián, ¡es usted un santo! Pero me pregunto si la paciencia y las palabras sirven ellas solas para poner en fuga al libertino.

Gil, en efecto, a pesar del acoso de Antón y de las súplicas del Comité, no parecía dispuesto a dejar la ciudad. Dos veces había recibido llamadas de la India y en ambas había sorteado los ruegos y las exhortaciones con el juramento solemne de que nada en el mundo lo convertiría en un delator. Inútilmente, Gregorio apeló al Comité (alguno de cuyos miembros ya comenzaba a maldecir a Gil y a llamarle el Judas del progreso), a las desventuras de Marilín, a los miasmas del Ganges, a los tigres de los cañaverales, a las mordeduras de las cobras y al futuro incierto de un país que, tras la desbandada de sus mejores hombres, se debatía entre la esclavitud, el desaliento y la ignorancia. ¿Sería posible que Gil no quisiera aceptar el glorioso papel que el destino le tenía reservado en aquel drama formidable? ¿Es que un mísero trabajo iba a poder más en su ánimo que el futuro de una nación? Pero era inútil. Gil se atrincheraba en la garantía de su silencio y en la certeza de que muy pronto habría de correr la misma suerte que los demás conspiradores. «Yo soy como una reencarnación de Numancia», dijo un martes de noviembre, «resisto con la seguridad de que la muerte es mejor que la huida. Estoy seguro de que ese inspector que me sigue acabará conmigo, y no me importa. Mi consigna es: ¡Numancia no se rinde! Dígaselo así a los del Comité.» Pretextaba además que se había matriculado en una academia para acabar el bachillerato y emprender algún día —si llegaba a sobrevivir a los peligros del presente— estudios superiores de química. «Me siento un poco ridículo, a mi edad, sentado en un pupitre, pero allí estoy, dando ejemplo a los jóvenes.»

Pero lo peor era el policía. Esto, era terrible. Apenas salía de casa, de la academia o de la oficina, enseguida oía detrás los golpes del bastón. Y en cuanto intentaba apartarse de los itinerarios habituales, se ponía a su altura y le ordenaba regresar. «El otro día me enseñó una navaja y me dijo: "O te vuelves a la pensión o te ando en la cara". Así que no he podido ver ni el río ni las pirámides, ni he logrado entrar en el café.» Sin embargo había ido a la Biblioteca Nacional y había buscado y encontrado las fichas de los libros de Faroni, aunque no se había atrevido a pedirlos para no delatarse. En fin, que su vida era triste, como siempre lo había sido, y sólo la esperanza del sacrificio numantino lo mantenía firme en sus propósitos. Y también, claro está, el orgullo de sentarse en la misma silla y manejar los mismos objetos que había usado Faroni. «Compréndame», decía, «se lo pido por Dios. Yo soy un pobre hombre y nadie tiene derecho a exigir de mí otra cosa que la fidelidad hasta la muerte.»

Ante aquella torpe lealtad, Gregorio se encontraba cada día más desconcertado. Confiaba en el futuro, sí, pero el presente parecía escapar a los mandatos de la Providencia. El lunes, 19 de noviembre, volvió a aparecer sobre la cama el aviso de LOS RECIBOS ESTAN AL COBRO. Percibió la amenaza como algo ficticio, dentro del orden general, y se preguntaba cómo era posible aquel disparate de que la complicada maquinaria del mundo y hasta del propio universo funcionase mejor que el modesto episodio urbano de un oficinista. Y en los designios arbitrarios del orden iba pensando la mañana en que, al pasar por una tienda de comestibles, vio un cartel que decía: NECESITASE APRENDIZ.

Era una tienda pequeña y sucia, a pesar de que arriba se anunciaba con grandes letras luminosas: ARROCERIAS PENINSULARES. Tuvo el presentimiento de que aquel empleo iba a ser para él, y de que era el destino quien se lo ofrecía como si le tendiese desde el futuro un puente de lianas. Le pareció incluso propio de la Providencia que le hubiese enviado aquella primera señal del orden venidero en el momento justo en que iba a precipitarse en el abismo, cuando no le quedaban sino unas monedas para llamar a Gil y apenas podía ya subsistir con los víveres, cada vez más escasos, que Angelina le llevaba semanalmente al parque. Se dijo: «Si me admiten, es que voy a salvarme».

Se quitó el sombrero y las gafas y sacó los dientes para componer una inexperta sonrisa juvenil. Dentro, apenas había espacio para desenvolverse. Al fondo estaba el mostrador, que podía abarcarse con ambas manos, y a los lados todo era un confuso montón de artículos desparejos y mal apilados. Quedaba un pasillo para una fila de cuatro o cinco personas. En ese instante no había ningún cliente (era indudable que el destino velaba por él), y Gregorio avanzó hacia el mostrador, donde un hombre viejo, alto y delgado, de cabeza pequeña y cimbreante, cabello blando peinado con raya, labios finos de pez y barbilla aguzada, escribía en un libro de asientos. Estaba abstraído, pero apenas oyó pasos se incorporó, al tiempo que cerraba a dos manos el libro, y haciendo un gesto ampuloso, como si abarcase una panorámica desde una cumbre, dijo: «Caballero, bienvenido a nuestras arrocerías. ¿En qué podemos servirle?».

Gregorio correspondió con una sonrisa de disculpa y con otro gesto que moderaba el enorme espacio abarcado por el interlocutor.

—¿Es usted el dueño?

El otro, repentinamente serio, asintió como si existiera alguna posibilidad de que así fuese.

—Verá —dijo Gregorio, con el sombrero entre las manos y la cabeza baja—, he entrado por el cartel que hay en la puerta.

—¿Su hijo quizá?

—No, yo mismo.

—¿Usted? —lo señaló el dueño con el lápiz.

—Bueno, es que he venido hace unos días del pueblo y todavía no conozco bien las costumbres de la ciudad. He pensado que quizá pueda reunir las condiciones que usted exige.

El dueño flexionó los dedos sobre el mostrador y miró a Gregorio de arriba a abajo.

—Lo que buscamos es un chico, un aprendiz.

—Yo puedo hacerlo mejor por el mismo precio —dijo Gregorio, sin abandonar el tono de disculpa—. Póngame a prueba unos días. Si quiere, puedo empezar ahora mismo. Verá, le voy a ser sincero —y sacó el libro—. ¿Ve? Son versos. Los he escrito yo. Me dieron un premio por las fiestas. Soy poeta y he venido aquí, a la ciudad, en busca de fortuna literaria. Allí en el pueblo trabajaba precisamente en una tienda. Era dependiente. La vida en los pueblos, ¿sabe usted?, es más tranquila, pero no quería morirme sin conocer esta bella ciudad. Nunca pensé que fuese tan grande. ¡Y esos rascacielos tan altos! ¡Y las tiendas! ¡Y tantos coches! ¡Y esa multitud a todas horas! La verdad, no me atrevía a entrar aquí, con esta pinta de pueblerino. Pero me dije: ¡Hombre, eres una persona honrada y eso ya es importante! Además, ¡qué caramba!, conoces el oficio. Así que le eché valor y aquí estoy.

Con la vista baja, dándole vueltas al sombrero, suplicó dentón:

—¡Por favor, hágame una prueba! No tengo dónde ir.

El dueño torció astutamente la cabeza y entrecerró los ojos.

—¿Es usted casado?

—No, señor.

—¿Dónde vive?

—En una pensión, aquí cerca.

—Está bien —dijo, con errático tono concesivo—. Este puesto no está pensado para un hombre de su edad. Pero a la vista de las circunstancias que en usted concurren, haremos un esfuerzo y le admitiremos a prueba una semana. En cuanto al sueldo, ¿qué podríamos ofrecerle? —se lamentó—. El negocio va mal. Estamos, como puede verse, al borde de la quiebra. Claro que, en propinas, puede sacarse un jornalito. En fin, que usted verá si acepta.

Gregorio aceptó sin condiciones y esa misma mañana empezó a trabajar.

Durante algunos días anduvo vestido con una media bata gris, en cuyo bolsillo llevaba bordado el nombre de la tienda, empujando a dos manos un carrito con víveres. Subía y bajaba oscuras escaleras de servicio, hablaba con doncellas, calculaba al tacto las propinas y, cuando regresaba a la tienda, el dueño lo recibía mirando el reloj con ostentoso disimulo, y ya le tenía preparado el siguiente pedido. Era el dueño un hombre cuyo aspecto cambiaba según en el local hubiera o no algún cliente. Si estaba solo, se pasaba el tiempo acodado en el mostrador y con el lápiz en la mano, en una actitud abismada y sombría. Pero cuando entraba alguien, se transformaba en un hombre optimista, elocuente y activo. «Bienvenido a nuestras Arrocerías Peninsulares», saludaba, exagerando las distancias hasta el infinito. A pesar de la angostura del local, lo había dividido en sectores con entidad propia. «Pase a nuestra sección de salchichería», se le oía decir, y señalaba a una parte del mostrador. O «tenga la bondad de visitar nuestro departamento de productos lácteos», e indicaba un espacio impreciso, que sólo él sabía reconocer. El cliente se desplazaba entonces una baldosa. Continuamente hablaba de «nuestros almacenes», «nuestros representantes» y «nuestros proveedores», y a la hora de cobrar hacía una zalema versallesca y extendía invitadoramente las manos: «Pase por caja», decía, y se deslizaba hasta el cajón del dinero como desdoblándose en un segundo dependiente. Gregorio y el carrito constituían por sí solos «nuestro departamento de distribución y transporte», y cuando atendía el teléfono saludaba con un «aquí nuestra central de comunicaciones, ¿en qué podemos servirle?».

Pero su verdadera obsesión era la publicidad. A todas horas estaba ideando y rotulando carteles para anunciar las bondades de los productos, y eso era lo que lo mantenía taciturno sobre el libro de asientos. La tienda cerraba después de las nueve. A esa hora, Gregorio debía aún reponer los artículos, ordenar otros, rendir cuentas de los pedidos y por último pasar la escoba. Durante ese tiempo no hablaban. El dueño permanecía en el mostrador, rodeado de reglas, lápices y rotuladores, y sólo si alguna ocurrencia le parecía especialmente buena para permitirse un instante de euforia, hacía algún comentario en alto sobre la índole de su trabajo. «En esta época», dijo una noche, «la mercancía más valiosa es la palabra.» Y otra noche: «Nunca el comercio dependió tanto del ingenio. Escuche, mozo, usted que es poeta, ¿cómo anunciaría esta partida de alubias pintas?». Gregorio se apoyó en la escoba y lo miró con solícita ineptitud. «¿No se le ocurre nada? No es de extrañar. Sin ser floristeros, los poetas cantan a las flores. Pero los comerciantes al detall cantamos a comisión, y no a tema libre sino según la ley de la oferta y la demanda, y eso tiene más mérito. Sólo nosotros hemos sabido cantar al kilo de legumbres. Escuche, escuche», y leyó los carteles que al día siguiente anunciarían los productos del escaparate: *Judías de raza, Finísimo del Norte, Extraordinarios de corral, Alubia especial mantecada, Selecta ambrosía, Optimos de Aragón, Delicias de ultramar.*

—Ya ve las servidumbres del negocio. Tenemos fama de usureros y, en el fondo, ¿qué somos sino poetas del ramo de alimentación?

Cuando Gregorio se marchaba, el hombre seguía allí, ideando consignas en letra florida.

Y allí lo encontró Gregorio al sábado siguiente, cuando al final de la mañana se quitó la bata y, con la gabardina doblada al brazo, inició un discurso tan entrecortado de evasivas, tan lleno de disculpas y enmiendas, que el comerciante tuvo tiempo de introducir en su mirada, sobre el fondo incoloro del fastidio, matices de estupor, de recelo, de enojo, de consternación y hasta de indulgencia.

—¿No tiene bastante con las propinas? —afirmó inquisitivo.

Gregorio hizo un gesto de desamparo. Ya había observado que a aquel hombre, encastillado en una constante desconfianza, nadie le pedía nada, y por lo mismo nunca negaba nada, y aquella extraña reciprocidad lo convertía misteriosamente en una persona buena y hasta generosa.

—Las propinas son dinero limpio —dijo el dueño, mirando soñadoramente al horizonte—. Se lo dan y uno lo toma, se lo embolsa, nadie le pide cuentas de él. No hay gravamen. No hay responsabilidad. Todo son ventajas. Los negocios, sin embargo, están llenos de cargas y diezmos, y la paja se come al trigo. Ustedes, los empleados, no quieren entender esto. Acaban la jornada y corren a sus hogares, despreocupados y felices. Pero el empresario, allá donde vaya, llevará consigo el peso de la empresa. Usted, mismamente, se ha venido del pueblo a la ciudad. Usted es libre para ir y venir, como un pájaro. Su suerte es envidiable. Pero los comerciantes, esclavos del negocio, estamos condenados a permanecer siempre en el mismo lugar. ¿Adónde podríamos ir nosotros? —preguntó amargamente.

Gregorio, comprensivo, ensayó una apertura de brazos.

—Es que necesito un adelanto para la pensión —dijo—. Tengo que alojarme.

Era verdad. Con la garantía del empleo había conseguido de doña Gloria un crédito para las dos últimas semanas.

—Por eso pedíamos un aprendiz, un muchacho con un hogar —dijo el comerciante, como añorando tiempos más felices.

Después de algunos silencios sucesivamente probatorios de las razones de su añoranza, durante los cuales su reflexión iba ganando en amargura en la misma medida en que menguaban las perspectivas financieras de Gregorio, el dueño sacó del cajón un billete y lo dejó sobre el mostrador, como invitando a una meditación conjunta sobre él. Ambos lo miraron y suspiraron a la vez, con el desencanto de dos investigadores que contemplasen el resultado malogrado o absurdo de un experimento.

Esa misma noche, sostenido a flote por la convicción de estar viviendo una etapa provisional de su vida, Gregorio se dirigió al parque, con el andar acomodado a unas flores compradas sin alegría ni inspiración y sin otro propósito acaso que contribuir a su destino con algún detalle personal. A las diez en punto cruzó la glorieta, llegó junto a Angelina y le ofreció el ramo con gesto apenas clásico. Por un instante las flores quedaron expuestas a una mirada solidaria de asombro, que a Gregorio le recordó la que había compartido con el comerciante al aparecer sobre el mostrador, como por decisión propia, o como un milagro de panes y peces, el billete.

—He traído unas flores —dijo, dejándolas en el banco, consciente de que las palabras que pronunciase aquella noche serían la prolongación del acto fallido de galantería.

Durante un rato no dijeron nada. De pronto Gregorio advirtió que aquel silencio no estaba allí antes, en el parque, sino que lo había traído consigo Angelina, en lugar de la bolsa de víveres. Sólo ella, que continuaba callada y mirando al frente con floja obstinación, parecía tener el privilegio de franquearlo sin peligro. Gregorio se llenó de alarma.

—Las cosas se van arreglando —dijo.

—¿Arreglando?

—Sí —se animó—. Hasta que recupere el empleo, tengo otro provisional. Quería venir a decírtelo. A celebrarlo.

Angelina abrió el bolso, que sostenía sobre el regazo, en el mismo lugar donde debía haber estado la tartera o el bulto de ropa, y sacó una carta con un membrete que Gregorio reconoció al vuelo.

—Esto llegó ayer —dijo sin volverse.

Era de R. y Belson. A la luz del mechero, Gregorio leyó las cuatro líneas que le notificaban («por la imposibilidad de aceptar sus condiciones y ante las necesidades de esta Casa») el despido.

—Y a ver con cuarenta y seis años, sin oficio ni beneficio, y perseguido por la policía, quién te va a emplear —dijo Angelina.

Gregorio, derrumbadas la carta y la mirada, murmuró: «Es injusto. Después de tantos años sin una traición, sin un retraso, sin una queja, es injusto. Bien dice el dicho que el hombre es un lobo para el hombre. Angelina, ¡no hacía falta irse a la selva! ¡Vivimos en ella, y yo no lo sabía!».

—Y a ver ahora qué hacemos —siguió ella, absorta en el drama—. Ayer tuve que pedirle dinero a mi madre. Le dije que caíste malo en tu nuevo destino.

Gregorio intentó considerar la situación a la luz de aquel nuevo suceso. Inútilmente, porque la vida estaba ya tan embrollada que había escapado a su control. Sólo se le ocurrió decir que, bien mirado, quizás el despido fuese en el fondo una buena noticia.

—¿Cómo? Muy sencillo —dijo, poniéndose a horcajadas en el banco—. Me voy a dedicar a los negocios. En cuanto pase esto y dejen de buscarme (es decir, de aquí a dos o tres días), pienso montar, fíjate bien lo que te digo, un negocio de champiñones y chinchillas. Es muy fácil. Tenemos cuatro habitaciones libres, además del sótano. Tres las dedicaremos a los champiñones y dos a las chinchillas. O al revés, ya veremos. Es un dinero fácil y seguro, sin gravamen. Si compramos una pareja de chinchillas, al año paren unas veinte crías, o más. Con diez parejas, vendemos la segunda temporada unas cien chinchillas, y de aquí a unos años somos ricos.

Angelina lo miró con una piedad casi hostil.

—Tú no riges bien, Gregorio, y yo ya empiezo a estar cansada de tus manías.

Gregorio intentó demostrárselo con números («números cantan», dijo), pero Angelina, sin dejarlo terminar, zanjó la cuestión:

—O te entregas a la policía y buscas otro trabajo o no hay nada que hablar.

Gregorio juntó los dedos abiertos de las manos y cabeceó admirado ante aquella frágil construcción. «Si alguna vez apareciese en una enciclopedia», pensó con nostalgia, «se me definiría así: Gregorio Olías, hombre tardío y peninsular, más conocido en ciertos círculos por Faroni, repudiado por su propia mujer en un parque público, tras llevarle flores fugaces a cambio de queso y embutido, teniendo por testigos una estatua ecuestre y la luna menguante. Todo esto bien entrado el siglo, una noche de otoño.» La evocación histórica de su episodio de hombre particular, lo tranquilizó. Carecía de planes, pero no de esperanza. Y como tenía que seguir viviendo, y como para vivir había que hablar, abrió la boca a ver qué salía y se oyó a sí mismo decir que, a pesar de que nadie lo reclamaba, se entregaría (y pensó en los buenos y diversos servicios que podría obtener de Antón), y no porque admitiese la derrota sino para concederse una tregua en el camino hacia un mundo feliz.

—Pero con una condición —añadió—. Quiero entregarme en casa, de día, aseado y con mi mejor traje.

—Eso no puede ser —dijo Angelina—, porque si vas a casa, el policía ése, que debe estar escondido por allí cerca, te detendrá en la puerta y no te dará tiempo de entregarte. Primero te entregas, y cuando te perdonen vuelves a casa y buscas un trabajo. Y si no encuentras ninguno, te vas con los albañiles. Y no quiero oír hablar de chinchillas ni de política —y con el impulso de las últimas palabras se levantó y hundió enérgicamente las manos en los bolsillos del abrigo.

Gregorio se supo perdido y buscó refugio en algún pensamiento elevado que confirmase la incomprensión y el desprecio del mundo hacia las almas nobles e idealistas, pero sólo consiguió remontarse al recuerdo del carrito de víveres.

—Toma —dijo, sacando el billete—. Esto me lo ha dado el Partido para ti.

Angelina lo cogió con la mano floja y otra vez el billete recibió una mirada conjunta de incredulidad.

—Es poco —dijo Gregorio—, pero es algo. Es todo lo que tengo. La única cosa real que puedo ofrecer.

Caminaron hacia la verja del parque, cabizbajos y silenciosos. La noche estaba fría y no había estrellas. Quedaba por delante un duro y largo invierno. Pero dentro de algunos meses, pensó Gregorio, cuando volviese la primavera, él podría ser feliz por unos días. Un poco más viejo, un poco más feliz. A lo mejor, si las cosas no iban demasiado mal, se haría pescador de caña. Se marcharía con Angelina a algún río y pasaría la tarde tumbado en la orilla, sin pensar en nada, chupando una hierba y jugando a ver nubes. Los atardeceres en verano son largos. Con las primeras estrellas regresaría a casa por un sendero sinuoso, oliendo el pasto fresco y oyendo el hervor de algún hilillo de agua oculta. Habría grillos y pájaros, trovar de ranas, esquilas, peces en los remansos, el ladrido lejano de algún perro. Se vería la polvareda de un rebaño. Y entonces, sí, volvería a ser feliz como entonces. La vida sería feliz consigo misma. Y ya no habría futuro. Sólo instantes de agua, de pájaros, de esquilas, de higueras, de rebaños... Feliz sin siquiera saberlo. Sin miedo. Sin palabras. He ahí una esperanza a la que no convenía renunciar.

—He estado pensando —dijo al despedirse— que podríamos vender el piso y marcharnos a vivir a otra parte. Podríamos irnos a un pueblo. Yo trabajaría allí en el campo. Tú tendrías tus gallinas y tu madre podría descansar en la puerta, debajo de una parra. Es una buena idea, ¿no? Seríamos felices con poco.

Angelina esperó a que el silencio invalidara la oferta. Luego dijo: «Te has metido en un buen lío, Gregorio, y no sé cómo vas a salir de él. A mí ya no me esperes aquí. Estoy en casa. Cuando te entregues, vuelves. Pero no vayas a creer que me vas a engañar. Si vuelves, que sea con el policía ése que viste como tú, y que él diga si de verdad te han perdonado o qué es lo que está pasando aquí».

La vio alejarse pegada al muro del parque. «Lo siento», dijo, cuando ya ella no podía oírlo.

Esa noche, mientras lavaba unos calzoncillos, Gregorio comprendió que estaba perdiendo la batalla y que el camino que había emprendido empezaba a no tener regreso. Y aunque el pánico vivía latente en él desde hacía muchos días, esta vez lo percibió con una insoportable cercanía física, hecho de calles heladas, calcetines mugrientos, uñas crecidas, barba sucia, comunión diaria de embutido y monedas contadas una a una. Había que poner fin a aquella situación, atajarla con algún acto enérgico y decisivo, antes de que escapara a su control. Porque no era seguro que la Providencia velase por él, ni que la paciencia fuese la madre de todas las virtudes. «Si no actúo con rapidez, me comerán entre unos y otros», pensó. Así que esa misma noche decidió ponerle a Gil el plazo de uno o dos días para que abandonase la ciudad, y en el caso de que se negara a marcharse, dejar que Antón actuase a su modo.

Al día siguiente por la tarde fue a ver a doña Gloria para pedirle una semana más de crédito. Ese era el tiempo que necesitaba para poner fin a su proyecto. Doña Gloria lo invitó a café con bizcochos y se interesó por las experiencias del artista provinciano en la gran ciudad. Gregorio contó, en un tono lastimero que excusase el atrevimiento, que había presentado un libro a un concurso organizado por la Real Academia de la Lengua y que le habían dado muy buenas esperanzas. Si ganaba, se haría rico y famoso. «Pero, entretanto», añadió consternado, «no sé cómo voy a sobrevivir.» Y contó que allá en el pueblo tenía un palomar y algunas casas arruinadas y que estaba pensando en venderlas para instalarse en la ciudad definitivamente. No estaba seguro si había leído aquello en algún libro o era invención suya, pero le pareció una mentira tan humilde que no tuvo reparos en rematar el relato con un suspiro de tristeza.

Finalmente sonrió y, tras un silencio de mudanza, aprovechó la jovialidad para explicar que en su trabajo los cobros eran mensuales, y que sólo a final de mes podría pagar los atrasos.

—Usted parece una buena persona —dijo doña Gloria, y él aprovechó de inmediato para agradecer el cumplido con una reverencia.

Gregorio pasó el sábado y el domingo sin salir de su cuarto, tumbado en la cama deshecha y en un estado turbio de molicie que convertía el pensamiento en devaneo. Sólo cada mucho tiempo se levantaba para comer carne de membrillo y pan de molde, o se asomaba a la ventana a ver un trozo de tejado donde había un esqueleto de paraguas y unos trapos rojos. De vez en cuando miraba los cuadros y se imaginaba a sí mismo tumbado en la orilla de un río en una tarde infantil y larga de verano. Pensaba entonces, para darle un carácter real a la ensoñación, qué cebos irían mejor para las bogas o qué uniforme de pescador convendría a un ciudadano ejemplar. A veces miraba sus calzoncillos colgados del picaporte de la puerta, los zapatos en un rincón, con las punteras juntas, como escuderos murmurando a espaldas de sus amos; los pantalones con culeras, que junto con la gabardina pregonaban fielmente la condición del usuario, y sus andares y su edad; la caja de los versos cerrada con un cordel de esparto y, al lado, el membrillo y el pan, y en alguna parte unas gaviotas. Esas eran sus pertenencias. Después de cuarenta y seis años, ahí estaba su reino en este mundo. Y ahora andaba pensando en cambiar todas esas cosas por una caña de pescar. ¡Menudo negociante estaba hecho! ¡Tantos años para venir a refugiarse en la esperanza o isleta de una tarde de verano a la orilla de un río!

Fueron dos días interminables, de pesadillas y miserias, pero el lunes se despertó con una decisión firme. Le daría a Gil el plazo convenido y, por maña o por fuerza, antes de una semana acabaría su exilio.

En el pasillo se encontró con Paquita y se paró a explicarle que había acordado con doña Gloria el pago por meses.

—¿Y los papeles? —gritó ella alejándose.

—Eso lo lleva la policía.

—¡Sí, y yo me llamo Enriqueta!

Se volvió desde la puerta de la cocina:

—¡Pues sin papeles no se fía!

—Hablé con doña Gloria —dijo Gregorio, acercándose con la mano extendida en dirección al cuarto de la anciana.

—¡Ella no entiende de esas cosas! ¡Anda que no saben nada estos artistas de pueblo! —y desapareció dando un portazo.

La amenaza lo reafirmó en su decisión, pero más allá, y luego durante todo el día, se dio a pensar que no sería tan fácil acabar con Gil. A lo mejor no tenía valor para hablarle con dureza, y menos aún para torturarlo en un descampado. Por otra parte, aquella era su última esperanza y no convenía arriesgarla toda de una vez. Así que el lunes no se atrevió a llamar, y por la noche hubo de volver a oír las amenazas de Paquita: si no pagaba en una semana, le pondría una denuncia. Durante dos días se encontró perdido por la certidumbre de que estaban cerrándose a su alrededor las últimas puertas de salida y de que iba a quedar atrapado en su propia ratonera, pero esa misma sensación lo ayudó a decidirse la tarde del jueves.

Fue una inspiración súbita. «Algo va a ocurrir», se dijo, «siento que el destino está a punto de manifestarse.» Porque si había agotado todas las galerías del laberinto menos aquella que más confianza le inspiraba, es que la escapatoria forzosamente estaba allí. No había otra solución: había llegado el momento en que el suave y constante soplo del destino se convierte en ciclón y cambia el curso de una vida. Iba empujando el carrito por una calle apartada y diciéndose: «No sé qué, pero algo va a ocurrir». Y un poco más allá, cuando vio la cabina telefónica, no dudó ni un instante de que era el destino quien se la brindaba, o más bien se la imponía, como invitándolo a una entrada nupcial en el futuro que le había preparado.

Dejó el carrito en la puerta y, sin saber muy bien lo que iba a decir, marcó el número y esperó la señal apoyado en un codo y con los tobillos en escuadra.

—¡Señor Faroni! ¡Bendito sea Dios! ¿Dónde está usted y cómo está? —oyó la voz, ya odiosa y enemiga, de Gil.

Gregorio no hubo de fingir tristeza para contestar secamente que mal, que estaba en Chitaldurga, un pueblo de la India, y que sentía nostalgia de su tierra y una pena infinita por todos los compañeros que ahora estarían en la cárcel o diseminados por el mundo. Tenía además graves problemas económicos. «Estoy disfrazado de repartidor de ultramarinos. Tengo aquí al lado un carrito de víveres», dijo con audacia.

—¿Usted?

—Sí, yo, Faroni. Como en los viejos tiempos.

—¿Y la señorita Marilín? —preguntó con la voz desmayada.

—No sé nada de ella. La última vez la vieron pidiendo limosna en una esquina. Iba descalza, con unos harapos rojos y un paraguas sin tela.

—¡Qué desgracia, Dios mío! —se dolió Gil—. Yo, señor Faroni, todo lo que tengo ya sabe usted que es suyo. Dígame dónde puedo mandárselo.

—No seas ingenuo, Gil. Ni yo ni nadie del Comité aceptará nunca tu dinero. Quédate con él para tus correrías urbanas. En fin, mi pobre Dacio, creo que aquí nos despedimos para siempre. Sólo me queda expresarte, en nombre del Comité, el deseo de que te cures pronto del estreñimiento y de que ése sea el principio de la huella fecunda y duradera que has de dejar en la ciudad. Dacio, adiós y hasta nunca.

—¡Señor Faroni! —gritó Gil—. ¡No cuelgue, se lo suplico! ¡Oígame!

—Dime, pobre amigo —murmuró con dulce ironía Gregorio, que no sólo no había colgado sino que había temido que aquélla fuese, en efecto, una despedida para siempre.

—¡Oígame! Es muy duro todo lo que me ha dicho, muy duro, pero me lo merezco por cobarde —dijo Gil, con un temblor de lágrimas en la voz.

—¿Eso es todo? —preguntó Gregorio desdeñosamente.

—No. Quería contarle algo. Quería contarle que anteayer, en la misa, hice examen de conciencia y una voz interior me dijo que debía irme, que yo solamente puedo ser héroe siendo mártir y que en el fondo, como usted dice, soy un egoísta. Bueno, un cobarde para ser exactos.

—Gil —dijo Gregorio, impresionado por aquella prueba de honradez—, eres todo un hombre.

—Sí, pero dése cuenta. ¿Adónde voy a ir yo si me voy de aquí?

—El mundo es grande. Cualquier lugar es bueno para pasar los años con honor. Aquí me tienes a mí y a tantos otros. Tienes unos ahorros, ¿no? Pues entonces coge el primer avión sin preguntar adónde va. Acepta tu destino. O vete a París, de bohemio. De verdad, no merece la pena serle fiel a un río o a una casa.

—Eso sería maravilloso, lo de irse a París —dijo Gil, más compungido que contento—. Pero ya sabe usted que yo soy un hombre cobarde. Quizá porque no sé idiomas, ni soy joven como usted. Yo tengo cuarenta y cinco años, y ésta es una edad para estar ya recogido.

—Don Quijote tenía cincuenta años cuando se fue de casa.

—Pero él estaba loco y era un valiente. Y yo, señor Faroni, ¿qué soy yo? Un pobre diablo. Ni siquiera un loco. ¿Qué iba a pintar yo en el extranjero? Usted está hecho a esa vida. Por otro lado, estoy acabando el bachiller. Y fíjese, yo sólo tengo una esperanza: que usted vuelva, y para eso me tengo que ir yo. ¡Triste suerte la mía! A veces me pregunto para qué habré nacido.

Gregorio le dio entonces un giro al diálogo. Le preguntó qué tal le iban las cosas. A Gil, las cosas le iban mal, pero las aceptaba como una penitencia, y hasta con alegría, porque de ese modo compartía la suerte con los miembros de la tertulia. Seguía estreñido (sentía decirlo, pero estas cosas, cuando uno las sufre, tienen su importancia: «Ya sé que son ridículas comparadas por ejemplo con una poesía o con una fórmula química, pero uno siente retortijones, y tiene almorranas y se le hace pesado el andar, y eso también es un problema, que además no puedo compartir con nadie»), le dolían los pies, y en la pensión seguía habiendo mujeres que hablaban muy alto («ya sé que es una pequeñez, pero uno tiene que oírlas y no concilia bien el sueño»). No había encontrado a sus padres, ni a su novia, ni a nadie que le supiera dar noticias de ellos.

—Sin embargo sí que he encontrado la casa en que vivimos. No la han tirado, como me dijo usted. Qué va. Sigue allí, con su balconcito de siempre.

—No recuerdo —divagó Gregorio.

—A lo mejor no me expliqué bien. Yo nunca me explico bien. Y por otra parte, creo que las maravillas hay que merecerlas, como los nombres. Yo sé que las hay, y no sólo porque usted me las contara, sino porque si no es en la ciudad, ¿dónde iban a estar entonces? En las grandes ciudades está la cuna del progreso. Yo sé que aquí hay por fuerza grandes artistas y científicos, y que quizá me cruzo con ellos por la calle. Pero no sé reconocerlos. Creo que la fe por sí sola no es suficiente, hace falta preparación. Y yo no la tengo. Con usted aquí, la ciudad hubiera sido muy distinta. Usted me hubiera llevado a las tertulias y me hubiera presentado a los grandes hombres. Pero yo soy una persona sin suerte, o mejor dicho sin merecimientos. Y otra cosa. El inspector no me pierde de vista. Y, ¿ve usted? Eso es un motivo de orgullo, porque ésa sí que es una maravilla, puede que superior a las demás. ¡Que me consideren tan importante para ponerme a todas horas un inspector para mí solo! Yo creo que ya es mucho haber logrado esto. Soy un privilegiado. Y también he descubierto otras maravillas. He visto una ola encerrada y moviéndose en una barra de cristal, he visto televisores del tamaño de un terrón de azúcar, relojes que resuelven los logaritmos y la raíz cúbica, llaveros con música, calculadoras de sol y muchas cosas más. Todo esto lo pensé en el examen de conciencia. Y me dije: «Dacio, para el tiempo que llevas aquí, y para lo que tú vales, has vivido grandes experiencias».

Siguió un silencio de ilimitadas perspectivas, tan precursor de novedades que Gregorio temió que sus razones, tan sólidas en apariencia, acabaran por mostrar el formidable absurdo que las sustentaba.

—En fin, amigo Dacio —se apresuró a decir—, te ha llegado, como a los grandes hombres, la hora de elegir. El camino de tu vida se bifurca en dos, y has de escoger uno.

Gil emitió como un gemido de agonía o placer.

—Pero yo —elevó su lamento nasal—, compréndame, con cuarenta y cinco años, débil y cobarde como soy, ¿cómo podré vivir en un lugar extraño, sin trabajo y fichado por la policía? Alguna solución habrá para poder seguir viviendo y trabajando en la ciudad.

—No hay alternativa —declaró Gregorio—. Decídete ahora mismo. Haz lo que te exija la conciencia.

Gil aspiró fuerte, y sacando fuerza y solemnidad de un tono que amenazaba con quebrarse en sollozos, dijo:

—Entonces, si tengo que irme y no me queda otro remedio, me iré al extranjero con usted.

Gregorio explicó que el sacrificio de Gil significaba precisamente el regreso del Comité. «Si tú te vas, es para que volvamos los demás. Es como si nos redimieras a todos. ¿Qué sentido tendría si no tu marcha?»

—Entonces está visto que nunca podré conocerle en persona.

—¡Claro que sí! —exclamó jovialmente Gregorio—. En unos pocos años, o quizá sólo unos meses, cuando todo esto se olvide, podrás volver a la ciudad. Iremos a esperarte al avión todos los de la tertulia, en pleno, conmigo a la cabeza, y con una pancarta que diga: LA CIU-

DAD RECUPERA AL MEJOR DE SUS HIJOS. Piensa por otra parte que si te vas al extranjero aprenderás idiomas, te harás un hombre universal.

—Pero, ¿de qué voy a vivir? —imploró Gil.

—Eso no importa. Uno vive, si tiene agallas, del aire. Puedes trabajar tocando el laúd, o de marino. ¿Te imaginas yendo en un barco por todo el mundo?

—Pero, ¡si yo no he visto el mar!

—¿Y qué? Ir en un barco es la cosa más sencilla que existe. Pero si tienes miedo a lo desconocido, vuélvete al pueblo y, con los ahorros, compras una tierra y te dedicas al campo. O te casas con Socorrito. Que conste que, en el fondo, ésa es la vida que me gustaría llevar a mí. En el campo, junto a un río, lejos del mundanal ruido.

—No sé, no sé —se torturó Gil.

—Piénsalo, pero decídete. Y recuerda una cosa —se le ocurrió de pronto—. Cuando puedas volver a la ciudad, yo me encargaré de buscarte un trabajo en el Partido, por ejemplo de Secretario Adjunto de la Comisión Científica, o algo parecido. Serás uno más entre nosotros, con plenos derechos.

—Entonces, señor Faroni —dijo Gil—, me iré. Yo no soy un cobarde. Me iré lejos, no sé si al extranjero o a dónde, pero me iré. Hoy es jueves, ¿no?

—28 de noviembre.

—Pues el lunes me iré —y la voz se le empañó de llanto.

—Dacio —proclamó Gregorio—, no esperaba menos de ti. Escríbeme al café desde donde estés, y no lo dudes: también tú volverás, y tu regreso será triunfal y para siempre. Que nunca te abandone esa esperanza.

—Lo intentaré —musitó Gil.

—Y recuerda: vivirás en nuestra memoria cada día. Cuando pases apuros piensa en eso, en que tu sacrificio no ha sido en vano. Piensa: «Ahora mismo, las tertulias están reunidas gracias a mí». Y cuando aparezca algún invento nuevo, piensa que tú también tienes parte en él.

—Lo pensaré. Pero prométame usted que me llamarán pronto y que me darán ese empleo.

—Gil, ¡te lo juro por Dios!

—Entonces, hasta pronto, señor Faroni, y pido a Dios que vuelvan todos con salud.

—Adiós, Dacio, y suerte —y colgó de inmediato.

Capítulo XXII

De vuelta en las arrocerías, el dueño le pidió explicaciones de la tardanza y Gregorio informó, con una calma tan olímpica que parecía insolencia, que había habido un accidente de tráfico y había tenido que colaborar en el auxilio y traslado de las víctimas. El dueño, que cortaba jamón colgado, entornó los ojos con un barrunto de recelo, haciendo puntería sobre la hoja del cuchillo. «Dos heridos leves y uno grave», dijo Gregorio, mientras cargaba otro pedido. «Ya ve usted, señora», comentó melancólicamente el dueño, «ahora el comercio colabora con la sanidad. ¿Un poco de gordura?» No dejó de enfilarlo hasta que Gregorio se volvió desde el otro lado del escaparate y le enseñó los tres dedos de la discordia, uno de los cuales se llevó a la frente, a modo de saludo.

Más allá, forzó una sonrisa de ánimo. La conversación con Gil, a pesar de la fulgurante victoria, lo había dejado inesperadamente triste. Pensaba o sentía, sin pasar a admitirlo, que no tenía derecho a lanzar a aquel hombre débil a una vida sin norte a cambio del mísero botín de un hogar y un empleo. Era un precio muy alto, y que ni siquiera prevenía el riesgo de que algún día no fuese a volver Gil a pedirle cuentas de fechorías ya injustificables. Nunca pensó que el triunfo le acarrease tantas aprensiones. Quizá no había contado con que él era un hombre demasiado honesto o temeroso de la conciencia para precipitar en el abismo, al tiempo que lo enredaba en locas promesas de salvación, a quien no sólo no era un adversario sino, contrariamente, la única persona que lo había querido y admirado en este mundo, aunque fuese a costa de invenciones y engaños. Y tampoco las ganancias del triunfo acababan de convencerlo. Lo más probable era que, desaparecido Gil, no recuperase el puesto de trabajo, o que quizá ni siquiera se atreviese a intentarlo, para no prolongar la agonía de la farsa, ni abusar de la misericordia del destino. Pero, claro, si Gil continuaba en la ciudad, él no podría eludir la amenaza constante de que aquel hombre fiel y obstinado desvelase el embuste. Tarde o temprano, conseguiría entrar en el Café, donde era inevitable descubrir que su nombre había sido siempre el que se anunciaba en la puerta y que allí nadie conocía a Faroni, aunque sí a Marilín, a la que no dudaría en interrogar. Y entonces Gil, desfigurado el asombro en furor justiciero, hecho una hiena, correría a casa del impostor implorando venganza. Eso es lo que ocurriría. Pero si lo expulsaba, ¿cómo sobrellevar la convicción de que todos los días de su vida habría de esperar aquel hombre honrado a que lo llamasen para volver a la ciudad y ocupar el cargo de Secretario Adjunto de la Comisión Científica del Partido? Si se iba, si se quedaba, todo era el mismo y capital conflicto. Imposible decir qué era peor, si la vergüenza de admitir su impostura o el oprobio de labrar la perdición de quien pudiera avergonzarlo. Se sentía sucio y miserable, y secreta y definitivamente derrotado.

Unos pasos más allá, la imagen execrable que iba forjando de sí mismo lo aligeró un poco de sus penas. Aquélla era una guerra, recordó, y también él era un pobre hombre, como Gil, y hasta puede que más, porque estaba casado y lo aventajaba en un año, y eso sin contar que en las guerras no hay nada ilícito para escapar al infortunio. Pero el mayor infortunio, y aquí se detuvo ante el espejo de una vitrina, era el bochorno de uno mismo. Allí estaba, viejo y sin lavar, vestido con una bata y empujando un carrito de hierro. «Cuarenta y seis años para venir a parar a esto», se dijo, y admitió sin reservas —esto es, sin percibir el más leve alivio del orgullo que la sinceridad y el propio desprecio pudieran depararle— que Gil valía mil veces más que él, aunque sólo fuese por la modestia y el coraje con que asumía un sacrificio superior a sus fuerzas. Tan ridículo se vio, en la vitrina y en la mente, con aquella bata y aquellos sórdidos designios de conquistar a cualquier precio un sillón y unas alcobas («y luego envejecer, enfermar, morir y confundirse con los muertos, dejando atrás una sarta de fracasos y embustes»), que torció el trayecto hacia el rincón del parque donde solía comer, empujando el carrito con una furia general e incendiaria que le recordó la del enanito gruñón de los cuentos que, tras ser sorprendido en el instante de esconder un saco de esmeraldas, huye amenazadoramente con su tesoro hacia el corazón tenebroso del bosque.

Antes de cualquier reflexión, abrió una caja de galletas surtidas y, una a una, se comió el primer piso. Con la boca todavía llena, desgarró el celofán de una botella de coñac, dio un largo trago, se limpió con la manga y eructó. Al fondo, el fantasma de la ciudad se perfilaba apenas entre las brumas del crepúsculo. No, él no podría ser nunca un hombre ejemplar. Entre otras cosas porque el mundo estaba mal hecho. Una enorme chapuza, eso es lo que era el mundo. Y los dioses, unos aficionados, pensó con el orgullo profesional de quien se considera un buen oficinista. A él jamás le hubiera salido una carta con tantos borrones como los que veía a su alrededor. Mientras venía hacia el parque, el inspirado rencor de la desgracia le había puesto repentinas luces en los ojos. Fue como una visión. Pitaban los coches, vociferaban los conductores, huían los pájaros, el viento empujaba plásticos y papeles, un transeúnte hablaba solo alternando voces de lisonja y enojo, un niño lloraba en una esquina con fervor de becerro, aullaba una ambulancia, orinaba un perro en un neumático, empujaba él el carrito con furia de energúmeno y todo a su alrededor parecía sacado de una estampa infernal. ¿Qué podía esperarse de la vida? ¿Cómo podía haber confiado en la Providencia, insensato de mierda? Señoritos aficionados al bricolage, eso es lo que eran los dioses. Y el mundo, una chapuza de domingo.

Echó otro trago. Hacía frío (aún más sin la gabardina y el sombrero, que había dejado en la tienda), y el parque estaba solitario y escueto, simplificado en sugerencia, como un colorín escolar. Cuarenta y seis años. ¿Cómo se podía ser ejemplar en un mundo así? Y si a pesar de todo lo intentaba, ¿cómo iba a lograrlo con el peso de Gil en la conciencia? De pronto, con un temblor de incredulidad, pensó que sólo el fracaso podía asegurarle una incierta victoria. «¿Y si fuera yo quien me marchase?», se preguntó ofuscado. «¿Y si en vez de una reconquista optase por la pérdida total?»

No necesitó forzar la imaginación para verse convertido en vagabundo, tumbado a la orilla de un río con la panza al sol y una hierba en la boca. Se vio subir en marcha a un tren de carga, hacer lumbre en el campo, asar una morcilla y dormir entre juncos. Se vio llegar del horizonte con un silbo en los labios y un aroma de romero en la oreja. Barruntó el prestigio, la sabia entidad de silbar un bolero a media mañana, mientras medio mundo bregaba en oficinas y talleres. Y por la tarde, cuando otros se desgañitaran en el humazo de las tertulias, él silbaría a la sombra, cojonudo y lunático, o contaría su propio y plural pasado, ya indiferente a los errores, al menguado auditorio de un hortelano y un cabrero. Sería buen roedor de mendrugos, de frutas silvestres, de hierbas, de raíces. Llevaría a la espalda un taleguillo para el pan de caridad, se agenciaría trampas para pájaros y anzuelos para peces, quizá leyese sus poesías o guitarrease en plazas y caminos, y en noches de luna con una luz cazaría ranas y cangrejos. Haría lumbre en invierno. Prestaría en viñas y olivares servicios esporádicos, y si caía enfermo ya lo llevaría el Estado a un hospital de misericordia. Quizá sedujese a algunas mujeres en los pueblos. Mujeres que buscan el placer desordenado e instantáneo. Y de viejo, acabaría sus días en un asilo de monjitas, y ya se veía allí, desdentado y gruñón, haciendo reír con picardías de viejo calentorro. Eso si no encontraba un empleo fijo de pastor, en cuyo caso se haría una flauta de caña para tocar la habanera, y en su tiempo buscaría nidos y pincharía lagartos. ¿Qué mejor vida podía hacerse? Sería libre, sin amo ni horario. Feliz como en la infancia. Ejemplar a su modo.

Ahora bien, ¿tendría valor para hacerse bohemio? Bien pensado, le ocurría lo que a Gil: ya no tenía edad para aquellas correrías. Y no estaba loco. Ni joven ni loco. Qué va: otoñal y prudente era su condición. Y aunque no sufría enfermedades sí había advertido desde hacía algún tiempo ciertas dolencias leves, ciertos pinchazos y calambres que venían ya a nublar el horizonte de los años. Se tocó la cara con mimo maternal: ¿y si caía enfermo un día de lluvia, entre los arbustos? Por ejemplo, una peritonitis o un ataque de ciática. O que en la soledad de un olivar le salieran al paso perros grandes. O que le entrase fiebre en una rastrojera. ¡Cuántos peligros acecharían por esos mundos imperfectos de Dios! De pronto, se calmó y se dijo: «Hagamos una prueba». Se levantó y trazó con la botella una raya en el suelo. «De la parte de allá», proclamó, con voz ya de borracho, «te espera el frío y el hambre, el ruiseñor y la alameda, la dignidad y los harapos; de la parte de acá, la desvergüenza y el brasero, el andamio y el jefe, la ropa limpia y el arroz en su punto. Tú verás lo que haces, pero si pasas esa raya, piénsalo bien, ya no puedes retroceder, porque entonces serías indigno de ti mismo.» Cinco minutos estuvo allí reflexionando, haciendo equilibrios de borracho y madurando la elección. Finalmente adelantó un paso y, con un pie a cada lado de la raya, sonrió. Acababa de vislumbrar un plan definitivo, beneficioso para todos, y tan simple y feliz que no podía fallar.

Ahora entendía que la decisión de hacerse vagabundo la había tomado con la confianza instintiva de que obligaciones más graves le impedirían llevarla a cabo. No había pensado en Angelina, y en que su deber con ella —ahora que estaba dispuesto a liquidar todas sus deudas— era tan inexcusable o más que el que tenía contraído con Gil. Así que mañana mismo hablaría con ella. Hablaría muy en serio. Volvería a proponerle, o mejor dicho, esta vez le ordenaría, como cabeza de familia, trasladarse de barrio. Y como en el cambio de piso ganarían dinero —y aquí estaba la novedad del plan—, montarían un pequeño negocio: un bar, una papelería o una tienda de frutos secos o géneros de punto. Se harían comerciantes. Empresarios. Trabajarían los dos. Una combinación tan razonable, y aun más por la autoridad con que la plantearía, que era seguro que Angelina la aceptaría sin rechistar. Ante aquella panorámica, amable y risueña, de su futuro, Gregorio se enterneció, y hasta lamentó tener que renunciar a la aventura de una vida secretamente ociosa. Aunque por otro lado, era mejor así. Dentro de algunos años empezaría a estar viejo, y más valía el arrimo de una trastienda y una estufa que el relente invernal entre unos arbustos. Y también mañana hablaría con Antón, para liberarlo de su compromiso, y por la noche huiría sin pagar de la pensión, dejando una nota en que prometiese saldar en breve la deuda y explicar en persona el motivo de la fuga.

Sólo le atormentaba la certeza de que muy pronto Gil descubriría la burla. Pero para entonces él ya estaría en la trastienda, a salvo de peligros, y hasta es posible que le escribiese, eso es, explicándole que se había hecho ermitaño y que había decidido quedarse para siempre en la India. «He renunciado al mundo», dijo en alto, «he roto con Marilín, refugio de todo amor. He firmado un pacto inmortal con el silencio. Estas carnes tristes han encontrado a Dios. En adelante, la trastienda será mi cueva de eremita», y comenzó a girar con los brazos en cruz y echando a flotar el corto vuelo de la bata, cada vez más deprisa, hasta que el alcohol y el vértigo lo hicieron trastabillar y caer al suelo con una zapateta de payaso exagerando un bofetón.

«Decidido, mañana consumaré el fracaso general de mi vida», se dijo, y se imaginó con uniforme de general vencido, sucio de sangre y polvo, bajo el mismo árbol centenario que cobijó sus citas con Marilín, la espada por el suelo, trascendente y febril, como Hernán Cortés en la Noche Triste de Otumba. Y no le disgustó esa memorable imagen de sí mismo. Con ella en la mente, se levantó del camino, echó un último trago y tiró la botella tan lejos como pudo.

Era ya noche entrada cuando arrastró el carrito hasta unos setos, lo hundió en ellos, arrojó la bata por encima y, abrazado a los víveres, regresó a la pensión. En el último recodo del pasillo, obsequió a doña Gloria y a Paquita con un tarro de miel y unos paquetes de galletas finas. Iluminado por el alcohol, explicó que aquellos artículos se los había mandado el palomero a cuenta de la renta anual.

—Permítanle a este forastero, señoras mías, ofrecerles un presente de néctar, obra de abejas allá en los campos de mi infancia. Déjenme festejar la bondad y el gracejo, o por decirlo con travesura de poeta poner cencerro a estos instantes, para que en el futuro suenen en la memoria y no perdamos las vaquillas. Señoras, con estas palabras se despide el artista de la juventud. Alborea un ermitaño. Excúsenme —dijo confusamente desde la penumbra, y no menos sorprendido de su discurso que las dos mujeres, entró en su cuarto y de inmediato se acostó.

A la mañana siguiente, nada más despertarse, hizo un rápido examen de conciencia y encontró intactas las convicciones del día anterior. Mientras preparaba el equipaje para la fuga de esa noche, repasó el plan, y lo halló tan firme que, más que el fruto casual de su agudeza, le pareció el resultado lógico de la propia inercia de los hechos. Con esa certidumbre, salió de la pensión, pasó frente a su casa sin apartar los ojos de la acera y, un poco más allá, se emboscó en las inmediaciones del mercado. Era seguro que Angelina, movida por los mismos hilos del destino, no tardaría en aparecer. «Le daré el plazo de la habanera», se dijo, y para aprovechar mejor las predicciones, comenzó a cantarla en letra de números, de forma que la cifra en que llegase Angelina fuese la de los años que habría de vivir.

Una ráfaga de aire helado le trajo a la memoria la gabardina y el sombrero. Con ellos se despedía de una parte de su identidad, y liquidaba formalmente las ilusiones juveniles. Le apenó que aquellas prendas hubiesen ido a parar al infierno de un ultramarinos. ¿Qué iba a ser de ellas, perros sin amo? Quizás acabasen en una trapería, o prestasen los últimos servicios abrigando las carnes de algún mendigo ajeno por completo a la historia de lo que antes que vestimenta eran símbolos de una vida secreta de desventuras y esperanzas. Y algo parecido le ocurriría también a él, porque era justo que el actor compartiese su suerte con la máscara, que se dividieran con equidad los éxitos y los fracasos, antes de volver cada cual a su oficio de diario. «¡Ay, pobres prendas por mí mal halladas!», evocó, sin perder el compás de la habanera.

Iba ya por el número sesenta y tres, y a mitad del segundo estribillo, cuando vio a Angelina venir con el capacho y perderse entre la multitud. No la siguió. Apuró la música y entró por otra puerta, guiado siempre por los caprichos imperiosos de la necesidad. Sin prisas, indagó el coste del verde y de la carne, engrosó el guirigay de unas sardinas frescas, compartió el despecho de un salchichero en quiebra, mercó unas uvas para vestir la espera y por poner gentil el paso, y una a una, recreándose en la ociosidad, buscó un rincón tranquilo, se estribó en unos bultos de aves, huevos y caza y, apenas tiró el escobajo, miró sobre el hombro y allí estaba Angelina. Parecía como surgida del remanso de su propio asombro, y no tuvo tiempo de expresar su sorpresa porque Gregorio, después de escupir varonilmente un hollejo, con un dedo le indicó que se acercase.

—Prepara los papeles —le ordenó sin mirarla ni levantar la voz— para vender el piso. Nos mudamos de barrio.

—¿De barrio?

—Sí, yo me ocuparé de todo. De comprar un piso y un local. Voy a poner una tienda de frutos secos.

Adelantándose a la protesta, la cogió del brazo y, mientras la llevaba hacia casa, le fue explicando los pormenores del plan. Hablaba con un aplomo sombrío y amenazante.

—Y tú vete preparando para despachar y hablar con la gente, con desparpajo y simpatía, y no con ese aire de mosquita muerta que tienes, ¿estamos?

Angelina no respondió.

—Y ve preparando la mudanza. Yo iré buscando piso por algún barrio, de esos nuevos con jardines y pistas de tenis. ¿De acuerdo?

—Sí.

—Y ya no me preguntes nunca por Faroni, ni por Belson ni por nada, ¿entiendes?

—Sí.

—Y a tu madre le dices lo que se te ocurra, pero que no me venga con la murga de dónde he estado ni qué he hecho. Que no me venga con la murga que no respondo de mí. ¿Has oído?

—Sí.

—Y de aquí en adelante se van a acabar las tonterías.

—¿Qué tonterías?

—Todas. Las que sean. Estoy desengañado del mundo. Ya ves lo que pasa por ser bueno. Entre todos te comen. Pero esto se acabó. Hasta aquí hemos llegado. Así que voy a poner mi propio negocio y a no aguantar las tonterías del jefe ni de nadie. ¡De nadie! De ahora en adelante, lo que yo diga va a misa. Por las buenas o por las malas. Y de tejer, despídete. Si te aburres, lees, o juegas al tenis, me da igual. ¡Y vamos a ir al teatro! ¡Y vamos a volver a la costa! ¡Y vamos a hacer amistades! ¡Y vamos a ser modernos y en casa se hará lo que yo diga! ¿Te enteras?

Angelina asintió.

—Yo me levantaré a las cuatro de la mañana para ir al mercado a por los artículos. Nos compraremos una furgoneta. Cuando vuelva del mercado tocaré la bocina y tú bajarás a ayudarme, ¿estamos?

—Sí.

—Además de los frutos secos, tendremos caramelos y juguetes, que se venden muy bien. Y bebidas. Lo tengo todo estudiado, desde hace mucho tiempo. Desde antes de irme de casa. Desde que me di cuenta de que en la oficina era imposible ascender y de que nunca saldríamos de pobres. Allí, en el piso nuevo, será distinto. Si nos va un poco bien, dentro de dos años montaremos otra tienda, y luego otra y otra, hasta tener una cadena de tiendas. Ya verás. En la vida hay que ser valientes. ¿Cómo crees tú si no que se han hecho los grandes capitales?

—Pero, Gregorio, eso es...

—¡Ni una palabra! Yo soy el cabeza de familia y aquí mando yo —y le apretó el brazo hasta hacerle daño—. Y entérate bien, yo trabajaré por la tarde y tú por la mañana. Haremos mil o dos mil anuncios y los repartiremos por las casas. La publicidad es fundamental en los negocios. Y ¿sabes cómo se llamará la tienda? *El rincón del Edén*. ¿Te gusta?

—Sí.

—Lo tengo muy pensado. Tendremos una trastienda y yo llevaré la contabilidad. Hará falta una estufa, y hasta puede que tengamos un gato. A mí siempre me gustó tener un gato —dijo con rencor— y nunca pude por unas cosas o por otras. Pero ahora se han acabado ya las tonterías.

Se detuvieron en el portal.

—Ahora me voy al extrarradio, a ver pisos. Esta misma noche vuelvo a casa, después de las doce, así que prepara cena o lo que sea, ¿de acuerdo?

—Sí.

—Bueno, ahora dame un beso.

Angelina le ofreció la cara.

—¿Estás contenta?

—No sé —bajó ella la cabeza.

—¿Es que no te gusta despachar?

—Sí, pero...

—Pues prepara todo que mañana mismo voy a una agencia para poner en venta el piso. Y cuando estés en la tienda, nada de vender de fiado, ¿eh? —y le guiñó un ojo—. ¡Por adelantado y a tocateja! —y le revolvió el pelo como a un niño travieso y se quedó allí, sonriendo, protegiéndola con la sonrisa, hasta que Angelina desapareció en el portal.

«¡Todo en orden!», dio un íntimo gritito de euforia. De euforia, pues esa noche volvería a casa, en una semana se mudarían de barrio y antes de un mes estaría a salvo en la trastienda. Habían concluido las fatigas de aquel maldito embrollo. Sólo restaba ya hablar con Antón, llamar a Gil con la noticia de que Faroni había decidido quedarse para siempre en la India, de ermitaño, y a medianoche huir de la pensión y escapar así del círculo infernal en que se había convertido finalmente su vida. De pronto, cuando más negros eran los presagios y más remota la esperanza de encontrar alguna luz en las tinieblas, he aquí que el futuro se abría ante él, risueño y complaciente. «No, si al final voy a salir ganando», pensaba, porque en el fondo siempre había deseado tener algún pequeño negocio propio con el que eludir los rigores de un horario y un jefe. Y quién sabe, quizás allí en la trastienda, a cubierto ya de sobresaltos, pudiera componer alguna de las obras imaginarias y hacérsela llegar a Gil desde la India, para reavivar en su recuerdo la imagen de Faroni. Porque mañana, cuando se despidiera, pensaba decirle que no fuese al café, que no merecía la pena, que los verdaderos miembros de la tertulia se habían disuelto por el mundo y que los que ahora ejercían de tales eran sólo impostores a sueldo del gobierno. En el peor de los casos, a Gil le quedaría una duda, que la progresiva idealización del pasado y el desengaño del presente tenderían a consolidar. Sí, quizás al final también se salvase Faroni. Quizás al final, todos felices. Pero eso pertenecía al futuro. Ahora lo importante estaba en que él pronto tendría una furgoneta. Conducir un coche era precisamente una de sus viejas pasiones incumplidas. Se sacaría el carnet, y los domingos saldrían al campo y en verano viajarían a la costa y quizás al extranjero, ¿por qué no? Podrían ir a Roma, a ver al Papa, los tres en la furgoneta, y así de paso se reconciliaría con su suegra. Pasearía de noche entre las ruinas, como en los ensueños, y le mandaría a Gil una postal: *Desde la Ciudad Eterna, el eterno recuerdo de tu amigo, Faroni.* Y si las cosas iban bien se comprarían una casa en el campo, junto a un río, que era otro de sus deseos malogrados.

Sí, quizás aquélla fuese la recompensa por no haber permitido que Gil abandonase la ciudad. Había sido bueno y generoso. Había estado incluso dispuesto a hacerse vagabundo con tal de salvarlo. Y ahora la Providencia lo premiaba. Como a Abraham, Dios había detenido su mano en el instante mismo de consumar el sacrificio. Ah, todavía en el mundo había justicia; todavía eran posibles la esperanza y el orden. Y se sentía ligero y jovial, casi retozón, y no sabía si estar más contento por la promesa del futuro o por la paz de espíritu que reinaba en su alma.

Cerca de la taberna, de pronto decidió no hablar con Antón. Le repugnaba volver a representar un papel al que felizmente ya había renunciado. Por otra parte, aquel encuentro vendría a turbar su placidez y a reavivar viejos escrúpulos, y hasta pudiera ser que Antón, con sus preguntas, lo pusiera en aprietos, o que entrase en sospechas de haber sido víctima de un engaño. No, no convenía arriesgar un triunfo ya seguro. Mejor le dejaría una nota. Unas líneas: las penúltimas de su carrera de impostor. La libreta había quedado en la gabardina, pero a cambio conservaba una de las hojas de entrega del ultramarinos, en cuyo dorso escribió:

«Amigo Antón: salgo de viaje y no voy a poder hablar personalmente con usted. Me voy a la India, donde tengo un amigo y espero iniciar una nueva vida. De nuestro asunto le diré que he renunciado a reconquistar a mi mujer. Ya no merece la pena, porque aunque volviese no podría perdonarla. En cuanto a Gil, él es el menos culpable de los dos, y también renuncio a la venganza. Tampoco merece la pena. Prefiero huir lejos y olvidar el desengaño.

»Sepa que le quedo muy agradecido por todo lo que ha hecho por mí. Nunca lo olvidaré. Un abrazo de su amigo,

Alvar Osián».

Esa misma tarde dejó la nota en la taberna, y al anochecer, después de deambular alegremente por las calles del barrio, recreándose en la miseria y en la soledad y en todas las adversidades que muy pronto serían amable anécdota o invitación inofensiva a la nostalgia, regresó a la pensión.

—¡Qué! ¿No le ha mandado hoy nada el palomero? —le gritó Paquita a la cara al abrirle la puerta.

—Hoy no —bromeó Gregorio—. Hoy traigo las manos vacías, o mejor dicho llenas de grandes esperanzas.

—¡Anda que no le tengo ya calado!

—Pero un día de éstos —y la adoctrinó con el índice—, pagaré con intereses. No es broma. Vendré en coche —y subió una mano para enmarcar en las alturas el escenario de la evocación—, con mi familia, a presentarle mis respetos. Te traeré un regalo. Un aderezo personal. Y puede que hasta una foto dedicada del Papa, ya lo verás. No, en serio —se acercó a ella conciliador—, soy buena persona, créeme.

—¡Sí, sí! —gritó Paquita, alejándose por el pasillo—. ¡Cuando vengan los guardias ya veremos las bromas del galán! ¡De mañana no pasa!

Gregorio entró en su cuarto reprimiendo una sonrisa comprensiva o irónica. «¿Qué me habrá preparado Angelina de cena?», se preguntó, echándose en la cama con una cabriola infantil. «¿Filetes empanados?, ¿pimientos rellenos?, ¿tortilla de patatas?» Ah, la vida era hermosa —y cerró los ojos y se desperezó y se encogió gatunamente de placer—. Pronto vendría la Navidad y comprarían turrones, almendras garrapiñadas y licores de marca. Allí, en el nuevo piso, donde nadie lo conocía, podría ser, sin temor al ridículo, un hombre ejemplar. Cultivaría una imagen respetable y simpática, y un punto reconcentrada y crítica, de hombre con mundo propio y criterios emancipados.

En ese instante sonó la descarga de una cisterna, y mientras esperaba la réplica del cerrojo y de la llave de la luz, comenzó a adormecerse. Soñó que iba en la furgoneta, conduciendo con fluidez y destreza. Era verano y atravesaba una llanura ilimitada, ardiente y solitaria. El ruido del motor le hacía sentir sueño dentro del sueño. Por fin vio a lo lejos un árbol, y alguien que estaba sentado a la sombra. Tardó mucho en llegar, y sólo cuando bajó de la furgoneta reconoció que aquel árbol era el eucalipto de su infancia, y que quien estaba allí sentado, en una piedra y mirando al suelo, era su padre. «Buena máquina», dijo éste sin alzar los ojos. «¿No eres tú Gregorio Monroy, mi hijo amado del mar?». Pero no tuvo tiempo de responder porque el padre, sin esperar contestación, con dos trancos se subió en la furgoneta, la puso en marcha, y desapareció en ella a gran velocidad.

Entonces creyó despertar. Se quedó pensando en aquel sueño triste hasta que, al rato, oyó a Paquita cantar en la cocina. No le extrañó que cantase precisamente la habanera, y con una voz y un tono de ánima errante de sirena que subyugaban de tan dulces. Enseguida, en alguna parte sonaron remotas las campanadas de un reloj, y él pensó simultáneamente, como si se tratase de la misma cosa, que tenía que cenar y que arreglar aquel reloj. «¡Hay que dar de cenar a ese reloj!», se oyó decir en alto, y se incorporó en la cama con una atragantada de asfixia.

Eran las doce en punto. El sueño le había trocado la euforia en una especie de malestar colérico. Absurdamente sentía furia contra su padre, que le había robado la furgoneta. Pero enseguida, cuando recordó que era la hora de la fuga, la vehemencia se le quedó en fastidio, y hasta el recuerdo de la cena le produjo desgana. Serían las telarañas del sueño, y el siempre doloroso parto de la realidad. A tientas se llegó a la mesa, encendió la luz y escribió la nota de disculpa. «Les demostraré con creces que soy un hombre honrado. Les pido que confíen en mí», decía al final, y esa certidumbre moral le devolvió la confianza y el vigor.

Recogió el equipaje, abrió la puerta y escuchó. Sólo se oía la efervescencia del silencio. No, al fondo había algo más: una cadencia, un bullicio, un sonsonete numeroso y febril como un hormiguero. Avanzó de puntillas, pegado a la pared, redobló el pasillo y llegó junto a la habitación de doña Gloria. Allí se oía una voz. Escuchó, pero no distinguió otra cosa que el tono imperioso y luego un chaparrón de aplausos. Todo estaba a oscuras. Se asomó a la puerta: la anciana dormía en el sillón, y sobre la camilla brillaban las candilejas de posición de una radio. El paso estaba franco y no había sino que alcanzar la puerta y trasponerla. Pero de repente a Gregorio le dio por entrar allí un momento, bien para hablar con doña Gloria y arreglar amistosamente la fuga, bien atraído por aquella voz de la que sólo percibía el tono y el ritmo. Era una atracción supersticiosa, pues oscuramente pensaba que si se iba sin entender ninguna palabra, dejaría atrás cabos sueltos, sensaciones sin consumar, que luego podrían desazonarlo. O a lo mejor era que quería demostrar su buena fe a algún hipotético auditorio. El no era un malhechor y necesitaba dejar pruebas de inocencia en la misma ejecución del delito.

Dio un paso adentro. ¿Quién estaría hablando a aquella hora y por qué lo aplaudirían tanto? Porque los aplausos le impedían entender el discurso. Parecía que los oyentes, apenas adivinaban el sentido de cada frase, rompían en aplausos, sin esperar al final. Y por otra parte estaban los ronquidos de doña Gloria, que también perturbaban la escucha, y si ponía atención aun podía descubrir otros muchos ruidos: el rumor de las termitas, las interferencias de otras emisoras (y a veces se oía como un remoto cántico árabe), los suspiros y quejas de los muebles, el pulso del reloj, las pisadas en el piso de arriba (tan caprichosamente discontinuas que era imposible deducir a qué tarea estarían consagradas), el sollozo de los objetos temerosos de la oscuridad y hasta el hervor de gato de sus propias vísceras. Dio un paso más, y aguzando la oreja hasta concentrar en ella todos los sentidos, al fin consiguió captar una palabra: «verecundia», y luego otra, «garantía». ¿Cómo las habría hecho casar el hablante?, se preguntó, disponiéndose a salir. Ahora que estaba satisfecha su curiosidad, había que darse prisa. A aquella hora, era absurdo despertar a la anciana y explicarle que se marchaba sin pagar pero que volvería en breve a liquidar la deuda. Absurdo. Y, sin embargo, se resistía a irse. Recordó que también la noche en que llegó a la pensión estuvo un rato extraviado en el pasillo y que también entonces se sintió atraído por la oscuridad, como si hubiese encontrado en ella un refugio seguro contra los afanes de la vida.

Hubo de reunir en un punto la voluntad dispersa para emprender la retirada, pero justo entonces, coincidiendo con el instante en que alcanzó a escuchar una frase completa del discurso (algo así como «no cederemos ni un palmo de terreno») y reconoció en el orador al General, se encendió la luz y apareció Paquita gritando fuera de sí.

Gregorio, que había percibido la luz como una explosión, se revolvió con una mueca de súplica y espanto.

—¡Socorro que nos roban! —gritaba Paquita a tres pasos de él, señalándolo con el dedo y mirando al pasillo—. ¡Socorro! ¡Policía! ¡Policía! ¡Al ladrón que se escapa!

Gregorio tendió las manos, cargadas con los bultos del equipaje, en un intento de explicación y de concordia. Pero aquella mujer no cesaba de gritar, y en alguna parte empezaron a oírse voces y correndillas. Desencajado por el terror, se volvió a doña Gloria: quizás a ella pudiera explicarle, decirle que había venido precisamente a hablar de la fuga y a implorar comprensión, prueba concluyente de que era un hombre honrado y de intenciones intachables. ¿Por qué si no iba a estar allí? Si hubiera querido irse ya lo habría hecho, y sin dejar atrás ninguna nota.

—Señora, déjeme que le explique —dijo, abriendo los brazos y ofreciéndose a sí mismo como testimonio de inocencia.

Doña Gloria, a medio incorporar en el sillón, miraba a Gregorio con ojos semidormidos de asombro. Pero enseguida, mientras se echaba hacia adelante y se erguía de medio cuerpo con toda la dificultosa e implacable fuerza de la dignidad y de los años, su expresión se fue oscureciendo con una sombra de infinita repulsa.

—¡Granuja! —exclamó, escupiéndole el desprecio desde la cara hasta los pies.

Fue como una señal para que Paquita arreciase en sus gritos. Entre la chillería se oía la voz de la radio, y los aplausos y el tictac del reloj. Gregorio miró desolado a las dos mujeres. Con alarma y piedad pensó en la cena que Angelina le debía de tener ya preparada, y entonces tuvo prisa e intentó abrirse paso con una disculpa. Pero Paquita, ocupando la puerta con las manos en garra, recrudeció el clamor y adoptó un escorzo marcial.

—Déjeme volver a mi cuarto —suplicó Gregorio, tratando de apartarla a la fuerza.

Ella empezó a defenderse con arañazos y patadas y con todo el cuerpo electrizado y espinoso, y en ese momento aparecieron detrás los tres caballeros estables y se quedaron allí, con el cuello de a cuarta y un mirar preocupado y remoto.

—No me dejan ir a mi cuarto —se dirigió a ellos Gregorio, mientras con los bultos se escudaba de los ataques de Paquita, que no paraba de desgañitarse:

—¡Policía! ¡Policía! ¡Que nos roban! ¡Al ladrón! ¡Que se escapa el ladrón!

Gregorio pensó entonces que nada podría justificar su presencia allí, a aquella hora y con el equipaje en la mano. «Me van a detener», se dijo, «va a venir la policía y me van a llevar preso. Irán a casa, hablarán con Angelina y se descubrirá todo, lo de Gil y lo de Antón y todo, y ya no podré rehacer mi vida. Me voy a quedar sin cenar, sin furgoneta, sin tienda y sin gato. Tengo que huir como sea.»

Sobre la mesa había una palmatoria de bronce. No lo pensó dos veces. Respiró hondo, una sola vez, y de pronto alzó un brazo con la misma fuerza de energúmeno con que había arrastrado el carrito hacia el parque pero al mismo tiempo con la pericia con que hubiese manejado la caña en un lance de pesca, y lo descargó (o más bien le pareció que lo hundía en una caja con trapos y retales de lana) sobre Paquita, que se desplomó con un quejido humilde, casi de placer inmerecido, como de quien encuentra asilo en un abismo. Y allí acabó el clamor. Ahora sólo se oía en la radio una salva de aplausos.

Era extraño: de pronto a Gregorio le pareció haber llegado a un reino submarino, donde todo era maravilloso e irreal. Se miró la mano: la palmatoria estaba manchada de sangre. Como si fuese una prueba de inocencia, o el presente que traía para los príncipes de aquel reino fabuloso, se la mostró a doña Gloria y a los caballeros, sin que ninguno de los cinco pareciese entender con exactitud lo que acababa de ocurrir. Finalmente, doña Gloria se levantó y avanzó renqueante hacia Gregorio con el bastón en alto y la mirada encendida de cólera. Gregorio intentó detenerla o guardar las distancias con un gesto de paz, pero ella dio otro paso y, aunque erró el golpe, con el impulso cayó sobre Gregorio y ambos rodaron por el suelo.

Durante unos instantes quedaron embrazados e inmóviles, como solidarios de una situación ventajosa para ambas partes. Parecía que la anciana, echada muellemente sobre Gregorio, se encontraba allí cómoda, e incluso confortablemente instalada, porque no sólo no hacía nada por salir del embrollo sino que a veces se removía un poco como para mejorar la posición. Gregorio, medio asfixiado por el peso, miraba a un lado y veía a su altura la cara ensangrentada de Paquita, y arriba a los caballeros estables, que desde la penumbra, circunspectos y curiosos, observaban la escena. Enseguida, empezaron a forcejear. Golpeando con las rodillas, Gregorio ganó espacio para tomar impulso y voltear a la anciana. Con un salto de espadachín se puso en pie, recogió el equipaje, incluida la palmatoria, miró alrededor y salió al pasillo saltando sobre las dos mujeres.

Los caballeros se hicieron atrás para dejarle paso. Al fondo, la puerta estaba abierta y ocupada por un grupo de gente. Nadie intentó detenerlo. Al contrario, el grupo se abrió para hacerle un pasillo y Gregorio salió pálido, desencajado, haciendo cortesías con la cabeza, sonriendo tímido y agradecido a un lado y a otro y moviéndose con una ingravidez milagrosa, como un pez sonámbulo en un remanso profundo y transparente.

Sólo a mitad de las escaleras, cuando alguien gritó arriba: «¡Al asesino! ¡Al asesino!», comprendió con claridad lo que había ocurrido, y echó a correr en alas del espanto.

Capítulo XXIII

Gregorio huyó hacia las afueras de la ciudad, buscando algún refugio (un matorral, por ejemplo, fue lo primero que se le ocurrió) donde esconder el miedo y examinar a solas su desdicha. Abrigaba la secreta esperanza de que, por no tener a dónde ir, cualquier lugar sirviese a sus propósitos. Había tanto que pensar, y tanto de qué lamentarse, que acaso el resto de sus años no le alcanzara para explorar la extensión y hondura de su pena, y viviese ya siempre en ella como en la verdadera isleta de desolación que desde niño había buscado en vano.

Caminaba aprisa, las piernas desparramadas en un trote descoordinado de pelele, dando aquí y allá guiñadas de borracho y un poco al sesgo para vigilar con un reojo de alerta sus espaldas. Unas veces detrás y otras delante, sus pasos resonaban en las calles vacías. Tan pronto parecían alejarse como reunirse con los de algún otro viandante solitario para, todos juntos, perseguirlo en confuso tropel. Entonces, aceleraba el trote y volvía la cabeza con un medroso atisbo de terror.

No daba crédito a lo que acababa de ocurrir. Mientras golpeaba a Paquita y luchaba con doña Gloria, se había tranquilizado con la conjetura, casi convicción, de que estaba soñando, pero luego, cuando oyó sus propios pasos apresurados en la calle, supo sin error que nunca había estado tan despierto y real como aquella noche. «¡Dios mío!, pero, ¿qué está pasando aquí? ¡Pero si esto no puede ser! ¡Pero si yo no estoy soñando!», exclamó incrédulo, desconcertado por el terror, y toda su mente se fue llenando con una sola idea: huir lejos, a los campos, y esconderse en un matorral.

Allí, intentaría descifrar su situación y predecir sus consecuencias. Porque a casa, desde luego, no podía volver. Ni ahora ni nunca. Creyó haberlo sabido desde que alzó la mano para descargar el primer golpe, y quizás el miedo y la ira de esa certidumbre le dio fuerzas para seguir golpeando al aire sin piedad, y no al aire ni a la mujer sino al propio miedo, que crecía en cada golpe. «Ni ahora ni nunca», se había repetido muchas veces. Porque era indudable que la policía ya estaría investigando, y como en el libro de versos constaba su nombre auténtico, bastaría tirar de aquel cabo para desembrollar todo el ovillo. Y, por otra parte, ¿cómo contarle a Angelina que había matado a una mujer y robado una palmatoria al escapar de una pensión? Porque estaba seguro de haber matado a Paquita. Lo había visto pintado en su cara y en la cara de los que lo miraban al salir. «Aquí va el asesino», decían aquellas caras. Y él mismo se había repetido en ese instante, bien clarito y separando las sílabas, «soy-un-a-se-si-no», sin conseguir entender del todo el significado real, exacto, inagotable y secreto de aquellas palabras. Incluso, para penetrar mejor en ellas, pensó que en algún museo del crimen aparecería él dentro de pocos años reproducido en cera, y rodeado de sus objetos más queridos. Quizá lo recreasen arreglando el reloj, o limpiándose las uñas con la navaja múltiple. «Estas eran sus zapatillas», dirían los carteles, «ésta es la caja de zapatos donde guardaba sus poesías», «éste era su sombrero» y «ésta es la palmatoria con que consumó el crimen.» Eso dirían, y los vecinos comentarían al verlo: «¡Pero qué callado se lo tenía este Gregorio!». Lo sacarían bajito, exagerando los años, la desfachatez, el desaliño y la calvicie. ¿Y qué diría Gil ante aquel hombre sucio y viejo, y hasta puede que un poco jorobado, réplica absurda de quien fuese su héroe, el juvenil y mágico Faroni? «Soy el asesino de la palmatoria», se decía, «el asesino de la caja de zapatos», pero no conseguía otra cosa que acrecentar el miedo y la extrañeza.

Más abajo, según las calles se hacían más solitarias, míseras y oscuras, le entraron ganas de llorar. Y no porque se sintiese culpable sino porque estaba cansado y podían detenerlo. Detenerlo. Esto, era terrible. Le harían fotos contra un muro, lo deslumbrarían con una luz, le harían preguntas, lo juzgarían hombres severos con pelucas y en el juicio vendría como testigo Gil, vendría Antón con su garrota, vendría Angelina con su abrigo de huérfana, vendría la madre con el perro, vendría doña Gloria, vendrían los tres caballeros estables, y Marilín, y el maestro y el hombre de negro y todos los contertulios del café, y lo señalarían todos con el dedo y lo condenarían por lo menos a veinte años y un día de cárcel. Veinte años viviendo con gente cruda, con tipos que lucen cicatrices y gastan navaja, que miran de perfil como los gallos, que son muy machos pero que en caso de necesidad dan por culo a cualquiera. Y Gregorio se vio en un retrete con urinarios de cemento, rodeado de hombres en camiseta que lo sujetaban y le bajaban los pantalones a la fuerza y se le acercaban diciendo obscenidades y esgrimiendo enormes vergas tatuadas. El era débil y cobarde. Le pegarían, le robarían la comida, le gastarían bromas brutales, le darían por culo a todas horas y lo obligarían a chuparles la verga, y él no lo iba a permitir porque antes que perder el honor preferiría la muerte, pero claro, nunca se sabe lo que uno puede hacer acosado por la miseria y el espanto. O consientes, o te rajan a navajazos. Y ¿qué era peor? Había oído historias terribles de la cárcel. Había visto películas. Historias de comer cucarachas y lamer culos. Allí un hombre es sólo una boca, un culo y una verga. Lo había oído. Se lo imaginaba. ¡Ah, no, cualquier cosa antes que la cárcel! Porque no era sólo la amenaza de la gente cruda. Estaba también el asunto de la primavera a la orilla de un río. Saber que hay tardes de verano, con rebaños y grillos, y que él tenía que estar allí, entre cuatro paredes, veinte años, en la mugre, devorado por la miseria y la nostalgia. ¡Ah, no, que le dejaran a él ponerse penitencia, darse castigo por su propia mano! El sabría hacerlo con largueza pero con dulzura. Nadie más duro e implacable que él, pero nadie también más delicado en el castigo. «Claro, que no me van a dejar», se desengañó, «y seguro que a estas horas ya me están buscando, quizá ya están en casa preguntando a Angelina, y quizá ya han ido a buscar también a Gil y lo han despertado y se ha descubierto ya todo. Pero entonces, ¿será posible que yo sea un asesino de verdad y esté huyendo de la policía? ¡Dios mío, qué va a ser de mí!», y un escalofrío de terror le erizó las entrañas.

Más abajo, la ciudad se desbandaba en suburbio. Encorvándose para aligerar el paso, hurtando las espaldas a las últimas luces esquineras, apartó hacia un baldío y tomó una trocha, entre montones de escombros y basuras. En uno de los montones, sin detenese, tiró la palmatoria. Lejos, se vislumbraban apenas oscuros bultos industriales, y más cerca, aquí y allá, algunas hogueras, que Gregorio rehuyó. Al final del baldío había un poblado de chabolas. Gregorio dio un rodeo. Un perro se adelantó a husmearlo y él torció la cara para que no le viese la expresión de criminal. Bajó corriendo una barrera, dando rebotes y tropiezos, abrazado al equipaje, y otra vez tomó campo a través. Era un terreno sin árboles, sin matas, sin nada, cruzado por postes de la luz. Muy lejos se oían perros. Anduvo hasta que dejó de oírlos. Finalmente se topó con un edificio en ruinas, con sólo paredones quemados y ventanas que daban a la noche. Lo bordeó. Detrás había unas vías y algunos montones de carbón, de hierros y de tablas. Gregorio se detuvo. ¿Por dónde seguir? Estaba cansado y tenía un sueño antiguo, como atrasado de muchos años, y aquella ciudad parecía no acabar nunca. «Mañana huiré hacia el matorral», se dijo. Y repitió: «Mañana, en cuanto amanezca».

Entre un montón de tablas encontró un hueco donde logró encogerse. Tapó la salida, cerró los ojos e intentó serenarse con un respirar lento y hondo. Era como si estuviese de nuevo en el quiosco, temiendo y anhelando la llegada de Alicia. Allí estaba a salvo, otra vez en su isleta. Su mente empezó a extraviarse en el silencio infinito. Nada se oía, excepto los pensamientos. «Si la vida fuese de mentira, aquí me quedaba para siempre», se dijo, y las palabras interiores resonaron como en una iglesia. «Si la vida fuese un carricoche», añadió, con la mente ya emplumada de sueño. Mañana o pasado, cuando estuviese en el infierno del matorral, que también era paraíso, ya tendría tiempo de ajustar cuentas con la conciencia. Tenía toda la vida por delante para purgar los pecados. «O mejor dicho, los errores.» Y esta última palabra se incorporó al sueño en forma de ronquido.

Dos veces despertó sobresaltado por el paso de un tren. Vio los fogonazos de luces desde su refugio, pero volvió a adormecerse, y toda la noche la pasó entre pesadillas y devaneos. Pensó o soñó con un cura gordo y afligido que, señalándole una habitación confusamente repleta de imágenes sagradas, le decía: «¿Qué haremos con los santos? ¿Qué haremos con las vírgenes?». Gregorio respondió: «Sacarlos fuera, al claustro». El cura lo miró apesadumbrado: «No se puede en el claustro, allí no hay culto y hace frío. Fíjese qué dolor la de esta gente aquí revuelta», y empezó a enumerarlos por sus nombres. Algunas imágenes se llamaban San Terapencio de las Maravillas, San Justo Marrafa o Santa Agalla de las dos Holandas, pero otras eran sólo Mirra, Techumbre o Vacación, y todas guardaban entre sí parentescos intrincados. Una era cuñada de la prima hermana del suegro de San Melito Melitón, otra era ahijada del consuegro del tío carnal de la hermanastra de Sor Zumaya Pescadora, aquél era compadre de éste y abuelo segundo del de allá arriba, y ése del que sólo se veía un pie era el ilustre y no menos piadoso Don Mangas Trompajuzo, sobrino tercero del hijo político de la nuera del beato Silvino, a quien decían el Cerdalí. En ese delirio agotador estuvo Gregorio enredado toda la noche. Cuando despertó definitivamente, ya se filtraban entre las tablas las primeras luces de un amanecer lívido. Estaba tiritando, y tan entumecido que no podía moverse. Durante un rato creyó que el dolor físico formaba también parte de la pesadilla, pero de pronto recordó dónde estaba y un relámpago de aire helado se le extendió por todo el cuerpo. Triste y bobo, se quedó mirando la claridad turbia del amanecer.

Gregorio pasó la mañana sin atreverse a salir de su escondrijo. De vez en cuando oía hablar a gente de paso, y durante mucho tiempo alguien se demoró junto al montón de tablas tocando una armónica. Aquel lugar parecía más transitado de lo que había creído. Habría que esperar a la noche para huir. Pero, ¿hacia dónde iría? No tenía abrigo ni dinero. No tenía nada, salvo hambre, frío y remordimientos. Tan perdido se vio que, antes del mediodía, decidió entregarse. Le darían una cama, y algo de comer, y quizá con el dolor del castigo contrarrestase el de la culpa. Pero enseguida evocó los horrores de la cárcel y logró contenerse. Además, se animó, él pensaba expiar la culpa en el matorral. Se haría de verdad eremita. Rezaría dos horas diarias. Se fustigaría con una vara. Y se puso a idear otros suplicios: caminaría descalzo, dejaría de fumar, estaría una hora sin moverse, se dejaría picar cada tres meses por un alacrán, que a veinte años daban un total de unas sesenta picaduras, se pondría arañas en la nuca, se pasaría un día al mes con los ojos cerrados, ayunaría todos los viernes, saltaría cien metros diarios a la pata coja, y todo ese sacrificio, y más que pensaba inventarse, se lo dedicaría a Paquita, que en adelante ya no sería Paquita sino mucho más: mi chiquirritina, mi niñita enferma, mi santita del alma, mi agüita derramada, mi huerfanita de los cielos. Le haría una estatua allá en el matorral, y le inventaría cánticos, oraciones y poesías místicas. El juez, el verdugo y la víctima, todos juntos en la misma persona. ¿Podía concebirse mejor y más dura sentencia?

La hambruna y la tiritona lo devolvieron a la realidad. La una de la tarde de un día gris y ventoso. Había que abandonar el escondite, comer algo y proseguir la marcha. Intentó darse ánimos. Quizá su situación no fuese tan desesperada como había supuesto. A la policía no le iba a ser fácil solucionar aquel embrollo de nombres ciertos y fingidos. Lo más probable es que estuviesen buscando a Augusto Faroni, y en ese caso él tenía que aprovechar la incertidumbre para ir a casa, despedirse de Angelina y coger ropa, dinero y todo lo necesario para sobrevivir en la espesura. Por ejemplo, enumeró: navaja, sartén, cerillas, tijeras, medicinas, linterna y muchas cosas más, sin las cuales no podría subsistir. «Hay que arriesgarse, no queda otro remedio. Si no, esta noche moriré aquí de frío», se dijo, y decidió que, en caso de apuro, lucharía hasta la muerte. Huiría por traspatios, tiovivos, tejados y escaleras de incendio, como en los finales de las películas de gánsters.

Apartó una tabla y asomó la cabeza. No se veía a nadie. Salió a gatas, gimiendo de dolor, y le costó un triunfo incorporarse. Alrededor, el llano se extendía yermo y silencioso. En un confín se veían edificios grandes de ladrillo, agrupados confusamente en bloques. En otro, la apretada ranchería de chabolas, y en otro, más lejanas y dispersas, algunas fábricas sucias y humeantes. Por aquel rumbo, se acercaban dos hombres caminando a buen paso, con los abrigos inflamados de viento. Sin perderlos de vista, Gregorio reunió el equipaje y se dirigió resueltamente hacia los bloques de ladrillo.

Era un barrio nuevo, y a aquella hora las calles empezaban a llenarse de obreros que regresaban del trabajo y de niños que salían de la escuela. Gregorio se sintió seguro caminando entre ellos. En un bar comió unos boquerones, que empujó con unas copas de anís. Se vio en un espejo: estaba desfigurado por la suciedad y parecía un mendigo. Para no levantar sospechas, se despidió con un saludo general y salió sin prisas, con el rostro bien alto. Silbando, curioseando los escaparates, revolviéndole el pelo a algún niño y cediendo el paso a las señoras, llegó a una plaza y tomó un autobús hacia el centro. Estaba seguro de que todo saldría según lo convenido, y se puso a enumerar las partes del plan. Primero: llamar a Gil, que estaría a punto de salir de la oficina, para notificarle la muerte de Faroni. De ese modo los dos se verían obligados a renunciar a sus identidades ficticias y a iniciar una nueva vida, donde comenzasen por aceptar el papel que el destino les tenía señalado. Segundo: visitar a Angelina, contarle la verdad aproximada, recoger los pertrechos de la fuga y escapar en un tren. ¿Adónde? Hacia los lugares de la infancia. Volvería a ver el eucalipto y el pozo. Por allí había cañadas agrestes donde quizá pudiese construir una choza, e incluso encontrar trabajo de pastor. Tan lejos, nadie repararía en él. Dirían: «Es Olías, el hijo de aquellos Olías del llano, que ha vuelto». Luego, pasados unos años, llamaría a Angelina para que se reuniese con él en la cañada. Aquella perspectiva lo animó definitivamente a la acción.

Apenas bajó del autobús, buscó una cabina telefónica y oyó a lo lejos el saludo nasal: «Aquí Requena y Belson. Gil al habla. Dígame». Gregorio se llevó una mano a la boca, para deformar la voz, y poniendo en ella un intrincado acento inglés, contó que era Nick Porter, presidente del Centro Cultural Amigos de Faroni en América, que acababa de recibir un télex de la India y que llamaba para dar una mala, funesta, trágica noticia.

—Escuche y no hable —dijo—. El gran Faroni ha muerto. No decir nada, Mister Mounro —se adelantó al balbuceo exclamativo que ya se insinuaba al otro lado de la línea—. Nada decir. Hoy mundo estar de luto. Matáronle enemigos progreso. Los mismos que ahora manchar memoria con sucias mentiras. No los crea. Irá verle policía. Le decir que Faroni ratero, que asesino. Nada crea. Todo niegue. Ahora, no hace ya falta abandonar ciudad. Quédese en ella y sea feliz. Un abrazo, amigo Yil. ¡Viva el maestro! —y sin dar tiempo a la réplica, colgó.

Gregorio creyó salir de la cabina telefónica sinceramente compungido con la noticia de su propia muerte. Pero un dolor así, receló enseguida, sólo podía ocultar la amenaza de otro mayor, con el que acaso no se atrevía a encararse. Entonces empezó a sospechar que su habilidad de farsante quizá no llegase al virtuosismo de poder fingir el sufrimiento. Y la sospecha se hizo certidumbre al advertir que había sentido más la muerte de Faroni que la real y humilde de Paquita, y que, por lo mismo, todos sus proyectos de salvación y penitencia no tenían en el fondo otro propósito que el de rehuir su condición de criminal. Pegado a las paredes, con pasos desmemoriados y vacilantes, comenzó a andar hacia casa. Sí, hasta el sufrimiento lo había falseado, exagerándolo ventajosamente para que, al idear un castigo proporcional a tal desmesura, tanto el dolor como la penitencia se convirtieran en algo ilusorio, y le sirviesen, más que de quebranto, de evasión y disculpa. Aquel alarde de desvergüenza agravó la lastimosa imagen que tenía de sí mismo. Porque no era sólo un asesino, y se fue deteniendo en el remanso de un súbito y exasperado malestar: en su soberbia, disfrazada de abnegación, se había erigido también en cómplice, en encubridor, en juez, en abogado defensor, en fiscal y en verdugo. Hasta allí llegaba su cinismo. Así de despreciable era el espectáculo de su inocencia, del que él era al mismo tiempo empresario y bufón. Allí estaba, parado en una esquina, frío y astuto como una serpiente, mientras sus congéneres se afanaban alrededor en honradas tareas.

Entonces comprendió que el castigo infligido por propia mano más tenía de placer que de daño. Comprendió que sólo a los demás estaba reservado el derecho de fijar el precio del delito y los límites de la culpa, y que nadie por sí mismo puede expiar con precisión los crímenes cometidos contra el mundo. Sólo en ese momento sintió Gregorio verdadero dolor por Paquita y tuvo la necesidad ineludible y cierta de entregarse. El no era un hombre capaz de burlar impunemente la ley. Tampoco él era una hiena. ¿Cómo no haberlo comprendido antes? De pronto, la vergüenza de un juicio público y los horrores de la cárcel, le parecieron un precio irrisorio para la magnitud de sus pecados. Eso sin contar lo que el arrepentimiento espontáneo tiene de atenuante. Y ya puestos a ver, ¿qué decir de aquel acto cívico y piadoso de irrumpir en la comisaría, abrir los brazos y declarar: «Señores, he cometido un asesinato y vengo a entregarme y a implorar justicia»? Ya se encargaría él de explicar qué fácilmente pudo huir y cómo, renunciando a la mansedumbre de una vida libre y pastoril, prefirió aceptar los preceptos de la conciencia. Y empezó a preparar el discurso que echaría en el juicio.

Cerca ya del barrio, pensó otra vez en Gil, y al hilo de la evocación decidió que, antes de entregarse, debía hacer al menos dos cosas: una, despedirse de Angelina; otra, acercarse al café y allí mismo escribir y encomendar al camarero una carta para Gil, donde pensaba decirle que él, Gregorio Olías, iba a entregarse y a confesar un crimen del que no era culpable, con el propósito de proteger (por razones que ahora no tenía tiempo ni ánimos de explicar) el buen nombre de Faroni. Y Gil, conocedor por experiencia propia de las trampas que se gastaba la policía, quizás interpretase las evidencias no como testimonio de culpa sino como heroica artimaña que el fiel biógrafo utilizaba para despistar a los enemigos del maestro. Entre otras cosas, tan breves como enigmáticas, pensaba rogarle en la carta que no acudiese al juicio, y aunque ahora, sin la vigilancia de Antón, bajaría hasta el río a ver los barcos, y buscaría las pirámides y las bandas de música y entraría por fin en el café, a pesar de todo, quizá le quedase para siempre la duda (jubilosa por ser secreta) de que quienes negaban a Faroni o eran unos impostores o lo hacían por miedo o por prudencia, de modo que en cada desmentido encontraría también el reverso de una confirmación.

Mucho tiempo estuvo a vueltas con esas reflexiones, y eran ya cerca de las siete cuando llegó a las inmediaciones del café. Mientras bordeaba la plaza, tiritando, oyó a lo lejos una confusa algarabía de voces, y el instinto le hizo detenerse con un respingo de temor. Allí, en la puerta, había un apretado revuelo de gente, un grupo estremecido que se iba engrosando con transeúntes que afluían corriendo de todas direcciones para observar el suceso de cerca. Entre el bullicio, descollaba una voz que a Gregorio le resultó penosamente familiar. También él, sin saber cómo, se apresuró agarbado tras un grupo de corredores, y mezclado con ellos, con una mano en la cara, como si le doliesen las muelas, tomó posiciones entre los últimos curiosos. Con mucha prudencia, se puso de puntillas y miró al centro del corro. Allí, agitando la garrota y gritando fuera de sí, estaba Antón. Con una mano sostenía por el cuello de la gabardina, como a un conejo, a un hombre que Gregorio apenas alcanzaba a ver, pero en el que reconoció de inmediato a Gil. Los dos estaban de espaldas. Enfrente, haciendo grupo propio, Gregorio vio a Marilín, al maestro, a la criatura de pardo y a muchos contertulios. Antón los señalaba, barriéndolos con la garrota y gritando con furia:

—¡Son todos comunistas! ¡Todos campean bajo la bandera de Faroni! Este —y presentó a Gil con un capón— es el libertino, el lascivo, el chulo, el tenorio y el revolucionario. Esa —y apuntó al maestro— es la alcahueta Merlina, y ésa —e intentó alcanzarla en la cabeza con la garrota— es la meretriz, la gran daifa, la suripanta, la zorra desorejada, la entretenida, que con este granuja —y le dio otro capón— corona a su marido, el buen Alvar Osián. ¡Y todos son comunistas ateos, y su jefe es Faroni! ¡Y ese local es una mancebía!

El maestro lo miraba pálido y boquiabierto. Quiso decir algo, adelantando el prólogo indulgente de una mano, pero Antón se abalanzó hacia él con un remedo femenino y sarcástico en la voz:

—¿Qué dice la alcahueta, la ateaza, la vieja verde, la bujarrona de las pieles, la bachillera clueca, la hablanchina, la parloterilla, la comunista boquirrubia, la grajilla marimacho, la comadre nefanda? —y por cada epíteto le iba extraviando tientos de garrota.

Algunos contertulios se le echaron encima, y contra ellos descargó Antón el furor errático de los golpes.

En ese instante, dos guardias se abrieron paso hasta el centro del disturbio.

—¡Agentes, aquí les tengo retenido a un piquete de comunistas! —rugió Antón—. ¡Menos el líder, lo mejor del elenco está presente!

El grupo de curiosos cerró filas en torno a lo que parecía el momento cumbre del drama. Se hizo el silencio, y el maestro aprovechó para hablar:

—No sé quién puede ser —se dirigió a los guardias.

—¿Ah, no? —relamió y afeminó el tono Antón—. ¿No conoce la marimarxista a Faroni, ni a Alvar Osián, ni al libertino éste?

—No sé de qué me habla.

—Y tú —se dirigió a Gil con una pescozada—, ¿tampoco conoces a la marimerlina?

Se oyó la voz afligida pero firme de Gil:

—Es uno de los maestros de la tertulia.

El maestro enarcó escéptico las cejas.

—Yo, señor —siguió Gil, zafándose de Antón y recomponiéndose dignamente la gabardina—, soy Dacio Gil Monroy. El del pensamiento del cuervo y del queso. ¿Se acuerda?

El maestro ejecutó un resignado y paciente gesto de estupor.

—¿Sabe? He venido a decirle que el gran Faroni ha muerto. Me han llamado de América, el señor Porter.

—¡Son consignas! —bramó Antón—. ¿Ven ustedes, señores agentes, cómo los dos conocen a Faroni? Y a esta pendona también la conoces, ¿no? ¿Es o no es ésta Marilín, la mujer de Osián?

—No señor —dijo serenamente Gil—. La señorita Marilín está en la India.

—¡Mientes, bellaco! —aulló Antón, sacudiendo a Gil, y por un momento Gregorio pudo ver su perfil deformado de ira—. ¡Tú solo te has delatado! ¡Porque quien está en la India es Osián, el coronado, y no por su gusto sino por culpa tuya, seductor!

Marilín, con un dedo, hizo un gesto de chifladura.

—Sí, debe de estar loco —dijo el maestro.

—¿Loco yo, maricona? —vociferó Antón, y alzando la garrota lo alcanzó en el rostro, quebrándole las gafas.

Uno de los guardias se lanzó a separarlos, mientras el otro, inflando el tórax y cuadrando la quijada, gritó:

—¡Disuélvanse! ¡Fuera todo el mundo!

El corro inició a regañadientes una medrosa retirada. Gregorio, espantado y estupefacto, cruzó la plaza camuflado entre los viandantes y, como ellos, andando de perfil. Desde el otro lado se volvió de recula con el rostro desencajado de pánico y vio cómo los guardias se llevaban a los protagonistas del disturbio. Antón agitaba a voces la garrota, abriendo la marcha hacia la comisaría, y detrás, flanqueado por los agentes, arreaba el grueso del grupo.

Lo primero que sintió Gregorio es que ahora temía más la justicia de Antón que la de los jueces. Tanto era el terror que le inspiraba aquel hombre —y su venganza sería terrible cuando descubriese la burla—, que ni siquiera tuvo tiempo de compadecerse de Gil. Había que entregarse, y pronto, porque con el nombre de Faroni aparecido en varios frentes, no tardarían en ir, quizá todos juntos, unidos ahora por el despecho del escarnio, a interrogar a Angelina. Cada uno con su acusación particular y todos sedientos de venganza: Gil, Antón, la mismísima policía, la madre, doña Gloria, el comerciante, Marilín y el maestro. Todos contra él. ¡Y qué rechifla se organizaría en el juicio! *¡El gran Faroni!*, titularían las crónicas. Y le sacarían chistes, motes y caricaturas. Y luego estaba el libro, las fotos, los viajes, el prólogo de Hemingway, el biógrafo, su romance con Marilín, sus obras perdidas y tantas otras invenciones. Sería el hazmerreír de todo el mundo. El rostro se le llenó de lágrimas ante la vergüenza de tener que admitir uno a uno sus muchos embustes, a cual más pretencioso. Y el caso es que él no era un mal hombre, y no se merecía desde luego aquel trato. «Si yo soy buena gente», se dijo, pero esa convicción, más que consolarlo, le agravaba las penas. «No, no me entregaré, no dejaré que se burlen de mí. Pero tampoco voy a huir. Lo que haré será suicidarme», pensó con coraje, con rencor, casi con alborozo, y más animado ante aquella solución terrible pero airosa, pues nadie se burla de quien a sí mismo se ha castigado con la muerte, se puso a pensar en el mejor modo de llevar a cabo sus designios.

Ante todo decidió que se suicidaría lejos de la ciudad, donde su cadáver no fuese encontrado. Así evitaría la humillación de que alguien pudiera interpretar su muerte como reconocimiento de culpa, a la vez que dejaría a más de uno en la incertidumbre de quién era Faroni y dónde andaría ahora. ¡Se iban a enterar todos de lo que era capaz el impostor! Llevaría la farsa hasta sus últimas consecuencias. ¿No había difundido la noticia de que Faroni había muerto en la India? Pues bien, he aquí que también esto iba a resultar medianamente cierto. Y muerto él, ¡allá cada cual con su conciencia! Mientras corría hacia casa, se le representó su cuerpo devorado por buitres y chacales, y hasta se imaginó su esqueleto, oculto en lo más áspero y melancólico de un canchal. Lejos de sentir miedo, se llenó con una suerte de exaltación lúgubre, y no tanto por lo que su acto tenía de expiación como por lo que secretamente alimentaba de venganza. A manotones se secó las lágrimas, y por primera vez desde hacía mucho tiempo, le pareció que la desesperanza se serenaba en un turbio y desolado remanso de paz.

En un instante llegó a casa, corrió escaleras arriba y llamó al timbre.

—Pero, ¿no quedamos con que ibas a venir anoche? —le preguntó de inmediato Angelina.

Gregorio se apoyó en el quicio, bajó los ojos y tragó saliva.

—No pude —se excusó—. Han ocurrido cosas.

—Qué cosas.

Gregorio movió desalentado la cabeza y entró balanceándose en el pasillo.

—Cosas terribles —dijo—. Vengo a coger algo de equipaje y me voy enseguida. Me están buscando y no tardarán en venir.

Angelina lo miró de arriba a abajo.

—Pero, ¿tú te has visto cómo vienes? Dónde habrás estado.

—Por ahí escondido —se lamentó, revolviéndose el pelo.

—Anda, pasa dentro —dijo ella—, que pareces un pordiosero.

Entraron en la sala en penumbra. Desde el otro lado, el perrillo se destacó unos pasos y le opuso un débil aullido.

—¿Quién ha venido? —gritó la madre.

—¡El de la luz! —contestó Angelina.

Se volvió a Gregorio:

—Entonces, ¿qué ha pasado? —murmuró.

—Nada, que he venido a despedirme y a que me perdones —replicó Gregorio, derrumbándose en su sillón de siempre, y con un tono que no acababa de sonarle sincero.

Angelina cruzó la sala para encender la luz, pero Gregorio la detuvo agitando una mano:

—No, mejor a oscuras. Estoy cansado y medio enfermo.

—Pero entonces, ¿cómo es eso de que vienes a despedirte? —susurró ella, y se acercó y se quedó inmóvil frente a Gregorio.

—Pues eso, que he venido a recoger algunas cosas. Que me voy para siempre.

—¿Adónde?

—No sé. Lejos. Al extranjero.

—Y dale con el extranjero. Pero, ¿por qué te vas?, ¿qué es lo que ha pasado?

—Que nos han cogido a todos —confesó Gregorio, con un tono de queja infantil—. Hubo una pelea y un muerto y están por ahí buscándonos.

Angelina lo miró con paciencia.

—Pero entonces, ¿has matado a alguien? —preguntó indecisa.

—Y yo qué sé, creo que no. Estábamos allí todos y el muerto no nos dejaba salir. Hubo unos gritos y alguien perdió los nervios. Fue todo muy confuso. Y además no había luz.

—Pero, ¿tú lo mataste?

Gregorio resopló abatido.

—Qué va, pero yo estaba allí, con el equipaje. Es muy difícil de explicar.

—Pues entonces, entrégate. Verás como todo se aclara y te perdonan. Diles lo que ha pasado.

—No, me matarían, o me encerrarían para siempre en la cárcel. Tengo que huir.

—¿Con quién hablas? —gritó la madre desde su cuarto.

—¡Es la radio! —dijo Angelina.

—¿Y qué ponen a estas horas?

—¡Es una misa! ¡Anda, duérmete!

Angelina bajó un poco más la voz.

—Puedes esconderte aquí en casa, en el sótano.

—El sótano es lo primero que registrarían —la disuadió Gregorio.

—Pues entonces nos mudamos de barrio. ¿No ibas a poner una tienda?

—Eso tampoco puede ser. Ya es tarde. ¿No te he dicho que me están buscando?

Callaron sin saber qué decir. Gregorio escuchó en las honduras de la casa el entramado cuchicheante del silencio.

—Y ¿cuándo vuelves? —preguntó al fin Angelina.

Gregorio se retorció las manos, mientras se echaba atrás y cerraba los ojos.

—No lo sé. A lo mejor no vuelvo nunca —dijo con un hilo de voz, y el tono le pareció, a pesar de su sinceridad, tan falsamente dramático, que añadió:

—Bueno, ¡y ahora me tengo que ir!

Se levantó violentamente y se quedó mirando alrededor, como buscando una salida.

Angelina le puso una mano en el hombro:

—Por lo menos espérate a cenar. Todavía está ahí la tortilla de ayer.

—¿Y si vienen a buscarme? —dudó Gregorio, con voz cómplice.

—No abrimos.

—Pero, ¿y tu madre?

—Le diré cualquier cosa.

Gregorio movió resignadamente la cabeza y Angelina salió hacia la cocina. Mientras la oía trastear, fue al baño, cogió dos tubos de pastillas y salió sin mirarse al espejo.

Volvió al sillón. Ya había oscurecido, y en la esquina brillaba el farol que durante tantos años había presidido sus devaneos nocturnos. Le pareció que, como cada tarde, acababa de volver del trabajo y se había sentado a descansar. Cerró los ojos, y al instante reconoció en la penumbra el olor tenue pero inconfundible de su propia vida. Era el olor que había segregado durante muchos años y que estaba en el aire y en las cosas, definiéndolo sin error. «Uno es de un sitio cuando ha producido allí un olor y el sitio huele a lo que uno es», pensó sin inquietud. Lo demás (ser católico o ateo, tener hijos o estudios, montar en globo, dominar un arte o un caballo) le pareció de una importancia apenas risueña. La memoria del cuerpo no podía quedar en una biblioteca, y ni siquiera en una estatua, sino en una cortina, en unos pantalones o en el aire de un cuarto o de un pasillo. «Legar un pijama a las generaciones venideras», se dijo, con una tristeza que le pareció ya última, mansa y definitiva.

Mientras cenaba, Angelina volvió a pedir detalles de lo que había ocurrido, pero Gregorio siguió contestando con evasivas. Hablaban en susurros, para no alarmar a la madre. Angelina continuaba de pie, paciente e inmóvil, y Gregorio comía con amargos bocados, intentando imponer como argumento la autoridad de su tristeza. Luego apartó el plato, se recostó en el sillón y hundió la vista en el vacío. Entonces se dio cuenta de que llevaba casi un día sin fumar. Le asustó que la sinceridad y competencia de su amargura —que tan inconscientemente se había manifestado—, le hiciese perder el control de sus actos.

—Yo, Gregorio, no entiendo nada —volvió Angelina a lo suyo—. Ni por qué te vas ni qué ha ocurrido. Tú sabrás lo que pasa.

—Lo que pasa —contestó Gregorio con voz lenta y desengañada—
es que soy un bicho. Siempre fui un bicho. Ya de niño maté una vez
un gato. Lo metí en una jaula y lo ahogué. ¿Comprendes? Mi vida
casi toda es mentira. He engañado a todos, empezando por mí. Y debo
de ser tan bicho que ni siquiera tengo muy claro que haya mentido a
nadie. Lo que pasó es que de pronto empezaron a hacerme preguntas
y yo respondí. Pero yo no he dicho ninguna mentira que no haya
sido una respuesta a algo. De chico me preguntaba mi abuelo, «¿qué
quieres ser?», y yo decía por decir algo, «toro», y él, «¿toro?», y mi
madre, «¿y no querrás ser sacerdote?», y yo les decía, «sí, sacerdote y
toro, toro santo», porque yo quería complacer a los dos. Y mi padre,
«mejor almirante», y yo, «pues también almirante, santo toro almirante». Y así empezó todo. Y a ti, ¿qué te dije? Que iba a ser ingeniero, y
hasta te propuse marcharnos a la selva a hacer puentes, ¿no? Bueno,
y aquí estoy ahora. ¿No te doy pena? Me hubiera gustado tener un hijo
para enseñarle a ser un hombre de verdad, y no como yo, que soy un
mal bicho.

—No, tú eres un buen hombre, honrado y formal —dijo Angelina
sin alterar la voz—. Lo que pasa es que no sabes lo que quieres. Eres un
culo de mal asiento y entre unos y otros te han malmetido. Eso es lo
que pasa.

—Me alegro que digas eso. A mí me gustaría que cuando ya no
esté, me recuerdes con, no sé, con cariño y respeto. Y quiero que me
perdones por todo y que no pienses mal de mí, oigas lo que oigas. Yo
también creo que en el fondo soy un hombre honrado. ¿Lo harás?

—Sí.

—¿Y me perdonas?

—Sí.

—No te creas lo que te digan. Recuérdame como cuando nos conocimos.

—Pero, ¿todavía sigue la misa? —gritó la madre.

—¡Sí!

—¡Qué larga es! —exclamó admirada—. ¿Es de muertos?

—¡Sí!

—¡Ya decía yo! —dijo al rato.

Gregorio empezó a adormecerse.

—¿Cómo está? —preguntó.

—¿Mi madre? Ahí está la pobre, en la cama, medio inválida.

—Y ese perro —y derramó una mano en el aire—, ¿cuántos años
tiene?

—No sé, por lo menos treinta.

—Yo creía que los perros vivían menos.

—Pues ahí sigue —dijo Angelina, bajando la cabeza.

—Treinta años —dramatizó Gregorio, con la voz ya espesa de sueño—. ¿Te acuerdas cuando éramos novios y íbamos a la academia?

—Sí.

—Qué tiempos. ¿Y de cuando fuimos a la costa? ¿Te acuerdas que nos montamos en una motora?

—Sí.

—Y cuando cogíamos conchas, ¿te acuerdas?

—Sí.

—En el fondo hemos sido felices —se entristeció Gregorio, con un torcimiento de dolor en la boca.

Angelina empezó a recoger los restos de la cena.

—Y ¿qué harás por ahí lejos?

—Ya veremos. ¿Y tú?

—Coseré —dijo ella sin dudar.

—Sí, la vida no era tan mala como yo creía entonces —dijo absorto, y dio un largo bostezo.

Oyó cómo Angelina salía sigilosamente, y enseguida el sueño empezó a borrarlo. Recordó que podían sorprenderlo allí, pero en ese instante le daba igual la cárcel que la muerte, y dejó que el destino decidiera por él. «Si vienen, confesaré todo; si no, cuando me despierte me iré.» Se tocó el bolsillo, buscando los tubos de pastillas, y con la mano sobre ellos, se durmió.

No tardó en despertarse. Al principio le pareció que estaba en la pensión esperando la hora de la fuga y que en ese momento acababan de dar las doce en todos los relojes. La súbita percepción de la realidad le hizo comprender que no estaba soñando, y que desde el primer instante había oído claramente el timbre de la puerta y los pasos apresurados y furtivos de Angelina cruzando la sala. «Ya están aquí», se dijo, poniéndose en pie y asegurándose de que las pastillas seguían en su lugar. Tenía la cara y las manos cubiertas de sudor, y una rigidez de estatua que le impedía correr hacia el cuarto de baño y hasta componer una estampa digna. No tenía noción de su propio cuerpo, y al oír el segundo timbrazo sufrió la sensación de que seguía soñando. Pero entonces oyó una voz de hombre y luego oyó a Angelina decir, «sí», una, dos, tres veces. Enseguida se acercó al pasillo y oyó cerrar la puerta. Percibió el silencio como un mar de presagios, en cuya ilusoria lejanía podían escucharse los cantos invisibles de las sirenas.

Pálido y desencajado, vio avanzar en la oscuridad a Angelina. Traía un papel en la mano y venía sola. Se miraron largamente antes de hablar.

—¿Quién era? —balbuceó.

—El sobrino de don Isaías, el del sexto. Que dice que de parte de su tío que subas a verlo. Ha traído un papel.

—¿Un papel? —dijo maravillado.

—Un papel. Tú sabrás lo que os traéis entre manos.

—Pero, ¡si yo no lo conozco!

—Pues que subas a verle ha dicho.

—Y ¿quién es ese don Isaías?

—No sé, un viejo que no sale de casa. Dicen que si es mago. A papá le sacó el horóscopo de las estrellas y le dijo que iba a participar pronto en una gran batalla. Y fue verdad, porque un mes después cayó enfermo y murió.

Gregorio cogió el papel, se acercó a la ventana y lo leyó a la luz del farol de la calle: *Antes de huir, te ruego encarecidamente que subas a verme. Aquí estarás a salvo de la policía. Te espero en la terraza, I.*

—¿Qué dice? —preguntó Angelina.

—Que suba a verlo. No sé qué me puede querer. No lo conozco, pero por lo visto él a mí sí.

—Pero, ¿qué es lo que pasa ahora? —gritó sobresaltada la madre.

—¡Nada! ¡Duérmete! —dijo Angelina—. ¡Es la radio!

—Pero, ¿todavía sigue la misa? ¿Es que no va a acabar nunca?

—¡Ya se está acabando! ¡Duérmete!

—¡Ay, vida vida! —se oyó aún.

Mientras preparaba el equipaje, Gregorio volvió a explicar que no conocía al tal don Isaías y que no pensaba subir a verlo, porque a lo mejor era una trampa. Angelina le iba doblando la ropa en la maleta y dándole consejos para cuando estuviese lejos del hogar.

—Los pantalones los doblas por la noche para que no se arruguen. También te pongo hilo y aguja para los botones. Y no te remangues los jerseys, que se anchan, y la ropa cuesta mucho. Y cuando llegues donde vayas, no te olvides de escribir, que sepamos dónde estás. Aquí va un bote de polvos de talco para las manchas de grasa. Te lo das corriendo y luego te cepillas bien. Dios mío, qué habremos hecho para merecer este castigo.

—También necesito algo de dinero —dijo Gregorio, con la maleta ya en la mano.

Angelina buscó en el armario y le tendió algunos billetes muy doblados.

Gregorio bajó la cabeza:

—Ahora me doy cuenta de lo buena que eres —dijo.

—Tontunas —replicó ella—. Ahora lo que tienes que hacer es trabajar y sentar la cabeza.

—Si no te escribo, será porque no puedo, pero que sepas que me acordaré mucho de ti. Y quiero que me perdones.

—Yo seguiré aquí —dijo ella, sin un quiebro de voz—. Si vuelves, aquí estaré, como siempre.

Gregorio movió la cabeza, hizo un puchero de aflicción viril y, de pronto, la abrazó y se puso a llorar y a estremecerse en su hombro.

—¡Soy un bicho! —gimoteaba—. ¡Un bicho malo que no merece tu perdón!

Angelina lo dejó llorar sin decir nada y sin corresponder al abrazo. Luego lo apartó y lo miró con la expresión neutra y serena.

—Y ahora vete, no te vayan a coger. Y ve a ver a don Isaías, que a lo mejor puede ayudarte.

Salieron al pasillo.

—Adiós, Angelina. Qué mal pago te he dado —le dijo ya en la puerta, cabizbajo y lloroso.

—Tontunas —dijo ella, y sin esperar más, cerró la puerta con rápido sigilo.

Capítulo XXIV

La escalera estaba en completa oscuridad. Gregorio buscó la barandilla, bajó dos escalones y, tras detenerse un instante y mirar a lo alto, inició un rápido descenso. Pero al llegar al último rellano volvió a detenerse. ¿Quién sería aquel viejo, y cómo se habría enterado de que lo perseguía la policía y de sus intenciones de huir? ¿Y si subiera a ver qué le quería? Angelina le había dicho que quizá pudiera ayudarlo, pero aun en el caso de que no lo hiciera no tenía nada que perder. Por otra parte, los trabajos y riesgos de la fuga le producían un sentimiento confuso de miedo y de pereza. Y luego estaban los remordimientos y los dos tubos de pastillas, y dudaba qué sería peor, si el valor de usarlos o la tortura de no atreverse a ello y tener que afrontar una existencia de alimaña. «Pase lo que pase, no tengo nada que perder», se repitió, y tomó escaleras arriba.

Subía en la oscuridad con incorpórea lentitud de buzo, entre murmullos, crujidos y campanadas de reloj, y en el sexto piso dio a otra escalera, estrecha y más oscura, que ascendía bruscamente. Olía a enseres mutilados, que estaban allí escondidos como a la espera de una segunda oportunidad de ser útiles. Olía a sillones desfondados por varias generaciones de culos honestos. Era el olor de la especie, donde los muertos y los vivos confunden sus aromas. Guiado por un fósforo, tras una trabajosa espiral llegó ante una puerta mal entablada, que cedió hacia fuera, con largo gemido. Antes de cruzarla, Gregorio se obligó a pensar que en caso de apuro sabría sostener indefinidamente una mirada, se obligó a sentir la fuerza en reposo de sus puños, el poder invencible del desprecio, el recurso definitivo de la burla, el argumento mortal de la inocencia. Renunció a seguir acumulando razones para el valor, no fuese a encontrar entre ellas alguna que lo animase a retroceder, y además, «la vida es breve», se dijo, «y al final se nos queda riendo a todos la calavera». Se agachó, y con una levedad tan aérea que le parecía ascender por la escala de luz de una evasión mística, dio tres pasos y salió al aire libre.

Un leve viento de altura le refrescó la cara. Quieto en la oscuridad, encendió un pitillo, que dejó colgado en los labios, lanzó la cerilla sobre el hombro, hundió las manos en el abrigo, según las reglas más severas del arte policíaco, y finalmente miró alrededor. En un extremo de la terraza había dos sillas, y en medio una lámpara de carburo, y más allá, junto al pretil, de espaldas al círculo de luz, la figura inmóvil de un hombre robusto, y bien abrigado, que miraba al vacío. Por sobre el zumbido de la lámpara, se percibía el ruido y el bulto de su respiración, y no había en ella ritmo sino irregulares y poderosas alentadas de fuelle, que parecían rehacerse según un orden de fortuna. Gregorio dio dos pasos de acercamiento y de rodeo. Pensó que con las gafas y el sombrero, hubiese enfrentado con más garantías una situación que se le antojaba de repente irreal. Dio un paso más, y cuando entendió que aquel jadeo parecía a punto de articularse en lenguaje, se arrepintió de no haber traído alguna frase preparada, una frase dura y excluyente, absurda y feliz, con la que defenderse de la hostilidad de las frases ajenas: algo con que construir en el silencio un refugio seguro contra la adversidad. Pero no tuvo tiempo de buscarla, ni de retroceder, porque enseguida el observador nocturno, volviéndose apenas, dijo:

—Al fin has llegado. Estaba esperándote para decirte primeramente que, según mis conjeturas, nunca has subido tan alto como hoy. Si no me equivoco, nunca pasaste más allá de un tercer piso, ¿no?

Y, sin esperar respuesta, como si acabase de confirmar un hecho al que la evidencia otorgaba un valor meramente sentimental, añadió:

—Acércate y mira.

Su voz era gruesa y afónica, como un débil torrente de piedras, y de una lentitud deliberativa que invitaba al sueño y al sosiego. No parecía hablar de nuevas sino como retomando cansinamente un discurso interrumpido hacia sólo un instante.

Gregorio, fascinado por la amigable irrealidad —y le parecía desenvolverse en el espacio escénico de un sueño—, se subió las solapas y avanzó hacia la luz. Era una noche fría, clara y estrellada, y abajo se extendía la ciudad, despepitada de luces hasta donde allegaban los ojos. Vio las líneas de lumbre de las avenidas, los carruseles de lumbre de las plazas, la fuga de centellas huyendo hacia los arrabales, donde sólo algún débil guiño se debatía en las sombras, y más allá la lejana plenitud de la noche, como un encrespado mar de silencio.

—Mira, hijo —dijo el observador, con su voz neta y ronca—. Esta es la ciudad donde has vivido desde niño. Por allí —y señaló el sur—, llegaste tú, hace treinta y ocho años, dos meses y once días. ¿Recuerdas? Traías un abrigo verde y una maleta de cartón —añadió con su voz amasada en guijarros, que le subía rodando de las tripas—. Hace treinta y ocho años, que es como decir: no ocurrió nunca, o llegaste volando en una canastilla verde.

Gregorio ladeó la cabeza con una torsión inquisitiva. Sólo distinguía en la penumbra el bulto del observador, pero sobre su cabeza surgió de pronto la luna creciente y un soplo de aire puro puso a flotar algunas hebras del cabello en el cerco de luz. Dio un paso más. Aunque confuso, no tenía miedo: la irrealidad, la noche, la mansedumbre de la voz y, sobre todo, la convicción de que ya no tenía nada que perder, lo llenaron de una paz invencible. Así que entornó los ojos y, oponiendo el perfil, preguntó:

—¿Cómo sabe usted todo eso?

El otro asomó un dedo sobre el hombro:

—¿No te han dicho de mí que soy brujo, que hago magia con las estrellas?

—Algo de eso he oído —se acauteló Gregorio.

—Supersticiones —dijo el observador, girando lentamente.

Al contraluz de la lámpara, Gregorio percibió el brillo de la garganta desnuda.

—Hace ya muchos años que dejé de mirar las estrellas. Unos sesenta, por lo menos, desde que me convertí en filántropo —y había en la voz un cansancio dulce y definitivo que excluía la burla.

«En fin, vayamos abreviando», añadió. Con rigidez de aparecido, o como un santo patrón desplazado por el fervor popular sobre una peana de frágiles ruedecillas, dio dos pasos y la luz de la lámpara le iluminó vagamente el rostro. Debía de tener muchos años, a juzgar por la textura de la piel, apergaminada y hendida por un profundo laberinto de arrugas, en el que brillaban dos puntos insomnes de luz, como los ojos de un roedor. Dos puñados de pelo musgo le circuían el cráneo, calvo, con postillas y espléndidamente errabundo, como una cebolla planetaria, y de las orejas le sobresalían dos formidables escobillones de hebras hirsutas. Había en él una mezcla incomprensible de decrepitud y de vigor, quizá porque, aunque robusto, más que fuerza había en su estampa como un derroche de debilidad, y aquella debilidad, al exigir de cierta energía para manifestarse, se confundía con el vigor, el cual confirmaba de nuevo la debilidad, y así sucesivamente. Tenía la inmovilidad desaforada de los espantapájaros, y un aspecto de desamparo al tiempo que de plenitud, de corpulencia que más era un estorbo que un sostén. Su expresión, sin embargo, parecía afable y confiada. Gregorio se agachó un poco, para verlo mejor, y de pronto se echó atrás con un grito de espanto dibujado en el rostro: acababa de ver en la frente una mancha rosada, algo que antes de distinguir con claridad reconoció como una cicatriz, ancha, tierna y sinuosa, y que parecía en efecto un enorme ciempiés. «¡El diablo!», pensó a voces, intentando despertar. Pero no sintió miedo sino la sensación de que se debatía en un tiempo hecho fango.

—¿Me conoces ahora? —dijo don Isaías.

Gregorio, mirándolo boquiabierto, meció la cabeza en el abismo de la fascinación.

—¿Te acuerdas entonces de los tres libros mágicos de tu tío Félix? ¿Te acuerdas cuando te enamoraste y yo te consolé? ¿Y de aquel verano que descubriste la poesía, y cuando te cambiaste el nombre y te compraste el traje, el sombrero y la gabardina para ir al café? Te he citado en la terraza porque aquí estaremos a salvo de la policía. Sólo quiero despedirme de ti —y adelantó una mano, como una zarpa enferma, hacia el cerco de luz—. Porque supongo que piensas huir, ¿no es cierto?

Gregorio ladeó la cabeza y, sílaba a sílaba, preguntó:

—¿Cómo sabe usted todo eso?

—Tengo muchos años —dijo el anciano, acercándose a la luz—. Mira —y se pellizcó la carne—, soy una torre en ruinas, habitada por murciélagos y lechuzas. A esta edad, y aun mucho antes, el destino se hace portátil y uno carga con él como con un ingenio ortopédico.

Retrocedió tosiendo a la oscuridad y se apoyó en el pretil.

—Aunque en realidad —continuó, acomodando el tono a la inminente amplitud del relato—, todos llevamos algo a cuestas. Tú, por ejemplo, según mis observaciones de hace muchos años, deberías de llevar ahora un mono al hombro.

—¿Yo?

—Sí, un mono. Hay también quien lleva un tronco o un poco de serrín. Es un modo de hablar, no exento, a pesar de todo, de rigor científico. Pero tengo muchos años y no sé explicarme sin atajos. Un dicho breve es para mí una fiesta. ¿No oyes? —y, en efecto, en el silencio compartido se escuchó como un oleaje—. Ando mal del pecho y sólo descanso siendo clásico.

Se pasó una mano por los ojos y tomó fuerzas para concluir: «Las sentencias y el puré de patatas son mi único alimento».

Gregorio esperó un instante a que aquellas palabras perdieran su vigencia.

—¿Cómo sabe usted todo eso? —volvió a preguntar, con una voz entre súplica y reto.

El observador se ajustó el cuello de la bata y permaneció callado en la oscuridad, alentando poderosamente, mientras se reponía de los estragos de la última frase. Bajo los dos moñetes de pelo musgo, inflamados por el viento, su cara tenía una expresión impenetrable y serena de saurio.

—Escucha, Gregorio, o Faroni, o como te llames: no debes tener miedo. Tranquilízate, hombre, y no hagas mucho caso de lo que te digo. Los viejos hablamos para oírnos a nosotros mismos y, oyéndonos, saber que seguimos vivos. Quien más habla menos muerto parece. Pero, por otro lado, no quisiera morirme con una necedad en los labios, y como me queda poco tiempo de vida, hablo haciendo posdatas y atajando a través. Si tuviera una flauta y supiera tocarla, y tuviese edad para bailar, delante de ti danzaría al compás del minueto, y luego te invitaría a rivalizar en discreción. ¿No sería una hermosura? Seríamos árabes infiltrados en un jardín ajeno, emires disfrazados de propietarios de camellos, y siendo la noche clara, y nosotros jóvenes, nada nos impediría ser también sabios y gentiles. Pero no me hagas caso. No soy árabe, ni flautista, ni brujo, ni mago, ni tengo otro poder que el de los muchos años. No debes tener miedo. Te he llamado para despedirme de ti y, si se tercia, hacerte unas preguntas. Pero antes te contaré un poco mi historia, por encima, porque a esta edad ya los achaques no me permiten hilar fino, y verás entonces cómo todo es simple y sin misterio. Entonces quizá comprendas, si no todo, al menos lo suficiente para perdonarme.

—¿Perdonarle? ¿Yo?

—Sí, hijo, tengo contigo una deuda pendiente. Pronto lo sabrás. Pero, ahora, escucha. En otros tiempos te hubiese contado los motivos que me impulsaron a emprender una gran tarea. Pero una de dos: o los he olvidado con el trajín de la propia tarea, o fueron tan triviales que han perdido ya su noble condición de causa. En fin, para abreviar empezaré por el principio. Es cierto que en mi juventud decidí consagrar mi vida a las estrellas. A esa curiosidad no me llevó la religión. Nadie me reveló nada. Ninguna divinidad vino a turbarme el sueño. No, a mí con la fe me pasa como con los calcetines, que me como el zancajo en cuanto ando. Y tampoco fue la gloria, ni el arte, ni la ciencia, ni la inspiración, ni la casualidad. No bebí en ninguna de esas fuentes de agua fresca. Fue sólo un desengaño. Sí, eso fue: una morenita con trenza, de intimidad abrasadora, aunque refrescada en mi pobre imaginación por la más fina lencería y por la altivez de sus pupilas. Tenía un nombre entre virgen y flor. No es que lo haya olvidado. Más bien se ha reproducido. Lo pronuncié tantas veces, que acabó perdiendo el sentido y se confundió con otros anejos. El amor es la abundancia estéril. Eso fue en octubre. Yo había pensado estudiar, ya que no flauta, al menos medicina. Fui a inscribirme, más ágil que optimista, y allí mismo, en el vestíbulo, haciendo cola, me enamoré por separado del nombre y de la trenza. Había, recuerdo, un ambiente festivo, casi campestre. La gente hablaba de lejos, a voces cortas, y no había preguntas: todo eran respuestas. El estudiantazgo, la misma juventud, es así, franca y vocativa. Y yo me enamoré por separado porque, antes de verla a ella, oí su nombre muchas veces. ¡Fulana!, ¡Fulana!, decían de todas partes. La trenza, entonces, con cada grito, se movía a un lado. Yo oía el nombre y miraba la trenza, como cosas independientes, y entre ambas repartía mi ansiedad. Pero cuando los relacioné y caí en la cuenta de que eran partes de la misma cosa, entonces enloquecí de deseo. Comprendí de un solo golpe que en el amor la ignorancia es peluda, y me dije: «Isaías, hermano, se te cayeron los palos del sombrajo. Reniega de Hipócrates, huye aunque sea tarde, tu lugar está en el lazareto». Yo era feo y retraído, un horror de fealdad, como todavía puedes ver, así que no me quedó otra salida que refugiarme en la constancia. Loco de deseo y con el recuelgue duro, allí estaba yo, ejercitándome en la virtud. Porque con el amor, todo se pone tenso. Uno camina más erguido, se hace más alto y de miras más amplias, y es más sabio y hasta más generoso, y es que está en completa erección: todo en él es cipotilla pensante. Y cuando uno piensa de cintura para abajo, ya se sabe, la razón y la quimera firman extraños pactos, engendran raros hijos. Así que, como decía, me refugié en la constancia y en ella viví, hasta que la desesperación, que todo lo alcanza menos lo que persigue, se alumbró con la sospecha de un destino impar. A ti, según mis observaciones, el amor te hizo poeta. A mí me convirtió en astrónomo. Cabría gritar, a dos voces: «Amor: ¡tus sendas son impredecibles!».

Agotado por la imprecación, sujetando la tos, se concedió una pausa, y durante un rato sólo se oyó en las sombras el hervor pectoral.

—No te cuento mis penas de entonces —prosiguió el corpulento y desamparado anciano, bajando la voz e indicando con ambas manos a Gregorio que se fuese acercando— porque, ya se sabe, cuando uno es viejo hasta la relación de sus desdichas parece una jactancia. Baste saber que, enloquecido por el deseo, salí corriendo del vestíbulo y me vine a casa con el dolor, como si fuese un despojo, o como un niño que ha robado un juguete. Y aquí me refugié con él, y aquí he vivido muchos años de unas rentas que tengo, sin apenas salir a la calle. Pero antes de seguir, quizá convenga saber qué clase de joven era yo. Mi padre, que esté en gloria, poseía la voz más hermosa del mundo, una voz profunda y musical, llena de trémolos y acordes, que tenía el don de hacerse obedecer por los pájaros y enseñarlos a hablar sin más esfuerzo que pronunciar él primero y esperar a que los pájaros lo imitasen después. Yo nací en su taller de pájaros parlantes, y era el niño más feliz e inocente del mundo, porque aprendí a hablar oyendo a los pájaros y los pájaros sólo sabían decir cosas buenas y amables, lo que le encargaban los ricos: la Salve o el Credo, himnos victoriosos, saludos de cortesía, coplas siempre alegres y palabras de felicitaciones y de halagos. Había un malvís que decía: «Isaías, bello niño, doctor afortunado». Así que yo crecí sin conocer apenas la maldad del mundo. Un día, sin embargo, ocurrió una desgracia. Mi padre había ganado mucho dinero y, para tenerlo hermoso y bien seguro, que le cupiera en una mano, lo invirtió en un diamante, que guardaba en una caña hueca. Una mañana de junio lo sacó para exponerlo al sol y que se le llenase bien de luz, y una urraca lo cogió en el pico y se lo llevó para siempre, después de decir lo único que sabía: «¡Viva la España colonial!». Esa fue la primera desgracia. Las otras vinieron después. Mi padre se hizo de pronto mal hablado, perdió la voz y los pájaros ya no le obedecían. Se dio a la bebida y a los juegos de envite. Luego enfermó y murió entre blasfemias. No obstante, yo creía aún en la bondad y perfección del mundo, aunque con algunos resabios, los suficientes, como ya te he dicho, para querer ser médico y no flautista. Y como las desgracias nunca vienen solas, voy al vestíbulo y, mire usted por dónde, descubro allí el amor, y con él el infierno. A ti, según mis deducciones, te pasó algo muy parecido, ¿no?

Gregorio lo miró distante: «Más o menos», respondió, en un tono ambiguo que no comprometía a nada.

—El enfermo de amores —siguió don Isaías— siempre hace lo mismo: busca un lugar solitario donde lamerse la pata herida. Y eso es lo que yo hice. Vine aquí y me escondí. Heredé las rentas junto a un catalejo que mi padre compró por ver si volvía la urraca, y que yo usaba para subirme aquí, a la terraza, a cualquier hora del día o de la noche, y enchufarlo por donde a mí me parecía que debía andar la trenza. No la vi, como es natural, ni me importó demasiado, porque la esperanza es algo que vale por sí mismo. Pero a cambio una noche miré arriba y descubrí las estrellas. Ya se sabe, del amor a la astronomía no hay más que un paso. El amor caza alto: es un problema de erección. Entonces entendí que sólo allí arriba podría encontrar la paz. Sólo los astros estaban a salvo del tremedal de las pasiones. Sólo en ellos era posible recobrar la armonía perdida de la infancia. ¡Qué gran hallazgo para un joven a quien la desventura quiso, ya que no feliz, al menos clásico! Total, que cambié la trenza por las estrellas y me vine aquí, y aquí me pasaba las noches mirando a las alturas. Pero estaba escrito: no tardé en descubrir también allí arriba las flaquezas humanas. Como dijo el sabio, el hombre es la medida de las cosas, y las deforma según sus conveniencias, y por eso ha agrupado a los astros en dragones, cabras, sierpes, osas y perros, para dejar también allí constancia de sus pesadillas. Y entonces comprendí que la pasión vivía conmigo, y que era la pasión de la trenza quien me había inspirado aquel apetito de armonía. Por eso había subido aquí, no para buscar la paz sino para encender el espíritu con el fuego maldito de las panorámicas. Aquí en la altura uno se siente fuerte, se embriaga con el privilegio de las distancias y de los volúmenes y concibe la quimera de lo divino y lo infinito, y por eso no es raro que el contemplador asuma entonces la misión de predicar en las aldeas. Y allá irá, medio lisiado, con su vara de andar caminos a gritar en las plazas: «¡Escuchadme, he estado allí arriba y tengo algo que deciros, algo que prometeros y algo de qué amenazaros!, ¡traigo el mensaje que un dios ha confiado a mi humildad!». No hay profeta sin panorámica. No hay religión sin montes. El paria baja a un burdel, pero el vidente escala una colina. Puede que ambos anden con los zapatos rotos, pero quien gasta túnica mal podrá llevar nunca la camisa por fuera. Te lo cuento así, al sesgo, para ahorrar camino y para que no suframos la ilusión de entendernos con demasiada claridad y nos ciegue la luz. En la penumbra se renueva el amor, y la misma prudencia nos aconseja ser más atrevidos. Pero, a lo que íbamos. Entonces supe que allá donde mirase encontraría el reflejo de mis propias pasiones, porque la pasión humana contamina las cosas. Y me dije: «Isaías, búscate a tu alrededor, conócete a ti mismo mirando lo que te rodea». Y miré, y descubrí que mi espíritu estaba en todas partes. En mi alcoba, por ejemplo, en las humedades del techo, encontré un gato alado y un cohete espacial, y a fuerza de buscar, acabé produciendo una trenza, con la sola ayuda de mi pasión. Tal es la fuerza de la especie. Y allá donde mires, encontrarás siempre al hombre, el Gran Medidor de las cosas. Al hombre, que lleva la realidad en volandas, como una gran bandeja con un novillo asado. Y que si ve a una rana, no puede menos que nombrarla reina de opereta, y si a una rosa, de exigirle al punto una lección o un desdén. Sí, ahí tienes cómo el Gran Medidor de las cosas ha contaminado el universo con sus pesadillas. Cuando descubrí esto, me dije: «Isaías, hermano, no huyas, resígnate al lazareto». Y entonces, purificado por la piedad, enfoqué el catalejo abajo, a las calles, desde mi humilde panorámica. De esto hace muchos años. Mira —y señaló unas luces cambiantes que surcaban la noche—. Es el avión de las 10.40, con rumbo a Nueva York.

Siguieron sus guiños de colores hasta que sólo fueron perceptibles en la memoria. A Gregorio, aquellas luces se le antojaron tan irreales como el hecho de estar allí, en la terraza, escuchando a aquel hombre a quien su tío tomó por el diablo. «Nada debo temer», se dijo, «porque todo lo que pueda oír, por sorprendente que sea, no podrá consolarme de mi desventura, ni podrá cambiar mi decisión», y una vez más se sintió perdido sin remedio.

—Pues sí —continuó don Isaías, sacando de su fértil corpulencia un enorme pañuelo y secándose con él el laberinto de la cara—, miré abajo, al centro mismo del desorden, y vi a la gente que iba y venía llevando objetos invisibles al hombro: vasijas, animales, flores, piedras y muchas cosas más. Eso me pareció. Fue una visión tan cierta que enseguida supe que sería también breve, y que antes de perderla tenía que fijarla en la mente con una frase que sobreviviera a la ilusión. «El hombre no tiene alforjas», me dije, y también: «Debemos inventar una carretilla para el buey», y cuando perdí la visión me quedé con aquellas dos frases en los labios, sin entender apenas el sentido. Esa fue la primera experiencia panorámica que yo tuve del mundo. Pero había algo más, que no acertaba a explicarme. Algo que sólo conseguí expresar con otra frase casual: «La gente no es feliz porque las cargas que lleva al hombro son desproporcionadas». Vi a un gigantón que transportaba una rama de olivo, y a un enclenque con una piedra de molino. Y me dije: «Sienten el peso, sí, y algunos lo atribuirán al ángel de la guarda, o a la ley de la gravedad, o a los años o a la opresión de la experiencia, pero no saben que ése es el peso del destino, de cuya exactitud depende la felicidad o la desdicha». Porque está probado que la mayoría de los hombres no son fuertes ni débiles, sino mezcla de ambos. Ni son buenos ni malos, sino más bien capaces de la mejor hazaña y de la peor ignominia. Esa era toda mi ciencia juvenil. Quizá pueda pensarse que al hombre le conviene el saber por lo mismo que los objetos valiosos deben tener su estuche. En ese caso, yo voy a la intemperie, con alguna duda que más pesa que abriga. Pero he observado algunas cosas. He visto por ejemplo levantar edificios hermosos, de soberbia armonía de líneas, y he visto y oído a los albañiles blasfemar, perderse, machacarse un dedo, reñir durante el almuerzo, defecar en cuclillas, cantar coplas obscenas. Y al final, terminado el edificio, me he dicho: «Esa obra grande y serena representa justamente lo que no somos. La belleza nos niega». Y he visto lo contrario. He visto a un comerciante estafar a una viuda y luego dar limosna a un mendigo o para las ánimas del purgatorio, y me he dicho: «Tampoco el hombre consigue ser diablo. También el mal nos niega. Inútilmente quiere hacer de sí mismo un edificio que le exceda en belleza o fealdad». Y observé otras cosas. Observé por ejemplo a un hombre que todas las tardes al volver a casa se paraba en una esquina y miraba alrededor como buscando algo. Aquel hombre había perdido allí, o él creía que allí, un mechero de oro con sus iniciales. Eso había ocurrido hacía ya tres años. Pues bien, veinte años después, siendo ya el hombre medio viejo, todavía algún día se paraba un momento en la esquina, o miraba sobre el hombro, con la esperanza quizá de encontrar el mechero. Lo supe porque una tarde bajé a preguntarle y él me lo contó, entre avergonzado y orgulloso. Claro, por un lado aquella terquedad era ridícula y no formaba una anécdota, no permitía siquiera ese consuelo, y de ahí le venía la vergüenza. Porque quien va a matar dragones, o gamusinos, y viene de vacío, podrá después contarlo y exhibir los despojos de una historia magnífica, aunque desdichada, del mismo modo que la llave de un palacio en ruinas puede servir hoy, a los también arruinados herederos, de pisapapeles u ornamento. Pero los hechos menudos no dejan huella, ni sirven luego para nada. Al contrario, caen al olvido, descarnan el pasado y finalmente convierten en ceniza la vida. Ocurre que esos hechos carecen incluso de la grandeza de un acto de fe. ¿Tú has leído el *Quijote*? ¿Sólo a medias? Pues bien, allí podrás leer cómo Sancho le preguntó a su amo si el caballo Clavileño no encubriría en el fondo una burla. Y don Quijote dijo más o menos que ésa era una cuestión que sólo incumbía a los burladores, porque a ellos dos nadie podría quitarles la gloria del intento. Ese es un acto de fe. Pero, claro está, no todos los días lo engañan a uno con caballos celestes. Uno más bien tropieza con las piedras menudas del camino, sufre pequeñas mofas. Aunque, por otra parte, me dije, había también un modo de grandeza en esos tropiezos. La gloria de quien mil veces da en la misma piedra, de quien durante años busca un mechero en una esquina, hace de su fracaso una leyenda, y en su continua derrota llega a ser invencible. He ahí otro simulacro del destino. Y por eso aquel hombre del mechero hablaba también con orgullo. Porque aquella minucia, mil veces repetida, tenía ya un peso propio, y se podía contar.

Calló un momento, jadeante y exhausto.

—Esta historia es demasiado larga y enredosa para mis pocas fuerzas —prosiguió—, y mi memoria empieza a flaquear. Pero, en fin, te iba diciendo que, desde mi panorámica, yo veía que el hombre no es ni dios ni demonio. En la reiteración late el genio trágico. Todo nos niega y nos confirma, la felicidad y la desdicha. Y recordé a Sísifo, el que subía la piedra en el infierno, y me dije que también él hubiera hablado de su piedra con un poco de orgullo, y hasta con gratitud, porque sin ella no hubiera sido nada: un hombre sin pasado, un poco de ceniza fría y nada más. Así son los objetos que llevamos al hombro, que si por un lado pesan, por otro gratifican; lastiman, pero dan que hablar. Por eso a los piratas con pata de palo, su minusvalía los hace aún más feroces. Esas cosas las observé y las pensé desde aquí, con la ayuda del catalejo. Y me dije: «¿A qué esperar? Hagamos una teoría que nos caliente en la vejez, seamos, ya que no enamorados, ya que no flautistas, al menos filántropos con el recuelgue triste». Seguí observando, pues, y comprobé que algunos llevaban sólo a cuestas un puñado de polvo, y otros en cambio se esforzaban bajo una viga de hierro. Y me dije: «Es muy difícil encontrar a alguien que, como Cristo con la cruz o don Quijote con sus armas, soporte la carga justa y esencial que le ha asignado su destino». Y eran pensamientos que tenían por padres putativos un nombre y una trenza. He ahí cómo el amor suele acabar en pesadilla. Es como si a un niño lo invitas a una excursión campestre, le pones una piedra en brazos y le dices: «¡Andando, rufián!». Y ese niño, con el tiempo, irá cansado con su carga, le dolerán los huesos y tendrá una idea fija: sentarse en cualquier abrigada, echarse a dormir a cualquier precio. Entonces, será feliz, se sentirá ágil, dará saltos de atleta, se hurgará la nariz y no tendrá pasado. Y si no, mírate a ti mismo, examina tu caso. En tu adolescencia vivías entregado a una gran tarea. Ibas descalzo hacia la Tierra Prometida. Pero se ausentó la amada, se ausentaron las musas y, como los hebreos cuando Moisés subió al monte a recibir consignas, levantaste un becerro de oro y lo adoraste. La poesía y el amor eran demasiado peso para ti. Irías más ligero sin tanta impedimenta. Luego viviste un tiempo del que ahora poco podrías contar. Ibas dejando al paso, en tu rapidez, un rastro de ceniza, y por eso, en la primera ocasión que se te presentó, insatisfecho con tu ligereza, te echaste un mono al hombro, y ahora, claro, ese mono te pesa demasiado y te gustaría cambiarlo por una tinajilla o unas pajas secas. ¿Comprendes lo que quiero decirte? —y un acceso de tos, tierna y profunda, convirtió su discurso en naufragio.

Gregorio, encogido en la silla, no opuso el menor gesto de sorpresa:

—No sé de qué me habla —dijo.

—Y, sin embargo, no sé explicarme mejor —se lamentó don Isaías—. O quizá son cosas que tengo ya olvidadas. Pero sigamos adelante hasta encontrar un claro. Te iba diciendo, y ya pronto termino, que tampoco por ir ligero, o por pararse a descansar, consigue el hombre ser feliz. Y ¿por qué?, me preguntaba yo. ¿De dónde proviene el malestar de la especie? Y seguí observando hasta encontrar lo que entonces creí que era una respuesta. Me dije que frente a los demás animales, el hombre era el único que empieza la casa por el tejado. Cree que hay un camino directo que lleva a la felicidad, y todos se apresuran por él. Y a lo mejor no es así. A lo mejor no queremos entender que cada cual debe ser ante todo uno mismo, si feliz o desventurado eso es ya pera de otro olmo y liebre de otra mar, como quien compra un paquete de café y le viene dentro un caballito de premio. Pero no señor: la gente quiere a toda costa el caballito, sólo el caballito, sin caer en la cuenta de que el caballito es un complemento, una gentileza del comerciante como si dijéramos, sólo eso. Pues no: ahí lo tiene usted buscando el premio por los sótanos y las cumbres. Y tanto lo busca, y con tal fiereza, que acaba encontrando un sucedáneo, un becerrillo de oro, que en su ilusión cree que es el auténtico caballito. Y me dije: «Este es el único animal capaz de hacer de su cojera un número de circo». Y escribí en mi cuaderno: «Quien busque el caballito, sea devorado por las sirenas». Así de ambiciosa era mi juventud. Y en mi pasión me sentí profeta y me llené de piedad por el prójimo. Averigüé por ejemplo que la esperanza de vida del hombre es algo superior a la del búho, y algo inferior a la de la ostra de agua dulce, y que en velocidades cortas, el hombre corre menos que el chacal, la mitad que el coyote y algo más que el cerdo doméstico. Ante estos hechos, me eché a llorar, y me dije: «Si no me quiere a mí mi morenita, en su nombre yo querré a toda la humanidad, incluido yo mismo». Aquello era pecado, hoy lo sé, pero a mí entonces me pareció santidad. Confundía la pasión con la filantropía, y la misma ignorancia servía de luz a mi ceguera. Sobre las ruinas de la derrota me puse a construir mi Torre de Babel. Pero el altruismo es un placer desesperado. Y, en mi altruismo, me hice esta pregunta: «Qué le conviene más al hombre, ¿la felicidad o el destino?». Porque, si fuese fuerte, le convendría el riesgo de ser él mismo, y si fuese débil, echarse a descansar en la cuneta y ser feliz. Pero como no es ni fuerte ni débil, sino ambas cosas a la vez, parece como condenado a la escisión y al regateo. Y para entender un poco de qué estaba hablando (porque yo hablaba a tientas, con la cabeza baja, como los carneros cuando trompan), me imaginé primero a un grupo de hombres que bailaban en el claro de un bosque al son de una flauta, y luego a toda una generación de hombres altos que no sonreían, y que llevaban barbas y trompetas al hombro para derribar una muralla. «¿Qué murallas son ésas?», pregunté, y «¿por qué los trompetistas nunca bailan?, ¿por qué sonríen los danzarines? ¿por qué no hay respuesta a mis preguntas?» Tenía ya la teoría tan grande que ahora no cabía por la puerta. Así que miré abajo y allí no había danzarines risueños ni trompetistas serios. Vi que uno tropezaba y caía, que a otro el aire le llevaba el sombrero, que otro iba tosiendo y sin dinero y que el de más allá se rascaba sin parar la cabeza. Pero otros, por contra, mataban toros bravos, se sostenían en un alambre, subían a los niños en brazos para que viesen los desfiles. Uno quemaba a hurtadillas una casa y otro venía corriendo a apagar el fuego. Uno le echaba la zancadilla a una anciana y allí estaba enseguida un caballero llevándola en brazos al puesto de socorro. ¡Qué espectáculo absurdo y formidable! Y yo me dije emocionado: «Isaías, tú que aprendiste de los pájaros, tú que naciste dos veces, tú que te debates entre el altruismo y el deseo y que tienes un corazón entre las piernas, por amor a tu morenita, a esa virgencita abrasadora, sé clarividente, sé bueno, sé realista, sé tolerante y científico con el prójimo. Nómbrate pionero de una ciencia oculta, tan nueva y prodigiosa que tu humildad brille sin luz entre fulgores, como una arandela de lata en el tesoro de un avaro». Eso mismo me dije, con mi talento juvenil, y entonces en un arrebato de optimismo, y como homenaje a mis semejantes, me puse a bailar, por primera vez en mi vida me puse a bailar aquí, en lo alto, un baile de altruista, confuso y veloz, con tan mala fortuna que en una de las vueltas resbalé y caí contra el pretil, rompiéndome la frente. Estuve sin dar en sí una semana, y cuando desperté ya era un hombre práctico, un empirista consumado. Había alumbrado una idea que era al mismo tiempo música y medicina. «Yo no puedo enseñar al hombre a buscar su destino», me dije, «pero sí ayudarlo a no sucumbir a los espejismos de la felicidad.» Y me dije: «Habrá que azotar a la fiera para que no duerma y en el sueño se amanse». Y concebí un plan. Yo había observado que las gentes se pasan la vida luchando con pequeños conflictos diarios, cuya resolución les impide caminar derechos hacia el destino. Pues yo pensaba entonces que todos teníamos un destino único, que o bien no se manifiesta, o bien es sustituido por otro, cuyo peso no corresponde a nuestras fuerzas. Esos conflictos mínimos devoran nuestras energías. Es como quien va a matar dragones y no puede porque tiene una piedra en el zapato. Y me dije: «Si el hombre no hubiese de esforzarse en esas minucias, si no hubiese de sobrellevar cargas ajenas y suplementarias, si de antemano tuviese asegurada esa corta victoria, quizás entonces, intacto de voluntad y de energía, frente a frente consigo mismo, no pueda desoír ya la voz de su destino. Sobrevendría entonces una generación de trompetistas barbudos.

Sabría quizá la especie a qué ha sido llamada a este lugar. Desbrocemos la senda», sentencié. Porque mira, hijo, lo que el hombre sabe, y que consta en libros y museos, es sólo una parte mínima de todo lo que podría saber si hubiese aprovechado la experiencia y la sabiduría de todos los hombres del mundo, desde su origen hasta hoy. De todos, sin despreciar a ninguno, ni siquiera al último bobo que en su aldea natal se chupa el dedo de un pie encaramado en una higuera. Si fuese posible, reflexioné, reunir ese caudal inmenso de conocimiento, toda esa infinita perspicacia, apenas quedaría ya nada que aprender. Tendríamos ahí tal número de casos concretos, de escarmientos y salidas airosas, de errores mil veces cometidos por mil diversas causas, que hasta las excepciones serían casi imposibles. Allí estaría la historia completa de todos los problemas, grandes y pequeños, que no sabemos resolver, que nos agobian y detienen a mitad de camino, condenándonos a la búsqueda directa y prematura de la felicidad. Pero, ya ves, he ahí algo que el hombre no ha hecho. Un despilfarro tal de erudición, una falta tan grande de prudencia, es inconcebible. «Remediemos el lapsus», me dije. «Iniciemos una disciplina que empiece a recolectar ese enorme tesoro derramado.» Me puse a calcular y hallé que bastarían unos diez mil observadores como yo para estudiar en profundidad, desde el nacimiento hasta la muerte, unas diez mil vidas anónimas, clasificadas según los temperamentos y las situaciones, para deducir de ellas leyes generales y particulares, de modo que allí se contuviese la solución aproximada o exacta de todas o casi todas las vicisitudes en que un hombre puede verse en la vida, para que así logre guiarse en ella y no se enrede y se agote en conflictos que ya eran viejos hace miles de años. Lo que hoy llamamos fortuna o azar, es simplemente desorden, por no decir olvido. Casi todos los imprevistos han existido ya antes muchas veces. Con experiencia y voluntad, la mayoría de ellos podrían llegar a prevenirse y remediarse, porque quien ha inventado la aeronáutica, ¿por qué no podría inventar también la felicidad? Ahí tienes cómo las pasiones encuentran en la desproporción su señal más propicia. Esa fue mi locura, que hoy confieso con vergüenza y orgullo. Diez mil vidas anónimas —evocó con sarcasmo—. Titulé la obra: *Guía de la Felicidad y del Destino.* ¿Qué te parece?

—Que hubiese sido una gran obra —dijo Gregorio, más incrédulo que sincero.

—Tan grande como absurda. Tan imposible como inútil. Tardé mucho tiempo en darme cuenta de eso. Espantaba las dudas con la advertencia de que los pioneros se deben a la fe. La pasión iluminaba mi ceguera. Tardé en comprender que el hombre comete siempre los mismos errores, pero que cada error es irrepetible, porque sólo quien lo comete lo ha vivido, y vivir es errar. En comprender que no hay destino que no se cumpla a cada instante, y que la felicidad de cada uno se fundamenta casi siempre en la desdicha ajena. Pero, aun en el caso de que una generación de sabios consiguiese inventar la felicidad menuda de cada día en un millón de libros, por ejemplo, ¿para qué serviría? Sólo en consultarlos, al aspirante a feliz se le iría la vida. Si buscase el remedio para una desgracia, por insignificante que ésta fuese, ocurriría que sí, que el caso estaría previsto y resuelto en algún apartado de esos miles de libros. Pero, ¿quién podría encontrarlo?

Calló sobrecogido, e hizo un ruido de chapoteo con la garganta.

—En fin, y ahora vayamos contigo y acabemos. Inmediatamente, me puse a la tarea. Busqué a alguien a quien observar con lápiz y papel. Y elegí a tu tío Félix. Durante un tiempo observé que era un hombre medianamente feliz. Pero un día, sin embargo, lo vi asomarse a los talleres y oficinas y pasarse las horas mirando a los guardias de tráfico, de un modo tan torturado que enseguida adiviné que los envidiaba y que estaba descontento de su propia vida. Parecía que, de pronto, se avergonzaba de su felicidad. Entonces hice un experimento. Elegí tres libros que estuviesen por encima de su ignorancia pero a la altura de su ambición, y se los llevé a ver qué pasaba. Mi intención no era otra que reafirmarlo en sus vacilaciones, abriéndole las puertas de un mundo que ya estaba prohibido para él. Poco tiempo después viniste tú, y él se volvió loco, según me dijeron. Yo creo que lo que pasó es que, al final, cuando ya era tarde, comprendió que había equivocado su destino. O que, como tantos otros, lo había malvendido por un plato de lentejas. Algo así debió de ocurrir. Pero, para entonces, yo había decidido seguir tus pasos. Y los seguí durante ocho años. Exactamente hasta que murió tu tío y tú entraste en una oficina a trabajar. Te seguí por las calles, y a veces con el catalejo, desde aquí, y también con la ayuda de un sobrino que tengo y al que seguramente conocerás de vista. De esa forma observé, con piedad y ternura, cómo te enamorabas. Adiviné luego que habías descubierto la poesía, y no me extrañó, porque el amor nos hace sabios. Lo deduje cuando una tarde volviste corriendo a casa y estuviste una semana sin salir, y cuando saliste ibas siempre con una libreta en la que no podía haber otra cosa que versos. Y me dije: «Ese muchacho lleva una buena carga al hombro. Si no se para a descansar, cumplirá su destino». Pero luego, coincidiendo con tu desengaño amoroso, también yo me desengañé de mis teorías, por no decir que me curé de mis locuras, y me refugié en casa, de donde apenas he vuelto a salir. Sin embargo, por curiosidad, o por entretenimiento, seguí informándome a grandes trazos de tus andanzas. Asistí a tu noviazgo y a tu matrimonio, hasta que luego tu vida se convirtió en ceniza, como también la mía. Aun así, sé cosas que tú ignoras de ti mismo. Por ejemplo, hace quince años tardabas veinte minutos en ir a la oficina. Hace un mes tardabas casi veintiocho. Con esa progresión, si fuésemos eternos, habría un momento en que no llegaríamos a ninguna parte. Debe de servir de consuelo esta ley, que la inmortalidad niega el movimiento. ¿Comprendes ahora todo? —preguntó con dulzura.

Gregorio lo miró absorto.

—Así que me ha estado vigilando todo este tiempo —dijo, y no sabía si indignarse, avergonzarse o agradecerle la paciencia—. Es increíble.

—Y, sin embargo, es cierto, y tan lógico y normal como el científico que consagra su vida a observar un insecto —dijo don Isaías, no menos extrañado de la evidencia.

Por un instante quedaron huérfanos del mismo silencio.

—Te convertiste en un hombre feliz —siguió el anciano, con la voz ensimismada—. Te sentaste a descansar para siempre en la primera sombra del camino, según mis teorías de entonces. Poco había de interés en tus andanzas hasta que empecé a sospechar que algo imprevisto había ocurrido en tu vida. Era como si te hubieses levantado y vuelto a caminar. Por curiosidad, retomé mis pesquisas. Como si leyese una novela o viese una película. Hijo, espero que me perdones tanto mi locura como mi indiscreción. ¿Podrás hacerlo?

Gregorio se encogió de hombros. Nunca había sentido tanta vergüenza como en ese instante, pero para que el otro no lo advirtiera, dijo con indolencia: «No tiene importancia».

—Me alegro que sea así —dijo don Isaías, y suspiró—. Porque, entre otras cosas, te he llamado para que me perdones. Pues bien, un día, como te iba diciendo, tu vida dio un giro imprevisto. Cambiaste de indumentaria, hasta el punto de que al principio no te reconocí. Te hiciste tarjetas donde por primera vez leí el nombre de Augusto Faroni. Se te cayeron en la calle, ¿recuerdas?, y yo bajé a por una. Luego comenzaste a ir al café, publicaste un libro con fotografías y nombres ficticios, visitabas tiendas de anticuarios, y yo no entendía nada. Y luego, de pronto, huyes de casa y dejas el trabajo. Entonces sí, entonces empecé a sospechar lo que estaba pasando. Deduje que debía de haber un tercero, una mujer quizás, a la que intentabas engañar. Pero el tercero nunca aparecía. Siempre ibas solo. Y yo no entendía nada, y menos cuando hoy leo que ayer golpeaste a una mujer al escapar de una pensión.

Gregorio dio un respingo.

—¿Cómo ha dicho?

—¿Es que no lo has leído?

—¿El qué?

—Los periódicos.

—¿Los periódicos?

—Ahí, en la silla.

Por fin, Gregorio comprendió. Alcanzó el periódico y, a la luz de la lámpara, vio la fotografía principal de su libro de versos. Al lado, en letras grandes y negras, ponía: *La empleada de una pensión, golpeada por uno de los huéspedes,* y más abajo, en letras más pequeñas: «La víctima, fuera de peligro».

—¡Fuera de peligro! —murmuró Gregorio—. O sea, que no la maté —y le dieron ganas de abrazar a don Isaías y de gritar a toda la ciudad, desde allí arriba, que él no era un asesino.

Rápidamente, leyó el relato de los hechos. Contaban allí cómo «un individuo de unos 45 o 50 años», que se llamaba o se hacía llamar Augusto Faroni y que al parecer era autor de un libro de versos que regaló a la víctima unos días antes de atacarla, se había alojado en la pensión aduciendo que acababa de llegar de un pueblo —Villapanuco, pueblo inexistente— y que en la estación le habían quitado los documentos y el dinero. Dijo ser vendedor y poeta, y abusando de la generosidad de doña Gloria, la dueña de la pensión, obtuvo varias semanas de crédito. La policía tenía fundadas sospechas para creer que se trataba de un delincuente habitual. Unos días antes del intento de robo, consiguió que el dueño de un ultramarinos lo admitiese de repartidor. Una vez más, el indocumentado le regaló el citado libro, con objeto de ganarse la confianza de la víctima, y unos días más tarde, después de sustraer una importante cantidad de dinero, desapareció con el carrito de pedidos. Gregorio, estupefacto y enseguida colérico, leyó el último párrafo. «¡Mentiroso!, ¡cabrón!», susurró en alto, apretando los puños y con las mandíbulas en guardia. Luego hablaba del libro: la policía opinaba que quizá se tratase de un truco para despertar lástima en las futuras víctimas, y que todos los nombres que figuraban en él debían de ser falsos. Lo más extraño era que las fotografías pareciesen auténticas, como certificaban las víctimas, y debido a esto no se descartaba la posibilidad de que se tratase de un desequilibrado mental. La policía seguía investigando y esperaba que, en breve, el asunto quedase esclarecido.

Gregorio arrojó el periódico sobre la silla y se puso en pie. Estaba indignado y eufórico.

—Casi todo lo que dice ahí es mentira —declaró enérgicamente—. Pero lo importante es que yo no maté a esa mujer. Sólo la herí un poco, y en defensa propia.

Le parecía que acababa de despertar de una pesadilla atroz. Y sin embargo, su decisión de huir era en ese instante más firme que nunca. Por un lado lo acusarían injustamente de ladrón, de loco, de delincuente habitual y de intenciones criminales, pero lo peor era que, como ahora no se sentía culpable, el juicio no serviría para obtener el consuelo de un castigo justo sino para exponerlo morbosamente a la vergüenza pública, y sin otro interés que el de despellejarlo con calumnias y escarnios.

—Me han difamado —dijo—. Soy víctima de una conjura —y se sintió lleno de dignidad y de razón.

—¿Pues qué ha ocurrido, hijo? —preguntó don Isaías.

—Pues que me persiguen. Me confunden con otro —y se puso a pasear por la terraza.

—Y ¿con quién?

Gregorio se detuvo indeciso, con la barbilla en una mano.

—Con Faroni —murmuró.

—Entonces, ¿es que Faroni existe?

—Sí, claro que existe —dijo Gregorio sorprendido—. Vive en el extranjero. Yo soy su representante. O mejor dicho, era, porque murió ayer, en la India, asesinado. Me enteré por teléfono. Era un revolucionario, y un gran escritor. Por eso iba al café —se animó a hablar—, para informarle de lo que pasaba allí. Y el libro que edité, lo mismo que el traje, era para despistar a la policía y porque, bueno, en el fondo soy poeta. Y lo del biógrafo también es verdad. Estoy escribiendo el libro de su vida. Ese es todo el misterio.

Don Isaías, desde la oscuridad, lo miró fijamente.

—Y ¿cuándo conociste a Faroni?

—¿Cuándo? En una biblioteca —dijo sin dudar—, hará unos diez años. El estaba escondido allí. Lo buscaba la policía, por cosa de política. Hablamos, y luego me escribió desde el extranjero. Leí algunos de sus libros, conocí a algunos de sus amigos y me convertí en admirador y seguidor suyo.

Encendió un pitillo y añadió: «Era un gran hombre».

—Nunca he oído hablar de él —dijo don Isaías.

—Bueno, en el extranjero es muy famoso, pero aquí está prohibido.

—Es una historia extraña —suspiró el anciano—. Ya ves, yo creí que había un tercero a quien querías engañar.

—En realidad —dijo Gregorio, con una apertura concesiva de brazos—, sí hay un tercero. Hubo un malentendido. Me hacía pasar por Faroni ante él y luego las cosas se complicaron no sé cómo. Lo hice ante todo por prudencia pero también en parte, lo confieso, por vanidad.

—Y ¿quién es el engañado?

—Un viajante de comercio, al que sólo he visto dos o tres veces, y siempre de lejos o de espaldas. Me llamaba por teléfono a la oficina. Su nombre es Gil, Dacio Gil Monroy. Y resulta —dijo vagamente, agitando una mano— que vino a la ciudad y empezó a buscarme. El me buscaba a mí y la policía buscaba a Faroni, y todos sospechaban que yo era Faroni. Así que me fui a una pensión, para no comprometer a mi familia, y cuando ya todo estaba arreglado y me venía para acá, me confundieron con un ladrón y me atacaron. Tuve que defenderme y aquí estoy.

—Hijo mío, ¿no me estarás engañando? —preguntó don Isaías, con un acento de apenada solicitud en la voz.

Gregorio bajó la cabeza y sonrió, desalentado y tolerante.

—Si quiere le puedo decir que todo es mentira —dijo—, que Faroni no existe y que yo soy un impostor. Hay algunos que lo piensan. Total, ¿qué importancia tiene que Faroni exista de verdad o no? Al fin y al cabo, Faroni no es Dios.

—En efecto —susurró don Isaías—, ese Faroni no es Dios, pero tampoco es un sacacorchos, cuya inexistencia nos podría acarrear problemas. Pero, ese Gil y tú, ¿habéis conseguido ser felices?

—No lo sé. A veces. Y a veces incluso le he mentido para que sea feliz, pero que conste que en las mentiras había siempre un fondo de verdad.

—Para ser feliz, unas cuantas mentiras es un precio barato. Tengo comprobado que la verdad no es una rueda que yo pueda echar a andar, ni un cordón de zapato, que sirve para hacer un nudo, ni tampoco una pata de palo, que hace un ruido distinto y da qué hablar. Pero la mentira sí se parece a estas cosas, y uno casi la puede llevar en el bolsillo, como unas llaves o un peine. Quiero decir que es algo útil, una pequeña herramienta de trabajo, o una especie de animal adiestrado que ayuda y acompaña. A la gente mentirosa se la conoce porque parece que lleva un mono al hombro, que remeda a su dueño. Por eso, cuando afirmas que has mentido por una buena causa, debes de tener razón, porque las mentiras sirven precisamente para eso, para tener razón. No sé explicarme mejor ni cómo ayudarte.

—No me considero culpable —dijo Gregorio, midiendo las distancias.

—Y, sin embargo, engañaste a ese Gil.

Gregorio hizo un silencio y esperó a que aquellas palabras naufragaran en él.

—Es tarde —dijo.

—Sí, ya va siendo hora de recogerse.

—Sólo una pregunta, usted ¿qué haría en mi lugar? ¿Se entregaría o huiría?

—Tengo comprobado que todos los caminos llevan a la desbandada. Huir, vas a huir de cualquier manera. Por tanto, sé generoso y huye lejos.

Gregorio lo miró con gratitud.

—También le ruego —dijo— que, si lo sabe, me guarde el secreto.

El anciano asintió. Gregorio se acercó y le estrechó una mano.

—Necesita descansar —le dijo.

—Sí. Necesito descansar —replicó don Isaías—, y quizás ese descanso sea ya definitivo. Hace mucho tiempo —murmuró, mirando a lo alto— creí descubrir treinta y dos estrellas que se movían conforme a las reglas del ajedrez. Y creí que algún sabio antiguo había descubierto ese juego observando, como yo, las evoluciones celestes. Creí entonces que la historia del universo era sólo una partida de ajedrez jugada por dioses, y que el día en que uno diese al otro jaque mate se acabaría el mundo. Pero de esto hace ya muchos años. Yo entonces era joven. En fin, es tarde y empieza a hacer frío.

—¿No baja?

—Después. Mira que no te cojan, hijo. Y si necesitas dinero, o lo que sea, dímelo.

Gregorio retrocedió hasta la puerta y cogió la maleta. «No. Sólo que me guarde el secreto y que, si puede, ayude a Angelina», dijo. Contempló un instante al corpulento anciano, apoyado en el pretil y al contraluz menguante de la lámpara, hizo una leve reverencia y tomó escaleras abajo.

Era ya más de medianoche. En el tercer piso se detuvo un momento, pensando si debería ver de nuevo a Angelina para prevenirla de la conjura y prometerle que dentro de algún tiempo, cuando él encontrara un trabajo y prescribiese el delito, se reunirían en algún lugar lejano y seguro, donde volverían otra vez a ser felices. Pero al acercarse a la puerta creyó oír voces dentro de la casa y tuvo miedo de que fuese la policía, y el terror de la vergüenza y de la cárcel lo disuadió de sus propósitos. Había que huir, y pronto. Aun así, cerró un instante los ojos y respiró profundamente aquel aire oscuro y familiar. Reconoció en el olor sus viejos afanes juveniles y la paz invencible de sus largas tardes de madurez. Otra vez el pasado cruzó en un vuelo por su mente. Evocó su cuerpo saliendo del tiempo como de una niebla: viejo, agotado por la travesía. Se asombró del largo y laberíntico camino que llevaba andado hasta allí, y la visión de su futuro le produjo más cansancio que miedo. «¡Qué complicada es esta vida!», exclamó extrañado.

Bajó sin prisas, matando los pasos, y antes de salir a la calle rubricó cuatro veces sobre el rostro el garabato de la cruz. Luego, sin volver la cabeza, encogidos los hombros, se apresuró hasta la primera esquina, y un poco más allá tomó un taxi hacia la estación.

Epílogo

Tal como había planeado, Gregorio inició la fuga hacia los lugares de la infancia. Quizás alguien allí, algún amigo o conocido de sus padres, le proporcionase un empleo o, lo que era aún mejor, una tierra en arriendo. Pensó que entonces, a espaldas ya de todo afán, cerraría el círculo de su existencia y esperaría a la vejez dentro de aquel tiempo definitivamente clausurado. Y se comparó al artesano que, habiendo puesto término a su obra (un cesto, por ejemplo), se sienta a la puerta a descansar y a contemplar el fruto de su larga y única destreza. En cuanto a los años restantes, querían decir que habían sobrado algunos mimbres y que el cesto podía haber sido más grande o más hermoso, pero era intocable y no admitía ya enmienda. Regresar al principio, cerrar el círculo, descansar del cesto: esto es lo que significaba para él la vuelta al escenario de la niñez.

Sólo cuando el tren dejó atrás los últimos suburbios, cayó en la cuenta de que era precisamente allí donde primero iría a buscarlo la justicia. Confundido entonces por la angustia de que debía renunciar también a aquella última esperanza, y deslumbrado repentinamente por la anchura inhóspita del mundo, que se le venía a ofrecer ahora —cuando ya no tenía ningún lugar adonde ir— en toda su magnífica e inútil extensión, se sintió tan perdido que pensó en regresar a casa y aceptar la oferta de Angelina de esconderse en el sótano. Al menos allí tendría un sitio seguro donde estar, y a alguien que se ocupase de él. A impulsos de aquella intención, que sabía irrealizable pero que de momento le servía para aceptar el nuevo rumbo que quisiera imponerle la fortuna, salió al pasillo y esperó a que el tren se detuviese en una estación de enlace.

Allí, después de tomar en la cantina tres copas de aguardiente, sacó un billete para el próximo tren, sin informarse a dónde iba. «¿Destino?», le preguntaron. «Final de trayecto», dijo él.

Esperó fuera, en la oscuridad, sentado en el borde de un pilón de agua. Eran las tres de la mañana. De la cantina llegaban las voces de un grupo de soldados que cantaban a coro aires regionales. Hacía frío, y al fondo del andén se insinuaba una borrosa perspectiva de terraplenes, vías y cobertizos. «Pongamos esto en claro», se dijo, calibrando con el canto de una mano la delicada exactitud del razonamiento. Pero era incapaz de pensar en otra cosa que no fuese la imagen de un remanso con peces. Apenas intentaba iniciar el análisis de su situación, los peces cruzaban por su mente, lentos y enloquecidos, enmarañándola hasta formar un laberinto agotador. Entonces le parecía que su propia vida le era ajena, como si efectivamente hubiese acabado un cesto y ya no tuviese otro deber que descansar de la tarea. Con la punta de los dedos tocó el agua, mientras miraba arriba, donde lucían débilmente algunas estrellas. Sintió que estaba a punto de ser milagrosamente feliz, pero que algo, mínimo e inasible, se lo impedía a cada instante. En vano trató de buscar el origen de aquella menudencia que lo condenaba a la desdicha, pues una y otra vez los peces volvían a cruzar el remanso con sus trayectos enigmáticos. Finalmente, en alguna parte sonó un teléfono, un hombre se destacó en el andén portando un farol y un martillo y, de inmediato, el tren pitó a lo lejos.

Aturdido por el alcohol y el frío, y perseguido por los peces, Gregorio trepó al vagón de cola, y apenas se instaló en la penumbra del departamento, se hundió en el limbo de un sueño cargado de amenazas.

Cuando despertó, el sol estaba ya muy alto. El tren corría por una llanura, manso y sin esfuerzo. A veces pitaba, y aquella señal le parecía a Gregorio un aviso de trompeta militar a una ciudad sitiada. A veces se perdía en el laberinto de un monólogo en el que Gregorio creía escuchar el discurso inconexo y fluido de su propia conciencia. El día era calmo y luminoso. Al fondo, confundidas con las nubes, se recortaban las oscuras siluetas de unos cerros, y un poco más acá, paralela al tren, lo que parecía la alameda de un río. Solo en el departamento, fascinado por aquel espectáculo de luz e inmensidad (y a veces tenía que parpadear deslumbrado por los últimos brillos del rocío nocturno), Gregorio veía pasar matas, piedras, alguna casa aislada, algún árbol achaparrado, alguna cerca, algún camino, algún rebaño de ovejas, y más que inquietud sentía la exaltación pasmada de su propio sosiego. El pasado inmediato se le antojaba remoto o irreal, y tampoco conseguía imaginarse el futuro de un modo razonablemente verosímil. Hubiese querido seguir allí, en la eternidad del presente, oyendo el tren y viendo pasar cosas, y la sola idea de la acción le produjo repugnancia y escándalo. La luz, de un azul puro y frío, ponía en los objetos un entorno nítido de independencia y novedad. «¡El paraíso!, ¡la niñez!, ¡la vida plena y libre!», murmuró Gregorio, «¡la belleza del mundo!» Pero en ese mismo instante aparecieron otra vez los peces, y Gregorio volvió a la realidad con un temblor de pánico.

Pesadamente se levantó, cogió la maleta y salió al pasillo. También los otros departamentos estaban vacíos, y el aire entraba y salía por ellos echando a volar las cortinillas de las puertas. Despeinado y perplejo, Gregorio fue apartando cortinas y balanceándose a contramarcha hacia el extremo del vagón. Allí esperó, agarrado a un hierro, fumando, meciéndose en la plataforma y sin pensar en nada. Parecía que aquel tren no fuese a parar nunca, y que la llanura y la alameda pudiesen seguir corriendo hacia atrás indefinidamente. Pero al poco rato el tren cruzó un caserío y enseguida empezó a aflojar la marcha. Pitó una larga vez, dejó atrás unos huertos y al fin se detuvo.

Gregorio cargó con la maleta y saltó al andén. Estaba en un apeadero solitario, con sólo un cobertizo de espera y una cisterna rota y herrumbrosa. Ningún otro viajero subió o bajó del tren, que enseguida reanudó la marcha. Gregorio lo vio irse y luego, lentamente, miró alrededor. No se veía ninguna casa. Rodeó el cobertizo. Detrás había zarzales, excrementos y papeles quemados. De allí partía un camino hacia la alameda. El viajero agarró la maleta, respiró hondo, apretó las mandíbulas y echó a andar por él.

Durante once días, Gregorio anduvo a la ventura, surtiéndose de víveres en las afueras de los pueblos, comiendo de camino y durmiendo donde le sorprendían las noches.

El primer día acampó junto al río. Vio un galápago y una nutria, tiró los tubos de pastillas al agua, una a una, echó una competición náutica de cortezas, talló una vara de viaje e intentó pescar con un hilo, un alfiler y una lombriz. A media tarde, urgido por el hambre, siguió camino junto al río. Avanzaba despacio, por el peso de la maleta y la aspereza del terreno. Al anochecer llegó a una casa. Contó que era viajante de máquinas agrícolas y que estaba estudiando la calidad y el perfil de los suelos con objeto de introducir en el mercado tractores de cadenas. Le vendieron un pan y medio queso y le dieron alojamiento en el tinado.

El segundo día atravesó el río y se internó hacia los cerros del fondo. En una aldea compró un saco de víveres y una manta, y aprovechó para preguntar si por aquellas tierras se usaban tractores de cadenas. Le dijeron que no. Él agradeció la información, habló amargamente del atraso agrícola e industrial del país, invocó la ceguera del gobierno, alabó la belleza y la fertilidad de aquellos campos y prosiguió viaje. Comió sentado en una piedra, y antes de media tarde, agotado por la caminata, se detuvo bajo una encina. Hizo lumbre, se echó la manta por los hombros, extendió las manos y concentró la mirada en las llamas. No sabía si era feliz o desgraciado, y cuando intentaba averiguarlo, el pensamiento se le enmarañaba de peces. Al anochecer mató el fuego, para no alertar a los curiosos. Pasó la noche en duermevela, sobresaltado por los ruidos, el cansancio y el frío, y con las primeras nieblas del amanecer volvió a hacer lumbre y a forcejear inútilmente con los peces.

El tercer día amaneció nublado, y el cuarto y el quinto lloviznó sin tregua. Con una bolsa de plástico se hizo un gorro y siguió caminando, cada vez más despacio. Llegó a los cerros y por una cañada los atravesó y salió a otra llanura. Cuando se encontraba con alguien le preguntaba si conocía las ventajas de los tractores de cadenas, y en un pueblo explicó que en realidad era delegado de un instituto agrícola para la ampliación y mejora de los cultivos. A partir del sexto día, en haciendas de paso se ofreció de pastor, de porquero, de peón y de guardabosques, contando que era escritor a la busca de ambientes, y a pesar de que sólo pedía comida y un sitio cualquiera para dormir, fue rechazado sin pretextos. Ese mismo día fue detenido e interrogado en un cruce de caminos por una pareja de la guardia civil. Enseñó los documentos y dijo que era comisionado de una empresa de alimentación para estudiar las posibilidades de instalar colmenas en aquella comarca. Explicó que había decidido acercarse a pie hasta el próximo pueblo con la intención de examinar personalmente —in situ, precisó— la variedad y bondad de las plantas aromáticas y recoger algunas muestras, y enseñó una rama de tomillo que casualmente había cogido al paso. «Por cierto», preguntó asombrado, «¿por qué no hay en esta región tractores de cadenas?» Los guardias lo miraron con torpe recelo y anotaron algo en una libretilla. Desde ese día, Gregorio marchó campo a través, o buscando las sendas más agrestes y solitarias. Su ánimo se iba haciendo hostil y sombrío. Comenzaba a escasearle el dinero. Tenía ampollas en los pies, llagas en la boca y sabañones en las manos y en las orejas.

El séptimo día se encontró con otro vagabundo y pasaron la tarde en comunidad. Hicieron lumbre y juntaron las haciendas. El vagabundo —narizotas, alcohólico y trascendente— contó que se dirigía a la recogida de aceitunas, para luego seguir hacia levante, donde pensaba hacerse barquero de agua dulce. Y explicó que su idea era instalarse en la orilla de un río caudaloso y recoger todo cuanto arrastrasen las aguas, que en épocas de crecida era mucho y de mucho valor: muebles, ropa, objetos artísticos, animales recién ahogados, electrodomésticos, relojes de pared y todo tipo de pertenencias privadas y públicas. «A veces las aguas se llevan tiendas enteras», dijo confidencialmente el vagabundo, después de mirar alrededor, «pero lo más importante son las joyas y monedas antiguas que siempre hay en los muebles. Con una buena tormenta, una fortuna puede cambiar de manos en sólo una noche. Y por si fuera poco, es un negocio legal, porque lo que bajan las aguas son como se sabe bienes francos. Quien lo coja primero de ése es. Eso sí, esto que quede entre nosotros. A los demás, ni una palabra.» Luego habló de mujeres y otros asuntos generales. Sostuvo que la mujer tiene más cabida que la oveja y que el placer de acariciar es siempre inferior al de ser acariciado, y que esto estaba dispuesto a defenderlo ante quien fuese. Añadió que el mejor mazapán del mundo se fabricaba en una confitería de Toledo que él conocía muy bien, que el cangrejo de río era mucho más fino que el de mar, y la morcilla patatera más sabrosa que el mismo chorizo. Gregorio le dio la razón en todo, y al atardecer se separaron. El vagabundo invitó a Gregorio a participar en sus negocios de barquero. «Vente y seremos dos», intentó persuadirlo. Gregorio pretextó que tenía asuntos en unos pueblos de por allí cerca. «¡Oye, no he dicho nada!», gesticuló medio ofendido el vagabundo.

El octavo día cesó definitivamente la lluvia y Gregorio entró en un bosque de encinas. Unos perros le ladraron de lejos. Gregorio aceleró el paso y les hizo un rodeo. Enseguida se sentó a descansar. Estaba extenuado, y por más que pensaba no encontraba solución a su vida. No podía seguir viajando indefinidamente. Alguna vez tendría que detenerse, y ése sería su fin. «Camarón que se duerme, se lo lleva la corriente», se le venía de vez en cuando a la memoria.

Esa noche durmió allí mismo, de un tirón, y al otro día, apenas abrió los ojos con los primeros pájaros, descubrió que le habían robado la maleta. Más que desconsuelo, sintió el alivio de poder caminar ahora más ligero de peso. Con la manta sobre los hombros, tiritando, viejo y derrotado pero convencido de que por nada del mundo debía detenerse, continuó adelante.

La obstinación lo mantuvo en pie. Sólo le quedaba una moneda y, recordando una de las pocas nociones o anécdotas escolares, la tiró en una acequia, sin detenerse ni mirar atrás. Aquella acción temeraria lo animó a proseguir. A un hortelano que encontró esa mañana y que le preguntó si iba muy lejos, le contó bruscamente que era sacerdote excomulgado, y que se dirigía a Roma a implorar el perdón del Papa. Le gritó con rencor infantil, al borde de las lágrimas: «¡Me excomulgaron y voy de peregrino, a que me perdonen!». «Pues que haya suerte», dijo el otro, y siguió cavando. Con ése y otros pretextos, Gregorio mendigó por despoblados y caminos. Unas veces contaba que lo habían desposeído de los hábitos por dar a los pobres el oro de la iglesia, otras que iba a la ventura por un desengaño amoroso y otras que era cantante de ópera que había perdido la voz, y en unos sitios le dieron algo de comer, en otros le sonrieron y en otros le azuzaron los perros. En una encrucijada le preguntaron: «¿Pero usted no era el de los tractores de cadenas?», y él se encogió de hombros y siguió caminando.

Esa décima noche, Gregorio la pasó acurrucado en un arbusto, llorando su desventura, y al otro día amaneció con fiebre y tiritona. Le dolía todo el cuerpo. Pero aun así, con calentura y frío, reanudó la marcha. Pasó una vaguada y, al rasar un alto, vio un pueblo no muy lejos. «He llegado al final», se dijo. Y dispuesto a entregarse, caminando como un sonámbulo, se dirigió a él.

Las casas, casi todas bajas y pobres, se agrupaban junto a un castillo en ruinas y desde allí se derramaban dispersas hacia la alameda de un río. Hundiéndose en el barro, Gregorio atravesó unas tierras de labor y luego tomó un camino de asfalto. Un perro famélico, trotando al bies y con el rabo entre piernas, lo adelantó como para guiarlo y anunciar su llegada. Uno tras otro cruzaron ante las tapias del cementerio y luego entraron al pueblo por una calle larga y empinada. Algunos vecinos se volvieron curiosos y otros se asomaron a las puertas para verlo pasar. El aspecto de Gregorio era en verdad desolador. Tenía una barba sucia de doce días, el pelo desgreñado, el abrigo roto y lleno de barro bajo la manta mojada, y los andares de lunático. En una esquina había un grupo de hombres con pellizas y gorras de visera. Gregorio les preguntó dónde quedaba el cuartel de la guardia civil. Uno extendió un dedo e ilustró el gesto con algunas palabras. Gregorio inútilmente intentó una sonrisa de gratitud. Tomó por unas callejas solitarias, donde se oían con una nitidez irreal los trinos de los pájaros y el borbolleo de las ollas, giró a la izquierda y luego a la derecha, pensando siempre en los sufrimientos de la cárcel pero sobre todo en el descanso definitivo que al fin encontraría en ella, y de pronto, al doblar una esquina, se paró en seco con un respingo de terror. Justo allí enfrente —y hubo de frotarse los ojos para persuadirse de que no estaba soñando ni sufría una alucinación febril— había una casa baja y casi en ruinas, con paredes de cal y remiendos de cemento crudo, y grietas mal resanadas por donde se veía la fábrica de vigas y cascotes y crecían los hinojos. Abajo, sobre una puertecita desvencijada, había un cartel en letras torpes y rojas, con churretes de pintura, que anunciaba: CIRCULO CULTURAL FARONI. Sin dar crédito a lo que veía, parpadeando y tragando saliva, Gregorio cruzó la calle y se detuvo ante el cartel. Por entre las tablas de la puerta, sin pintar ni desbastar, se filtraban unas franjas de luz. Gregorio extendió una mano incierta, como si temiese hundirla en el vacío de un espejismo, y apenas rozó el picaporte la puerta saltó del quicio y con un golpetazo se abrió de par en par. Dentro, en lo que parecía una cuadra, a juzgar por los pesebres del fondo, mal disimulados con estanterías, había unas pocas filas de banquitos corridos, y en uno de los frentes, una tarima y una mesa. Sentado en la tarima había un hombre con gabardina y sombrero que, al ruido, se levantó asustado y quedó alerta.

Gregorio, agachándose, bajó el umbral y miró pasmado alrededor. El suelo era de lanchas irregulares de piedra. Arriba, de un garabato, colgaba una bombilla, a cuya débil luz Gregorio reconoció en las paredes de adobe pintadas burdamente de azul los retratos del faro de mar y del poeta romántico inglés, y en las estanterías, ofrecidas como en una exposición, las reliquias de su pasado imaginario. Vio el catalejo, el capelo del cardenal, la copa de campeón lírico europeo, la pamela de Marilín, y una torre construida con libros iguales, que alternaban geométricamente las gaviotas de la cubierta con la foto de estudio de la contraportada. Finalmente sus ojos, llenos de doloroso asombro, se encontraron con los de Gil, y los dos hombres se miraron largamente, boquiabiertos y absortos.

—Así que tú eres... —susurró Gregorio.

—Sí —dijo Gil, acompañándose con rápidos cabeceos de afirmación—. Yo soy Gil. Dacio Gil Monroy. Y usted es, déjeme adivinarlo, usted es... —y extendió una mano imprecisa.

—Gregorio Olías —dijo Gregorio lentamente, como si soñase las palabras.

—¡Gregorio Olías! —se maravilló Gil—. Entonces, ¡lo han soltado de la cárcel!

Gregorio sonrió tristemente, se sentó en el primer banquito y bajó la cabeza.

—No, me he escapado —dijo al rato, y empezó a serenarse y a hacerse cargo de la situación—. Llevo diez días huyendo campo a través.

—¡Se ha escapado! —exclamó Gil, y fue a cerrar la puerta—. Y, si me permite —dijo al volver—, ¿cómo ha llegado aquí, y por qué?

—Bueno —respondió Gregorio, arrebujándose en la manta y reprimiendo la incredulidad de estar allí, ante Gil—, yo creía que continuabas en la ciudad y había que destruir las pruebas que pudieran comprometerte —y señaló alrededor—. Pero, ya que estás aquí —y lo miró de lleno, intentando leer en sus ojos los riesgos que corría al perseverar en la ficción—, quiero aprovechar para darte las gracias en nombre de todos, y sobre todo de Faroni.

Al oír el nombre de Faroni, los dos bajaron la cabeza y guardaron silencio.

—Pero entonces, ¿qué es exactamente lo que ha pasado? —preguntó finalmente Gregorio—. ¿Cómo es que no estás en la ciudad? Muerto Faroni, ya no hacía falta que te marchases.

—Bueno, usted no lo sabe porque estuvo en la cárcel. Fue terrible —y juntó los dedos de las manos y los ejercitó como si moldease miga de pan—. Terrible. Verá, había un policía, usted lo conocerá, el inspector general Requejo, que me seguía los pasos. Y ocurrió que el mismo sábado que me enteré de la muerte del señor Faroni me detuvieron en la puerta del café. Yo iba allí a dar la noticia y a ponerme a las órdenes del Comité. Y resulta que me detuvieron en la puerta. Estaban todos compinchados para cofundirme y hacerme hablar. Todos. El que hacía de maestro, de Marilín y todos. Eran policías disfrazados, luego me di cuenta. Me acusaron de comunista y cómplice de Faroni. Me quisieron hacer creer que Faroni era un ladrón, que había golpeado a una mujer y que yo era el amante de Marilín, fíjese usted qué desatino. Pero yo, señor Olías, no hablé. Era una trampa y mezclaban cosas verdaderas, como que Faroni estaba en la India, pero bajo el nombre de Alvar Osián, con otras falsas. Fue terrible. Me amenazaron, y el inspector Requejo me pegó. Al final, cuando vieron que no iba a hablar, me soltaron, pero me despidieron de la empresa porque decía el hombre de negro que allí no podían tener a un sospechoso de comunismo y cómplice de un atraco. Me echaron pero no hablé. Así que me vine otra vez aquí y aquí estoy —y se sentó en la tarima—. Llegué hace dos días y desde entonces no he salido de aquí. No hago más que pensar en el señor Faroni y en todo lo que ha ocurrido últimamente. Y ahora, fíjese, de pronto aparece usted, que se ha escapado de la cárcel. ¿No es maravilloso? La vida, ¿no es maravillosa? ¿Ve? Este era el sitio que tenía preparado para cuando él o usted viniesen a hablar. Es un sitio humilde, indigno de ustedes, pero era todo lo que pude conseguir. Es un local a la altura de mis méritos, no de los suyos.

Gregorio, que había escuchado cabizbajo, y no menos maravillado del desenlace de los hechos, lo miró y dijo:

—Gil, es usted un gran hombre.

—Gracias —se animó Gil—, eso mismo me dijo el señor Faroni cuando le dije que me iba de la ciudad.

Tenía un mirar intenso y limpio bajo la espesura de las cejas, y una expresión apacible, voluntariosamente pensativa. Absurdamente, Gregorio pensó que tenía cara de sangrar mucho por la nariz.

—¿Sabe? —dijo Gil de pronto—. Su voz es igual que la del señor Faroni.

Como dos niños de escuela, sentados los dos en bajo, se miraron tristemente a la vez.

—Somos primos hermanos —bromeó Gregorio—. Además, soy algo más que su biógrafo. Soy su más grande admirador, e intento imitarlo en lo que pueda.

—Estoy muy contento de que haya venido —dijo humildemente Gil, y se ruborizó.

—Y yo de conocerte. ¡Faroni me habló tanto de ti! Me decía: «Dacio es un gran hombre, y el caso es que ni él mismo lo sabe».

—¿Eso le dijo?

—Y más cosas que ya te contaré.

—Era un hombre muy generoso —se le quebró a Gil la voz.

—Yo diría que justo.

—Y sencillo.

—Y clarividente.

—Y, como todos los genios, incomprendido por sus contemporáneos. ¿Usted cree que algún día se hablará de Faroni como hoy de Edison?

—Yo estoy seguro de que sí.

—Y yo también. Vivimos malos tiempos, ¿no le parece?

—Muy malos —dijo Gregorio sin dudar.

—Yo creo que a Faroni lo mató la envidia.

—Puede ser. Pero, en fin, son cosas del destino.

—Y fíjese, tan joven.

—Así es —suspiró Gregorio—. Aunque, ¿cómo imaginárselo viejo?

Callaron de nuevo, con las miradas encontradas.

—Bueno, ¿y cómo te fue por la ciudad? —dijo Gregorio, alegrando la voz.

—Pues fíjese, yo creo que bien. No vi las pirámides, ni los barcos ni el río, ni las bandas de música, ni el Museo del Hombre y de las Grandes Cosas y, por si fuese poco, ni siquiera conseguí entrar en el café. Pero la aventura que viví fue mucho más extraordinaria aún. Perseguido, detenido, casi torturado, y al final expulsado de la ciudad, como le ocurrió al propio Faroni. Es algo grande. Siento dentro de mí una especie de orgullo y de grandeza, no sé cómo decirle.

—Lo entiendo —dijo Gregorio—, y lo celebro. Si Faroni pudiera oírte, estaría orgulloso de ti. Estoy seguro.

—Gracias —volvió a ruborizarse Gil—. Faroni era muy bueno.

—Y en fin —dijo Gregorio, dándole una palmada en la rodilla—. Y ahora, ¿qué vas a hacer?

—Pues verá. He pensado que con la indemnización que me dieron en la empresa y con los ahorros que tengo, me voy a comprar una tierrecita que conozco y a hacerme agricultor. Me lo aconsejó hace ya tiempo el señor Faroni. Me dijo que ésa era la vida que le hubiese gustado llevar a él.

—Y es verdad —confirmó Gregorio—. Una vida sencilla y retirada, como la de los sabios antiguos.

—Pues eso es lo que me parece que voy a hacer yo. He pensado comprarme ovejas, unos cerdos y unas gallinas, y poner un poco de huerta, y algo de alfalfa y cereal.

—Una vida envidiable —evocó Gregorio, ahondando la mirada—. Eso es también lo que yo hubiese deseado.

—Pues..., quédese conmigo —titubeó Gil.

—¿Yo? —se sorprendió Gregorio—. No, por Dios. Estoy perseguido y podría comprometerte. Y ya te hemos hecho entre todos bastante daño.

—¿Daño? Qué va, ninguno. Al revés. Yo estoy muy orgulloso de haber conocido al gran Faroni y de haber sido estimado por él. Creo que es lo único memorable en mi vida. Y usted, ¿qué piensa hacer usted, si me permite la pregunta?

—No lo sé. No tengo dónde ir. Quizá me entregue.

—¿Cómo entregarse? —exclamó Gil escandalizado—. ¿Para que lo maten? ¡Ni pensarlo! El maestro no se merece que ahora, después de muerto, sus discípulos se rindan. Eso sería como traicionarlo, perdóneme que se lo diga.

—Quizá tengas razón, pero, la verdad, estoy cansado de huir. Tengo fiebre, y hambre, y voy ya para viejo.

—Pues entonces, ¡quédese conmigo! Enseguida se pondrá bien. Ya verá. Cultivaremos la tierra entre los dos. Nos turnaremos de pastor un mes cada uno, y luego de hortelanos. Nos haremos una casa y compraremos libros, y una moto para ir y venir, porque la tierra queda lejos. Usted acabará la biografía de Faroni y yo me dedicaré a leer y a pensar. Usted me ayudará. Nos animaremos uno al otro. Todos los días, cuando demos de mano, nos sentaremos a hablar, a escribir y a leer. Por favor, si no tiene dónde ir, quédese conmigo —imploró Gil.

—Sería una vida hermosa —murmuró soñadoramente Gregorio—. Levantarse al amanecer, irse silbando detrás de las ovejas, tumbarse en la hierba a ver correr las nubes, ir a pescar alguna vez... Una vida hermosa como no puede haber otra.

—Pues entonces, ¡quédese!

—No puedo. Estoy perseguido, y además tengo mujer, ¿sabes?, y...

—Pues que se venga también ella —lo interrumpió Gil—. Hay sitio para todos. ¡Decidido! Y más adelante, cuando se olvide un poco todo este conflicto, inauguraremos el Círculo y hablaremos del gran Faroni y de otros temas de la ciencia y del arte. Haremos, aquí, una tertulia semanal. Usted, o mejor dicho, déjeme tutearlo, tú la presidirás, y yo seré tu ayudante.

Gregorio, desolado, abrió los brazos:

—Pero si yo no tengo dinero, ni ropa ni nada.

—Y eso, ¿qué importa? —se enfadó Gil—. Lo tengo yo y basta. A cambio me contarás muchas cosas de Faroni y de los grandes temas de este siglo, y seré yo quien salga ganando. ¡Vamos, no lo pienses! ¡Quédese aquí, se lo ruego! ¡Hazlo aunque sea porque yo te lo pido!

Gregorio lo miró intensamente, con los ojos llenos de fiebre, y de pronto hundió la cara entre las manos y rompió a llorar fuera de sí. Gil esperó, respetuoso y diligente, y luego le puso una mano en el hombro.

—No llores más por el maestro —dijo, y le tendió un pañuelo—. El sigue viviendo en nuestra memoria, y después de nosotros vivirá en la memoria de las generaciones futuras. Anímate. Esto es lo que nos hubiera dicho él. Hay que ser fuertes en las desgracias. ¡Vamos, deja de llorar y piensa en los años que tienes por delante!

—Pero, ¡si no tengo dónde ir! —sollozó Gregorio.

—¡Claro que tienes! ¡Quédese conmigo! Aquí no te van a encontrar. La tierra está lejos del pueblo. Estaremos un año o dos allí metidos, y luego, si quieres, podrás llamar a tu mujer. Además, he oído que el General está enfermo y que no durará mucho. Luego, las cosas serán distintas. ¡Piensa en Faroni, y no dejes que esos cabrones se salgan con la suya!

—Pues entonces, ¡de acuerdo! —dijo Gregorio, secándose las lágrimas y haciendo por sonreír—. ¡Me quedaré! Desde hoy —y se puso en pie solemnemente—, renuncio al mundo y a sus ambiciones. ¡Me haré agricultor!

También Gil se levantó, crecido por la gravedad del instante.

—¡Así me gusta oírle! Y ahora, ¿quieres que vayamos a ver la tierra donde viviremos?

—¡Adelante! —gritó Gregorio, señalando la puerta.

—Tiene un regato y un pozo, y siete higueras de higos zafaríes.

Gregorio abrió los brazos y sonrió maravillado.

—Y si quieres —añadió Gil— nos cambiaremos los nombres, sobre todo el tuyo, para despistar a los secuaces. Déjame que te dé un nombre nuevo.

—¡Adelante, Dacio! ¡Bautízame ahora mismo!

—Pues entonces, te llamarás, ¿qué te parece Lino Uruñuela? Me lo acabo de inventar, y debe ser único en el mundo.

—Lino Uruñuela. ¡De acuerdo! —dijo Gregorio—, pero con una condición. Que entre nosotros, y ya para siempre, sea sólo Gregorio Olías.

Sellaron el acuerdo con un largo apretón de manos.

—¿Sabes? —dijo Gil, con un pie en el umbral—. Y a la tierra le vamos a llamar «Villa Faroni». ¿Qué te parece?

—Que así debe ser.

—Pues entonces, ¡no se hable más! Y ahora por el camino veremos cómo le llamamos al pozo, a la huerta y al perro que tengo pensado comprar. Y también quiero que me cuentes cómo te escapaste de la cárcel, y muchas cosas de la vida del gran Faroni, que siempre deseé saber. Por ejemplo, cuál era su comida favorita, y si usaba o no camiseta. ¿Vamos?

—¡Adelante! —gritó Gregorio, y salieron juntos a la calle.